D1922699

Christian Jostmann

# Magellan

*Dux ego classis eram Lositanni nomine Regis,*
*Missus in Aus trales spaciosa per æquora terras:*
*Plurimaque vt nobis apparuit insula; tandem*
*Ad freta deuenimus nostro de nomine dicta.*
*Ipsa Magellani etiam nunc terra reseruat*
*Australis nomen: perij sed miles in illa.*

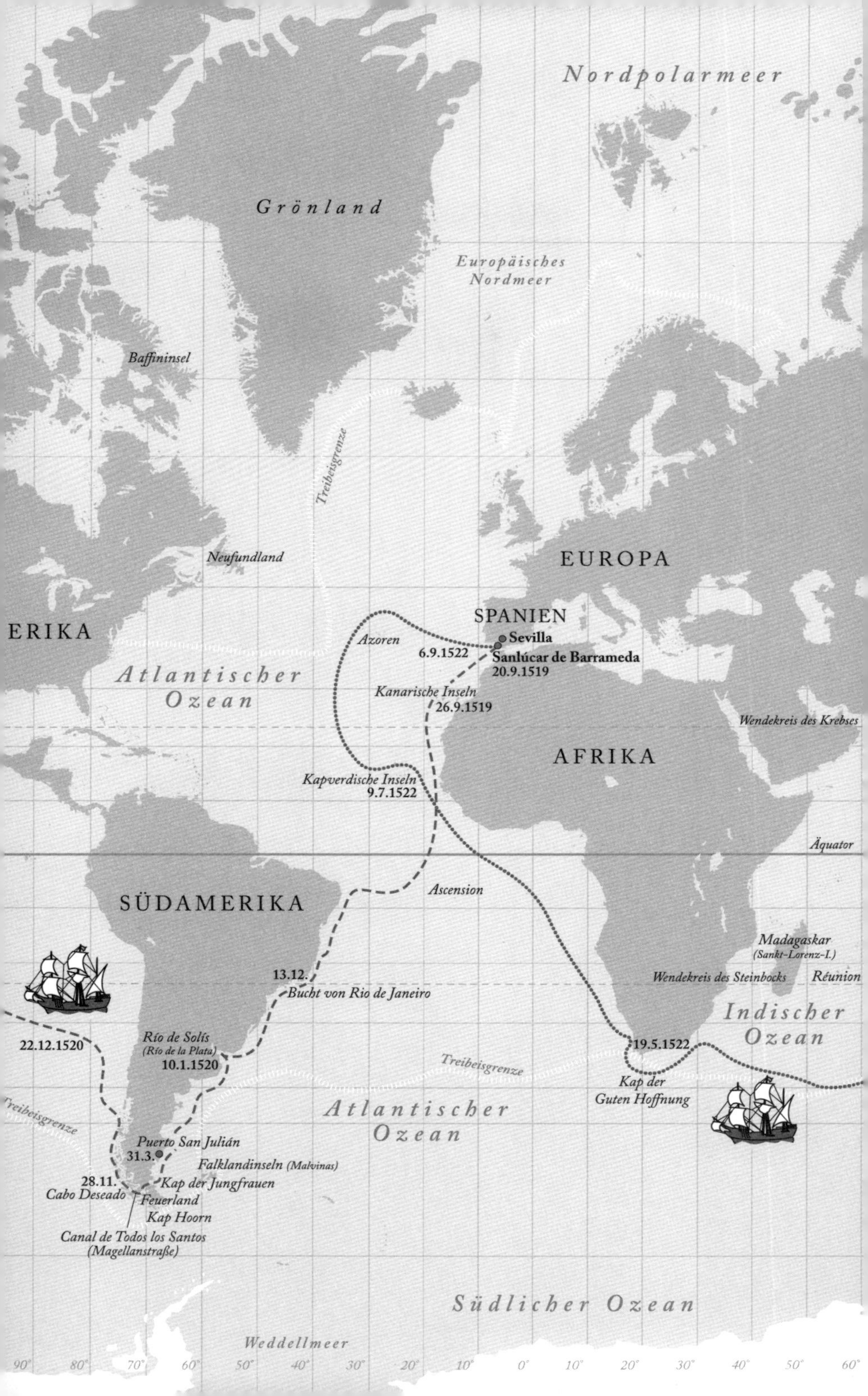
Nordpolarmeer
Grönland
Europäisches Nordmeer
Baffininsel
Treibeisgrenze
Neufundland
EUROPA
SPANIEN
Sevilla
ERIKA
Azoren
6.9.1522
Sanlúcar de Barrameda
20.9.1519
Atlantischer Ozean
Kanarische Inseln
26.9.1519
Wendekreis des Krebses
AFRIKA
Kapverdische Inseln
9.7.1522
Äquator
Ascension
SÜDAMERIKA
Madagaskar
(Sankt-Lorenz-I.)
13.12.
Bucht von Rio de Janeiro
Wendekreis des Steinbocks
Réunion
Indischer Ozean
22.12.1520
Río de Solís
(Río de la Plata)
10.1.1520
19.5.1522
Treibeisgrenze
Kap der Guten Hoffnung
Treibeisgrenze
Atlantischer Ozean
Puerto San Julián
31.3.
Falklandinseln (Malvinas)
28.11.
Kap der Jungfrauen
Cabo Deseado
Feuerland
Kap Hoorn
Canal de Todos los Santos
(Magellanstraße)
Südlicher Ozean
Weddellmeer
90°
80°
70°
60°
50°
40°
30°
20°
10°
0°
10°
20°
30°
40°
50°
60°

Christian Jostmann

# Magellan

oder

## Die erste Umsegelung der Erde

C.H.Beck

Mit 11 Abbildungen und 2 Karten

Frontispiz:
Porträt Magellans, Kupferstich von Crispijn van de Passe, 1598

*Die Karte auf dem vorderen Vorsatz zeigt die Route der ersten Weltumsegelung. Die Schiffszeichnung auf dem hinteren Vorsatz bietet eine spanische Nao des 16. Jahrhunderts, wie sie auch bei der ersten Weltumsegelung zum Einsatz kam. In der Legende dieser Zeichnung sind die Konstruktionsteile des Schiffes mit jenen Fachbegriffen ausgewiesen, die auch im Text des Buches verwendet werden.*


Satz: Fotosatz Amann, Memmingen
Druck und Bindung: GGP Media GmbH, Pößneck
Umschlaggestaltung: Geviert, Grafik & Typografie, Ariane Folawiyo
Umschlagabbildung: *Magellan:* © akg/Pictures from History;
*Schiffe:* «Magellan in der Meerenge» von John Fraser (1858–1927),
© Sotheby's/akg-images; *Felsen:* «Brandung an felsiger Küste» von Johannes Herman Brandt (1850–1926), 1881; © Sotheby's/akg-images; *Composing:* Ariane Folawiyo
Gedruckt auf säurefreiem, alterungsbeständigem Papier
(hergestellt aus chlorfrei gebleichtem Zellstoff)
Printed in Germany
ISBN 978 3 406 73443 4
*www.chbeck.de*

# Inhalt

**«Die auf dem Meer fahren, erzählen von seinen Gefahren,
und wir, die es hören, verwundern uns.»**

Jesus Sirach 43,24

# Prolog

Wer von Europa über den Äquator hinaus nach Süden fährt und in den Nächten den Sternenhimmel betrachtet, dem dürften irgendwann zwei wolkenartige Flecken auffallen, ein größerer und ein kleinerer, die Nacht für Nacht an derselben Stelle zu schweben scheinen. Das sind unsere kosmischen Nachbarn, die beiden zu unserer Milchstraße nächstgelegenen Galaxien.

Bei uns heißen diese beiden Galaxien seit geraumer Zeit «Magellansche Wolken». Wer auch immer ihnen den Namen gegeben hat, wollte damit einen Mann ehren, der sie weder als erster Mensch gesehen noch etwas zu ihrer Erforschung beigetragen hatte, dessen Blick aber oft auf ihnen geruht haben muss – ein portugiesischer Ritter und Seefahrer namens Fernão de Magalhães. Von ihm handelt dieses Buch.

In gewissem Sinn besitzen wir über diesen Mann geringere Kenntnisse als über die himmlischen Objekte, denen er seinen Namen leiht. Wir wissen weder, wie er aussah, noch, wann er geboren wurde. Was seine Größe und sein Gewicht betrifft, so ist nur bekannt, dass er wohl nicht sehr stattlich war. Immerhin kennen wir das Datum und den ungefähren Ort seines Todes: Er starb am 27. April 1521 auf der philippinischen Insel Mactan während einer langen Schiffsreise, die bald darauf als erste Umsegelung der Erde in die Geschichte eingehen sollte. Magalhães hatte diese Expedition mitinitiiert und bis zu seinem Tod geleitet. Dafür wurde ihm die Ehre zuteil, dass heute 20 Milliarden Sterne – so viele sollen beide Magellansche Wolken zusammen umfassen – seinen Namen tragen.

Nur die wenigsten Helden der Antike wurden so weit zu den Sternen entrückt: Herkules, Perseus, Orion … Eine solche Ehre kam nicht einmal Odysseus zu, mit dessen mythischer Irrfahrt man die Reise des Magalhães oft verglichen hat. Ja, seine Reise ist in dem halben Jahrtausend, das seither vergangen ist, ihrerseits zu einem Mythos geworden, der wieder und wieder erzählt wird – so auch in diesem Buch.

Sein Autor hat sich bemüht, dem Mythos von der ersten Erdumsegelung kritisch zu begegnen und ihren berühmten Helden von den Sternen auf die Erde zurückzuholen, sofern das möglich ist. «Mythos und Realität zu trennen», hat Sanjay Subrahmanyam gewarnt, «ist naturgemäß eine Aufgabe, der sich ein Historiker mit Unbehagen nähern muss, denn während Geschichte der Stoff ist, aus dem Mythen gemacht werden, ist die Erschaffung von Mythen ein integraler Bestandteil des historischen Prozesses.» Letztlich kann auch jemand, der einen Mythos hinterfragen will, selbst nur wieder eine Geschichte erzählen.

Darum versetzt das erste Kapitel dieses Buch seine Leserinnen und Leser unvermittelt vor die Westküste Südamerikas und in den Oktober des Jahres 1520, als eine kleine, vom kastilischen König entsandte Flotte ihrer größten Bewährungsprobe entgegensegelte. Danach nimmt der Autor die Spur ihres Kommandanten auf, folgt seinem Werdegang bis zum Ende und berichtet von den Schicksalen seiner Gefährten, die er zurückließ und die seine Reise vollendeten.

# 1. Eine Meerenge bei 52° Süd

Im Oktober 1520 kreuzten durch die Bahía Grande vor der Küste Patagoniens vier Schiffe gegen starken Wind. Schlag um Schlag arbeiteten sie sich nach Süden vor. Die Steuermänner achteten darauf, dem Land weder zu nahe zu kommen noch es aus den Augen zu verlieren. Wieder und wieder riefen sie zum Wenden, und die Männer sprangen auf ihre Plätze. Heisere Kommandos flogen über Deck, die der Wind zerriss. Dutzende Hände griffen in die Schoten des Großsegels, lösten die Lee-Brassen und holten hastig ein, sobald sich ächzend die Rahen drehten. Sie hatten dieses Manöver schon ungezählte Male ausgeführt, beherrschten jeden Handgriff im Schlaf.

In den kurzen Nächten halfen Kompass und Sterne den Kurs halten. Ein Schiff übernahm die Führung und wies den anderen mit dem schwachen Schein seiner Hecklaterne den Weg. Wenn es Zeit für die nächste Wende war, wurde ein zweites Licht angezündet, als Signal für die Nachfolgenden.

Generationen von Zimmermännern waren nötig gewesen, um diese Schiffe zu entwickeln – Wunderwerke aus Holz, die man «Naos» nannte, um sie von den kleineren Karavellen und den geruderten Galeeren zu unterscheiden. Das größte, die «San Antonio», maß vom Heck zum Bugspriet gute 25 Meter und fasste in seinem bauchigen Rumpf 120 Tonnen. Die «Trinidad», das Flaggschiff, war geringfügig kleiner, gefolgt von der «Concepción» und der «Vitoria». Alle trugen drei Masten, die vorderen mit viereckigen Großsegeln und der hintere mit einem Lateinersegel. Am Bug und achtern türmten sich, ein bis zwei Stockwerke hoch, Kastelle auf, und an den Mastspitzen wehten die Burgen Kastiliens neben den Löwen Leons, den Ruten Aragóns und dem Burgunderkreuz, ein Geflatter in den Farben Rot, Gelb und Weiß: die Banner des Königs von Spanien.

Der Befehlshaber dieser Armada[1] stammte allerdings aus Portugal. Als kleinwüchsig und unscheinbar beschrieb ihn ein Zeitgenosse, aber «wacker in seinen Gedanken und zu großen Taten aufgelegt». Als einen, «der nicht leicht unterzukriegen war, denn er schien beherrscht und couragiert». Wie um das zu betonen, prangte auf seiner schwarzen Hemdbrust blutrot das Schwertkreuz des Ordens von Santiago. Er hinkte leicht – Nachwirkung einer Lanze, die ihn einst in Afrika am Bein getroffen hatte. Dieser Ordensritter, der zwischen dreißig und vierzig Jahre alt sein mochte, nannte sich «Fernão de Magalhães», gesprochen etwa «Magaljains», wir sagen einfach Magellan. Seine Untergebenen hatten ihn mit «Generalkapitän» anzureden.

Sie zählten zu diesem Zeitpunkt um die 230 Seelen, soweit wir wissen, alle männlichen Geschlechts. Der Jüngste war gerade sieben Jahre alt, die Mehrheit zwischen 15 und 25, Einzelne reichten an die Fünfzig – eine bunt gemischte Gesellschaft aus aller Herren Länder. Viele Portugiesen waren darunter, etliche Genuesen, daneben Sizilianer, Griechen und Franzosen, einige Flamen und Deutsche, ein paar Iren, Afrikaner, Araber, ein Malaie, ein Inder aus Goa, zwei Patagonier. Letztere waren nicht freiwillig an Bord und als Einzige nicht getauft. Der Großteil der Besatzung kam indes aus Andalusien und der Biskaya. Alle hatten dem Generalkapitän Gehorsam geschworen, und der hatte dem König von Spanien versprochen, einen neuen Weg zu den Molukken zu finden, der nicht durch das Herrschaftsgebiet seines Onkels und Schwagers, des Königs von Portugal, führte. Die Gewürze, die auf diesen entlegenen Inseln wuchsen – vor allem Nelke und Muskatnuss –, hatten dem portugiesischen König großen Reichtum beschert, nun wollte der Neffe auf dem kastilischen Thron auch seinen Anteil.

Weil aber die östliche Hälfte der Welt nach Gottes Ratschluss Portugal zugefallen war, musste der neue Weg zu den Molukken im Westen liegen. Dort lag aber noch etwas: eine «Neue Welt», wie das Genie von einem Florentiner – Amerigo Vespucci – das gewaltige Festland genannt hatte, das sich beiderseits des Äquators nach Norden und Süden ausstreckte und das allen, die weiter nach Westen fahren wollten, den Weg versperrte. Magellan hatte behauptet, er wüsste von einer Meerenge auf der Südhalbkugel, die auf die andere Seite führe. Inzwischen waren ein Jahr und ein Monat vergangen, seitdem die Armada Sanlúcar an der spanischen Atlantikküste hinter sich gelassen hatte, sie passierte den 50. Grad südlicher Breite, und an Steuerbord war weiterhin nichts als Land in Sicht, eine eintönig braune Linie, die sich schon über Tausende von Meilen hinzog und kein Ende nehmen wollte. Ein Schiff hatten sie bereits verloren und zwei Kapitäne ihre Köpfe wegen Meuterei. Ein dritter irrte mit einem Priester durch die Steppe Patagoniens, wo der Generalkapitän sie ausgesetzt hatte.

Zwei Tage kreuzte die Flottille nach Süden, am dritten drehte der Wind. Sie fuhren eine Weile mit guter Brise nach Südsüdwest, da tat sich an der Küste etwas: «Am 21. des genannten Monats maß ich fünf Leugen[2] vom Land die Sonnenhöhe: saubere 52 Grad, und dort sahen wir eine Öffnung wie einen Meerbusen, und sie hat am Eingang rechter Hand eine sehr lange Zunge aus Sand, und das Kap, das wir vor dieser Zunge entdeckten, nennt sich das Kap der Jungfrauen.»

Der, der das schrieb, nannte sich selbst Francisco Albo, stammte von der Insel Rhodos, war verheiratet und fuhr als Contramaestre, das heißt als Bootsmann, auf der Trinidad. Wichtigste Aufgabe eines Bootsmannes war es, mit Pfeife und Knute bewaffnet die Matrosen die Takelage hinaufzuscheuchen, damit sie die Befehle des Steuermannes korrekt ausführten. Schreibkünste waren dafür unnötig. Viele von Albos Kollegen konnten nicht einmal ihren Namen buchstabieren. Doch dieser Grieche wusste offenbar nicht nur mit dem Federkiel umzugehen, sondern auch mit dem Handwerkszeug seiner Vorgesetzten: mit dem Quadranten zur Messung der Sonnenhöhe und den nautischen Tabellen zur Berechnung der geographischen Breite. Er muss folglich ein gescheiter Kerl gewesen sein. Entweder aus eigenem Antrieb oder weil seine Chefs sein Talent erkannten, führte Albo ein Logbuch – das einzige, das von der ersten spanischen Molukken-Expedition übrig geblieben ist. Ein Mann großer Worte war der Bootsmann der Trinidad allerdings nicht. Seine Notizen lesen sich wie frühmittelalterliche Annalen: Sie sagen nur das Allernötigste.

Aufs frühe Mittelalter geht auch die Legende von der bretonischen Königstochter und Rompilgerin Ursula zurück. Diese, so wird erzählt, fuhr mit 11 000 jungfräulichen Begleiterinnen per Schiff den Rhein hinab, als sie bei Köln den Hunnen in die Arme liefen und das Martyrium erlitten. Viele Seefahrer fühlten sich den tapferen Jungfrauen verbunden. So nannte auch Magellan jene Landspitze bei 52° Süd, die er am 21. Oktober, dem Gedenktag der heiligen Ursula, erstmals sichtete, «Kap der Jungfrauen» (spanisch «Cabo Vírgenes»).

Der Matrose Ginés de Mafra, der auf der Trinidad mitfuhr und viele

Jahre später seine Erinnerungen zu Papier bringen ließ, berichtet, der Anblick des Meerbusens hinter dem Kap der Jungfrauen habe den Generalkapitän in ein Wechselbad der Gefühle gestürzt. Magellan sei, «ohne zu wissen, was es war», in die Bucht hineingefahren: «Hier war er sehr nachdenklich, bisweilen froh, bisweilen traurig, denn sobald es ihm dünkte, dass dies die Meerenge war, die er verheißen hatte, freute er sich so, dass er vergnügte Dinge sagte; dann wurde er traurig, wenn ihm durch irgendeine Einbildung dünkte, dass sie es nicht war.»

Am Morgen schickte der Generalkapitän die San Antonio und die Concepción auf Erkundungsfahrt. Der Kapitän der Concepción, Juan Serrano, war ein sehr erfahrener Steuermann, und die San Antonio hatte den fähigsten Navigator der ganzen Flotte an Bord, den Portugiesen Estevão Gomes. Magellan blieb derweil mit den übrigen Schiffen zurück und übernahm die schwierigste Aufgabe: Warten.

Nachts zog ein Sturm auf und blies so fürchterlich aus Nordost, dass sie Anker einholen und die Schiffe der Drift überlassen mussten – endlose Stunden voller Angst, Übelkeit und Gebete. Als sich die See zu Mittag wieder beruhigte, waren die Trinidad und die Vitoria gottlob noch beisammen, aber nun galt ihre Sorge den beiden anderen Schiffen. Was mochte der Sturm mit ihnen gemacht haben?

In diesen Stunden des Bangens dürfte sich eine Episode ereignet haben, von der einige Geschichtsschreiber berichten: Das Beiboot wurde zu Wasser gelassen, und an den Riemen nahmen zehn Männer Platz. Das Kommando erhielt João Carvalho, auch er ein portugiesischer Steuermann. Carvalho sollte mit seinem Trupp ans nördliche Ufer rudern, wo eine Anhöhe Aussicht versprach. Wir können nur vermuten, welchen grasbewachsenen Hügel die Kundschafter erklommen und was sie von dort aus erspähten. Im Norden wird sich die patagonische Steppe und südwärts der Meerbusen ausgebreitet haben, das eine wie das andere eine menschenleere, in Wellen dahinwogende Einöde. Doch als sie landeinwärts gingen, stießen sie «nach dem Drittel einer Leuge auf ein Haus, in dem es zweihundert Grabstätten von Indianern gab», und auf dem Rückweg «auf einen riesigen toten Wal, direkt am Ufer, und noch viele andere Knochen dieser Tiere, woraus sie schlossen, dass dies ein Land großer Stürme war». Was die Männer beim Anblick dieser zwei Friedhöfe in der Einöde empfanden, ist nicht überliefert. Ihre Funde waren jedenfalls kaum geeignet, die Nerven der Kameraden zu beruhigen, die auf der Trinidad und der Vitoria noch immer auf Nachricht von den beiden anderen Schiffen warteten.

Unter denen, die die Qual des Wartens mit Magellan teilten, befand sich auch ein junger Adliger aus der norditalienischen Stadt Vicenza. Er hieß Antonio Pigafetta und war 1519 in päpstlichen Diensten durch Spanien gereist. Als er dort hörte, dass der König eine Armada zu den Molukken ausrüsten ließ, heuerte er kurzerhand an, um «solche Dinge zu sehen, die mir womöglich einige Befriedigung und bei der Nachwelt einen gewissen Namen verschaffen könnten». An Bord der Trinidad übte Pigafetta keine besondere Funktion aus. Er zählte zu den «Sobresalientes», den «Überragenden», die je nach Bedarf für alle möglichen Aufgaben herangezogen wurden. In seiner freien Zeit schrieb Pigafetta ein Tagebuch, das er nach seiner Rückkehr zu einer Erzählung ausarbeitete. So entstand nicht nur der ausführlichste Bericht, der von Magellans Armada erhalten ist, sondern ein Meisterwerk der Reiseliteratur, das bis heute nichts von seiner Frische und Farbigkeit eingebüßt hat. Der unbefangene Individualismus, der aus ihm spricht, klingt in unseren Ohren so vertraut, als ob der Autor einer von uns Menschen des 21. Jahrhunderts gewesen wäre.

«Und wie wir so angespannt waren», schilderte Pigafetta jene langen Stunden des Wartens, «sahen wir mit einem Mal zwei Schiffe auf uns zukommen, mit vollen Segeln und wehenden Fahnen. Und als sie schon nahe bei uns waren, feuerten sie plötzlich mehrere Salven ab, und wir antworteten mit Freudengeheul.»

Kurz darauf traten die Rückkehrer zum Rapport an: Der Sturm jener Nacht habe sie tief im Innern des Meerbusens gepackt und gegen das Land gedrückt. Verzweifelt hätten sie versucht, ein Kap zu umrunden und offenes Gewässer zu erreichen, doch der Versuch scheiterte, und sie wurden in eine Bucht getrieben – bei auflandigem Sturm eine tödliche Gefahr für Segelschiffe. Und so wähnten sie sich schon dem Untergang geweiht, «aber als sie ans Ende der Bucht kamen und dachten, sie seien verloren, sahen sie eine kleine Mündung, die nicht wie eine Mündung wirkte, sondern wie ein Zipfel, und in ihrer Hilflosigkeit warfen sie sich da hinein, und so entdeckten sie durch Zufall die Meerenge. Denn als sie sahen, dass es kein Zipfel war, sondern ein Engpass zwischen Land, fuhren sie voran und fanden noch eine Bucht. Danach fuhren sie weiter und fanden noch einen Engpass und noch eine Bucht, größer als die beiden ersten. Hocherfreut kehrten sie sogleich zurück, um es dem Generalkapitän zu erzählen.» Sogleich heißt, nachdem sich der Wind gedreht hatte und ihnen gestattete, die Gegenrichtung einzuschlagen, denn in den Engstellen konnten sie nicht gegen den Wind kreuzen.

«Nachdem wir alle gemeinsam Gott und der Jungfrau Maria gedankt hatten», schloss Pigafetta seinen Bericht, «brachen wir auf, um die Suche fortzusetzen.» Über die Besprechungen, die diesem Entschluss vorangingen, verlor der Autor kein Wort. Magellan muss den Steuermännern Gomes und Serrano noch manche Frage gestellt haben, bevor er Segel setzen ließ: Wie schmal waren die Engpässe, die sie gefunden hatten, und wie breit die Buchten? In welcher Himmelsrichtung lagen sie? Wie tief war das Wasser? Wie stark und wohin strömte es? Wie waren die Ufer beschaffen? Gab es sichere Ankerplätze, Trinkwasser, Holz? Anzeichen von menschlicher Besiedlung?

Antworten auf einige dieser Fragen finden wir in der zweiten «Dekade» des Antonio de Herrera y Tordesillas. Dekade deshalb, weil sein Werk die Anfänge des spanischen Kolonialreichs in Amerika nach dem Vorbild antiker römischer Geschichtsschreibung Jahrzehnt für Jahrzehnt abhandelt. Das Werk ist so monumental wie sein Titel: «Allgemeine Geschichte der Taten der Kastilier auf den Inseln und Festland des ozeanischen Meeres, die sie Westindien nennen». Es erschien ab 1601 in Madrid, also viele Jahrzehnte nach Magellans Expedition. Dennoch kann es deren Fahrt nachvollziehen helfen, weil der Autor als Hofchronist der spanischen Könige Zugang zu Originaldokumenten besaß, die heute verschollen sind.

Bei Herrera liest man nichts von dem Sturm, den Pigafetta erwähnte. Ihm zufolge gingen die San Antonio und die Concepción getrennt auf Erkundungsfahrt, und allein die San Antonio kehrte mit der Erfolgsmeldung zurück, die Einfahrt zu einer Wasserstraße gefunden zu haben, die offensichtlich kein Binnengewässer, sondern Teil des Ozeans war. Denn sie seien drei Tage gefahren, ohne an ein Ende zu kommen, erklärten die Schiffsführer. Dabei hätten sie ständig das Lot geworfen und manches Mal keinen Grund erreicht. Und weil es ihnen schien, dass die Strömungen stärker seien als die Abflüsse bei Ebbe, sei es unmöglich, dass dieser Meeresarm nicht weiterführe.

Magellan, den Propheten einer Südwestpassage, müssen diese Neuigkeiten geradezu elektrisiert haben. Etwa vier Jahre war es her, dass er begonnen hatte, die Schriften der Kosmographen und die neuesten Weltkarten zu studieren. Diese Studien hatten ihn davon überzeugt, dass es im Süden Amerikas einen Seeweg nach Asien geben müsse, und seither hatte Magellan sein Leben dem Ziel geweiht, diesen Seeweg als Erster zu befahren und zum Herrn der Länder ernannt zu werden, die er auf der anderen Seite entdecken würde. Für dieses Ziel hatte er seine Heimat verlassen und war in den Dienst eines anderen Königs getreten, er hatte aufs Erbteil verzichtet und sein bescheidenes Vermögen aufgebraucht, seine schwangere Frau und den kleinen Sohn hatte er in der Obhut des Schwiegervaters zurückgelassen, hatte sich mit verständnislosen Bürokraten und arroganten Höflingen herumgeschlagen, hatte Demütigungen hinnehmen, Intrigen überstehen müssen und den Hass der halben Mannschaft auf sich gezogen, die ihm nach monatelanger Fahrt über den Ozean und angesichts der Kälte und Kargheit Patagoniens nicht mehr folgen wollte, ja am Ende war er sogar über Leichen gegangen – all das nur, um diesen Weg aufzudecken! Und der schien jetzt zum Greifen nahe.

Einen Monat nach der Umrundung des Jungfrauenkaps steckte Magellans Flotte noch immer in der mutmaßlichen Meerenge. Diese hatte inzwischen einen Namen bekommen – «Kanal aller Heiligen» – und die Armada ein weiteres Schiff verloren. Die San Antonio war verschwunden, nicht zurückgekehrt von einer Erkundungsfahrt, zu der Magellan sie entsandt hatte. Mit ihr fehlten rund 60 Mann Besatzung und ein erheblicher Teil des Proviants.

An diesem Punkt war die Expedition nach den Angaben des verlässlichen Albo gut 50 Leugen tief in die Mündung vorgestoßen, die bis dahin im Wesentlichen von Nordost nach Südwest verlief, bei 53° Süd aber einen scharfen Knick nach Nordwesten machte und sich merklich verengte. Die Küstenlandschaft, wenige Meilen vorher noch eben und karg, hatte sich gänzlich verändert. In diesem Bereich, schrieb Albo, «gibt es viele Buchten, und die Berge sind sehr hoch und mit Schnee und viel Wald bedeckt».

Weil diese dürren Worte kaum einen Eindruck von dem Panorama vermitteln, das sich dem Autor und seinen Gefährten darbot, sei die Schilderung eines anderen Reisenden zitiert. Charles Darwin betrachtete, als er 1834 auf der «Beagle» dieselben Gewässer befuhr, «gerundete

Berge, kaschiert von unzugänglichen Wäldern, die vom Regen durchtränkt sind, den eine endlose Folge von Stürmen bringt … Nie sah ich eine freudlosere Landschaft; die dämmerigen Wälder, gescheckt vom Schnee, waren nur undeutlich zu sehen durch die nieselig trübe Atmosphäre. Immerhin wurde uns das Glück zweier schöner Tage zuteil. An einem davon bot Mount Sarmiento, ein ferner, 6800 Fuß hoher Berg, ein prächtiges Schauspiel.» Zwar besuchte Darwin diese Breiten zu einer anderen Jahreszeit als Magellan, aber der Eindruck wird nicht grundverschieden gewesen sein, ist doch das Wetter an der Südspitze Amerikas weniger von den Jahreszeiten als vom Westwind geprägt.

Unablässig bläst der Wind gegen die südlichsten Ausläufer der Anden, die hier mit Grandezza im Meer versinken, und gibt die Feuchtigkeit, die er über Tausende Meilen vom Meer aufgenommen hat, wieder ab. Darum liegt auf den Gipfeln der Berge das ganze Jahr über Schnee, und ihre Flanken sind bis zur Wasserlinie herab von modrigen Wäldern überwuchert, deren ewiges Grün nur manchmal von flüchtigen Sonnenflecken erhellt wird. Fast immer bedecken Wolken den Himmel und oft auch Berge und Täler. Häufig fällt Regen, den der Wind in Böen über das graue Wasser peitscht. Von den Bergen stoßen immer wieder ohne Vorwarnung so heftige Böen herab, dass sie ein Schiff in gefährliche Schlagseite bringen können, und an manchen Stellen drohen tückische Querströmungen. Ein Segler, der sich in diese Gewässer wagt, muss ständig auf der Hut sein. «Das Schlimmste aber war, dass zuweilen zwei oder drei dieser Winde zusammenkamen und sich trafen, als wenn sie in einem Körper wären; ihre Kräfte, zu einer einzigen vereinigt, fielen so heftig in die See, herumwirbelnd, oder wie die Spanier sagen: ‹tornado›, dass sie gleichsam in die Eingeweide der See stießen und sie schwellen ließen auf allen Seiten …», stöhnte Francis Fletcher, der 1578 als Bordkaplan von Francis Drake dieselbe Wasserstraße durchfuhr.

Um sich in einer solchen Umgebung wohlzufühlen, brauchte man schon das sonnige Gemüt eines Pigafetta: «Ich glaube nicht, dass es auf der Welt eine schönere und bessere Meerenge gibt als diese», schwärmte der Edelmann aus Vicenza und listete all ihre Vorzüge auf: sichere Ankerplätze alle paar Meilen, das beste Holz (wenn auch keine Zedern), Fisch, Sardinen, Miesmuscheln, wilder Sellerie und ein süßes Gras, «das rund um die Quellen wächst und das wir tagelang aßen, weil wir nichts anderes hatten».

Denn der Proviant ging langsam, aber unaufhaltsam zur Neige. Heringe und wilder Sellerie, in Öl oder Essig eingelegt, waren nichts, was einen Matrosen langfristig bei Kraft und Laune halten konnte. Dazu brauchte es wenigstens noch Zwieback, Öl und vor allem Wein. Weder Pigafetta noch Albo schrieben etwas darüber, auch Ginés de Mafra und andere Augenzeugen schwiegen sich aus, aber die Stimmung unter den Leuten muss mies gewesen sein und alle Hoffnung, die bei der Einfahrt in die Mündung aufgeflammt war, erloschen. Und nun war zu allem Übel auch noch die San Antonio verschollen!

Tagelang suchten sie Buchten und Seitenkanäle ab, die Vitoria fuhr gar bis zur Einfahrt zurück – vergebens. Das größte Schiff der Armada blieb mitsamt seiner Besatzung, darunter der Vetter des Generalkapitäns, unauffindbar. Resigniert gingen die Übrigen bei einer Flussmündung vor Anker, vermutlich in einer Bucht unweit des heutigen Cabo Froward. Die Meerenge verlief in diesem Abschnitt, wie Albo erklärte, in Richtung Nordwestwest, «und im Weg liegen viele Inseln». Wegen dieser Inseln, weil sie den Weg zu versperren schienen und weil ein Stück weiter südlich mehrere Kanäle abzweigten, hatte Magellan die Armada hier geteilt und die San Antonio auf jene Erkundungsfahrt geschickt, von der sie nicht wiedergekehrt war. Was mochte mit ihr geschehen sein? Sie wäre nicht das erste Schiff gewesen, das mit Mann und Maus unterging. Aber in Kanälen wie diesen, wo das Ufer niemals weit war, hätten sich da nicht ein paar Leute retten müssen und Zeichen gegeben? Die Sache war ein Rätsel. Um Klarheit zu erlangen, ließ der Generalkapitän den Astrologen rufen. San Martín sollte ein Horoskop errechnen.

Andrés de San Martín war der Intellektuelle der Expedition, ein Studierter, der sich ein profundes Wissen der Astrologie und Kosmographie und dadurch den Titel eines «Steuermannes Seiner Hoheiten» erworben hatte. Der König unterschrieb am 22. Mai 1512 eigenhändig die Ernennungsurkunde. In den folgenden Jahren bemühte sich San Martín erfolglos darum, zum «Piloto Mayor» ernannt zu werden, zum obersten königlichen Steuermann. Schließlich schiffte er sich auf Magellans Armada ein, in Sevilla eine minderjährige Tochter zurücklassend, um die sein Bruder sich kümmern sollte.

An Bord der Vitoria setzte der Gelehrte seine Studien fort. Stundenlang saß er über Büchern, deren Seiten eng bedruckt waren mit kryptischen Tabellen: den Almanachen des Regiomontanus und des Abraham Zacuto, die für jeden Kalendertag die Positionen der wichtigsten Himmelskörper auflisteten. In klaren Nächten und wenn der Seegang es zuließ, sah man ihn an Deck seine Instrumente auswickeln, Astrolabium, Quadrant und Jakobsstab, mit denen er am Firmament allerlei Abstände maß, zwischen Mond und Planeten, Fixsternen und Horizont. Leider sind San Martíns Aufzeichnungen verloren gegangen. Sie fielen den Portugiesen in die Hände, gelangten nach Lissabon und wurden vermutlich im großen Erdbeben von 1755 vernichtet. Nur ein paar Auszüge haben ihren Weg in Chroniken gefunden. Dadurch wissen wir, was bei dem Horoskop herauskam, das der Generalkapitän bei dem Sterndeuter in Auftrag gegeben hatte. Die San Antonio, erklärte dieser, befinde sich auf dem Weg zurück nach Kastilien, und ihr Kapitän, Magellans Vetter Alvaro de la Mesquita, sei ein Gefangener.

Die San Antonio desertiert! Abwegig war dieses Szenario keineswegs. Im Grunde hätte man auch ohne Astrologie darauf kommen können. Steuermann der San Antonio war Estevão Gomes, und dieser Gomes «hasste den Generalkapitän sehr», wie Pigafetta anmerkt, «denn bevor diese Armada ausgerüstet wurde, war er selbst zum Kaiser gegangen, damit der ihm einige Karavellen gebe, um Land zu entdecken. Aber Seine Majestät gab ihm keine, weil der Generalkapitän kam.» Mit anderen Worten, Gomes hegte einen Groll gegen den adligen Magellan, weil er gegen ihn beim König (und Kaiser in spe) den Kürzeren gezogen hatte.

Dass Gomes eigene seefahrerische Ambitionen hegte, war kein Geheimnis. Wie sein Chef stammte er aus Porto, der Hafenstadt im Norden Portugals, war etwa genauso alt, Mitte dreißig, doch im Unterschied zu Magellan ein zertifizierter Steuermann, ein professioneller Seefahrer. Auch wenn wir über sein Vorleben wenig wissen, dürfte Gomes mit seiner Erfahrung alle anderen Offiziere der Armada in den Schatten gestellt haben, einschließlich San Martín, der mehr Buchgelehrter als Praktiker war. Auch Magellan konnte Gomes als Seemann wohl nicht das Wasser reichen. Magellan selbst war ja kein Steuermann, sondern Kapitän. Das spanische Wort «Capitán» bezeichnet wie das englische «Captain» einen militärischen Anführer, egal ob er sein Kommando an Land oder zur See ausübt. Als Generalkapitän war Magellan der Oberbefehlshaber der Armada. Für die nautischen Details hatte er seine

Fachleute, die Steuermänner, unter denen Gomes herausragte. Mindestens einmal rettete dieser die Armada aus einer Notlage, in die ein anderer Steuermann sie manövriert hatte, und wenn die San Antonio die Einfahrt in die lang gesuchte Meerenge gefunden hatte, so war das nicht nur dem Sturm, sondern auch Gomes' Geschick zu verdanken. An Pigafettas Behauptung, der Steuermann habe den Generalkapitän nicht leiden können, mag daher etwas Wahres sein. Es wäre nicht das erste Mal gewesen, dass ein Angestellter seinem Chef den Posten neidete, zumal wenn er Anlass hatte zu glauben, dass dieser von der Sache weniger verstand als er selbst.

Kurz nach dem Auffinden der Mündung hatte Magellan einen Kriegsrat einberufen. Das berichtet Herrera in seiner «Geschichte der Taten», und obwohl sein Bericht literarische Züge trägt und die Szene so wie dargestellt wohl nie stattgefunden hat, war der Konflikt, der darin zum Ausdruck kommt, ganz sicher real. Magellan habe, bevor sie tiefer in die Meerenge eindrangen, eine Inventur der Vorräte befohlen, bei der herauskam, dass in den Laderäumen noch Proviant für drei Monate lagerte. Daraufhin und weil sie ihren General so optimistisch sahen, hätten «alle Kapitäne, Steuermänner und führenden Leute» gemeint, «dass es richtig sei, weiterzufahren und den Auftrag zu Ende zu bringen, denn mit leeren Händen nach Kastilien zurückzukehren wäre keine gute Idee». Nur Gomes habe geantwortet, «dass sie jetzt, wo man die Meerenge gefunden habe, um zu den Molukken zu gelangen, nach Kastilien zurückkehren sollten, um eine neue Armada auszurüsten, denn vor ihnen liege noch ein weiter Weg, und wenn einige Tage Flaute sie erwischen sollten oder Stürme, kämen sie alle um.» Dem habe Magellan «mit gesetzter Miene» entgegnet: «Selbst wenn er das Rindsleder essen müsste, mit dem die Rahen verkleidet sind, müsste er weiterfahren und entdecken, was er dem Kaiser versprochen habe, denn er hoffte, dass Gott ihm helfen und Glück schenken würde.» Und dann habe der Generalkapitän jedem die Todesstrafe angedroht, der von den Vorräten spräche, und schleunigst den Aufbruch befohlen – was Herrera sehr gescheit von ihm fand. Denn nach Gomes' Worten, den alle für einen «großen Seemann» hielten, seien die Leute wankelmütig geworden.

Wer will es ihnen verdenken? Die Argumente, die Herrera dem Steuermann in den Mund legt, klangen doch recht vernünftig, nicht minder sein Vorschlag, umzukehren und einen zweiten Anlauf zu nehmen. So vernünftig, dass Magellan gar nicht erst versuchte, ihnen auf sachlicher Ebene zu begegnen. Stattdessen berief er sich auf höhere Autoritäten, auf Gott und den Kaiser, und drohte allen, die seine Pläne durchkreuzen wollten, mit blanker Gewalt. Auch darin lag eine gewisse Logik, ja sogar Klugheit, wie Herrera anmerkt. Denn für Magellan gab es kein Zurück und keinen zweiten Anlauf.

Wäre er jetzt, im November 1520, nach Spanien heimgekehrt, mit nichts im Gepäck als der vagen Aussage, wahrscheinlich bei 52° Süd eine Einfahrt in die gesuchte Passage nach Westen gefunden zu haben – er wäre erledigt gewesen, unten durch bei seinen Auftraggebern und dem Gespött der Welt preisgegeben, ein Gescheiterter für den Rest seines Lebens. Unwahrscheinlich, dass man ihm eine weitere Armada anvertraut hätte. In Sevilla scharwenzelten zu viele selbsternannte Entdecker herum, die wie Gomes nur darauf warteten, sich der Krone anzudienen, und die nicht den Makel des Scheiterns trugen. Nein, diese Meerenge war Magellans einzige und letzte Chance. Für ihn gab es nur die Flucht nach vorn. Und für ihn hieß: auch für seine Untergebenen. Wenn der Generalkapitän entschlossen war, das Leder von den Rahen zu essen, blieb den anderen nur, dasselbe zu tun – oder zu desertieren.

Und nun war die San Antonio fort. Ob desertiert oder nicht, stand in den Sternen. Sie war fort, und das allein war eine Katastrophe. Aber der Generalkapitän verlor weder die Nerven noch die Kontrolle über die Situation. Nachdem der Rest seiner Armada in einer geschützten Bucht am Nordufer der Meerenge vor Anker gegangen war – wahrscheinlich die Bahía Fortescue oder die dahinter liegende Caleta Gallant, 50 Kilometer nordwestlich von Cabo Froward – und nachdem der Astrologe sein Urteil abgegeben hatte, bewies Magellan ein weiteres Mal sein außergewöhnliches Talent zum Krisenmanagement.

Er ließ das Beiboot klarmachen und sandte es zur Erkundung aus, so wie er es in den vergangenen Wochen mehrmals getan hatte. Das Boot sollte nach Nordwesten fahren, wo die Wasserstraße einen Schlenker um eine Insel machte und sich gabelte. Hielt man sich nach Backbord, kam man in einen fast schnurgeraden Kanal, flankiert von steil abfallenden Bergen und stellenweise nur eine halbe Leuge schmal, der kein Ende zu nehmen schien. Weil das Wasser – und zwar Salzwasser – hier kräftig aus der Gegenrichtung strömte, glaubte Magellan, dieser Kanal müsse ins Meer münden. Doch er wollte es genau wissen, und daher

**Links der Bootsmann eines spanischen Schiffes mit Strick und Pfeife, rechts ein Steuermann. Aus dem «Trachtenbuch» des Christoph Weiditz, um 1530**

sollte die Besatzung des Beibootes ans Ufer gehen und auf einen Berg steigen, um zu schauen, ob sie von dort oben die Ausfahrt sähen. Für den Fall, dass sie Erfolg hätten, versprach er den Kundschaftern eine Belohnung.

Sodann bestellte er den Schreiber der Trinidad zu sich und diktierte ihm einen Brief. Der Brief war an die Kapitäne, Steuer- und Bootsmänner der Concepción und der Vitoria gerichtet, die unweit des Flaggschiffs ebenfalls vor Anker lagen. Ihm sei zu Ohren gekommen, beklagte sich der Generalkapitän bei den anderen Schiffsführern, dass sie seinen Entschluss weiterzufahren für «eine schlimme Sache» hielten, weil «die Zeit knapp wird für diese Reise, die wir machen». Aber anscheinend traue sich niemand, ihm das ins Gesicht zu sagen. Fürchteten sich die anderen etwa vor ihm, seit er die Meuterer von San Julián hatte über die Klinge springen lassen? «Ihr habt aufgehört, mir Eure Meinung und Euren Rat zu geben in Bezug auf alles, was den Dienst an Seiner Majestät und die Sicherheit dieser Armada betrifft», schrieb er vorwurfsvoll. Damit «vergeht Ihr Euch gegen den Kaiser und König, unseren Herrn, und verstoßt gegen den Eid und die Huldigung, die Ihr mir geleistet habt». Er forderte die anderen Schiffsführer auf, ihm offen und ehrlich mitzuteilen, was sie für das Beste hielten: weiterfahren oder umkehren. Und zwar sollte jeder für sich seine Meinung schriftlich begründen. Und dann würde Magellan *seine* Erklärung hinzufügen «und Entscheidung, um einen Beschluss zu fassen, was wir tun sollen» – eine etwas umständliche Formulierung, die aber keinen Zweifel daran ließ, wer am Ende beschließen würde, nämlich der Urheber des Schreibens: «Getätigt im Kanal aller Heiligen, gegenüber dem Fluss mit dem Inselchen, bei 53 Grad, am Donnerstag, den 21. November des Jahres 1520, auf Befehl des Generalkapitäns Fernan de Magalhaes.»

Dass wir diesen Brief überhaupt im Wortlaut kennen, ist dem Historiker João de Barros zu verdanken, dem «portugiesischen Titus Livius», wie ihn ein Bewunderer nannte. Was Antonio de Herrera für die spanischen Könige leistete, eine monumentale Geschichte ihres Kolonialreichs in Amerika zu schreiben, tat João de Barros für das portugiesische Imperium in Indien. Auf Magellan war Barros nicht sonderlich gut zu sprechen, schließlich hatte sich sein Landsmann einem fremden König angedient für ein Unternehmen, das Portugals Interessen diametral zuwiderlief. Wer so etwas tat, konnte nicht ganz richtig im Kopf sein, fand Barros. Als er durch Zufall Kenntnis von Magellans Brief erhielt, sah er darin vor allem einen Beleg dafür, wie verwirrt und hilflos der Generalkapitän agierte, und um diese Hilflosigkeit zu illustrieren, fügte er den Brief ungekürzt in seine Chronik ein. Magellan habe nicht mehr gewollt, «dass die führenden Personen ihn sähen», mokierte sich der portugiesische Livius und verglich den Generalkapitän mit «einem Mann, der auf seinem Schiff keine große Zusammenkunft mehr sehen wollte, weil er von ihr irgendeinen Aufstand befürchtete». Demnach hätte Magellan die Auseinandersetzung mit seinen Kollegen gescheut und nicht mehr gewagt, ihnen unter die Augen zu treten.

Nun war die Stimmung unter Offizieren wie Mannschaft der Molukken-Expedition zweifellos nicht die beste nach 14 Monaten auf See, mit gähnener Leere in den Vorratsfässern und den Molukken noch immer in weiter Ferne. Aber dafür, dass der Generalkapitän in dieser kritischen Situation den Schriftweg einschlug, dürften weder seine Verwirrung noch Furcht vor Empörung ausschlaggebend gewesen sein. Vielmehr handelte es sich um einen wohlüberlegten Schachzug. Erstens sicherte er sich damit für den Fall ab, dass Gomes mit der San

Antonio tatsächlich den Heimweg eingeschlagen hatte. In diesem Fall musste Magellan damit rechnen, dass sich die Deserteure vor dem König mit Anklagen gegen den Generalkapitän rechtfertigen und dessen tyrannischen Führungsstil anprangern würden. Sollte es zum Prozess kommen, konnte so ein Brief, in dem er sich als kollegialen Anführer präsentierte, sehr nützlich sein. Er würde ihn vorlegen und sagen: Schaut her, ich hätte ja zu gern die Meinung der anderen gehört, was kann ich dafür, wenn sie zu verstockt waren, um sie mir zu sagen?

Aber der Brief hatte auch eine zweite, unmittelbare Stoßrichtung: Er zwang die Kapitäne und Steuermänner, ihre Karten offenzulegen. Sollte noch jemand mit der Rückkehr nach Sevilla liebäugeln, müsste er jetzt Farbe bekennen – oder aber schwarz auf weiß lügen. Magellan wäre mit beidem gedient gewesen. Entweder er hätte erfahren, was die anderen dachten, oder er konnte ihre Meinungen gegen sie verwenden. Indem Magellan seine Offiziere an die Huldigung erinnerte, die sie ihm geleistet hatten, und an ihre Verpflichtung zum Dienst gegenüber dem König, beschwor er das mittelalterliche Recht der Feudalgesellschaft, nach dem ein Anführer und seine Gefolgsleute zu gegenseitiger Treue verpflichtet waren. Und mit der Aufforderung, schriftlich Stellung zu nehmen, erhöhte er nochmals den Druck, weil das geschriebene Wort damals noch mehr als heute eine stark bindende Wirkung besaß, die letztlich in magischen Vorstellungen wurzelte.

Magellan fuhr also schwere moralische Geschütze auf, die jedoch nur wenig ausgerichtet hätten, wäre ihm nicht zugleich eine Schar loyaler Gehilfen zur Seite gestanden. Dazu gehörten der Sobresaliente Pigafetta, Magellans Schützling Cristovão Rebelo, den er aus Porto mitgenommen hatte, sein malaiischer Sklave Enrique und noch etliche mehr, nicht zuletzt der «Alguacil» der Armada, Gonzalo Gómez de Espinosa. Wie von allen anderen Mitfahrern Magellans ist auch von diesem Gómez nicht überliefert, wie er aussah, ob er groß oder klein war, stämmig oder drahtig. Wir wissen nur, dass er aus der Gegend von Burgos stammte, damals jenseits der dreißig war und nicht schreiben konnte. Ein Hänfling kann er nicht gewesen sein, denn als «Alguacil» hatte Gómez für die Einhaltung der Disziplin zu sorgen. Er war also eine Art oberster Profoss der Armada, und dafür musste er sich nötigenfalls auch körperlich Respekt verschaffen. Als die spanischen Kapitäne in San Julián meutern wollten, hatte Gómez seine Qualitäten hinlänglich unter Beweis gestellt, indem er einen der Rädelsführer kurzerhand erstach. Solange Magellan einen wie Gómez an seiner Seite hatte, brauchte er den Konflikt mit den anderen Schiffsführern nicht zu scheuen. Aber einstweilen verließ er sich auf die Macht des geschriebenen Wortes. Er unterzeichnete, was der Schreiber aufgesetzt hatte, und ließ es per Ruderboot zu den anderen Schiffen bringen. Jetzt waren die anderen am Zug.

Und was trieben die Matrosen und übrigen Männer in jenen Stunden, während ihre Vorgesetzten mit dem Lesen und Beantworten von Briefen beschäftigt waren? Niemand hat es aufgeschrieben. Man wünscht ihnen, dass sie ihre schwimmenden Gefängnisse, als welche Seeleute des 16. Jahrhunderts ihre Schiffe oft empfanden, für ein paar Stunden verlassen und an Land gehen durften. Die Anführer konnten die Mannschaft jedenfalls unbesorgt von Bord lassen, denn in dieser menschenfeindlichen Wildnis wäre ihnen niemand davongelaufen. Flucht wäre einem Selbstmord gleichgekommen. Und das, obwohl die Bucht an sich nicht ohne Reiz war: Berge schützten sie gegen den Westwind, zwei Flüsse und mehrere Bäche lieferten Südwasser, Bäume und Strauchwerk Holz. Womöglich waren Magellans Leuten sogar einige Sonnenstunden beschieden, so dass sie im Fluss baden und ihre zerschlissene Kleidung waschen konnten. Manche mögen ein paar Schritte talaufwärts spaziert sein, um nach essbaren Kräutern zu suchen, andere in der Bucht gefischt haben, die Pigafetta zufolge reich an «Sardinen» gewesen ist, das heißt kleineren Fischen aus der Familie der Heringe, die Sardinen ähnelten. Sicherlich haben sie am Strand Feuer entfacht, um sich zu wärmen, ihre Kleider zu trocknen und die Fische zu braten. Brennholz war ja genug vorhanden: Äste der Südbuche, Zweige von Berberitzen und Baccharis-Sträuchern. Letztere enthalten viel Harz. Herrera berichtet, das Holz habe beim Verbrennen intensiv geduftet und den Männern damit «großen Trost» gespendet. Ob der Geruch die Seefahrer an den Weihrauch in ihren heimatlichen Kirchen erinnerte? Nach der Rückkehr nach Spanien haben manche so eindrücklich von dem aromatischen Räucherholz erzählt, dass man in zeitgenössischen Beschreibungen lesen kann, an den Ufern der Magellanstraße wüchsen Zedern. Doch Pigafetta wusste es besser.

Bei aller patagonischen Idylle, die wir uns hier ausmalen und die man noch mit den Blumen ausschmücken könnte, die in jenen Frühlingstagen den Strand wie ein Teppich überzogen: Der Landgang war ein Akt schierer Notwendigkeit, denn die Armada musste ihre Lebensmittelvorräte schonen und sich so weit wie irgend möglich von dem ernähren, was sich am Ufer darbot. Außer Kräutern und Fisch waren das vor allem Muscheln, Schnecken und Krebse. Und dann gab es die Chance, dass sich doch noch Bewohner dieses Landes blicken ließen und man etwas Essbares, Wild zum Beispiel, eintauschen oder es ihnen abjagen konnte. Handel oder Händel – den Reisenden wäre wohl beides recht gewesen, nicht nur wegen der Aussicht auf Gewinn, den das eine wie das andere versprach, sondern auch um des Nervenkitzels willen, so wie eine Rauferei die Monotonie immergleicher Tage auf hoher See unterbrechen konnte. Oder wenn die Fremden Frauen dabeihätten! Was für eine erregende Vorstellung, nach fast einem Jahr Enthaltsamkeit wieder ein weibliches Wesen zu sehen, vielleicht sogar ein nacktes?

Dass Menschen sich in diesen unwirtlichen Breiten fortpflanzten und ihr Dasein fristeten, stand außer Zweifel. Da waren die Gräber, auf die Carvalhos Trupp nahe der Einfahrt gestoßen war. Und da waren die Feuer, die sie in den Nächten an den fernen südlichen Gestaden hatten auflodern sehen, ohne dass deren Urheber je zum Vorschein gekommen wären. Ihretwegen nannten die Seefahrer das Land im Süden «Tierra de los fuegos»: Feuerland.

Als der englische Freibeuter Thomas Cavendish im Sommer 1587 mehrere Wochen in derselben (oder einer benachbarten) Bucht zubrachte, weil widrige Winde ihn am Weiterfahren hinderten, stießen seine Leute einige Meilen flussaufwärts auf eine Gruppe von bewaffneten Jägern. Da die Engländer den Fremden misstrauten, feuerten sie sicherheitshalber ihre Musketen ab und töteten mehrere, woraufhin die Übrigen das Weite suchten. Zu Magellans Zeiten waren die Anwohner der Meerenge noch vorsichtiger und hielten sich vor den Eindringlingen verborgen.

Die Tage des Wartens in der Bahía Fortescue nutzte Pigafetta dazu, sich eingehender mit einem der beiden Patagonier zu unterhalten, den sie Hunderte Meilen weiter nördlich im Hafen San Julián gekidnappt hatten und der seither als unfreiwilliger Passagier auf der Trinidad mitfuhr.

Einmal bat der hochgewachsene Mann den Sobresaliente um Brot und Wasser. Anscheinend bat er nicht zum ersten Mal darum, denn die

Ausdrücke, die er dafür benutzte, «capac» und «oli», verstand Pigafetta bereits. Nun schrieb er sie auf und fragte den Patagonier nach weiteren Wörtern seiner Sprache, indem er auf Dinge deutete und sich ihre Bezeichnung sagen ließ. Auf diese Weise entstand das erste – und für lange Zeit das einzige – Wörterbuch Patagoniens. Mit 90 Einträgen ist es nicht sonderlich lang, aber es enthält immerhin genug Vokabeln, dass Linguisten sie heute der Familie der Chon-Sprachen zuordnen können, die einst von der Südspitze Amerikas bis hinauf in die Pampas verbreitet waren.

Am meisten interessierte sich Pigafetta für die Namen von Körperteilen, vom Kopf – «her» – bis zu den Sohlen – «caotscheni» – sowie für alltägliche Dinge und Tätigkeiten wie zum Beispiel das Feuer und den Fisch, Kochen und Kämpfen. Doch auf manchen Gebieten drang er tiefer in die Materie ein. So erkundigte er sich nach dem Wort für Geschlechtsverkehr und nach den Namen des großen und der kleinen Dämonen: Sie hießen «Setebos» und «Cheleule». All diese Worte, bemerkte Pigafetta, würden tief in der Kehle ausgesprochen.

Als der Italiener mit seinen Fingern das Zeichen des Kreuzes formte und dieses küsste, soll dem Patagonier der Schreck in die Glieder gefahren sein und er laut «Setebos» gerufen haben. Mit Hilfe von Gesten habe der patagonische «Gigant» Pigafetta warnen wollen: Wenn er noch einmal das Kreuzzeichen machte, würde Setebos in seinen Körper fahren und ihn bersten lassen. Natürlich geschah nichts dergleichen, und wenige Wochen später, als der Patagonier auf der Trinidad einem elenden Hungertod entgegensiechte, habe er das Kreuz umarmt und sich auf den Namen Paul taufen lassen.

Für den frommen Pigafetta war es Teil seiner Mission auf Erden, Ungläubige zu bekehren. Insofern ist der Sinn dieser anrührenden Geschichte leicht zu entschlüsseln. Was sich jedoch sein Gegenüber bei all dem gedacht haben mag, entzieht sich unserer Erkenntnis. Ist schon das Denken und Fühlen eines spanischen Matrosen des 16. Jahrhunderts für uns weitgehend Terra incognita, so ist die Lebenswelt eines Patagoniers jener Zeit, bildlich gesprochen, auf einem Planeten irgendwo fern unseres Sonnensystems anzusiedeln: unerreichbar für unsere Vorstellungskraft. Am ehesten lässt sich seine Situation mit der eines Menschen vergleichen, der von Außerirdischen entführt wurde. Und zwar von Außerirdischen, auf deren Raumschiff es wenig zu beißen gab.

Unterdessen entschied sich auf dem Achterdeck der Trinidad das Schicksal der Armada. Mehr als einen Tag dauerte es, bis alle Empfänger den Brief des Generalkapitäns gelesen, dem Schreiber ihre Antworten diktiert, sie gegengelesen und unterfertigt hatten. Nur eine dieser Antworten ist erhalten geblieben. Sie stammt abermals von San Martín, dem Astrologen und Steuermann der Vitoria, der sowohl Magellans Brief als auch seine Erwiderung darauf in seine privaten Papiere kopierte. Die gelangten später auf verschlungenen Wegen in die Hände des portugiesischen Hofchronisten Barros, der beide, Brief und Antwort, der Nachwelt überlieferte. San Martíns Worte sind nicht minder aufschlussreich als die seines Chefs.

Der Kosmograph zweifelte zwar, dass der Kanal, in dem sie sich befanden, oder irgendein anderer sie zu den Molukken führen würde. Das sollte sie aber nicht davon abhalten, alles in Erfahrung zu bringen, was sie über diesen Wasserweg wissen konnten: «Es scheint, dass Euer Gnaden jetzt weiterfahren sollten deshalb, weil wir die Blüte des Sommers in den Händen halten und mit dem Enthüllen oder Aufdecken fortfahren sollten bis Mitte des kommenden Januars.» Dann aber müsse die Armada schleunigst nach Spanien heimkehren, würden die Tage doch «schlagartig» kürzer und die Stürme noch schwerer. Wenn sie schon jetzt, da der helllichte Tag 17 Stunden dauere, so stürmisches Wetter hätten, um wie viel ärger müsse es da im Herbst oder gar Winter sein. Der Generalkapitän solle daher zusehen, dass er der Meerenge mit Ablauf des Januars den Rücken gekehrt hätte und die Armada, mit genügend Wasser und Brennholz versehen, direkten Kurs auf Sanlúcar de Barrameda nähme.

Zu versuchen, auf anderem Wege die Molukken zu erreichen, etwa auf dem verbotenen, weil von Portugal beanspruchten Weg nach Osten, über das Kap der Guten Hoffnung – das hielt San Martín für gar keine gute Idee: «Denn die Leute sind mager und geschwächt; und auch wenn wir im Moment genug Vorräte haben, um uns zu erhalten, sind es nicht genügend und nicht von der Art, um zu neuen Kräften zu kommen oder schwere Arbeiten zu verrichten … Außerdem sehe ich, dass die, die krank werden, lange brauchen, um zu genesen. Und auch wenn Euer Gnaden gute Schiffe haben und gut getakelte – gelobt sei Gott! –, so fehlt es doch an Tauwerk, insbesondere diesem Schiff Vitoria». Daher glaubte San Martín nicht, dass Magellan es mit solchen Fahrzeugen und einer so abgemagerten Crew zu den Molukken und wieder nach Spanien schaffen würde.

Schließlich gab er dem Generalkapitän noch den Rat, nur bei Tageslicht weiterzusegeln, wegen der Sicherheit der Schiffe und damit die Leute ein wenig ausruhen könnten. Denn das Risiko, das sie bei nächtlicher Fahrt eingingen, würde durch die zwei Meilen, die sie in der kurzen Nacht allenfalls vorankämen, nicht wettgemacht. «Und nachdem ich gesagt habe, was ich meine und womit ich glaube, meine Pflicht vor Gott erfüllt zu haben und gegenüber Euer Gnaden, und womit meiner Meinung nach Seiner Majestät und der Armada am besten gedient ist, soll Euer Gnaden nach Gutdünken handeln, und möge Gott Sie leiten.»

Wie gesagt, wissen wir nicht, wie die anderen Antworten lauteten. Und wir wissen auch nicht, wie Magellan am Ende entschieden hätte, wenn nicht kurz darauf das Beiboot zurückgekehrt wäre, das er zur Erkundung ausgesandt hatte. Pigafettas Erzählung erweckt den Anschein, als hätte diese Mission schon vor dem Verschwinden der San Antonio und vor dem Briefwechsel stattgefunden. Aber das ist kaum wahrscheinlich, schon allein weil San Martín in seiner Stellungnahme bezweifelte, dass die «Meerenge aller Heiligen» einen Weg zu den Molukken eröffnete. Ebendiesen Weg, also eine Ausfahrt ins offene Meer, entdeckt zu haben verkündete freudig die Besatzung des Beibootes.

Drei von ihnen sind uns namentlich bekannt: Hernando de Bustamante, Barbier der Concepción, und der Seemann Ocaçio Alonso, weil die Belohnung, die Magellan ihnen versprochen hatte, am Ende tatsächlich ausgezahlt wurde – 4000 Maravedís oder mehr als drei Monatsheuern eines Matrosen, die fein säuberlich in den Büchern der königlichen Handelsagentur zu Sevilla verbucht sind. Dritter im Bunde dürfte Roldán de Argot gewesen sein, ein Kanonier aus Flandern. Denn die Kundschafter gaben dem Berg, den sie erklommen, den Namen «Campana de Roldán», auf Deutsch «Rolandsglocke». Wem anderen konnte beim Anblick eines patagonischen Berggipfels die klangvolle Glocke des Belfrieds von Gent in den Sinn kommen als einem Flamen namens Roland?

Man hat den Berg mit dem Monte Wharton identifiziert, einem 1269 Meter hohen, schneebedeckten Gipfel auf der Insel Santa Inés, am Südufer der Magellanstraße. Doch selbst wenn es den Männern gelungen sein sollte, den Gipfel zu besteigen, müssen sie schon sehr gute Augen gehabt und außergewöhnlich gute Sichtverhältnisse vorgefunden haben, um den Ausgang der Meerenge zu erspähen, liegt er doch weit mehr als hundert Kilometer nordwestlich. Aber was auch immer die Kundschafter sahen, sie kehrten mit der Nachricht zurück, dass sie ein Kap und das weite Meer erblickt hätten. «Da weinte der Generalkapitän vor Freude», schrieb Pigafetta, «und nannte jenes Kap ‹Cabo Deseado› – das erhoffte Kap –, denn wir hatten es schon so lange ersehnt.»

Abermals ließ der Generalkapitän einen Brief aufsetzen, in dem er seinen Willen bekräftigte, die Fahrt fortzusetzen. Er sei überzeugt, dies sei das Beste für die Armada, schwor er «beim Rock des heiligen Jakobus auf seiner Brust». Und er vertraue auf die Barmherzigkeit Gottes, der ihnen die lang ersehnte Meerenge gezeigt habe, dass er sie nun auch «ans Ziel seiner Hoffnung» bringen werde. Den Brief, dessen Inhalt Barros zusammenfasst, ließ Magellan auf allen Schiffen verlesen, und am nächsten Tag wurden die Segel gesetzt und Anker eingeholt. Während die Bucht noch von den Salven widerhallte, die sie zur Feier des Tages abgefeuert hatten, manövrierten sich die drei Schiffe hinaus und wandten den Bug erneut nach Westen. Am Ufer blieb, gut sichtbar, ein Holzkreuz zurück und zu dessen Füßen ein alter Topf mit einer Nachricht an Alvaro de la Mesquita, für den Fall, dass die San Antonio doch noch nachkommen sollte.

Einmal mehr war Magellan das Glück hold, denn im Unterschied zu anderen Seefahrern, die nach ihm durch diese Wasserstraße fuhren und wochenlang feststeckten, weil der Westwind ihnen die Weiterfahrt verwehrte, war ihm eine günstige Brise beschieden. Ohne weitere Zwischenfälle führte der Generalkapitän seine Armada durch den letzten Abschnitt der Meerenge, den schmalsten und schwierigsten. Westwärts fahrende Schiffe müssen hier gegen den mächtig hereinrollenden Pazifik ankämpfen. Sie müssen starke Querströmungen meistern und sich gegen Riffe vorsehen, die unter der Wasseroberfläche lauern und die manchmal, aber nicht immer durch schwimmenden Tang markiert sind. Die Buchten sind wiederum so tief, dass ein Anker selten Halt findet, und am Ufer wachsen auch keine starken Bäume mehr, an denen man Trosse befestigen könnte. Achtung ist auch vor den böigen Fallwinden geboten, die Drakes Kaplan Francis Fletcher so eindringlich beschrieben hat und die hier besonders heftig zupacken. Es sind tückische Gewässer, die bei Sturm oder Springflut schnell zur tödlichen Falle für ein Segelschiff werden. Magellans Armada jedoch kam unbeschadet hindurch. Offenbar schlug der Generalkapitän San Martíns Rat in den Wind und fuhr ohne Pause bei Tag und Nacht, denn schon am 28. November – nach manchen Berichten schon am 27. oder gar 26. – ließen die Trinidad, die Concepción und die Vitoria die Meerenge hinter sich und segelten hinaus aufs offene Meer.

Düster und wild war dieses Meer, vor allem aber war es weit – so weit, wie kaum einer der 175 Männer an Bord es sich vorstellen konnte. Für etliche unter ihnen würde es sogar unendlich weit sein, denn sie sollten nie die andere Seite sehen. Doch in jenem Augenblick «schätzte sich ein jeder glücklich», erinnerte sich Ginés de Mafra voller Entdeckerstolz, «weil er sich an einem Ort befand, an dem sich vor ihm kein anderer befunden hatte».

Der Generalkapitän befahl der Mannschaft Dankgebete. Sie hatten überwunden, was ihm die größte Hürde schien: das große Festland im Westen. Er hatte einen Seeweg auf die andere Seite der Erde gefunden und damit das Werk einer ganzen Generation von Seefahrern vollendet. Einen Monat und eine Woche hatte die Passage durch die «Meerenge aller Heiligen» gedauert, hundert und zehn Leugen war sie lang, mehr als 600 Kilometer. Dass sie einst seinen Namen tragen würde, sollte Magellan nie erfahren. Er wusste damals nur, dass er noch nicht am Ziel seiner Hoffnung war. Seine Reise war noch nicht zu Ende – eine Reise, die viele Jahre zuvor ihren Anfang genommen hatte.

## 2. Indische Lehrjahre

Die Familie derer von Magalhães war seit dem 13. Jahrhundert im rauen, gebirgigen Norden Portugals ansässig, im alten Gerichtsbezirk Terra da Nóbrega. Mit der Zeit breitete sie sich über alle Provinzen Nordportugals aus und verzweigte sich in mehrere Seitenlinien. Im Dickicht der vielfach verästelten Familienzweige hat sich bereits so mancher Genealoge verirrt. Dass im 15. und 16. Jahrhundert mindestens acht verschiedene Personen mit dem Namen Fernão de Magalhães lebten, macht es nicht einfacher. Kein Wunder also, dass im Streit um Magellans Herkunft schon literweise Tinte vergossen wurde. Dabei waren die Streiter nicht selten vom Wunsch beseelt, als erklärte Nachfahren oder Lokalpatrioten am Nimbus des berühmtesten Portugiesen vor Cristiano Ronaldo teilzuhaben.

Lange galt ein Testament, das 1504 in Belém bei Lissabon von einem Fernão de Magalhães aufgesetzt wurde, als ältestes Dokument aus dem Leben des späteren Seefahrers. Der Verfasser hatte von seinen Eltern einen kleinen Bauernhof in Sabrosa geerbt, einem Dorf in der Provinz Trás-os-Montes tief im Landesinnern, und nun vermachte er den Hof seiner Schwester Teresa und ihrem Gatten. Ein altes Anwesen in Sabrosa, das mit dem Hof identisch sein soll, ist bis heute eine Pilgerstätte für Magellan-Aficionados. Dabei hat der Verehrte den Ort wohl nie betreten, und er wurde dort auch nicht geboren.

Vor wenigen Jahren kam ein Schenkungsvertrag ans Licht, nachdem er fast ein halbes Jahrtausend unbeachtet im Archiv der Notare von Sevilla gelegen hatte. Diesen Vertrag ließ «der Komtur Fernando de Magallaes, Kapitän seiner Hoheiten», am 19. März 1519 zugunsten seiner Schwester aufsetzen, also wenige Monate vor dem Auslaufen seiner Armada. Er bezeichnete sich darin als ältesten Sohn der Eheleute Rodrigo de Magalhães und Alda de la Mesquita.

In dem Schenkungsvertrag steht, dass Rodrigo und seine Frau Alda Einwohner der Stadt Porto waren und in deren Umgebung, auf dem

Gebiet des heutigen Vila Nova de Gaia, eine «Quinta» besaßen, das heißt ein Landgut, samt Weinbergen, Kastanienhainen und Äckern zum Getreideanbau. Als sie starben, vererbten sie die Quinta ihrem Erstgeborenen Fernão, der mit dem Erbe auch die Sorge für seine Schwester übernahm. Die Schwester war unverheiratet und hieß Ysabel. Offenbar nahm Magellan seine familiären Pflichten ernst. Bevor er auf unabsehbare Zeit in See stach, überschrieb er Ysabel im März 1519 das elterliche Landgut und wusste sie damit versorgt.

Abgesehen von den Namen der Verfasser, die identisch sind, widersprechen sich die Schenkung von 1519 und das Testament von 1504 in allen Punkten. Wer auch immer Letzteres aufgesetzt hat, kann kaum derselbe gewesen sein, der im September 1519 als Befehlshaber einer Armada des spanischen Königs zu den Molukken auslief. Im Übrigen hat sich Magellan stets als «Einwohner» von Porto bezeichnet, und ein gelehrter Autor des 16. Jahrhunderts, Fernão de Oliveira, nannte ihn sogar ausdrücklich einen «Eingeborenen» dieser alten Handelsstadt am Douro.

Die Familie von Magellans Mutter zählte wie die seines Vaters zu den namhaften Adelssippen Nordportugals, auch wenn ihr Stammbaum nicht gar so tief in die Vergangenheit reichte. Ihr kurioser Name «de la Mesquita», deutsch «von der Moschee», soll daher rühren, dass fünf Brüder, die 1437 unter Prinz Heinrich dem Seefahrer an der Belagerung der marokkanischen Festung Tanger teilnahmen, vorübergehend eine Moschee besetzten.

Anders als die räumliche war Magellans soziale Herkunft nie strittig: Er war ein «Fidalgo». Ein Fidalgo, spanisch Hidalgo, war Sohn eines adligen Vaters und hatte von diesem ein Wappen geerbt, in dem sich die Ehre der Familie widerspiegelte. Da es dem Fidalgo zumeist an Reichtümern mangelte, waren Wappenschild und Ehre sein wertvollster Besitz, der ihn von seinen bäuerlichen und bürgerlichen Nachbarn abhob. Um diesen ideellen Besitz zu wahren und zu mehren, stand dem Fidalgo im Wesentlichen ein Weg offen: Er musste Ritter werden. Diesen Weg beschritt auch Magellan.

Jeder hat beim Wort «Ritter» sofort ein Bild vor Augen: einen Krieger im eisernen Panzer, hoch zu Ross und bewaffnet mit Schwert, Schild und Lanze. Auf den ersten Blick scheint dieses Bild dem eines frühneuzeitlichen Seefahrers zu widersprechen, der Pferd gegen Schiff,

Rüstung gegen Mantel und Mütze getauscht hat und die Lanze gegen Kanonen. Allenfalls der Säbel an seinem Gürtel erinnert noch an das mittelalterliche Rittertum. Und doch ist es sinnvoll, kurz bei dem Bild zu verweilen, weil es zu Magellans Zeit ein prägendes Rollenmodell darstellte, besonders für den Stand der Fidalgos, dem er angehörte. Zwar hatten Söldner und Schießpulver den Ritter auf dem Schlachtfeld längst in die Defensive gedrängt, doch als Idealbild spukte er nach wie vor in den Köpfen des Adels – überall in Europa, vor allem aber auf der Iberischen Halbinsel. Dieses Ideal war ein Relikt der Kreuzzugszeit. Es verschmolz die Tugenden eines Kriegers mit dem christlichen Gebot der Nächstenliebe zu einem speziellen Amalgam. Der Ritter wurde von klein auf zu rücksichtslosem Draufgängertum erzogen. Er lebte die Gewalt, Töten war sein Metier. Aber er besaß einen Ehrenkodex, und idealerweise kultivierte er auch seine sanfte Seite, die er im Kreis der Familie, im Umgang mit edlen Damen, als treuer Diener seines Herrn und der Mutter Kirche ausleben durfte.

Die «Reconquista» – wie die jahrhundertelangen Eroberungskriege gegen die muslimischen Reiche von al-Andalus genannt wurden – hatte portugiesischen und spanischen Rittern reichlich Gelegenheit geboten, legendären Vorbildern wie Roland oder «el Cid» nachzueifern. Ehrgeizigen Fidalgos eröffnete die Reconquista einen steilen Weg des sozialen Aufstiegs: lebensgefährlich, aber aussichtsreich. Wer sich auf dem Schlachtfeld hervortat und den Muslimen, den Feinden der Kirche, ihre Ländereien raubte, den ernannte der König zum Herrn über Land und Leute mitsamt dem Recht, beide an seine Nachkommen zu vererben. So funktionierte die Feudalgesellschaft, und sie funktionierte über Jahrhunderte tadellos, bis eines Tages alles Land vergeben war. Dieser Tag dämmerte am 2. Januar 1492, als der letzte Emir von Granada sein Reich den Katholischen Königen Isabella und Fernando übergab. Damit war die Reconquista Geschichte. In Portugal war sie sogar schon Mitte des 13. Jahrhunderts an ihr Ende gelangt, nachdem portugiesische Könige die Algarve – «al-Gharb» oder «den Westen» – unter ihre Herrschaft gebracht hatten. Für die Ritter hieß das: Sie mussten zu neuen Ufern aufbrechen. Viele taten das auch im Wortsinn, aber an ihrem althergebrachten Selbstbild hielten sie eisern fest.

Nirgends sonst in Europa erfreuten sich zu Beginn der Neuzeit Ritterromane, in denen die mittelalterliche Heldendichtung fortlebte, so großer Beliebtheit wie in Portugal und Spanien. Was für Jungen und Mädchen von heute Luke Skywalker und die Jedi-Ritter oder für ihre Großeltern Old Shatterhand und die Apachen sind, waren für portugiesische und kastilische Jünglinge um 1500 König Artus und die Tafelrunde. Der unangefochtene Star des Genres hieß indes «Amadís de Gaula». Sein Schöpfer, vermutlich ein Portugiese, hatte Versatzstücke aus dem keltischen Sagenzyklus zu einer fantastischen Coming-of-Age-Story verwoben – mit allem, was dazugehörte: «Zaubereien wie auch Raufereien, Schlachten, Duelle, Wunden, Brautwerbungen, Liebschaften, Stürme und unmöglicher Unsinn» (Miguel de Cervantes). Der Held des Buches wird als Baby in einer Arche dem Meer überantwortet, jedoch gerettet und als geheimnisumwittertes «Kind der See» zum Musterbild eines Ritters erzogen, der auf abenteuerlicher Fahrt seine Tugenden unter Beweis stellt. Der «Amadís de Gaula» erschien 1508 in gedruckter Version auf Spanisch und begeisterte, wie zahllose andere Werke ähnlicher Machart, Generationen von Lesern, bis Cervantes mit seinem «Don Quijote de la Mancha» eine geniale Parodie des Genres schuf und ihm zugleich den literarischen Grabstein setzte.

Magellan muss als Heranwachsender mit dieser ritterlichen Kultur und Literatur in Berührung gekommen sein. Wie auf viele seiner Standesgenossen wird sie auch auf ihn ihren Eindruck nicht verfehlt haben, und wer weiß, womöglich hat sie ja sogar in ihm den Wunsch genährt, eines Tages selbst auf Abenteuerfahrt zu gehen. Auch wenn er für diese Suche – wie sich zeigen wird – noch ganz andere, viel rationalere Gründe hatte.

Zweifellos hat der junge Magellan die standesgemäße Ausbildung eines Ritters genossen. Dazu gehörte nicht nur das Erlernen des Kriegshandwerks, also Reiten und Fechten mit Lanze und Schwert, sondern auch des Katechismus, von Paternoster, Ave-Maria und Credo sowie der Besuch einer Elementarschule, wo man ihm Lesen, Schreiben, Rechnen und wohl auch ein bisschen Latein beibrachte. Wichtig war zudem die Unterweisung in höfischen Umgangsformen: wie man sich vor Ranghöheren, allen voran dem König, aber auch Damen und Priestern gegenüber zu benehmen hatte, vor wem man niederkniete und wem man die Hand küsste. Die Grundlagen des höfischen Benimms lernte man im Kreis der Familie und Nachbarschaft. Wer jedoch Höheres für seine Kinder im Sinn hatte, musste sie irgendwann an den Hof eines Herzogs oder des Königs schicken, wo sie den letzten Schliff erhielten und wertvolle Beziehungen knüpfen konnten.

So kann es gut sein, dass Magellan in jungen Jahren das schützende Dach seines Elternhauses verließ und als Page in den Dienst der Königin Leonor eintrat, der Gattin des Königs João II. (1455–1495). Zwar findet sich dieser Hinweis erst bei einem spanischen Historiker des 17. Jahrhunderts, Bartolomé Leonardo de Argensola, der, was Magellan angeht, sonst nicht durch die Zuverlässigkeit seiner Angaben besticht. Aber Rodrigo de Magalhães könnte dank seiner Familienbande durchaus imstande gewesen sein, seinen Ältesten Fernão bei Hofe unterzubringen. Als Angehöriger der Magalhães-Sippe war er mit den vornehmsten Häusern des portugiesischen Hochadels verschwägert, darunter den Herren von Sousa und den Herzögen von Bragança. Zudem dürfen wir annehmen, dass sein Ältester den Tatendrang, den er in späteren Jahren unter Beweis stellte, schon als Jugendlicher erkennen ließ – womit er in seiner Familie übrigens kein Einzelfall war. Wo auch immer auf der Welt sich damals Portugiesen herumtrieben, ob in Afrika, Indien oder Brasilien, stößt man über kurz oder lang auf den Namen Magalhães.

Einer dieser umtriebigen Verwandten hieß Paio Rodrigues. Er stammte aus Braga, eine gute Tagesreise nördlich von Porto, und war ein Vetter von Fernão, der Sohn eines Onkels väterlicherseits. Wie Fernão trat Paio als Ritter in königliche Dienste und übernahm militärische Führungsaufgaben zu Lande und zur See. Jahrzehnte später erinnerte sich einer seiner Neffen daran, dass die beiden Cousins, Paio und Fernão, «von ihren Veranlagungen und Neigungen her sehr ähnlich waren, beide große Abenteurer und Freunde der Seefahrt und fremdartiger und außerordentlicher Einfälle».

Zwei Vettern, zugleich Zwillinge im Geiste und vom Temperament her! Doch während der Name des einen nur ganz kurz aufblitzt, einer Sternschnuppe gleich, um sofort wieder im Dunkel der Geschichte zu versinken, erstrahlt der des anderen noch ein halbes Jahrtausend später vom Firmament, wo Galaxien seinen Ruhm verkünden.

Am 25. März 1505, Tag der Verkündigung des Herrn, konnte das Volk von Lissabon ein großes Spektakel bestaunen. Vor den Toren der Stadt lagen mehr als zwanzig Naos und Karavellen zum Auslaufen bereit. Seit

Menschengedenken war keine so große Armada von der Tejo-Mündung aus in See gestochen. Die Rümpfe glänzten vom frischen Pech, an den Masten flatterten Fahnen und Wimpel, nagelneue Geschütze blinkten in der Frühlingssonne.

Der Armada gegenüber am Ufer befand sich eine Großbaustelle. Dort entstand seit einigen Jahren das Hieronymitenkloster von Belém, das mit seiner 300 Meter langen spätgotischen Fassade sowohl von der Frömmigkeit als auch vom märchenhaften Reichtum seines Stifters künden sollte: Dom Manuel, Bruder von Leonor, der Witwe Joãos II., und seit 1495 dessen Nachfolger auf dem Königsthron, genannt «o Venturoso», der Glückliche.

Am Vortag hatte Dom Manuel in der Kathedrale zu Lissabon dem Befehlshaber der Armada, Dom Francisco de Almeida, die königliche Standarte überreicht, «aus weißem Damast, mit einem Kreuz Christi aus purpurrotem, goldbesticktem Satin und Fransen, mit Kordeln an einer vergoldeten Lanze befestigt», wie der Chronist Gaspar Correia in seinen «Indischen Legenden» erzählt. Es war das Banner des Ordens der Christusritter, dem der König als Großmeister vorstand. Unter dem schweren Tonnengewölbe des alten Kirchenschiffs standen die Menschen dicht gedrängt und spitzten die Ohren, als Dom Manuel seinen «Freund und Vasallen» Dom Francisco, der vor ihm niedergekniet war, zum «Vizekönig von Indien» ernannte, auf dass er «Gott viele Dienste erweise zugunsten dieser meiner Königreiche, samt der Vermehrung ihres heiligen Glaubens durch die Bekehrung vieler Ungläubiger und Heiden … und die Bestrafung jener, die unserem heiligen Glauben untreu sind». Woraufhin der Angeredete, immer noch auf Knien, dem König und der Königin die Hände küsste und, nach einem feierlichen Treueschwur, die Standarte ergriff und Gott um Beistand bat, während ein Herold ausrief: «Dom Francisco d'Almeida, Gouverneur, Vizekönig von Indien durch den König unseren Herrn!»

Der Chronist geizte nicht mit Worten, um den glanzvollen Auszug aus der Kirche zu beschreiben. Dom Francisco, all seine Kapitäne und ein Fidalgo nach dem anderen küssten dem König die Hand, dann zogen sie barhäuptig, die Hauptleute zu Pferde, in einer langen Prozession zum Hafen, unter den bewundernden Blicken der Damen an den Fenstern. In ihren Augen spiegelte sich der Prunk der Gewänder und Rüstungen, von Jacken aus schwarzem Samt, Mützen aus purpurrotem

Satin, von schneeweißen Schuhen nach französischer Fasson, von silbernem Zaumzeug und goldverzierten Schwertern. Ganz vorn ritten, flankiert von 80 Hellebardenträgern und 24 Pagen, der Vizekönig und dessen Sohn Dom Lourenço, der die königliche Standarte ebenso stolz trug wie sein «üppig gelocktes Haar», daneben der alte Almeida, «schon etwas kahl, aber mit großer Autorität».

So schifften sie sich ein, «und die Schiffe, die hübsch beflaggt waren mit Bannern und Standarten, feuerten jedes eine große Salve ab, und nachdem sie zu Abend gegessen hatten, setzten sie Segel und lavierten den Fluss hinab bis Belém, wo sie Anker warfen». Am nächsten Tag kam per Boot Dom Manuel auf Besuch, «und weil der Wind gut war, um aufzubrechen …, befahl der König, Segel zu setzen, und die ganze Armada fuhr aus der Flussmündung hinaus».

Auf einem der 22 Schiffe, die an jenem Tag aus der Tejo-Mündung segelten, stand Magellan. Er war einer der Fidalgos, die der Zeremonie in der Kathedrale beigewohnt, dem König zum Abschied die Hand geküsst hatten und «luxuriös gewandet, mit all ihren Dienern in feiner Livrée», durch die Stadt defiliert waren. Wie viele andere wird er mit wehmütigen Blicken die Menge der winkenden Menschen am Ufer abgesucht haben, unter denen sich – so dürfen wir jedenfalls vermuten – auch Magellans Eltern befanden. Die Teilnahme an der Armada von 1505 ist das früheste gesicherte Datum aus Magellans Leben. Es ist zugleich der einzige Anhaltspunkt, um sein Alter annähernd zu bestimmen. Wenn man annimmt, dass er beim Auslaufen nicht jünger als zwanzig war, so dürfte Magellan vor 1485 geboren sein. Aber auch das ist nicht mehr als eine Vermutung.

In der Liste der Fidalgos, die sich mit Francisco de Almeida einschifften, steht direkt hinter Magellans Name ein «Diogo de Sousa, sein Bruder». Dass Diogo einen anderen Nachnamen trug als der ältere Fernão, muss nicht verwundern. Portugiesischen Adelssprösslingen stand es frei, ob sie den Namen des Vaters oder der Mutter annahmen oder sogar, wie in Diogos Fall, den der Großmutter väterlicherseits, zumal wenn dieser Name so prestigeträchtig war wie der einer Sousa. Auf der Liste findet sich weiterhin, neben Dutzenden anderen, auch ein Francisco Serrão. Dieser Francisco war ein enger Freund Magellans, oder er wurde es im Lauf der kommenden Jahre, die sie in Asien verbringen und in denen sie manches Abenteuer gemeinsam bestehen sollten. Auch als die Freunde sich schließlich trennen mussten, riss ihre Verbindung nicht ab. Ihre Schicksale blieben verwoben bis zum tragischen Ende, das beide in Ostasien und fast auf den Tag genau zur selben Zeit ereilen sollte.

Die Brüder Fernão und Diogo und ihr Freund Francisco wurden in der erwähnten Liste als «Moradores da Casa Real» geführt, das heißt, sie zählten zu den Vasallen des Königs, die für ihren Dienst bei Hofe eine monatliche Pension bezogen, die sogenannte Moradia. Die Moradia bestand aus einem Sack Gerste für das Pferd und einer Summe Geld für den Reiter, die je nach Rang unterschiedlich hoch, aber stets zum Leben zu wenig und zum Sterben zu viel war. Die Zahl solcher Pensionsempfänger ging in die Hunderte, und sie nahm unter König Manuel weiter zu. Einige übten als Hofräte oder Kastellane hohe Ämter aus, doch die meisten dienten in Friedenszeiten vornehmlich als Statisten bei höfischen Zeremonien.

Dass man Dom Manuel «den Glücklichen» nannte, rührte nicht zuletzt daher, dass er völlig unverhofft auf den Königsthron gelangt war. Er hatte auf dem sechsten Rang der Nachfolge gestanden, also weit abgeschlagen, doch alle Prätendenten vor ihm waren ausgefallen, so dass er 1495, gerade einmal 26 Jahre alt, zu seiner eigenen Überraschung König wurde. Seither war er überzeugt, dass Gott Großes mit ihm vorhatte. In dieser Überzeugung bestärkten ihn seine Einflüsterer, die, nachdem sie sich in die kryptischen Lehren des Abtes Joachim von Fiore vertieft hatten, in ihrem König ein Werkzeug des Heiligen Geistes erkannten, ausgesandt, um den christlichen Glauben über die ganze Erde zu verbreiten, das Heilige Grab zu befreien und die endzeitliche Wiederkunft Christi vorzubereiten.

Seit 1415 hatten portugiesische Schiffe auf der Jagd nach Gold und Sklaven die gesamte Westküste Afrikas heimgesucht, 1488 hatte schließlich eine Flotte unter Bartholomeu Dias die Südspitze des Kontinents, das Kap Agulhas, umrundet und damit das Tor zu einer Welt voller Wunder und Reichtümer aufgestoßen, die die Europäer bis dahin nur vom Hörensagen kannten: zum Indischen Ozean samt seinen Küstenländern. Dom Manuel war es vergönnt, 1497 die erste Armada zu entsenden unter dem Kommando von Vasco da Gama, die tief in diese geheimnisvolle Welt eindrang und im Frühjahr 1498 die indische Malabarküste erreichte, eines der Zentren des Gewürzhandels in Asien. Dieses Ereignis befeuerte die Fantasie zahlloser Portugiesen, vor allem aber die König Manuels.

Was für Möglichkeiten taten sich dort auf! Nun konnte man auf dem Seeweg Kontakt zum legendären Priesterkönig Johannes aufnehmen, der angeblich in Äthiopien über ein mächtiges christliches Reich gebot. Man konnte sich mit dem Priesterkönig gar verbünden und dem Mamluken-Sultan von Kairo, diesem Erzfeind Christi, der das Heilige Grab in Jerusalem besetzt hielt, über das Rote Meer in den Rücken fallen. Und nicht zuletzt konnte man den Mamluken die Kontrolle über den lukrativen Gewürzhandel von Asien nach Europa entreißen, der über das Rote Meer und Palästina lief. Kurz gesagt, man konnte die Feinde Christi von zwei Seiten in die Zange nehmen, mit Gottes Hilfe Jerusalem befreien und so den jahrhundertealten Traum aller Christen Wirklichkeit werden lassen. König Manuel durfte sich mit Fug und Recht glücklich preisen.

Nach Vasco da Gamas Rückkehr war jedes Frühjahr eine Armada von Lissabon aus in den Indischen Ozean gesegelt, manchmal sogar zwei oder drei in einem Jahr. Zwar verbreiteten die portugiesischen Naos mit ihren Bombarden an allen Küsten, wo sie aufkreuzten, Angst und Schrecken, und jede Armada brachte Schiffsladungen von Pfeffer nach Hause, die sich auf dem Gewürzmarkt von Antwerpen in bergeweise Gold und Silber ummünzen ließen. Doch bald dämmerte dem König, dass es mit der Entsendung von ein paar Kriegs- und Handelsschiffen nicht getan war, wenn er seine ehrgeizigen Pläne verwirklichen wollte. Dies galt umso mehr, als sich rasch herausstellte, dass die seltsamen Christen auf dem indischen Subkontinent, in denen die Portugiesen natürliche Verbündete gegen die Muslime zu finden hofften, gar keine Christen, sondern heidnische Götzendiener waren. Daher beschloss Manuel, seine Präsenz im Indischen Ozean aufzustocken. Nachdem der König bereits 1504 eine Flotte von 13 Schiffen ausgesandt hatte, erhöhte er mit der Armada von 1505 nochmals seinen Einsatz.

Die Hälfte der zwanzig Schiffe sollte, ihre Bäuche gefüllt mit Gewürzen, im folgenden Jahr nach Portugal zurückkehren. Die andere sollte auf Dauer im Indischen Ozean bleiben und dort die Grundsteine für ein Kreuzfahrerimperium legen, ein neues Outremer. Neben 1500 Kriegsleuten und 200 Artilleristen machten sich auch Mönche, Schreiber und Ärzte, Dolmetscher, Schmiede und Zimmerleute auf die monatelange Fahrt. Und außer Geschützen, Munition und Schießpulver führten sie Holz, behauene Steine, Werkzeuge und weiteres Material zum Bau von Festungen und Booten mit sich, nebst unzähligen anderen Dingen des täglichen Bedarfs wie Geschirr, Kleidung und Schreibzeug.

Allerdings war nicht jeder der mehr als 2000 Menschen an Bord vom selben frommen Kreuzfahrergeist erfüllt wie der König, der sie aussandte. So mancher Glücksritter, nach Ruhm und Beute gierend, konnte es kaum erwarten, fremde Schiffe zu kapern und die reichen Handelsstädte an den Küsten des Indischen Ozeans zu plündern. Und dann gab es die Kaufleute, für die der Profit an oberster Stelle stand. Drei Schiffe der Armada hatte ein italienisch-deutsches Konsortium unter maßgeblicher Beteiligung des Augsburger Handelshauses Welser finanziert, das, angezogen vom Asienboom, nun ebenfalls seine Agenten nach Portugal gesandt hatte, wo ihre italienischen Kompagnons, vor allem Genuesen und Florentiner, schon seit Jahrzehnten etabliert waren.

An den Profiten aus dem Handel waren die Ritter unmittelbar beteiligt. Jeder hatte Anrecht auf einen – je nach Rang unterschiedlich großen – Anteil am Ladevolumen der Schiffe: die sogenannte Quintalada, ein Terminus, der sich vom Gewichtsmaß «Quintal» ableitete, in dem der Pfeffer, aber auch andere Güter abgemessen wurden.[1] Jedem Fidalgo war es erlaubt, eine Ladung Gewürze von Indien nach Portugal zu verschiffen und zu Hause auf eigene Rechnung zu verkaufen. Dadurch profitierte er direkt von den atemberaubenden Gewinnmargen, die bei mehreren hundert Prozent lagen. Noch größeren Profit schlug freilich die Krone aus dem Handel, die den gesamten Warenverkehr zwischen Lissabon und dem Indischen Ozean zu monopolisieren trachtete. Kein Handelsschiff durfte Portugal ohne königliche Lizenz verlassen, und jeder Sack Pfeffer, der am Tejo ausgeladen wurde, musste zuerst die «Casa da Índia» passieren, die staatliche Handelsagentur, wo Beamte ihn registrierten und nach Abzug einer saftigen Steuer zu den von der Krone festgesetzten Preisen in den Handel brachten.

Krieg, Kapitalismus und Glaubenseifer gingen somit Hand in Hand bei dieser epochemachenden Großunternehmung, die alle, die daran teilnahmen, in fiebrige Erregung versetzte. Hoffnungen auf Ruhm und Reichtum mischten sich mit dem Gefühl des heilsgeschichtlichen Moments, verbanden sich mit dem Bewusstsein des Risikos, der Ungewissheit einer Wiederkehr und den unbegrenzten Möglichkeiten einer weiten, geheimnisumwitterten Welt, über die zahllose Gerüchte und Märchen kursierten – kurzum, es herrschte eine aufgekratzte Stimmung wie zu Beginn eines jeden kollektiven Abenteuers. Und mitten in diesem Taumel befand sich ein junger Ritter aus Porto namens Fernão de Magalhães, für den an jenem Frühlingstag des Jahres 1505 acht ereignisreiche Lehrjahre in Übersee begannen.

In den Augen Magellans und der meisten seiner Mitreisenden muss fast alles, was sie in den folgenden Monaten zu sehen bekamen, unerhört neuartig und fremd gewirkt haben. Sie wurden mit Sinneseindrücken geradezu bombardiert: die Hitze der Tropen, ein unvertrauter Sternenhimmel, Menschen mit anderer Hautfarbe und ungewohnten Gesichtszügen, verschiedenste Kulturen, deren Sprachen, Kleidung, Speisen, Bauwerke, eine exotische Pflanzen- und Tierwelt und vieles andere mehr.

Schon während der viermonatigen Fahrt über den Atlantik begegneten die Reisenden vielem Unbekannten. Der Handelsagent Balthasar Sprenger aus Tirol, der im Auftrag der Welser auf einem der Schiffe mitfuhr, berichtet in seiner 1509 gedruckten «Merfart» von «vil wunders von fischen, und sunderlich sein uff dem Golfen vil kleiner weisser fisch die haben fluegel zu geleicher weiß als die fledermaus und flygen uff mit grossen haufen geleich andern foegeln». An der Küste des heutigen Senegal traf Sprenger «wunderbar onschamhafft menschen», und am Cap Vert staunte er über Baumriesen, die wohl vier Klafter dick waren. Die Schiffe segelten «under der Sonne und dem Mon durch», so weit, dass man den «Polum Articum oder den wagen» nicht mehr sehen konnte. Nach Sprengers Einschätzung gelangten sie an die 1400 Meilen über das Kap der Guten Hoffnung hinaus bis in Breiten, wo es im Juni so kalt war «als in unsern landen umb weinachten», wo Schneestürme die Schiffe schüttelten. Erst als die Steuermänner sicher waren, das Kap passiert zu haben, wandten sie sich wieder nach Norden. Der weite Umweg durch den Südatlantik war sinnvoller, als an der afrikanischen Küste entlangzufahren, weil die Reisenden auf diese Weise erst den Südostpassat und dann, bei etwa 40° Süd, den antarktischen Westwindgürtel zum Vortrieb nutzen konnten. Fünfzehn Wochen sahen sie «weder land noch sandt», schrieb Sprenger, das Meer glich einer «wiltniß und eynoede».

Was es heißt, monatelang auf hoher See zu sein, mit Dutzenden anderen Menschen zusammengepfercht auf einem schwankenden Bottich aus Holz, dessen Deck weniger Platz bot als die Wohnfläche eines modernen Einfamilienhauses, ist für Europäer des 21. Jahrhunderts schlicht unvorstellbar. Tag für Tag sah man dieselben ungewaschenen Gesichter, denselben gleichförmigen Horizont und fuhr über eine scheinbar grenzenlose Wasserfläche, deren Tiefe noch niemand ausgelotet hatte, unter der sich Ungeheuer verbargen wie «vil grosser grausamer walfische» (Sprenger) und die noch unbeständiger war als die Seele des Menschen: mal wochenlang von trügerischer Trägheit, so dass die Segel schlaff an den Rahen hingen, und dann aufgewühlt und überschäumend vor Energie, so dass sie sich in eine kochende Landschaft aus tanzenden Bergen verwandelte, die das Schiff unter sich zu begraben drohten. Cabo das Tormentas, «Kap der Stürme», hatte Bartholomeu Dias das Kap an der Südspitze Afrikas zuerst genannt, bevor sein Herr in Lissabon ihm den hoffnungsfrohen Namen gab, den es bis heute trägt.

Im Jahre 1505 machte insbesondere die Kälte des südlichen Winters den Reisenden zu schaffen. Hier bewährte sich die strenge Haushaltung des Vizekönigs. Dom Francisco hatte während der Fahrt vom Cap Vert bis in die antarktische Zone nur drei Viertel der täglichen Rationen Wein und Öl ausgeben lassen, so dass er nun genug hatte, um Extraportionen zu verteilen. So brachte er seine Leute einigermaßen bei Kräften an die ostafrikanische Küste, die sie in der zweiten Julihälfte, ungefähr auf der Höhe der Mündung des Sambesi, erreichten.

Bartholomeu Dias und Vasco da Gama hatten einen Seeweg nach Indien entdeckt. Für sie und für alle, die wie Magellan in ihrem Kielwasser segelten, tat sich jenseits des Kaps der Guten Hoffnung eine neue Welt voller «seltzam aventurige ding» auf (Balthasar Sprenger). Ihre Fahrten erweiterten den Horizont all derer, die daran Anteil nahmen, egal, ob sie selbst mitfuhren oder Reiseberichte wie die «Merfart» lasen. Solche Berichte waren dank der Druckerpresse bald in allen europäischen Städten erhältlich, und das, obwohl die portugiesische Krone unter Androhung drakonischer Strafen zu verhindern versuchte, dass sensible Daten über die Entdeckungen ihrer Seefahrer ins Ausland gelangten. Ihre Bemühungen waren auf Dauer vergeblich, und so brachten die Entdeckungen in den Köpfen der Europäer eine kognitive Revolution in Gang, die innerhalb weniger Jahrzehnte das althergebrachte

Bild der Erde zerstörte und durch ein völlig neues, im Wortsinn globales Konzept ersetzte.

Die Dramatik und die bis in die Gegenwart reichenden Konsequenzen dieser Revolution lassen aber leicht vergessen, dass Europäer nur einen kleinen Teil der Erde wirklich «entdeckt», das heißt als erste Menschen gesichtet haben. Auch der Indische Ozean mit seinen Küsten war bei Ankunft der Portugiesen schon seit Jahrtausenden Schauplatz der Menschheitsgeschichte. Wie das Mittelmeer diente er seit Urzeiten als Handelsraum und Zone des kulturellen Austauschs, er bildete eine «Wirtschaftswelt» (Fernand Braudel) für sich, die von Ostafrika über Persien, Indien, Siam und Borneo bis zu den Molukken und nach Japan reichte.

Den Lebensrhythmus gaben dieser Welt die Monsunwinde vor. Auf dem Indischen Ozean weht während des Winters ein stetiger, trockener Wind aus Nordosten vom indischen Hochplateau hinab über das Meer Richtung Afrika – ideales Segelwetter, das ein gut getrimmtes Boot im Nu auf die andere Seite bringt. Im Frühjahr dreht sich die Windrichtung. Nun weht der Wind für einige Monate aus Südwest, ist dabei feuchter und wechselhafter und nur am Anfang und Ende der Saison ideal zum Segeln. In den Monaten Juni bis August blieben kundige Seefahrer daher im Hafen. Auch im Golf von Bengalen, weiter östlich in der Chinesischen See und zwischen den Inseln Indonesiens verhielten sich die Winde ähnlich vorhersehbar und ermöglichten so einen regelmäßigen Verkehr mit Schiffen, die ihre höchste Leistung entfalteten, wenn sie vor dem Wind segelten. Zu ihnen gehörten die arabischen Dhaus und die Dschunken, die von China bis Indonesien in Gebrauch waren. Mit bis zu drei Decks und einer Tragfähigkeit von mehr als tausend Tonnen übertrafen große Dschunken der frühen Ming-Dynastie (1368–1644) jedes andere Seefahrzeug ihrer Zeit. Ostafrikanische Dhaus wiederum waren ganz aus Kokospalmen gefertigt: von den Planken, die mit Fasern der Kokosnuss vernäht wurden, über Mast und Tauwerk bis zum Segel aus ineinander verwobenen Palmblättern.

Mit solchen Schiffen transportierten die Seeleute der Swahili-Küste, an der persische und arabische Händler mit den einheimischen Bantu zu einer eigenen Kultur verschmolzen, die Schätze Innerafrikas – Gold, Elfenbein und Sklaven – nach Indien und manchmal weiter bis China, und auf dem Rückweg brachten sie hochwertige Gebrauchsgüter wie

Porzellan, Seide und gefärbte Baumwollstoffe mit. Wie noch heute der Name «Indigo» für einen beliebten Farbstoff andeutet, waren die bunten Stoffe ein Exportschlager des indischen Subkontinents, die von Cambay (heute: Khambhat) in Gujarat, von der Koromandelküste und aus Bengalen in die halbe Welt vertrieben wurden. Die Untertanen des Mwenemutapa-Reiches in Simbabwe trugen ebenso Baumwollkleider aus Indien wie die Bewohner von Majapahit auf Java. Die Spezialität Indonesiens wiederum waren Gewürze: Nelken von den Molukken, Muskatnuss aus Banda, außerdem Ingwer, Zimt und vor allem Pfeffer.

Europa war seit der Antike an dieses weiträumige Handelsnetz angebunden. Von der indischen Malabarküste brachten Händler solche Waren, deren Export lohnte – vorwiegend Gewürze –, entweder über den Persischen Golf und Palästina oder durch das Rote Meer und Ägypten zum Mittelmeer. Die «maritime Seidenstraße» war schon zu römischer Zeit erschlossen und verband über mehr als ein Jahrtausend Europa mit Asien. Das heißt aber nicht, dass die Welt des Indischen Ozeans die ganze Zeit über ein statisches Gebilde gewesen wäre – im Gegenteil.

Seit dem ausgehenden 14. Jahrhundert nahm der kommerzielle und ideelle Austausch im Indischen Ozean und in Ostasien einen enormen Aufschwung, der unter anderem durch eine gestiegene Nachfrage in Europa nach Luxusartikeln aus dem Orient stimuliert wurde. Bei der Befriedigung dieser Nachfrage spielten Händlerclans aus Indien eine führende Rolle, allen voran aus dem Sultanat Gujarat im Nordwesten des Subkontinents. Die kommerziellen Aktivitäten der Gujaratis reichten von Kairo bis Java; der Warenverkehr zwischen der malaiischen Halbinsel und der Malabarküste – das pulsierende Herzstück der maritimen Seidenstraße – geriet mit der Zeit großteils in ihre Hände. Diese Kaufleute waren Muslime, die in ihrer Heimat seit jeher eine Minderheit unter Hindus bildeten und daran gewöhnt waren, mit Menschen anderen Glaubens zu kooperieren. Aber sie waren ebenso überzeugende Vermittler ihrer Religion und profitierten ihrerseits davon, dass sich die Eliten in Südostasien zunehmend für den Islam und dessen Errungenschaften – etwa in Verwaltung, Handel und Rechtsprechung – begeisterten. So traten auch die Herrscher von Malakka bald nach der Gründung der Stadt um 1400 zum Islam über. Von da an stieg das einstige Seeräubernest auf der malaiischen Halbinsel in atemberaubendem Tempo zum wichtigsten Warenumschlagplatz Südostasiens auf.

Malakka (heute: Melaka) beherrschte die Wasserstraße zwischen dem asiatischen Festland und der Insel Sumatra, die den Indischen Ozean mit der Südchinesischen und der Java-See verband. Um 1500 sollen in der Stadt mehr als hunderttausend Menschen gelebt haben, die in 84 Sprachen redeten – angeblich waren sogar die Papageien mehrsprachig. Es gab große Kaufmannschaften aus China, Japan, den Philippinen, Borneo, Java, Sumatra und Burma neben indischen Gruppen wie den Gujaratis, die hier Seide und Baumwolle gegen Nelken und Muskatnuss tauschten und nach Westen verschifften. Nach Zwischenstationen in Calicut (heute: Kozhikode) oder Cambay gelangte ein Teil dieser Spezereien durch das Rote Meer nach Alexandria, wo schon venezianische Galeeren warteten, um die kostbare Fracht übers Mittelmeer zu bringen. Von Venedig ging es auf Straßen und Flüssen weiter in die pulsierenden Städte Oberitaliens und Süddeutschlands oder auf Galeeren in Ballungszentren wie Neapel, Flandern, London – wo auch immer die kaufkräftigen Endkunden saßen, die solvent genug waren, für die Befriedigung ihres exotischen Geschmacks gesalzene Preise zu zahlen. Ihren Hunger nach Exotik bezahlten die Europäer mit klingender Münze, denn außer Edelmetallen hatten sie nur wenige Güter zu bieten, deren Export den weiten Weg nach Asien gelohnt hätte.

Wie heute auch verdienten an diesem Handel die Produzenten am wenigsten. Einen Gutteil des Profits steckten die Kaufleute ein, die damit ihre enormen Risiken kompensierten. Fernhandel war ein hochspekulatives Geschäft, das – nach der Devise «high risk, high return» – nur durch hohe Margen attraktiv wurde. Und dann hielten unterwegs viele Machthaber ihre Taschen auf, angefangen mit dem Sultan von Malakka über den Samutiri in Calicut und den Mamluken-Sultan in Kairo bis zur Serenissima Signoria von Venedig. Nachdem der Überlandhandel durch Asien infolge der Großen Pest von 1348 und des Zerfalls des Mongolenreiches kollabiert war, hielt Venedig in Europa ein Monopol für den Import von Gewürzen aus Asien – bis Vasco da Gama 1498 vor der Malabarküste aufkreuzte.

Mit den Portugiesen war es im Indischen Ozean wie mit ungebetenen Gästen, die man nicht mehr loswird. Das lag zuallererst an ihren Schiffen. Naos und Karavellen waren hochseetüchtiger als Dschunken und Dhaus, weil man mit ihnen näher am Wind segeln konnte. Vor allem aber waren sie so stabil gebaut, dass auf ihnen schwere Geschütze montiert werden konnten. Die Geschützgießerei hatte in Europa seit dem 14. Jahrhundert enorme Fortschritte gemacht und ein technisches Niveau erreicht wie sonst nirgends auf dem Globus. Die unschlagbare Kombination von «Segeln und Kanonen» – so die Formel eines modernen Historikers – verschaffte den Portugiesen den entscheidenden Vorteil, als sie darangingen, sich den Indischen Ozean zu unterwerfen. Aber ihr Erfolg war nicht nur die Frucht technischer Überlegenheit. Sie lernten auch sehr schnell, bestehende Konflikte zu ihrem Vorteil auszunutzen.

Stritten sich etwa im ostafrikanischen Kilwa zwei Dynastien um die Nachfolge im Sultanat, wollte der Fürst einer Vasallenstadt wie Cochin (heute: Kochi) sich von seinem Tributherrn, dem Samutiri von Calicut, befreien oder rivalisierten in Malakka die ethnischen und religiösen Gruppen miteinander – stets waren die Portugiesen mit ihren Naos und Bombarden zur Stelle, verhalfen einer der Parteien zum Sieg und forderten als Gegenleistung, eine Festung bauen und Handel treiben zu dürfen, wobei sie den Handel dank der Festung bald kontrollierten. Flankiert wurde diese Strategie durch blanken Terror. Einmal ließ Vasco da Gama ein gekapertes Schiff mit 300 muslimischen Pilgern an Bord, darunter Frauen und Kindern, auf hoher See in Brand stecken. Ein anderes Mal befahl er, Dutzende Fischer und Matrosen aus Calicut an den Rahen seiner Schiffe aufzuknüpfen, und schickte ihre abgetrennten Hände und Füße in einem Boot an Land, bevor er die Stadt in Schutt und Asche legte, weil der Samutiri nicht bereit war, alle unter seiner Herrschaft lebenden Muslime – mehrere Tausend Menschen – zu vertreiben. Diese Gräuel waren keine Entgleisungen, sie hatten Methode. Den Hass, der ihnen bald von allen Seiten entgegenschlug, nahmen die Portugiesen in Kauf – solange man sie nur fürchtete.

Das maritime Asien war nie ein tropisches Paradies gewesen. In Indien standen am Vorabend des Mogulreiches Kriege auf der Tagesordnung, überall an den Küsten des Indischen Ozeans und in den Archipeln Südostasiens waren Seeräuberei und Menschenhandel verbreitet, und auf den nächtlichen Straßen einer Metropole wie Malakka herrschten – nicht anders als in europäischen Großstädten jener Zeit – Mord und Totschlag. Aber mit der Ankunft der Portugiesen nahm die Gewalt Dimensionen an, die sogar von abgebrühten Zeitgenossen als extrem empfunden wurden.

So etwa sah, in groben Umrissen, die Welt aus, in die Magellan im Sommer 1505 eintrat und in der er sich in den folgenden Jahren bewegte. Als einfacher Ritter hinterließ er kaum persönliche Spuren in ihr. Weder in den offiziösen Chroniken noch in den seitenlangen Rechenschaftsberichten, die seine Vorgesetzten an den König adressierten, scheint sein Name oft auf. Aber immerhin wird er gelegentlich erwähnt, so dass wir seinen Werdegang rekonstruieren und dabei auch ein paar Mosaiksteine für sein charakterliches Profil auflesen können.

Ob Magellan an der Einnahme Kilwas (im heutigen Tansania) beteiligt war, muss offenbleiben, aber er war sicherlich dabei, als Vizekönig Almeida im August 1505 das weiter nördlich gelegene Mombasa in Brand stecken und plündern ließ; denn die gut 10 000 Bewohner – davon 4000 wehrfähige Männer – dieser wohlhabenden Handelsstadt verteidigten sich so tapfer, dass die Angreifer alle Kräfte mobilisieren mussten. Balthasar Sprenger, der Handelsagent der Welser, nahm an den erbitterten Straßenkämpfen teil, die entbrannten, nachdem die Portugiesen in die Stadt eingedrungen waren: «Als wir in dye engen strassen und gassen der stat quamen also das keiner dem andern wol weychen mocht, trungen wir mit gewalt onverzegklich dar durch. Do wurffen die moren und heyden so onmenschlich herauß gegen und uff vns, also wo es nit sunderlich gottes wil gewessen, onmuglich das wir in der stat hetten moegen blieben. Aber durch gottes verhengknis und fursehung bleyb manicher heyd tod und der unsern wurden nit mer dan zwen umb ir leben bracht. Wir eroberten und behielten die stat mit grosser frolockung und dancksagung got dem almechtigen ... und fingen an zuo plondern un funden so groß gut das mir alles zu offenbaren onmuglich.»

Nachdem Mombasa «geplondert geschleift und verbrant» war, überquerte die Armada das Arabische Meer, und die folgenden 15 Monate verbrachte Magellan an der Westküste Indiens. Möglicherweise kämpfte er 1506 in der Seeschlacht von Kannur, in der die Portugiesen die Flotte des Samutiri von Calicut besiegten. Vielleicht war er auch mit weniger kriegerischen Aufgaben betraut und überwachte in der Faktorei von Cochin die Verladung von Gewürzen, die der Vizekönig mit jedem Wintermonsun heimwärts schicken musste, damit der König in Lissabon aus dem Verkaufserlös weitere Expeditionen finanzieren konnte. Ganz bestimmt jedoch erlebte Magellan das Menschengedränge Indiens und den Prunk seiner Zeremonien hautnah mit: etwa bei einem Empfang durch den Kolatiri, den König von Kannur, der die Portugiesen mit einem Gefolge von 3000 Kriegern mit Dolchen, Schwertern, Speeren und Bögen, mit Trompeten und Flöten erwartete, in einem Zelt unter Palmen auf einem Diwan und weichen Kissen, gewandet in feine Baumwolle mit einer Schärpe um die Taille und einem seidenen Hut, begleitet von einem Pagen, der eine goldene Krone trug ... Wie tief Magellan in die komplexe Welt Indiens mit ihren Kasten, Riten und Bräuchen eintauchte, ist nicht zu sagen. Andere Reisende seiner Zeit – etwa der Globetrotter Ludovico de Varthema aus Bologna oder Duarte Barbosa, Schreiber der portugiesischen Faktorei in Kannur – hinterließen farbige Schilderungen von dem, was sie sahen, von Schlangen, Elefanten und heiligen Kühen, Pfeffersträuchern und Reisfeldern, Essgewohnheiten und sexuellen Praktiken, Kindererziehung und Rechtsprechung – von Magellan ist nichts dergleichen bekannt.

Ende 1506 sah der Vizekönig sich gezwungen, eine Mission übers Meer zurück nach Kilwa zu schicken, wo politisches Chaos ausgebrochen war und die portugiesische Besatzung hungerte. In diesem Zusammenhang fällt zum ersten Mal Magellans Name. Der Vizekönig erwähnt ihn als einen der Fidalgos, die den Kapitän der Mission, Nuno Vaz Pereira, unterstützen sollten. Almeida hatte in Kilwa einen Marionettensultan eingesetzt, der aber bald von einem Rivalen ermordet worden war. In der Folge flammten in der Stadt Kämpfe auf, die Einwohner flohen in Scharen, und das wirtschaftliche Leben kam zum Erliegen. Nachdem Pereira einen prekären Frieden zwischen den Parteien vermittelt hatte, segelte er mit seinem Gefolge weiter nach Sofala, in den Sümpfen südlich der Sambesi-Mündung gelegen, wo sie bis zum Eintreffen der nächsten Flotte aus Lissabon den Kapitän einer portugiesischen Festung vertreten mussten, der gleichfalls einem Mordanschlag zum Opfer gefallen war; scharenweise erkrankten sie hier an Malaria. Sobald sie ihren Auftrag erledigt hatten, bestiegen daher Pereira und seine Gefährten das nächstbeste Schiff, das nach Norden fuhr. Auf der kleinen Insel Mosambik, etwa auf halbem Weg zwischen Sofala und Kilwa, suchten sie Zuflucht, und weil der Sommermonsun, der sie nach Indien hätte zurückbringen sollen, bereits abflaute, schlossen sie sich anderen Portugiesen an, die ebenfalls auf der Insel hängen geblieben waren, und «überwinterten» unter Palmen an Stränden mit türkisblauem Wasser.

Die Gesunden unter ihnen nutzten den Aufenthalt in Mosambik, um ein Hospital zu errichten, «ein großes Haus mit einer großen Veranda auf der Rückseite, einem eigenen Gebäude für die Kranken und einem weiteren für die Apotheke», wie Gaspar Correia es beschrieb, der anscheinend sehr zufrieden mit der Arbeit seiner Landsleute war. Die Kapitäne hätten reihum als Krankenpfleger gedient, berichtet der Chronist. Assistiert von Sklaven gaben sie den Patienten «Marmeladen und Eingemachtes», eine Diät, die die Kranken «sehr gekräftigt» habe. Doch nicht bei jedem schlug diese Behandlung an, und manch einer hinterließ seine Habseligkeiten dem Hospital. Ob Magellan in dieser Tropenklinik zu den Pflegern oder den Patienten gehörte, ist nirgends überliefert, aber sollte er zu den Letzteren gezählt haben, dann wurde er völlig wiederhergestellt, denn spätestens Ende 1508 war er neuerlich an der indischen Westküste anzutreffen, wo sich ein gewaltiger Sturm zusammengebraut hatte.

Die Liste derer, die sich durch die Aktivitäten der Portugiesen in Asien geschädigt fühlten, reichte inzwischen von Calicuts Samutiri über die Sultane von Gujarat und Kairo bis nach Venedig, das sich um sein Gewürzmonopol betrogen sah. Die Gewinne der Portugiesen aus diesem Handel schlugen in den Bilanzen der Venezianer eins zu eins als Verluste zu Buche, so wie auch ihr Geschäftspartner, der Mamluken-Sultan al-Ghuri, empfindliche Einbußen seiner Zolleinnahmen hinnehmen musste. Schlimmer noch, die militanten Kreuzzugspläne König Manuels bedrohten die schiere Existenz des Mamlukenreiches. 1507 war eine portugiesische Armada am Horn von Afrika aufgekreuzt, hatte die Insel Sokotra vor der Mündung des Golfs von Aden besetzt und terrorisierte seither die Städte an der Südostecke der Arabischen Halbinsel. Man musste diesem Treiben ein Ende setzen.

Weil in seinem Reich zu wenig Bäume wuchsen, lieh sich al-Ghuri von seinem osmanischen Verbündeten, Sultan Bayezid II., Holz für eine Kriegsflotte, ließ sie von venezianischen Zimmerleuten in Suez am Roten Meer zusammenbauen und, nachdem er sie bemannt hatte, in Richtung Indien segeln, wo sie sich im Golf von Cambay mit den Schiffen des Sultans von Gujarat vereinigte. Im März 1508 stießen die Verbündeten bei Chaul, südlich des heutigen Mumbai, auf ihre Gegner und fügten ihnen eine Niederlage zu. Es war das erste Mal, dass die Portugiesen in Indien eine Seeschlacht verloren. Dabei fiel der Sohn des Vizekönigs, Dom Lourenço de Almeida, den seine Landsleute als strahlenden Kriegshelden verehrt hatten. Für den alten Almeida galt es daher nicht nur, den Nimbus der Unbesiegbarkeit wiederherzustellen, sondern auch seinen väterlichen Schmerz zu lindern, indem er an den Feinden grausame Rache nahm.

Und so segelte er am 12. Dezember 1508 mit 18 Schiffen, 1500 portugiesischen Kriegern und 400 aus dem verbündeten Cochin von Kannur an der Malabarküste nach Norden. Unter denen, die sich wieder einmal zur Schlacht rüsteten, war auch Magellan. Er sah mit eigenen Augen – wenn er nicht selbst Hand anlegte – die Spur der Verwüstung, die Almeidas Armada auf ihrer Fahrt an der Küste hinterließ, sah die verstümmelten Leichen in den Trümmern von Dabul, hörte die Schreie der Mütter, deren Säuglinge an den Füßen gepackt und gegen Mauern geschmettert wurden, atmete den Gestank verbrannten Fleisches ein. Immerhin machten die Geschichtsschreiber der Portugiesen keinen Hehl aus ihren Untaten.

Die Seeschlacht von Diu, die am 3. Februar 1509 im Hafen der gleichnamigen Stadt am Golf von Cambay stattfand, gilt als historisch bedeutsam, weil sie den Portugiesen für hundert Jahre die unangefochtene Oberhoheit im Indischen Ozean sichern sollte. Dass Magellan dabei war, ist bezeugt: Gaspar Correia berichtet, dass er vor Diu verwundet wurde. Wenn er weiterhin zum Gefolge von Nuno Vaz Pereira zählte, dann kämpfte Magellan in vorderster Linie. Pereiras Schiff, die Santo Espiritu, fuhr nämlich an der Spitze, als Almeidas Armada mit dem Gegner zusammenstieß. Dieser hatte eine furchteinflößende Flotte aufgeboten: mehr als ein Dutzend Großschiffe mediterraner Bauart, Galeeren und Karacken, darüber hinaus 70 oder 80 kleinere Boote, die insgesamt mit 4000 Kriegern oder sogar mehr bemannt waren, hauptsächlich mit Mamluken und Gujaratis neben osmanischen Söldnern, die man damals «Rumes» nannte: Römer, weil ihr Sultan in der einstigen Hauptstadt des Römischen Reiches residierte. In den Reihen der Muslime stand auch mancher christliche Überläufer aus Griechenland und Italien, vor allem an den Geschützen.

Die Ereignisse dieses langen Tages müssen sich tief in Magellans

Gedächtnis gebrannt haben: das Gebrüll seiner Kameraden, die den Namen des «Maurentöters» Santiago skandierten, das Dröhnen der Trommeln, das Kreischen der Trompeten, das unablässige Donnern der Bombarden und das Sirren der Pfeile, das Krachen zersplitternden Holzes, die Schreie der Verwundeten – «so laut wie am Tag des Jüngsten Gerichts» (Gaspar Correia). Dichter Rauch reizte die Augen und verdüsterte die Sonne, die gnadenlos vom tropischen Himmel brannte und den erschöpften Nuno Vaz Pereira veranlasste, seinen Helmkragen etwas zu lüften. Prompt wurde er von einem Pfeil im Hals getroffen und verblutete. Über hundert Portugiesen fielen in der Schlacht, mehr als 300 wurden verwundet, die meisten durch Geschosse, andere im Handgemenge, während die Zahl der getöteten Muslime in die Tausende ging. Wer von den Mamluken das Pech hatte zu überleben, fiel Almeidas Zorn anheim: Auf seinen Befehl wurden die Gefangenen lebendig verbrannt, vor Geschütze gebunden oder in Schiffen angekettet auf Grund geschickt. Die Gujaratis indes verschonte der Vizekönig, nachdem ihr Gouverneur noch während der Schlacht die Fronten gewechselt hatte, ein Umstand, der – neben technologischer Überlegenheit – entscheidend war für den portugiesischen Sieg.

Magellan scheint nicht lange an seiner Verwundung laboriert zu haben. Ende Juli 1509 empfing er vom Quartiermeister in Cochin zwanzig «paras» – umgerechnet 400 Kilogramm – Weizen, die ihm auf seinen Sold angerechnet wurden, und am 19. August schiffte er sich unter dem Oberkommando von Diogo Lopes de Sequeira nach Malakka ein. Nachdem der Reichtum und die Bedeutung dieser Handelsstadt dem König zu Ohren gekommen waren, wünschte Dom Manuel nichts sehnlicher, als dass seine Schergen ihr einen Besuch abstatteten.

Sequeiras Geschwader bestand aus vier Naos und einer «Taforea», einem Seefahrzeug, dessen Form und Dimensionen heute nicht mehr genau zu bestimmen sind. Es dürfte sich um eine Art Truppentransporter oder Landungsschiff gehandelt haben, mit flachem Boden und niedrigem Schanzkleid. Auf dieser Taforea fuhr Magellan unter einem Kapitän namens Garcia de Sousa und mit 60 anderen Kriegsleuten. Mit von der Partie war auch Francisco Serrão. Diese Reise sollte ihn und Magellan für immer zusammenschweißen.

Etwas mehr als drei Wochen dauerte die Fahrt über den Golf von Bengalen, den noch kein christliches Schiff zuvor überquert hatte, und

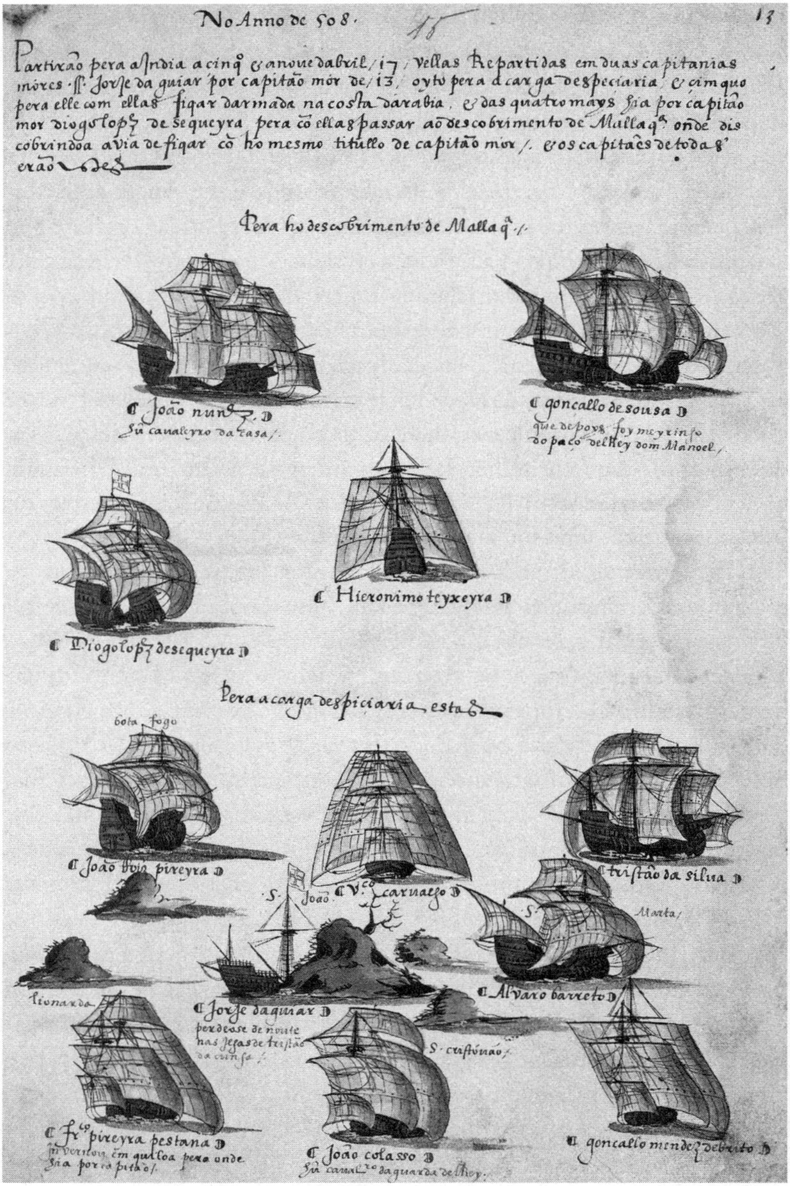


In der oberen Bildhälfte vier von den Schiffen, die unter Diogo Lopes de Sequeira «zur Entdeckung von Malakka» entsandt wurden. Aus der «Memória das Armadas» (Codex des 16. Jahrhunderts, heute in der Academia das Ciências de Lisboa)

entlang der Nordküste Sumatras, das für alle an Bord ebenso Neuland war wie Malakka selbst, wo sie am 11. September Anker warfen. Die Stadt vor ihren Augen beeindruckte weder durch mächtige Befestigungen noch durch prächtige Paläste; die meisten Häuser waren aus Holz, die Dächer mit Palmblättern gedeckt. Es war die schiere Anzahl der Gebäude, die jeden, der dieses Häusermeer zum ersten Mal sah, in Erstaunen versetzte. Nach Einschätzung eines Zeitgenossen dehnte sich Malakka über mehr als 15 Kilometer am Ufer aus. Vor der Stadt ankerten unzählige Schiffe jeder Größe und seltsamster Bauart: viermastige Dschunken, lange Praus (Auslegerboote mit zwei oder drei Rümpfen), Sampans mit zig Rudern. Und dahinter reihten sich die Hügel, überzogen vom dampfenden Grün des tropischen Regenwalds mit seinen Schlangen, Tigern und Krokodilen. Malakka lag auf dem «Aurea Chersonesus», wie die malaiische Halbinsel auf den Karten der Geographen seit alters bezeichnet wurde: die «Goldene Halbinsel», ein Name, der allein ausreichte, um Fantasien zu beflügeln.

Die Bewohner dieser frühneuzeitlichen Megastadt dürften angesichts der fremdartigen Fahrzeuge vor ihren Gestaden kaum weniger perplex gewesen sein als die Ankömmlinge selbst. Natürlich wusste man in Malakka, wer diese Besucher waren und was die Stunde geschlagen hatte. Die folgenden Ereignisse sind zwar nur aus portugiesischen Quellen bekannt, aber diese liefern ein hinreichend schlüssiges Bild: Drei Tage lang passierte wenig. Beide Seiten belauerten einander, während im Sultanspalast von Malakka verschiedene Fraktionen darum rangen, wie man dieser brenzligen Situation am besten Herr würde. Endlich lud der Sultan die Portugiesen freundlichst dazu ein, in seiner Stadt Handel zu treiben.

Um keine Zeit zu verlieren, ließ Diogo Lopes de Sequeira fast alle Beiboote an Land rudern, um Pfeffer und Zimt zu laden. Danach ging alles Schlag auf Schlag. Garcia de Sousa, Kapitän der Taforea, sah sein Schiff plötzlich von Booten mit Händlern umringt, die Waren feilboten, aber Garcia traute dem Braten nicht. Er ließ die Taforea in Verteidigungsbereitschaft versetzen und sandte Magellan auf dem letzten verbliebenen Beiboot zum Flaggschiff, wo dieser den Kommandeur ins Schachspiel vertieft antraf, umgeben von einer Schar von Gästen aus Malakka. Sequeira, von Magellan gewarnt, schickte einen Bootsmann in die Takelage, um nach dem Rechten zu sehen. Dieser sah die Portugiesen an Land schon im Handgemenge mit Einheimischen und schrie Alarm. Während Sequeira vom Schachbrett aufsprang, seine Waffen ergriff und die Gäste, die nun schlagartig Feinde waren, von seinem Schiff jagte, ließ sich Magellan an Land rudern, um den Kameraden zu helfen – angesichts der Übermacht der Gegner ein hoffnungsloses Unterfangen. Dutzende Portugiesen blieben tot in der Stadt zurück oder gerieten in Gefangenschaft. Immerhin gelang es Magellan, fünf seiner Landsleute ins Beiboot zu ziehen und, gedeckt vom Artilleriefeuer, in Sicherheit zu bringen. Einer der fünf war Francisco Serrão, dem er damit zum ersten Mal das Leben rettete: die Besiegelung einer folgenreichen Freundschaft.

Nur wenige Tage später, als die Portugiesen mit drei Schiffen den Rückzug nach Indien antraten, hatte Magellan abermals Gelegenheit, seinem Waffenbruder beizuspringen. Davon erzählt ein portugiesischer Historiker des 16. Jahrhunderts, der selbst viele Jahre in Indien verbrachte: Fernão Lopes de Castanheda. Beim Versuch, eine kleine Dschunke auszurauben, die Richtung Java segelte und deren Besatzung sich verzweifelt wehrte, sei Serrão in Bedrängnis geraten und von einer Lanze getroffen worden. Magellan und andere eilten zu Hilfe und rammten mit ihrem Boot das der Gegner, «und so stark war der Stoß, den sie ihm gaben, dass es sich auf die andere Seite neigte, und die Frauen, die auch an Bord waren, brachten es derart ins Wanken, dass Wasser über die Bordwand schwappte. Und als die Frauen das merkten, in ihrer Sorge, dass das Boot untergehen würde, sprangen sie ins Wasser und die Männer hinterher, um sie zu retten. Als die unseren das sahen, setzten sie ihnen nach und töteten die meisten.» Danach nahmen sie das Boot von Francisco Serrão ins Schlepptau und brachten den Verwundeten aufs Flaggschiff.

Auf der Weiterfahrt konnte Magellan noch ein weiteres Mal als rettender Engel für Kameraden in Erscheinung treten, die im Zuge eines Seeraubs in Seenot geraten waren. Bemerkenswert an dieser dritten Rettungsaktion ist, dass andere Offiziere sie wegen anbrechender Dunkelheit und starker Strömung für zu gefährlich hielten, Magellan sich aber durchsetzte und letztlich die Gefährten aus ihrer Not befreien konnte.

In Indien war inzwischen Francisco de Almeidas Amtsperiode zu Ende gegangen, und mit dem Vizekönig a. D. machte sich im Winter 1509/10 auch ein Großteil seines Gefolges auf den Heimweg. Magellan schiffte sich im Januar von Cochin aus nach Portugal ein, nachdem er kurz zuvor noch an einem vergeblichen Versuch, Calicut zu erobern, teilgenommen hatte und dabei verwundet worden war. Das berichtet zumindest Gaspar Correia.

Von den drei Schiffen des Konvois, der im Januar 1510 in Richtung Portugal aufbrach, gelangte eines unbeschadet zur Insel Mosambik, die beiden anderen liefen circa 240 Kilometer vor der indischen Küste auf ein Riff. Dieses ausgedehnte Riff, das heute so tief abgesunken ist, dass es für den Schiffsverkehr keine Gefahr mehr darstellt, war zu Magellans Zeit eine bekannte Landmarke. Seefahrer nannten es «Pedro-» oder «Padua-Bänke». Nachdem sich die Besatzungen mit einem Teil der Ladung und Proviant auf eine Korallenbank gerettet hatten, wollten die Kapitäne und Fidalgos mit den Beibooten davonsegeln und die «Matrosen und niedrigen Leute» zurücklassen, wogegen diese aufs Heftigste protestierten. Sie fürchteten, dass man sie auf dem Riff verschmachten lassen würde. Magellan rettete die Situation, indem er sich bereiterklärte, ebenfalls zu bleiben, unter der Bedingung, dass die Kapitäne einen Eid schworen, so schnell wie möglich mit einem Schiff zurückzukehren. Und so geschah es.

Mehrere Wochen harrten die Schiffbrüchigen auf dem Riff aus, allein in den Weiten des Meeres, der Tropensonne ausgesetzt, mit knappem Trinkwasser, und Magellan verdiente sich den Dank der Investoren, weil er aufpasste, dass sich die Seeleute nicht an der kostbaren Fracht vergriffen. Das war keine geringe Leistung, denn die «niederen Leute» nutzten nicht selten Gelegenheiten wie diese, es ihren arroganten Herren heimzuzahlen. Dass Magellan es überhaupt wagen konnte, sich einer solchen Situation auszusetzen, und dass er sie meisterte, sagt nicht wenig über seine persönliche Autorität und seinen guten Draht zu den Matrosen aus – Eigenschaften, die ihm später noch von großem Nutzen sein sollten. Endlich kam eine Karavelle aus Kannur und nahm alles, Männer und Ladung, an Bord.

Weil er infolge des Schiffbruchs auf den Pedro-Bänken den Monsun für die Heimreise verpasst hatte, musste Magellan notgedrungen ein weiteres Jahr in Indien bleiben. Fünf Jahre Militärdienst in den Tropen hatten offenbar auch an seiner Rüstung Spuren gezeitigt, weshalb Almeidas Nachfolger den Zeugmeister der Festung Kannur am 6. September 1510 anwies, «Fernão de Magalhães einen Satz alter Kürasse» auszuhändigen, damit der sich daraus neue anfertigen lasse. Offenbar rechnete der Ritter damit, bald wieder eine strapazierfähige Rüstung zu brauchen.

Almeidas Nachfolger Afonso de Albuquerque wurde von den Zeitgenossen und der Nachwelt mit einer ganzen Palette von Beinamen bedacht: Cäsar des Orients, Löwe der Meere, Portugiesischer Ares oder schlicht und einfach «der Schreckliche». Da Albuquerque anders als sein Vorgänger nicht der Crème des Hochadels angehörte, trug er nicht den Titel eines Vizekönigs, sondern nur den eines Gouverneurs. Schon Almeida war nicht zimperlich gewesen, doch er war ein Waisenknabe im Vergleich zu seinem Nachfolger, von dem seine Untergebenen behaupteten, er sei vom Teufel besessen. Albuquerques Tobsucht war legendär. Einmal soll er, immerhin ein Mann Mitte fünfzig, während einer Beratung den lang gedienten Kapitän João da Nova angefallen und versucht haben, ihm den Bart auszureißen. Wie König Manuel war der neue Gouverneur von der Überzeugung durchdrungen, dass Portugal im Indischen Ozean eine göttliche Mission zu erfüllen habe, und er begriff schnell, dass es dafür noch größerer Anstrengungen als bisher und vor allem einer gesicherten Basis in Indien bedurfte, einer richtigen Kolonie. Bei seinen Mitstreitern rief Albuquerques Besessenheit wenig Begeisterung hervor. So lag er mit den Kapitänen im Dauerstreit, und als er später den freien Handel ganz unterbinden wollte, verprellte er auch die Kaufleute. Die Fidalgos schließlich brachte er gegen sich auf, weil er ihre primitive Kampftaktik zu verbessern versuchte, die nur «Offensive à outrance» kannte: Drauflosstürmen ohne Rücksicht auf Verluste. Dies führte zwar oft genug zum Erfolg, konnte aber ebenso schnell im Desaster enden.

Albuquerque hatte sich in den Kopf gesetzt, Goa zu erobern, ein Handelszentrum an der Konkanküste, das geschützt auf einer Insel lag und als idealer Standort für eine Kolonie erschien. Nachdem ein erster Angriff im Frühjahr 1510 mit einem demütigenden Fehlschlag geendet hatte, wollte der Gouverneur im Herbst einen zweiten Versuch wagen und warb dafür in den portugiesischen Stützpunkten um Männer und Ressourcen. Am 10. Oktober rief er in Cochin die dort anwesenden

Kapitäne und Anführer zu sich, um mit ihnen zu besprechen, ob die Handelsschiffe, die für die bevorstehende Heimfahrt nach Portugal mit Gewürzen beladen wurden, samt deren Besatzungen für die Eroberung Goas verwendet werden sollten oder nicht. Unter den 16 Teilnehmern an der Beratung, deren Antworten das Protokoll verzeichnet, befand sich auch Magellan. Wie einige andere lehnte er den Kriegseinsatz der Handelsflotte kategorisch mit der Begründung ab, dass diese dann den Monsunwind für die Rückkehr nach Portugal verpassen würde und den Seeleuten und Passagieren «keine Zeit mehr bliebe, um ihr Geld zu investieren und alles Nötige für ihre Reise zu erledigen». So sprach keiner, der es kaum erwarten konnte, für Gott und König neue Heldentaten zu vollbringen. Sondern jemand, den es nach jahrelangem Kriegsdienst zurück in die Heimat zog – und der seine Schäfchen ins Trockene bringen wollte.

Nur wenige Tage zuvor hatte Magellan, ebenfalls in Cochin, mit einem gewissen Pedro Anes Abraldez vertraglich vereinbart, diesem zehn «Portugiesen» zu leihen, Goldmünzen im Wert von je zehn Cruzados, also insgesamt einen Betrag von 100 Cruzados oder 39 000 Reais.[2] Wenn man weiß, dass zur selben Zeit in Lissabon ein «Alqueire» (etwa 13 Liter) Weizen 16 Reais kostete oder dass ein Hosenmacher in Porto am Ende des 15. Jahrhunderts 1200 Reais monatlich verdiente, kann man sich die Summe ausrechnen, die dem Wert von mehr als 30 Tonnen Weizen oder fast drei Jahreslöhnen eines Schneiders entsprach. Pedro Abraldez verpflichtete sich im Gegenzug, seinem Gläubiger in Portugal 200 Cruzados, also das Doppelte, zurückzuzahlen. Realisieren wollte Abraldez diesen Gewinn aus dem Verkauf von zwanzig Quintal (Zentner) Pfeffer, die er per Schiff nach Lissabon zu verfrachten gedachte. Für den Fall, dass der Verkaufserlös nicht den Erwartungen entsprechen sollte, verpfändete Abraldez zusätzlich 40 Cruzados, die er mit einem anderen Schiff nach Hause senden würde.

Der Vertrag verrät nicht nur etwas über die erklecklichen Gewinnspannen im Gewürzhandel. Nachdem er bisher vor allem als Krieger und Fidalgo in Erscheinung getreten war, sehen wir Magellan hier von einer anderen Seite: als Geschäftsmann, der sein Geld in riskante, aber höchst profitable Unternehmungen investierte und sich dafür rechtlich absicherte. Dass der Kontrakt mit Abraldez auf uns gekommen ist, liegt nur daran, dass es bei der Auszahlung des Geldes zu Problemen und in der Folge zu einem Prozess kam, der sich über Jahre hin- und bis in höchste Instanzen zog. Davon wird noch zu reden sein. Man darf annehmen, dass Magellan im Lauf seines langjährigen Aufenthalts im Indischen Ozean mehrere solcher Investitionen tätigte, die in der Regel jedoch reibungslos abliefen und daher nicht gerichtskundig geworden sind. Er war damit kein schwarzes Schaf unter seinen Standesgenossen, auch wenn diese auf Geldscheffler und Krämerseelen herabzuschauen pflegten.[3]

Derartige Verträge waren anderswo schon seit dem Hochmittelalter gängige Praxis, vor allem in Italien, wie überhaupt die portugiesische Expansion viel von italienischem Know-how und Kapital profitierte. So meldete sich im Kriegsrat, den Afonso de Albuquerque am 10. Oktober 1510 in Cochin einberief, auch ein Francesco Corbinelli zu Wort, ein gebürtiger Florentiner, der schon dreißig Jahre in Portugal ansässig war und mit allem handelte, was Gewinn versprach – Zucker aus Madeira, Gewürze aus Asien, Zollpachten –, und dabei regelmäßig Geschäfte im Volumen von mehreren Hunderttausend Reais abwickelte. Als Kapitän und Reeder eines Schiffes, der «Santiago», fuhr Corbinelli mit der Armada von 1509 nach Indien. Er steht für einen Personenkreis, mit dem Magellan in seinen indischen Jahren Kontakte knüpfte, anscheinend auch solche geschäftlicher Art: mit der Elite der international operierenden Fernhandelskaufleute. Auch diese Beziehungen sollten sich für ihn noch als nützlich erweisen.

Mit der Beratung in Cochin verblasst Magellans Spur in Indien. Ob er an der Eroberung Goas beteiligt war, die am 25. November 1510 in nur vier Stunden über die Bühne ging, muss offenbleiben. Keiner der Chronisten, die von diesem Ereignis berichten, erwähnt den Namen des Ritters aus Porto. Albuquerque hatte den Teilnehmern der Beratung in Cochin anheimgestellt, ob sie seinem Ruf folgen wollten oder nicht. «Aber die Kapitäne», stellte Gaspar Correia verächtlich fest, «waren so vertieft in ihre Profite aus Fracht und Handel, dass sie wenig darauf gaben, und der Gouverneur reiste ab und sagte, er würde niemanden gegen seinen Willen mitnehmen.» Der Eroberung folgten vier Tage des Wütens, in denen die Sieger die gesamte muslimische Bevölkerung, 6000 Menschen jeden Alters und Geschlechts, abschlachteten.

Kaum war diese «sehr noble Tat» (Albuquerque) vollbracht, zog es den rastlosen Gouverneur nach Malakka, wo immer noch etliche seiner Landsleute in den Verliesen des Sultans schmachteten. Die hatten ihm Nachrichten zukommen lassen, in denen sie nicht nur von der sagenhaften Beute schwärmten, die in der Handelsmetropole Südostasiens zu holen war, sondern auch von den Zerwürfnissen zwischen den städtischen Parteien berichteten. Der Sultan regierte die Stadt mit Hilfe seiner muslimischen Glaubensbrüder, allen voran den Gujaratis, während andere Händlergruppen, insbesondere die Chinesen, sich benachteiligt fühlten. Dass der erste Besuch einer portugiesischen Flotte im Vorjahr unter Diogo Lopes de Sequeira so schnell wie unrühmlich geendet hatte, sei auf ein Komplott der Gujaratis zurückzuführen, schrieben die Gefangenen. Die Gujaratis hätten den Sultan gedrängt, mit den Besuchern kurzen Prozess zu machen, bevor diese größeres Unheil stiften und ihre Geschäfte ruinierten konnten. Für Albuquerque roch das nach Verrat, und Verrat verlangte nach Rache. Also brach er im April 1511 mit 18 Schiffen und 1000 Kriegern auf, um das Strafgericht über Malakka zu bringen.

Laut dem Historiker Barros fuhr auch Magellan mit dem Gouverneur. Demnach besuchte Magellan den Goldenen Chersonesus zweimal, 1509 und 1511. Seine Besuche sollten weitreichende Folgen haben, nicht nur für den Reisenden selbst. Dem Königreich Portugal sei «großer Schaden» daraus entstanden, klagte Barros rückblickend in Anspielung auf Magellans späteren Übertritt in spanische Dienste. Dürfte es doch in Malakka geschehen sein, dass der portugiesische Ritter dem Zauber Südostasiens, nicht zuletzt dem betörenden Duft exotischer Gewürze, für immer erlag.

Sechs Wochen – den ganzen Juli und den halben August 1511 – dauerte die Schlacht um die große Stadt, bei Temperaturen um die 30 Grad und 90 Prozent Luftfeuchtigkeit: Malakka liegt nur zwei Breitengrade nördlich des Äquators. Hier der Bericht des florentinischen Handelsreisenden Giovanni da Empoli, der, in Goa von Albuquerque zum Ritter geschlagen, auch an dessen Expedition gegen Malakka teilnahm:

«Wir waren etwa 1500 Männer, wir hatten die Chinesen als Unterstützung, die etwa 400 waren, und den Fürsten von Sumatra mit ebenso vielen. Und so lieferten wir die Schlacht am Tag des Apostels Santiago, des Patrons und Fürsprechers von Spanien. Und so wurde bei Tagesanbruch das Zeichen zum Angriff gegeben, und wir stürmten die Verschanzungen, wo es zu heftigen Kämpfen kam, denn die Gegner verteidigten sich ritterlich, zuvorderst mit Kriegselefanten. Auf einem davon saß das Söhnchen des Sultans. Sie ließen die Elefanten brüllen, was alle Welt mit Schrecken erfüllte. Wir töteten einen mit der Artillerie, verletzten den Prinzen, veranstalteten eine gewaltige Schlächterei. Und wie Unser Herr auf wundersame Weise stets seinen Christen den Sieg über die Ungläubigen gibt, wurde mit so wenigen Leuten, wie wir waren, unter unserem Kapitän, dem Apostel Santiago, die große Menge der Feinde besiegt, die tapfere Männer sind und wohlunterwiesen im Krieg und über eine große Zahl jeder Art von vortrefflichen Waffen verfügen. Und an jenem Tag gewannen wir die Stadt und raubten sie zum Großteil aus.»

Der Florentiner irrte in der Rückschau insofern, als die Portugiesen die Stadt an jenem 25. Juli, dem Tag des Apostels Jakobus, nicht gewannen, sondern es noch eines weiteren Ansturms am Himmelfahrtstag Mariens bedurfte, bis sie Malakka endgültig in der Hand hatten. Doch alles Übrige gibt da Empoli mit authentischer Stimme wieder: vom Fanatismus der Christen über den Schrecken, den die Kriegselefanten unter ihnen verbreiteten, über die Wehrhaftigkeit der Malaien bis zum Ergebnis des Gemetzels. Nachdem der Sultan in den Dschungel geflohen war, stand die bedeutendste Handelsmetropole Südostasiens nun ebenfalls unter portugiesischer Kontrolle. Portugal hatte mit Malakka, wie ein Zeitgenosse zuspitzend schrieb, «die Hand an der Kehle Venedigs».

Albuquerque dachte aber schon wieder einen Schritt weiter. Kaum hatte er sich mit den Einwohnern und den benachbarten Fürsten arrangiert und den Bau einer Festung veranlasst, stellte er im November 1511 eine Expedition aus drei Schiffen zusammen. Ihr Ziel: die Molukken, jene entlegenen Inseln am östlichsten Rand der bekannten Welt, die noch kein Christ mit eigenen Augen gesehen hatte, von denen die Portugiesen aber inzwischen wussten, dass sie – und zwar nur sie – die erlesensten und teuersten aller Spezereien hervorbrachten, nämlich Nelke und Muskat. Albuquerques Kalkül: Wenn er direkt mit den Erzeugern dieser kostbaren Waren ins Geschäft käme, würde er die gesamte Wertschöpfungskette in Händen halten – eine Kette, die von den Molukken bis Antwerpen und damit um den halben Globus reichte. Was immer man von den Methoden Afonsos des Schrecklichen halten mag, der Mann dachte nicht nur global, sondern handelte auch danach.

Zum Anführer der ersten christlichen Expedition zu den Gewürzinseln ernannte der Gouverneur den «wackeren Ritter» António de Abreu, zum Kapitän des zweiten Schiffes Francisco Serrão, Magellans Freund, dem er zwei Jahre zuvor gleich zweimal das Leben gerettet hatte. Dass auch Magellan mitgefahren sei, wie man immer wieder liest, ist so gut wie ausgeschlossen – warum, wird noch deutlich werden. Alle Behauptungen in diese Richtung stammen aus viel späterer Zeit, als Magellans Name längst mit den Molukken verbunden war, weil er selbst eine Expedition – die spanische von 1519 – dorthin geleitet hatte, und sie erklären sich unschwer aus dem literarischen Motiv, den Helden der Geschichte näher an das Objekt seiner Begierde zu rücken. Aber auch wenn Magellan selbst nicht mitfuhr, sollte die von Abreu geleitete Expedition für sein weiteres Schicksal wegweisend werden.

120 Portugiesen stachen gegen Ende des Jahres 1511 mit zwanzig Sklaven – zur Bedienung der Pumpen – auf drei Schiffen in See. In deren Bäuchen lagen, neben Proviant und Munition, vor allem Baumwollstoffe aus Cambay: eine Empfehlung javanischer und indischer Händler, die sich für die Ausschaltung der Konkurrenz aus Gujarat erkenntlich zeigten, indem sie den Portugiesen verrieten, dass solche Stoffe auf den Molukken begehrte Tauschobjekte waren. Auch für den Weg dorthin verließen sich die europäischen «Entdecker» auf asiatische Expertise. Steuermänner und Seekarten aus Java sollten sie ans Ziel bringen.

Abreu segelte mit seiner Flotille nördlich des Sundabogens entlang, also an den Küsten Sumatras, Javas und der Kleinen Sunda-Inseln bis Solor, von wo aus er die Bandasee überquerte und nach Zwischenstopps in Ambon und Seram die Banda-Inseln erreichte. Die kleine Inselgruppe inmitten der gleichnamigen See, ungefähr 120 Kilometer südlich der Insel Seram und viereinhalb Breitengrade unterhalb des Äquators gelegen, war zu jener Zeit der einzige Ort auf Erden, an dem der Muskatnussbaum (*Myristica fragrans*) Früchte trug. Sowohl seine Nüsse als auch die Samenmäntel, die sie umhüllen, «Muskatblüte» oder «Macis» genannt, wurden von China bis nach Portugal als aromatisches Gewürz und stimulierende Arznei geschätzt. Wenn die reifen Früchte aufplatzten und der rote Macis zum Vorschein komme, biete er – mit der Wuchshöhe etwa eines Pfirsichbaums – einen herrlichen Anblick, erklärte der portugiesische Arzt und Pionier der Tropenmedizin Garcia de Orta in seinen 1563 erschienenen «Kolloquien über die Arzneipflanzen und Drogen Indiens». Doch hinter der Schönheit lauerte der Schrecken. «Dieses Banda», warnte der Botaniker, «ist eine sehr ungesunde Gegend, und man stellt fest, dass viele dorthin gehen und wenige zurückkehren, und doch gehen stets gern welche hin, wegen des großen Profits.»

Auch Abreu kam mit den Bewohnern der verhängnisvollen Inseln ins Geschäft. Er kaufte Muskatnüsse, Macis, Nelken und eine Dschunke für Francisco Serrão, dessen marode Nao auf Grund gelaufen war. Die Dschunke dürfte Abreu von Händlern aus Java erworben haben, der dominierenden Händlergruppe auf Banda, und diese dürften auch die Nelken von den Molukken herbeigeschafft haben. Anders als heute zählte Banda damals nicht zu den eigentlichen Molukken. Um diese zu erreichen, hätte Abreu nochmals 700 Kilometer nach Nordwesten segeln müssen, an Seram, Ambon und Obi vorbei, bis er mit einigem Glück auf eine weitere Gruppe von Vulkaninseln gestoßen wäre. Fünf davon – Ternate, Tidore, Moti, Makian und Bacan – zeichneten sich zu jener Zeit vor Abertausenden anderen tropischen Eilanden dadurch aus, dass allein auf ihnen der Gewürznelkenbaum gedieh. Gemeinsam mit dem Fürstentum Jailolo auf Halmahera bildeten die fünf Inseln das märchenhafte Land Maluku Kie Raha, spanisch und portugiesisch Maluco; die deutsche Bezeichnung «Molukken» ist aus dem Niederländischen übernommen. Zwar wuchs der Nelkenbaum auch anderswo, etwa auf Ceylon, aber er trug dort keine Frucht, so dass die Weltproduktion an Nelken allein von diesen fünf Inselchen am Äquator bestritten wurde.

Wegen ihrer Sonderstellung als Heimat und Quelle der begehrten Nelken galten die Molukken als die Gewürzinseln schlechthin. Bis zu ihnen hatte Abreu mit seiner Flotille segeln wollen, doch die Monsunwinde wehten ihm entgegen, und seine Schiffe leckten. Außerdem waren die javanischen Lotsen nicht allzu erpicht darauf, den Portugiesen die weitere Route zu den Molukken zu verraten. Abreu ließ die unkooperativen Lotsen malträtieren und über Bord werfen und trat von Banda aus die Rückreise nach Malakka an. Er konnte trotz allem zufrieden sein. Zwar war er nicht bis zu den Molukken selbst vorgedrungen, aber er war weiter nach Osten gesegelt als je ein christlicher Seefahrer zuvor. Und was er mitbrachte, konnte sich sehen lassen, hatte der «wackere Ritter» doch, abgesehen von einer Ladung erlesener Gewürze, eine andere Ware von unschätzbarem Wert im Gepäck: Information aus erster Hand über einen der lukrativsten Märkte des Globus.

Auf dem Heimweg geriet die Flotte in einen Sturm, die Dschunke von Francisco Serrão wurde von den anderen Schiffen getrennt und blieb verschollen. Und so kehrte Antonio de Abreu Ende 1512 ohne Magellans Freund nach Malakka zurück. Bis Serrãos Landsleute Kunde von seinem abenteuerlichen Schicksal erhielten, sollte einige Zeit vergehen. Vor allem Magellan musste noch eine Weile auf Nachrichten von seinem Freund warten, hatte er doch Indien mittlerweile den Rücken gekehrt.

# 3. Prozesse und Profite

Während Francisco Serrão durch die Bandasee driftete, machte sich sein Freund Magellan auf die lange und beschwerliche Heimreise nach Portugal. Nicht anders als der Hinweg unterlag auch die Rückfahrt den Gesetzen der Monsun- und Passatwinde, die vorgaben, wann ein Schiff auf welcher Route zu segeln hatte. Zu Magellans Zeit, in jenen ersten Jahren des Schiffsverkehrs nach Indien, mussten die herrschenden Winde, die Strömungen und Gezeiten, Untiefen und Landmarken erst peu à peu erkundet werden. Steuermänner notierten ihre Beobachtungen, und im Lauf der Zeit entstanden aus diesen Notizen nautische Handbücher, sogenannte Roteiros, die zum Teil derart genaue Angaben enthielten, dass sie noch den Holländern hundert Jahre später wertvolle Dienste leisteten. Anhand solcher Roteiros lässt sich auch Magellans Heimreise nachvollziehen.

Die mit Gewürzen beladenen Konvois verließen im Dezember oder spätestens in der ersten Januarhälfte die Malabarküste. Da die Portugiesen anfangs noch keinen sicheren Weg durch die Riffe und Atolle kannten, die den Ozean zwischen Indien und Madagaskar durchziehen, querten sie ungefähr auf Höhe des zehnten Breitengrades das Arabische Meer und segelten dann westlich von Madagaskar die afrikanische Küste entlang bis zur Südspitze des Kontinents. Wer den rechten Zeitpunkt zur Abreise versäumte und erst nach Mitte Januar aufbrach, musste auf dieser Route mit schwierigem Wetter rechnen, und seine Chancen, zeitig und heil nach Hause zu kommen, sanken rapide.

Nachdem die Schiffe das Kap umrundet hatten, durchquerten sie mit dem Südostpassat den Golf von Guinea, passierten den Äquator und machten dann, die Strömungen des Nordatlantik ausnutzend, einen weiten Bogen nach Westen, bis sie die Azoren erreichten. Von dort trug sie der Westwind nach Lissabon, wo sie im Frühsommer eintrafen. Im Schnitt dauerte die Rückreise gute sechs Monate, etwas länger als der

Hinweg, und es gingen auch mehr Schiffe verloren, weil sie in der Regel älter und schwerer beladen waren.

Gewiss war die Überfahrt lang, unbequem und gefahrvoll, aber sie entschädigte die Reisenden mit viel Muße – vorausgesetzt, sie verdämmerten die Wochen und Monate auf hoher See nicht seekrank oder zitternd vor Angst unter Deck. «Das Meer ist so beschaffen, dass keiner sich freiwillig darauf wagt, sondern nur aus Not», befand Fray Antonio de Guevara, Franziskaner und Vertrauter Karls I., der seinen Herrn auf mancher Seefahrt begleitete und der seine Erlebnisse auf kaiserlichen Galeeren in einem vielgelesenen Büchlein resümierte. «Denn ein Mensch, der zur See fährt», erklärte Bruder Antonio, «und das nicht etwa tut, um sein Gewissen zu entlasten, seine Ehre zu verteidigen oder sein Leben zu bestreiten, der ist entweder ein Narr, lebensmüde oder gehört eingesperrt, denn er muss wahnsinnig sein.»

Welches dieser Motive auf Magellan zutraf oder ob sie sogar alle zusammen wirksam waren, ist schwer zu ergründen. Jedenfalls gehörte der Ritter aus Porto nicht zur Masse der Land- und Mittellosen, aus denen sich das Gros der Besatzungen rekrutierte – Menschen, die so arm waren, dass ihnen wenig übrig blieb, als ihr Leben dem Wind und den Wellen zu überantworten. Dank seiner Herkunft besaß Magellan einen gewissen Handlungsspielraum. Der wurde zwar durch familiäre Zwänge und religiöse Gebote, durch Standesehre, Vasallenpflichten und die technischen Möglichkeiten seines Zeitalters eingeengt und kann nicht mit den Freiheiten in einer modernen Gesellschaft verglichen werden. Aber jemand wie Magellan hatte Optionen, und darin unterschied er sich von der Mehrheit seiner Zeitgenossen. Während die Seefahrt für die meisten nur Mittel zum Zweck war und für viele ein Martyrium, scheint sie auf Magellan einen speziellen Reiz ausgeübt zu haben.

Warum auch hätte er sich sonst all die nautischen Kenntnisse angeeignet, die ihm zugeschrieben wurden? Sich in diese Materie einzuarbeiten gehörte nicht zu den Aufgaben eines Fidalgo. Ein Schiff zu steuern war ein Beruf, den man erlernte wie ein Handwerk und für dessen Ausübung man wie ein Handwerker entlohnt wurde – keine sehr attraktive Betätigung also für einen ehrgeizigen Ritter, der eher danach strebte, ein militärisches Kommando zu ergattern und zum Kapitän ernannt zu werden. Davon abgesehen sahen viele Hauptleute ihre Schiffe nur als Truppentransporter an. Selbst für die Kapitäne der

Armadas, die ja immer wieder in Seegefechte verwickelt wurden, war nautisches Fachwissen keine Notwendigkeit. Aber solches Wissen schadete natürlich nicht, und so erwarben nicht nur viele Kapitäne über die Jahre profunde Kenntnisse der Seefahrt, sondern auch andere wissbegierige Menschen, die regelmäßig zur See fuhren, Händler etwa oder Priester. Von dem Missionar Bartolomé de las Casas, der die Überfahrt von Spanien nach Amerika mehr als ein dutzend Mal unternahm, heißt es, dass er am Ende mehr von Navigation verstand als mancher Steuermann. Auf diese Weise wird auch Magellan die erzwungene Muße während seiner Seereisen über den Atlantik, das Arabische Meer und den Golf von Bengalen dazu genutzt haben, den Seeleuten bei der Arbeit über die Schulter zu sehen, mit den Steuermännern zu plaudern und von ihnen zu lernen.

Der Mann, der – vermutlich – im Frühsommer 1513 nach Jahren in der Fremde wieder heimatlichen Boden betrat, war nicht mehr derselbe, der im März 1505 von Lissabon aus in See gestochen war. Neben nautischem Wissen brachte Magellan auch geographische Kenntnisse mit, wie sie zu jener Zeit kaum ein Erdenbürger besaß – erst recht nicht aus eigener Anschauung. Wer konnte schon von sich sagen, dass er die ganze Strecke von Lissabon bis nach Malakka – beinahe um den halben Globus – und zurück gefahren war? Nicht zu vergessen die heile Haut, die einem Sprichwort zufolge das Beste ist, was man von einer Reise mitbringen kann: Für einen wie Magellan galt das in besonderem Maße, war er doch nicht nur dem Ertrinken, dem Fieber und anderen Gefahren entronnen, mit denen Fernreisen einhergingen, sondern hatte sein Leben auch immer wieder in den Schlächtereien der Glaubens- und Eroberungskriege aufs Spiel gesetzt.

Eines dürfte Magellan in Indien jedoch nicht geworden sein: reich. «Er verlor auf jenen Schiffen seine Armut, und arm kehrte er nach Portugal zurück», schrieb Gaspar Correia über ihn. Ein Satz, der wegen seiner Widersprüchlichkeit rätselhaft wirkt. War Magellan zwar reich an Erfahrungen, aber arm an Mitteln heimgekehrt? Oder hatte er viel gewonnen, das meiste jedoch wieder verloren? Allzu schlecht kann es um sein Auskommen nicht bestellt gewesen sein, sonst hätte der Ritter kaum, wie im letzten Kapitel erwähnt, stolze 100 Cruzados im Gewürzhandel anlegen können, von denen er immerhin hoffen durfte, dass sie sich bei seiner Ankunft in Portugal verdoppelt haben würden. Nach einem anderen Dokument hat Magellan in weitere Schiffe investiert. Da ist die Rede von einmal 43 435 und ein andermal sogar von 136 241 Reais, die an einen Fernão de Magalhães ausgezahlt wurden. Leider ist die Quelle unsicher, aber wenn Magellan diese Summen wirklich erhalten haben sollte, dann war er alles andere als ein armer Schlucker. Für das Geld hätte er sich zum Beispiel ein (gebrauchtes) hochseetüchtiges Schiff kaufen können. Allerdings ist Armut ein relativer Begriff, heißt es doch im portugiesisch-lateinischen Wörterbuch des Rafael Bluteau von 1728: «Arm sagt man auch von den Fidalgos und den Fürsten, die nur wenig Einkommen haben, denen es am Nötigen fehlt, um mit Anstand ihre Würde, ihren Adel zu wahren.»

Ein Adliger, selbst ein gemeiner Ritter wie Magellan, hatte eben einen anderen finanziellen Bedarf als ein Handwerker oder Tagelöhner. Er benötigte eine standesgemäße Residenz, hatte ein oder mehrere Pferde zu füttern, musste sich vornehm kleiden, seine Waffen in Schuss halten und für die Kirche spenden. Vor allem aber erwartete man von ihm, dass er ein kleines Gefolge von Günstlingen und Dienern um sich scharte und ernährte. So etwas ging ins Geld, und Magellan bildete in dieser Hinsicht keine Ausnahme. Als er Portugal im Herbst 1517 in Richtung Kastilien verließ, begleitete ihn ein ganzer Tross von Untergebenen und Gefolgsleuten. Zumindest einer davon war schon 1513 von Indien nach Lissabon mit ihm gereist: sein Sklave Enrique.

Wie Magellan in seinem Testament ausführt, stammte Enrique aus Malakka, war von dunkler Hautfarbe und bei der Ankunft in Portugal etwa zwanzig Jahre alt. Magellan nannte ihn seinen Gefangenen, ohne mitzuteilen, wo und bei welcher Gelegenheit er in seine Gewalt geraten war. Es könnte 1511 bei der Eroberung der malaiischen Handelsmetropole oder auch schon vorher, bei einer der Seeräubereien vor der Küste Sumatras, geschehen sein. Aber wann und wo auch immer, der junge Mann wurde Magellans Sklave. Dieser ließ ihn auf den Namen Enrique taufen und im Katechismus unterweisen. Damit war der christlichen Herrschaftsethik Genüge getan, die verlangte, dass ein Herr für das Seelenheil seiner Untertanen zu sorgen hatte. Diese Ethik hatte bereits der Grundherrschaft des Mittelalters zugrunde gelegen; in der Neuzeit sollte sie die Unterwerfung der in Übersee «entdeckten» Völker rechtfertigen – und die Sklaverei.

Die Sklaverei war im Mittelmeerraum nie zur Gänze ausgestorben, doch mit der portugiesischen Expansion nach Afrika und der spanischen nach Amerika nahm sie seit dem 15. Jahrhundert einen enormen Aufschwung. In Portugal und Spanien hielten sich sogar Handwerkerhaushalte Sklavinnen und Sklaven als Dienstboten. Sie schufteten auf den Zuckerrohrplantagen von Madeira und der Antillen. Die meisten wurden in Afrika gekauft oder geraubt, wobei der Import von Sklaven, wie der aller hochpreisigen Güter, staatlicher Kontrolle unterlag. Magellan brauchte also eine Konzession, um Enrique nach Lissabon mitbringen zu dürfen – und ebenso eine für das Mädchen.

Als Magellan im Februar 1518 dem spanischen König sein Projekt einer Molukken-Expedition vortrug, soll er, um Eindruck zu schinden und die Authentizität seiner Indienerfahrung zu beschwören, neben Enrique «eine Sklavin aus Sumatra» präsentiert haben, «welche die Sprache von vielen Inseln verstand, die es in Malakka gab». Auch wenn diese Sklavin in Magellans Besitz nur von späteren Geschichtsschreibern erwähnt wird, ist ihre Existenz alles andere als aus der Luft gegriffen. Schließlich war Magellan Junggeselle, und was lag da näher, als sich eine Haushaltshilfe anzuschaffen, die für ihn kochte und seine Wäsche in Ordnung hielt – von der Befriedigung anderer Begierden einmal abgesehen. Ohne Magellan hier etwas unterstellen zu wollen: Sexuelle Sklaverei war in der Männergesellschaft der Indienfahrer ein verbreitetes Übel, das nicht zuletzt der Kirche Kopfzerbrechen bereitete. 1550 berichtete ein entsetzter Jesuit nach Rom von regelrechten Harems, die sich manche portugiesischen Siedler in Indien hielten. So habe ein einzelner Mann in Malakka 24 Sklavinnen verschiedener Ethnien besessen, die ihm alle reihum zu Willen sein mussten. Darauf, dass Magellan mit diesen Praktiken zu tun hatte, deutet außer der Erwähnung jenes Mädchens aus Sumatra nichts hin. Unbestritten ist nur, dass er aus Indien als stolzer Besitzer mindestens eines – männlichen – Sklaven zurückkehrte. Weitere sollten im Lauf der Zeit hinzukommen.

Wenn es Magellans Ehrgeiz gewesen war, in Indien das Kommando über ein Schiff zu erhalten, dann fuhr er unbefriedigt nach Hause. Überhaupt ist unklar, warum er nicht länger in Asien blieb. Denkbar wäre, dass er unter Albuquerques harschem Regime keine Perspektive für sich sah. Oder zwangen ihn familiäre Pflichten, näher bei der Heimat zu sein – etwa weil sein Vater krank war[1] und er als ältester Sohn die Familie beschützen musste? Sollte aber nach acht Jahren Militärdienst Kriegsmüdigkeit der Grund für seine Rückkehr gewesen sein, dann war ihm keine lange Erholung beschieden.

Schon am 17. August 1513 stach Magellan wieder in See, zu seinem nächsten Kampfeinsatz. Dom Jaime, der Herzog von Bragança, hatte seine ungeliebte Gattin und ihren Galan ermordet und war zur Strafe vom König dazu verurteilt worden, eine militärische Expedition gegen die Stadt Azemmour an der marokkanischen Atlantikküste zu führen, deren Gouverneur den Tribut schuldig geblieben war. Da die Ritter von Magalhães seit jeher zu den Vasallen des Hauses Bragança gehörten, konnte Magellan kaum anders, als dem Ruf des Herzogs zu folgen. Und so kam es, dass 2000 Reiter, unter ihnen Magellan, sowie mehr als 10 000 Fußsoldaten im August 1513 mit Dom Jaime nach Afrika zogen und Azemmour ohne größeres Gemetzel einnahmen. Angesichts der imposanten Streitmacht waren die Verteidiger so klug, die Stadt nach ein paar ehrenhaften Scharmützeln den Angreifern zu übergeben. Während eines dieser Gefechte fiel Magellans Pferd, so dass der Ritter zu Fuß um sein Leben rennen musste, wie er in einem Beschwerdebrief an Dom Manuel mit einem Anflug von Pathos darlegte. Das Pferd habe ihn 13 000 Reais gekostet, ihm seien aber nur 3 705 Reais erstattet worden, klagte er dem König. Außer dem Verlust des Reittiers brachte ihm sein afrikanisches Abenteuer eine Verwundung am Knie und eine Anklage wegen Veruntreuung von erbeutetem Vieh ein, dessen Aufteilung man ihm übertragen hatte. Von der Anklage wurde er nach einigem Hin und Her freigesprochen, doch das Knie sollte nie wieder ganz heil werden, so dass er den Rest seines Lebens leicht hinkte.

Damit er an der Kampagne gegen Azemmour teilnehmen konnte, muss Magellan spätestens mit der Gewürzflotte von 1513 nach Lissabon zurückgekehrt sein, also im Frühsommer jenes Jahres. Nach den obligaten Dankgottesdiensten für die glückliche Heimkehr wären ihm gerade zwei Monate geblieben, um das Wiedersehen mit seiner Familie zu feiern, geschäftliche Angelegenheiten zu regeln und sich ein Pferd samt der übrigen Kriegsausrüstung zu besorgen, bevor er schon wieder in See stach – angesichts des damaligen Reisetempos ein enger Zeitplan.

Zu den geschäftlichen Dingen, die der Ritter nach der Rückkehr zu erledigen hatte, gehörte der Vertrag mit Pedro Anes Abraldez. Wie erwähnt, hatte Magellan dem Gewürzhändler in Cochin 100 Cruzados geliehen mit der Aussicht, dafür in Portugal die doppelte Summe zu erhalten. Doch als er in Lissabon sein Geld sehen wollte, konnte Abraldez nicht zahlen. Daraufhin erwirkte der geprellte Gläubiger bei Gericht die Beschlagnahmung von Abraldez' Waren, die noch in der Casa da Índia lagerten: sieben Quintal Pfeffer. Deren Verkauf brachte aber nur «wenig mehr als 60 Cruzados» ein, womit die Schuld nicht einmal zu einem Drittel getilgt war. Damit gab sich Magellan nicht zufrieden, vielmehr prozessierte er gegen Abraldez und führte nach dessen Tod den Prozess gegen Abraldez' Vater fort, der seinen Sohn beerbt hatte. In dieses Verfahren, das sich bis zum Sommer 1516, also über drei Jahre, hinzog, wurde auch der König verwickelt. Dieser hatte nämlich seinerseits Schulden bei Abraldez, und zwar ausgerechnet in Höhe von 200 Cruzados. Magellan muss von dieser Schuld erfahren haben, denn er richtete von seinem Dienstort Azemmour aus eine schriftliche Petition an Dom Manuel, das Geld erst an Abraldez auszuzahlen, wenn seine Ansprüche geklärt waren – ein Ansinnen, dem der Monarch im September 1514 stattgab.

Prozessakten erweisen sich für Historiker manchmal als Schatzgruben, weil sie Informationen enthalten, die andernfalls nicht die Zeiten überdauert hätten. So wird im Prozess gegen Abraldez der Name des Schiffes erwähnt, auf dem Magellan aus Indien nach Hause fuhr: die «Santa Cruz». Das hat Spekulationen ausgelöst, segelte doch ein Schiff mit ebendiesem Namen im Januar 1513 von Malakka nach Cochin, wo es am 10. Februar anlegte. Wäre diese Santa Cruz – mit Magellan als Passagier – unverzüglich nach Portugal weitergefahren, dann hätte der Ritter an Abreus Molukken-Expedition teilnehmen können, die Ende 1512 nach Malakka zurückgekehrt war, und er wäre gerade rechtzeitig in Lissabon eingetroffen, um sich Dom Jaimes Strafexpedition gegen Azemmour anzuschließen, die Mitte August 1513 in See stach. Wenn Magellan aber an Abreus Fahrt teilgenommen hätte, dann wäre er nicht nur der Initiator der ersten Umsegelung der Erde, sondern hätte selbst als Erster diese Tat vollbracht! Abreus Armada war 1512 bis zur Ostspitze der Insel Seram vorgedrungen, die bei etwa 131° östlicher Länge liegt. Magellan sollte knapp zehn Jahre später als Kommandant der spanischen Molukken-Expedition von Westen aus die Insel Cebu auf den

Philippinen erreichen und damit ungefähr den 123. Längengrad. Folglich hätte er als erster Mensch einmal die Erde umrundet, wenn auch in zwei Etappen.

So reizvoll diese Geschichte auch klingt, schon ihr Ursprung ist höchst zweifelhaft. Sie geht auf Bartolomé Leonardo de Argensola zurück, der zu Beginn des 17. Jahrhunderts, also fast hundert Jahre nach den Ereignissen, für den spanischen König Philipp II. ein Buch über die «Eroberung der Molukken-Inseln» verfasste. Für Magellans Geschichte konnte sich der literarisch ambitionierte Argensola nur auf Wissen aus zweiter Hand stützen, und etliche seiner Aussagen stehen in offenem Widerspruch zu älteren, glaubwürdigeren Quellen. So ist gegenüber seiner Behauptung, Magellan habe das Kommando über eines der drei Schiffe Abreus innegehabt, große Skepsis angebracht. Denn Albuquerque selbst nannte in einem Brief an den König vom 20. August 1512 neben Abreu und Serrão als dritten Kapitän dieser Expedition einen Simão Afonso; dasselbe berichten alle portugiesischen Chronisten. Auch die identischen Schiffsnamen sind bei näherem Hinsehen nicht geeignet, diese Zweifel zu entkräften.

Von jener Santa Cruz, die im Januar 1513 den Golf von Bengalen überquerte und am 10. Februar in Cochin anlegte, wissen wir aus einem Brief von Fernão Peres de Andrade, seines Zeichens Kommandant einer Flotte, die Albuquerque 1511 in Malakka zurückgelassen hatte. Anfang 1513 segelte Peres de Andrade mit einem Geschwader von drei Schiffen, eines davon besagte Santa Cruz, zurück an die Malabarküste, um sich wieder dem Gouverneur anzuschließen. Dieser war da bereits nach Goa abgereist, und Andrades Versuche, seinen Chef einzuholen, scheiterten, weil sein Schiff, abermals jene Santa Cruz, «sehr vermodert und leck» war. Da er fürchtete, mit einem Schiff, das «endlos viel Wasser» aufnahm, nicht beizeiten anzukommen, schickte er ein schnelleres Boot mit einem Brief voraus, um sich zu rechtfertigen. In diesem Brief, geschrieben am 24. Februar 1513, erklärte er dem Gouverneur, dass alle seine drei Schiffe schon in Malakka völlig morsch gewesen seien und erst aufwendig hätten instandgesetzt werden müssen, bevor man sich auf ihnen über den Golf von Bengalen hätte wagen können.

Dass Magellan mit einem solchen Seelenverkäufer um das Kap der Stürme und über den Atlantik nach Portugal gefahren sein soll, ist an sich schon wenig glaubhaft. Dass er das aber Mitte Februar getan hätte, als der letzte Termin für eine sichere Heimfahrt auf der damals bekannten Route durch die Straße von Mosambik mehr als einen Monat verstrichen war, wirkt vollends absurd. Und wozu diese Eile? Nur damit der Heimkehrer in Lissabon, nachdem er mehr als acht Jahre fort gewesen war, sich quasi noch am selben Tag mit Dom Jaime nach Azemmour einschiffen konnte? Man braucht diesem Szenario nicht mit Ockhams Rasiermesser zu Leibe zu rücken, um zu erkennen, an welch seidenem Faden es hängt: allein am Wunsch, den Helden der Expedition von 1519 noch höher in den Himmel zu heben.

Im Übrigen waren die Portugiesen bei der Taufe ihrer Schiffe nicht gerade erfinderisch. Wenn auch manche originelle Namen trugen wie etwa «Botafogo» (Zündrute, Lunte) oder «Rei pequeno» (Kleiner König), waren doch die meisten nach der Gottesmutter benannt. «Santa Maria» und «Unsere Liebe Frau» standen ganz oben auf der Liste der beliebtesten Schiffsnamen, aber auch andere Schutzpatrone wurden gern gewählt, etwa Antonius, Johannes oder Santiago; kaum weniger beliebt waren der Heilige Geist oder ebendas Heilige Kreuz, «Santa Cruz». In den «Büchern der Armadas» sind mehr als ein Dutzend Naos und Karavellen dieses Namens verzeichnet, die zwischen Vasco da Gamas zweiter Reise 1502 und der Jahrhundertmitte nach Indien segelten. Und da diese Listen alles andere als vollständig sind, darf man annehmen, dass es noch etliche Schiffe mehr gab, die ebenso hießen.

Dank Magellans Rechtsstreit mit den Abraldez kennen wir nicht nur den Namen des Schiffes, sondern auch den des Kapitäns, unter dessen Kommando er nach Portugal zurückkehrte: Jorge Lopes. Möglicherweise handelte es sich um Jorge Lopes Bixorda, einen Kaufmann jüdischer Abstammung, der 1496 wie all seine Glaubensbrüder – sofern sie Portugal nicht verließen – durch ein königliches Edikt zur Konversion gezwungen worden war und seither zur Gruppe der sogenannten Neuchristen zählte. Aus diesem Kreis gingen etliche Kaufleute hervor, aber Bixorda war nicht irgendeiner unter vielen. Die spärlichen Daten, die heute über diesen Mann und seine Geschäfte bekannt sind, verleihen ihm den Anschein einer grauen Eminenz, hatte Bixorda doch überall seine Hände im Spiel, wo großes Geld zu verdienen war: Gewürze, Edelmetalle, Zucker, Sklaven. Zum kleinen Kreis einflussreicher Männer gehörend, die den Lissaboner Handel im ersten Drittel des

16. Jahrhunderts kontrollierten, erhob ihn Dom Manuel in den Ritterstand. Zweifelhafte Berühmtheit für die Nachwelt erwarb sich Bixorda dadurch, dass er 1538 die ersten afrikanischen Sklaven nach Brasilien verschiffte.

Im Frühjahr 1509 reihte der Unternehmer sich mit einem eigenen Schiff in die königliche Armada ein, um in Indien Gewürze zu kaufen. Zwar war es seit der «kommerziellen Revolution» des 13. Jahrhunderts nicht mehr üblich, dass ein Kaufmann selbst mit seinen Waren reiste. Normalerweise regelte er seine Geschäfte vom Kontor aus per Schriftverkehr und delegierte den Transport an Frächter und die Abwicklung der Transaktionen vor Ort an Agenten. Im interkontinentalen Fernhandel kam es dennoch öfter vor, dass sich ein Großhändler persönlich auf den Weg machte, um an Ort und Stelle Geschäfte anzubahnen. Bixorda war denn auch nicht der einzige Kaufmann, der sich mit einem Schiff der Armada von 1509 anschloss. Der Zweite war Francesco Corbinelli, jener Italiener, der sich im Kriegsrat von Cochin im Oktober 1510 neben Magellan zu Wort meldete. Allerdings scheinen die Geschäfte Bixordas nochmals eine Nummer größer gewesen zu sein als die Corbinellis.

Aus der Kanzlei Dom Manuels ist eine Sammlung von Quittungen erhalten, in denen der König die Erledigung von Schulden aller Art bestätigte, darunter auch solche aus dem Gewürzhandel. Dom Manuel war inzwischen dazu übergegangen, die Gewürze nicht mehr selbst über die Casa da Índia zu verkaufen, sondern den Vertrieb Privatleuten zu übertragen, sogenannten Kontraktoren, die sich freilich an seine Preisvorgaben halten und ihre Einnahmen mit ihm teilen mussten. In einer dieser «Cartas de Quitação» aus der königlichen Kanzlei wird auch Jorge Lopes Bixorda genannt, der für seine Gewinne aus dem Gewürzhandel zwischen August 1509 und Januar 1511, also in nur anderthalb Jahren, eine Schuld von 5 850 000 Reais, umgerechnet 15 000 Cruzados, zu begleichen hatte. Man vergleiche diese Summe mit den 200 Cruzados, um derentwillen Magellan gegen Abraldez prozessierte.

Der König und die Kaufleute konnten weder mit- noch ohne einander. Die Händler waren auf die portugiesische Seestreitmacht angewiesen, ohne deren Schützenhilfe sie nie die Märkte des Indischen Ozeans hätten erobern können. Doch auf die staatliche Kontrolle des Handels, die mit der Seemacht einherging, hätten sie ebenso gern verzichtet wie auf die horrenden Zölle und Steuern, die ihnen die Krone abknöpfte. Dom Manuel wiederum hätte den Indienhandel am liebsten ganz verstaatlicht, aber seine liquiden Mittel reichten dafür nicht aus, zumal die Pfefferpreise gerade wegen der portugiesischen Erfolge zeitweilig in den Keller gingen. Der König war daher immer wieder auf Kapitalspritzen von den großen europäischen Handels- und Bankhäusern angewiesen, um seine Armadas vorzufinanzieren. Neben namhaften italienischen Adressen kamen auch Clans aus Süddeutschland wie die Fugger und Welser zum Zuge. Diese waren für Dom Manuel besonders interessant, weil sie den Zugriff auf die Silber- und Kupfervorkommen in Tirol, Böhmen und Ungarn besaßen, damals die ergiebigsten in Europa. Edelmetalle waren das einzige Tauschmittel, das die indischen Geschäftspartner der Portugiesen akzeptierten.

Eine dritte Gruppe von ausländischen Kaufleuten, die seinerzeit in Lissabon sehr aktiv war, stammte aus Burgos. Das Zentrum des kastilischen Wollhandels war seit jeher eng mit den Märkten Flanderns verknüpft, wo Antwerpen Brügge als wichtigsten Warenumschlagplatz abgelöst hatte. Von Flandern wiederum wurden England und der boomende mitteleuropäische Absatzmarkt bedient. Mit ihren Verbindungen nach Flandern waren die Kaufleute aus Burgos ideale Mittelsmänner für die portugiesische Krone, als diese ihre indischen Waren in Europa unter die Leute bringen wollte.

Unter den aus Burgos stammenden Händlern in Lissabon stach ein Mann heraus, nicht nur weil er einer der Ersten war, der sich am Tejo niederließ, sondern auch, weil er wie Bixorda ein ökonomisches Schwergewicht war: Cristóbal de Haro. In der erwähnten «Carta de Quitação» wird er mit einer Schuld genannt, die sich fast mit der von Bixorda messen kann: 4 646 705 Reais. Cristóbal de Haro, dem man nachsagte, dass er gern dem Glücksspiel frönte, führte die Geschäfte der Firma zusammen mit seinem Bruder Diego, der in Antwerpen saß. In Lissabon trat Cristóbal als Agent eines gewissen Jakob Fugger auf, jenes Augsburger Kaufherrn, der aus einem mittelständischen Handelshaus einen über die Grenzen Europas hinaus agierenden Großkonzern schmiedete, ein Mann so reich, dass er Fürsten kaufen und Könige zu Kaisern erheben konnte.

Irgendwann zwischen 1513 und 1517 kreuzten sich die Wege Magellans und die des Kaufmanns, Spielers und Fugger-Agenten Cristóbal de

Haro. Vielleicht brachte Jorge Lopes Bixorda die beiden zusammen. Bixorda und Magellan kannten sich vermutlich von ihrer gemeinsamen Schiffsreise her – sechs Monate auf engstem Raum, in denen der gewiefte Handelskapitän und der seefahrende Ritter reichlich Gelegenheit gehabt hätten, sich kennenzulernen. Aber egal, ob Bixorda den Kontakt zu Haro herstellte oder ein anderer: Magellan und der Kaufmann aus Burgos liefen sich eines Tages über den Weg, und diese Begegnung sollte für Magellans Zukunft wegweisend werden.

Leute wie Bixorda und Haro hatten stets mehr als ein Eisen im Feuer. Ständig waren sie auf der Suche nach Gelegenheiten, ihr Geld profitabel zu investieren, am besten in Märkte, in denen sich die Krone nicht derart einmischte und die Hand aufhielt wie im Indienhandel. So eine Gelegenheit tat sich damals auf der anderen Seite des Atlantiks weit südlich des Äquators auf. Dort war die zweite Indienflotte unter Pedro Álvares Cabral im Frühjahr 1500 zufällig auf die «Ilha de Vera Cruz» gestoßen, die «Insel des Wahren Kreuzes». Folgeexpeditionen zeigten bald, dass Cabral keine Insel, sondern eine Landmasse von kontinentalem Ausmaß entdeckt hatte, so ausgedehnt, dass der florentinische Kaufmann und Steuermann Amerigo Vespucci, der an diesen Fahrten teilnahm, sie als «Neue Welt» bezeichnete.

Für das kleine Portugal, das in jenen Jahren vollauf damit ausgelastet war, den neuen Seeweg nach Indien zu etablieren, schien das zu viel auf einmal. Darum meldete Dom Manuel zwar Besitzansprüche auf diese Neue Welt an, überließ deren Ausbeutung aber fürs Erste privaten Investoren. Die Entscheidung fiel ihm umso leichter, als die Schätze, die im Land des Wahren Kreuzes zu holen waren, sich nicht annähernd mit denen Indiens vergleichen ließen. Außer Affen, Papageien und Eingeborenen, die man versklaven konnte, gab es dort wenig zu holen, zumindest wenn man auf schnellen Gewinn aus war und schweißtreibende Arbeit scheute.

Arbeit war indes vonnöten, um einen weiteren Schatz zu heben, den die Neue Welt in großen Mengen bereithielt und der bald zu ihrem Exportschlager avancieren sollte: das Holz des Baumes *Caesalpinia echinata*, auch «Brasilholz» genannt. Dieses Holz enthält ein rotes Pigment, das sich zum Färben von Textilien eignet – im auf extravagante Mode versessenen Europa der Frühen Neuzeit ein attraktives Produkt. Im Nu entwickelte sich ein schwunghafter Handel, wobei man das Fällen und den Transport der Bäume über Land den Eingeborenen überließ, die diese Arbeit im Tausch gegen Eisenwerkzeuge bereitwillig auf sich nahmen. Und so wurde aus der «Insel des Wahren Kreuzes» schließlich Brasilien, das Land des Brasilholzes.[2]

Während Jorge Lopes Bixorda um das Jahr 1513 herum den Handel mit Brasilholz gepachtet hatte, interessierte sich Cristóbal de Haro noch aus anderen Gründen für die Neue Welt im Südwesten. Solange deren Grenzen nicht vollständig erkundet waren, stand die Möglichkeit im Raum, sie zu umfahren und auf diesem Weg weiter nach Westen zu segeln, bis man wieder – die Erde war schließlich der Theorie nach eine Kugel – im Indischen Ozean ankam. Die Idee war nicht neu, sie hatte schon Kolumbus inspiriert, aber sie hatte nichts von ihrem Charme eingebüßt: Asien mit seinen Reichtümern von Westen aus zu erreichen, ohne den langen Weg um das Kap der Stürme, durch den Indischen Ozean nehmen zu müssen und – nicht zuletzt – ohne ins Korsett des portugiesischen Monopols gezwungen zu sein.

In jener Zeit, etwa im Jahre 1515, publizierte eine Druckerei in Augsburg einen Text von ein paar Seiten, der sich «Copia der newen Zeytung auß Presillg Landt» nannte und heute als eine der ersten Zeitungen in deutscher Sprache gilt. Es ist ein Korrespondentenbericht, dessen Autor allerdings weder seinen Namen angab noch den Ort, von dem aus er schrieb, noch das Jahr. Wahrscheinlich war er als Agent der Augsburger Handelsgesellschaft Welser in Madeira tätig, und das, was er berichtete, dürfte sich 1514 zugetragen haben: «Item wist das auff den zwelfften tag des Monadts Octobers Ein Schiff auß Presillg landt hye an ist kummen …» Dieses Schiff, beladen mit «Presil holtz» und mit «erkaufften Jungen knaben und maydlen», sei eines von zweien gewesen, die «Cristoffel de Haro» und andere ausgerüstet hätten, «durch des konigs von Portugal erlaubnuß, umb das Presilg landt zu beschreiben oder zu erfaren».

Demnach hatte Cristóbal de Haro, gemeinsam mit anderen Reedern, in jener Zeit zwei Schiffe nach Brasilien geschickt, um Färbeholz und Sklaven zu erwerben und das Wissen über diese Weltgegend zu vermehren – durchaus mit Erfolg, wenn man dem Korrespondenten glauben darf: Nachdem die Seefahrer «Sechs oder Syben hundert meyll» der südamerikanischen Küste entlanggefahren seien, hätten sie jenseits des

40. Breitengrades ein Kap gefunden. Um das seien sie herumgesegelt und hätten festgestellt, dass man auf diesem Weg, in gleicher Weise wie durch die Straße von Gibraltar, von Ost nach West fahren könne. Doch nach sechzig Meilen leider «do ist ungewitter so groß worden, auch windt gewesen, das sie nicht weyter haben kunnen saylen oder faren», und so hätten sie umdrehen und nach «Presilg landt» zurückkehren müssen. Aber der erfahrene Steuermann des Schiffes, den der Autor als seinen «fast gut freundt» und als berühmtesten, «so in der konig von Portugal hat» bezeichnet, sei überzeugt davon, dass von dem genannten Kap «uber Sechshundert meyl gen Malaqua nit sey», und er vermeine «in kurzer zeyt durch solichen Viagio, das ist weg oder rays, von Lisibona gen Malaqua zu fahren und widerumb kummen». Im Übrigen finde der Steuermann, «das das landt von Presill hynumb get byß gen Malaqua», mit anderen Worten: dass Südamerika und die malaiische Halbinsel Teil derselben Landmasse seien.

Ein kurzer, direkter Seeweg von Brasilien nach Malakka entdeckt: Wenn das keine Schlagzeile wert war! Doch leider handelte es sich um eine Falschmeldung. Man nimmt an, dass Haros Kundschafter entweder den Río de la Plata befuhren – das beschriebene Kap entspräche dann der Punta del Este im heutigen Uruguay – oder den Golf von San Matías erreichten, was besser zum 40. Breitengrad passen würde, der im Text genannt wird. Weder der Río de la Plata noch der San-Matías-Golf eröffnen einen Weg in den Pazifik, aber das wusste die zeitgenössische Leserschaft nicht, und daher nahm sie die Sensationsmeldung der «Newen Zeytung» begierig auf. Darauf deutet nicht nur eine Abschrift des Blattes im Fugger'schen Familienarchiv, sondern auch ein hölzerner Erdglobus hin, den der Mathematiker und Geograph Johannes Schöner aus Karlstadt am Main im Jahr 1515 anfertigte.

Zwei Exemplare dieses Globus haben die Zeiten überdauert, eines im Historischen Museum Frankfurt, das andere in der Herzogin Anna Amalia Bibliothek Weimar. Auf ihnen sieht man zwischen dem südamerikanischen Subkontinent, hier erstmals auf einem Globus «America» genannt, und einer bis weit in die Antarktis reichenden südlichen Landmasse eine Meerenge, die den Atlantik mit dem Ozean auf der anderen Seite verbindet. Kannte der fränkische Gelehrte etwa bereits die Magellanstraße, bevor ihr Namensgeber sie entdeckt hatte?

Wohl kaum. Es war nicht unüblich, dass Kartographen ihre Wissens-

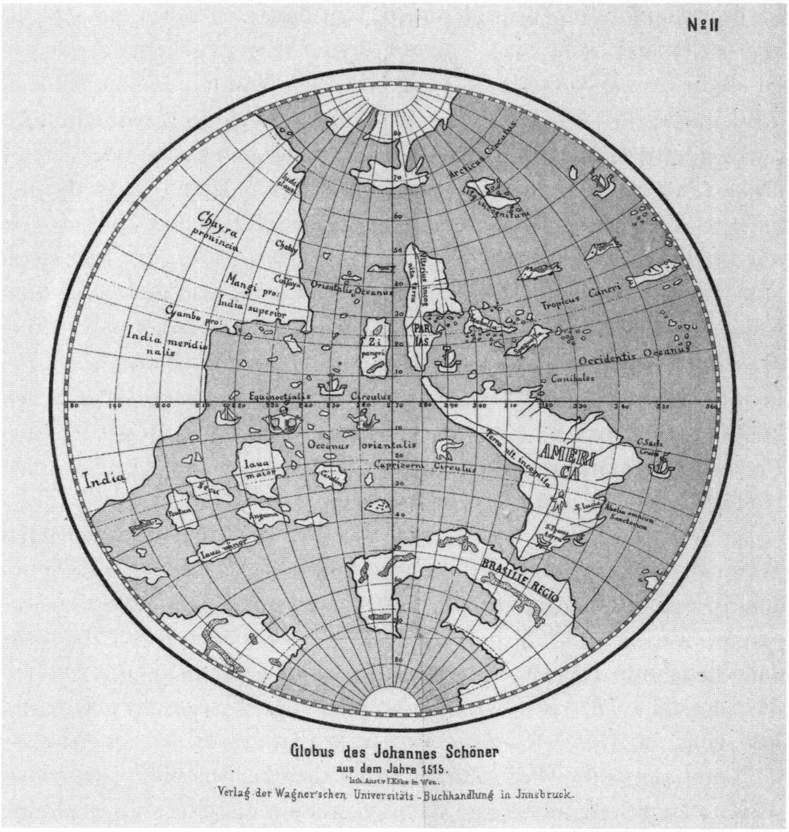


**Meeresstraße zwischen «America» und «Brasilie regio» auf dem Erdglobus des Johannes Schöner von 1515**

lücken mit spekulativen Entwürfen füllten, die ihrer eigenen Fantasie entsprungen waren oder auf nicht minder fantastischen Vorlagen beruhten. Letzteres tat Schöner. Ein Traktat, den er zeitgleich zu seinem Globus verfasste, zeigt eindeutig, dass er seine Information über die hypothetische Meerenge aus der «Newen Zeytung» bezogen hatte. So schufen die von Madeira ins Heilige Römische Reich kolportierten Mutmaßungen eines portugiesischen Steuermanns vermeintliche geographische Fakten. Oder anders gesagt: Die Magellanstraße war schon 1515 *er*funden. Sie musste nur noch *ge*funden werden.

Im Übrigen war jener portugiesische Steuermann weder der Einzige noch der Erste, der im Süden Amerikas einen Seeweg nach Westen vermutete.

Vom benachbarten Kastilien aus verfolgten einige Personen aufmerksam, was die Portugiesen im Südwestatlantik trieben. Die beiden Länder waren in vieler Hinsicht miteinander verwandt: durch eine gemeinsame Geschichte, die vom Kampf gegen die andalusischen Muslime geprägt war, durch dieselbe Religion und eine ähnliche Sprache, durch ökonomische Beziehungen und zahllose Familienbande, angefangen mit den Königshäusern, den Trastámara und Avis, über den Hochadel bis zu den sogenannten niederen Leuten. Allerdings sahen sich Portugiesen und Kastilier auch als Rivalen. Ihre Interessen kollidierten auf der Iberischen Halbinsel, in Nordafrika sowie im Atlantik, und bald sollte am anderen Ende der Welt ein weiterer Zankapfel hinzukommen.

Nach einem blutigen Konflikt in den 1470er Jahren, der als Kastilischer Erbfolgekrieg in die Geschichtsbücher eingegangen ist, konnten Portugal und Kastilien ihre Beziehungen in zwei wegweisenden Verträgen klären. Im Vertrag von Alcáçovas, der 1479 unterzeichnet wurde, gestand Kastilien Portugal die Kontrolle über den Atlantik zu, das heißt über die westafrikanische Küste plus Kapverden, Madeira und die Azoren, aber ohne die Kanarischen Inseln. Außerdem sanktionierte das Abkommen indirekt die dynastische Verbindung zwischen den Königreichen Kastilien und Aragón, aus der das moderne Spanien hervorgehen sollte. Im Vertrag von Tordesillas, der 1494 unter dem Eindruck von Kolumbus' erster Reise geschlossen wurde, teilten die beiden expansionslüsternen Reiche die gesamte Erde unter sich auf. Nach langem Gefeilsche einigten sie sich darauf, 370 Leugen westlich der Kapverdischen Inseln eine imaginäre Linie vom Nord- zum Südpol zu ziehen. Alles, was sich östlich dieses Meridians befand, sollte Portugal gehören, alles jenseits davon Kastilien.

Nie zuvor in der Geschichte war das Fell eines größeren Bären aufgeteilt worden, bevor man ihn erbeutet hatte, ja bevor man auch nur eine Ahnung hatte, wie groß die Beute am Ende ausfallen würde! Doch die iberischen Monarchen und ihre Berater waren es gewohnt, in den universalen Kategorien der christlichen Heilsgeschichte zu denken. Billigte der Stellvertreter Gottes auf Erden, der Papst in Rom, etwa nicht ihre Ansprüche auf die Unterwerfung der Welt?

Anfangs bemühten sich die Unterzeichner des Vertrags von Tordesillas, die Demarkationslinie zu respektieren, auch wenn niemand genau wusste, wo diese in der irdischen Realität zu verorten war. Zur Klärung dieser Frage sah der Vertrag eine gemeinsame Expedition vor, die aber nie zustande kam. Konflikte bieben daher auf Dauer nicht aus. Der erste tat sich auf, als klar wurde, dass die von Cabral gefundene «Insel des Wahren Kreuzes», das spätere Brasilien, weit nach Westen und damit tief in die kastilische Welthälfte reichte.

Einer der Ersten, der das erkannte, war der florentinische Steuermann Amerigo Vespucci. Vespucci hatte sich mit seinem Arbeitgeber, dem König von Portugal, überworfen, wechselte 1505 die Seiten und arbeitete fortan für die kastilische Krone. Im März dieses Jahres – zur selben Zeit, als Magellan in Lissabon die Kisten für seine erste große Reise in den Orient packte – traf sich Vespucci in der nordkastilischen Stadt Toro mit Juan Rodríguez de Fonseca, Bischof von Palencia und im Königlichen Rat für «Indien» zuständig. Fonseca, damals schon weit über fünfzig, gebildet und machtbewusst, hatte sich als junger Kleriker das Vertrauen der Katholischen Königin Isabella erworben und eine steile Karriere hingelegt. Nach Kolumbus' Rückkehr 1493 hatte er die politische Organisation der kastilischen Eroberungen in Übersee in seine Hände genommen. So wurde Fonseca zum Chefstrategen der spanischen Expansion über den Atlantik.

In Toro legte Vespucci dem Bischof seine Ansichten zur wahren Ausdehnung Brasiliens dar und äußerte die Überzeugung, dass es einen Seeweg gebe, auf dem man die Neue Welt umfahren und nach Asien gelangen könne. Daraufhin fassten Fonseca und der Florentiner den kühnen Plan für eine «Armada zur Entdeckung der Gewürzinseln» – einen Plan, der jedoch zunächst im Sande verlief. Kastilien erlebte nämlich nach dem Tod von Königin Isabella Ende 1504, der bald darauf ihr Schwiegersohn und Thronerbe Philipp der Schöne ins Grab folgte, eine Phase politischer Instabilität. Erst nachdem Isabellas Gatte, Aragóns König Fernando der Katholische, die Regentschaft übernommen hatte, konnten Fonseca und Vespucci das Thema wieder aufgreifen. Diesmal war ein weiterer Überläufer mit von der Partie: João Dias de Solis, ein Steuermann mysteriöser Herkunft, der schon für Dom Manuel am Ruder gestanden hatte.

Solis stand im Ruf, ein begnadeter Steuermann zu sein; davon abgesehen besaß er einen schlechten Leumund. In jungen Jahren soll er der portugiesischen Krone eine Karavelle mit 20 000 Goldmünzen an Bord geraubt haben. Zudem wurde ihm nachgesagt, dass er für den König von Frankreich als Freibeuter tätig gewesen sei. 1506 musste er, des Mordes an seiner Frau bezichtigt, aus Portugal fliehen. Im Jahr darauf tauchte er in Kastilien auf, wo man Verwendung für einen Mann von seinem Schlag hatte. Fonseca und Vespucci, der inzwischen zum königlichen «Piloto Mayor» (Obersten Steuermann) aufgestiegen war, entsandten Solis 1508 mit einem anderen erfahrenen Seefahrer, Vicente Yáñez Pinzón, einem Gefährten von Kolumbus, nach Mittelamerika und an die Nordküste Brasiliens, von wo die beiden Männer völlig zerstritten zurückkehrten, ohne einen Seeweg nach Westen gefunden zu haben. Solis landete im Gefängnis, wurde aber rehabilitiert und nach Vespuccis Tod 1512 sogar zum neuen Obersten Steuermann ernannt.

Solis hatte nicht alle Brücken nach Portugal abgebrochen. Seine Informanten berichteten ihm von der Eroberung Malakkas und von Expeditionen, die Albuquerque in Richtung China und zu den Molukken entsandt hatte. Diese Neuigkeiten setzten die kastilische Regierung unter verstärkten Handlungsdruck. Womöglich lagen die Gewürzinseln und sogar Malakka innerhalb der kastilischen Demarkation, und die Portugiesen rissen sich Länder und Städte unter den Nagel, die von Rechts wegen Kastilien gehörten.

Das Problem der Demarkationslinie zwischen der portugiesischen und kastilischen Erdhälfte, die im Vertrag von Tordesillas nur in der Theorie festgelegt worden war, stellte sich nun doppelt. Es ging nicht mehr allein darum, die Besitzansprüche beider Königreiche im Atlantik abzugrenzen, sondern auch darum zu klären, wo genau die beiden Hälften auf der anderen Seite der Erde wieder zusammenstießen. Zu der Frage, wo man das Messer ansetzen sollte, um den Erdball zu teilen, trat nun die noch verzwicktere, wo genau das Messer auf der anderen Seite wieder herauskommen würde – und ob die Gewürzinseln östlich oder westlich dieser gedachten Schnittlinie lagen. Dieser «Antimeridian», der aus der Demarkationslinie von Tordesillas einen ganzen Längenkreis machte, war im Vertrag von 1494 nicht vorgesehen. Erst die Kastilier brachten ihn ins Spiel, als sie die portugiesische Expansion nach Osten aufhalten wollten. Aber wo genau verlief dieser Antimeridian?

Zu jener Zeit zweifelte kein ernst zu nehmender Kosmograph mehr daran, dass die Erdoberfläche eine Sphäre war. Aber die Ansichten über deren Größe gingen weit auseinander. Zwar hatte Eratosthenes von Kyrene bereits im 3. Jahrhundert vor Christus den Erdumfang annähernd genau errechnet, aber seine Berechnungen waren im frühen 16. Jahrhundert nur wenigen bekannt. Die meisten Kosmographen hielten es mit Claudius Ptolemäus, der um 150 nach Christus eine umfassende Beschreibung der Erde angefertigt hatte. Seine «Geographie» war bald nach ihrer Wiederentdeckung um 1400 zum Standardwerk avanciert, an dem die Mehrzahl der Gelehrten festhielt, auch nachdem die Seefahrten der Portugiesen und Kastilier viele ihrer Dogmen hinfällig gemacht hatte. So war der amerikanische Kontinent im ptolemäischen Weltbild nicht vorgesehen, Asien erstreckte sich viel weiter nach Osten als in der Realität, und der Erdumfang war darin viel zu gering veranschlagt.

Da die Wissenschaft auf die Frage, wo die portugiesische Erdhälfte endete, keine eindeutige Antwort parat hatte, blieb den Kastiliern nichts übrig, als selber an Ort und Stelle nachzusehen und die aus der Antike überlieferten Vorstellungen von der Erde in der Realität zu überprüfen – auch wenn das alles andere als einfach sein würde. Problem Nummer eins war Amerika, das den Weg nach Westen auf die andere Seite der Erde versperrte. Zweitens gab es keine verlässliche Methode, auf hoher See den Längengrad zu bestimmen, auf dem ein Schiff sich befand. Genau darum aber ging es: herauszufinden, wo der Längenkreis verlief, der in Tordesillas definiert worden war.

Die Höhe der Sonne oder des Polarsterns über dem Horizont zu messen und daraus die aktuelle geographische Breite zu errechnen bereitete Seefahrern im 16. Jahrhundert keine Schwierigkeiten mehr. Aber um herauszufinden, auf welchem Längengrad sie segelten, hätten sie exakte Chronometer benötigt, die sie nicht besaßen. Sie maßen die Zeit mit Sanduhren, die von Hand gewendet werden mussten. Die Pagen, denen diese Aufgabe zufiel, verkürzten sich nicht selten die Wache, indem sie die Uhren ein wenig zu früh umdrehten. Die Steuermänner behalfen sich damit, Tag für Tag die zurückgelegte Entfernung zu schätzen und zu notieren. Für die Praxis an Bord reichte das in den meisten Fällen aus, nicht aber, um die geographische Länge eines Ortes exakt zu bestimmen. Dies war nur an Land und mit komplizierten astronomischen Methoden möglich, die die Fähigkeiten eines Steuermanns normalerweise weit überstiegen.

Trotz der technischen und wissenschaftlichen Probleme war das Thema politisch zu dringlich, um es auf die lange Bank zu schieben. Bischof Fonseca beschloss daher, nach dem Scheitern von Solis und Pinzón eine weitere Expedition auszurüsten. Im März 1512 trafen die Königlichen Hoheiten von Aragón und Kastilien, Don Fernando und seine Tochter Doña Juana «die Wahnsinnige», mit João de Solis eine schriftliche Vereinbarung. Der Oberste Steuermann sollte ausfahren, um die Grenzen der Einflussbereiche Kastiliens und Portugals zu bestimmen und um «gewisse Inseln zu entdecken und in Besitz zu nehmen», und zwar von der «Insel von Maluque, die in die Grenzen unserer Demarkation fällt», bis nach Sumatra und Pegu und, wenn möglich, weiter zum «Land der Chinesen und der Dschunken». Die kastilische Regierung ging also davon aus, dass ganz Südostasien – von den Molukken bis zur malaiischen Halbinsel und nach China – ihr zustand, und Solis war ausersehen, es zu unterwerfen.

Naturgemäß zeigte sich Dom Manuel von diesem Projekt wenig begeistert. Er wandte sich an Don Fernando mit der Bitte, Solis auszuliefern, weil dieser in Portugal schwerer Verbrechen angeklagt sei. Als Don Fernando sich taub stellte, machten Dom Manuels Agenten dem Steuermann verlockende Angebote, um ihn nach Lissabon zurückzulocken; doch Solis wehrte ab. Schließlich schickte der portugiesische König eine Gesandtschaft nach Rom, die mit ihrem pompösen Gefolge von Edelleuten, Musikern und Maultieren, beladen mit den Schätzen Indiens, für Aufsehen sorgte, nicht zuletzt durch einen Elefanten, den man eigens aus Goa herangeschafft hatte. Papst Leo X., der von dem Spektakel überwältigt war, sicherte seinem «hoch geschätzten Sohn in Christus» in einer Bulle die Herrschaft über alle entdeckten und noch unbekannten Reiche, Länder, Inseln, Häfen und sonstigen Besitztümer der Heiden im Orient zu. Damit erklärte er indirekt, dass die Demarkationslinie von Tordesillas nur für den Atlantik Gültigkeit, für die andere Seite der Erde hingegen keine Relevanz habe. Egal, wie weit Asien sich nach Osten erstreckte: Nach dem Willen des Apostolischen Stuhles sollte alles der portugiesischen Krone gehören.

Don Fernando und sein Chefstratege Fonseca ließen sich durch die päpstliche Bulle nicht ins Bockshorn jagen. Zwar verschoben sie die geplante Expedition fürs Erste, aber sie legten den Plan nicht zu den Akten, zumal inzwischen neue Sensationsmeldungen eintrafen, diesmal aus ihrem eigenen Kolonialreich im Westen. Der Gouverneur der Provinz Darién, Vasco Núñez de Balboa, hatte Ende 1513 den Isthmus von Panama durchwandert und auf der anderen Seite ein Meer vorgefunden, das er «Meer des Südens» nannte. Balboa ahnte sofort, dass vor seinen Augen, breiter als jede andere Straße der Welt, der lang gesuchte Weg nach Asien lag, und dasselbe dachten die Verantwortlichen in Kastilien, als sie von seiner Entdeckung erfuhren. Wem es gelänge, über dieses Meer zu segeln, der käme direkt zur Quelle der Gewürze und aller Kostbarkeiten des Orients. Manche Zeitgenossen meinten gar, die Neue Welt sei lediglich eine Halbinsel Asiens, so wie es Ptolemäus prognostiziert hatte. Demnach wäre das Meer, das Balboa erblickt hatte, nichts weiter als ein großer Golf – der «Magnus Sinus» der Geographen –, den man nur zu queren bräuchte, um in den Fernen Osten zu gelangen.

Aber es blieb die Frage, wie man mit einem Schiff in diesen Golf hineinkam. Sie zu beantworten stach Solis im Juni 1515 von Sanlucar aus mit drei Karavellen und 70 Leuten in See – offiziell als Privatunternehmer, damit Dom Manuel keinen Grund zur Klage hatte. Im Januar 1516 erreichten seine Schiffe den Río de la Plata, den Solis «Fluss der Heiligen Maria» taufte. Als er wenig später an der Küste des heutigen Uruguay an Land ging, wurde er von Einheimischen überrascht, die den Entdecker ihres Landes samt seiner Entourage ins Jenseits beförderten. Von den Schiffen aus musste die übrige Mannschaft zusehen, wie die Indianer die Leiche ihres Anführers zerlegten, über dem Feuer brieten und aufaßen. So zumindest überlieferten es die Chronisten, nachdem die Überlebenden dieser Expedition im September 1516 auf zwei Schiffen nach Hause zurückgekehrt waren. Trotz dieses Misserfolgs blieb das Thema für Kastilien aktuell, hatten Fonseca und sein König doch noch immer keinen Weg gefunden, das Tor zu den Schätzen Asiens zu öffnen.

Und was trieb Magellan in jenen Jahren, in denen Portugal und Kastilien in einen Wettstreit um die Gewürzinseln traten? Die spärlichen Daten über sein Leben in dieser Zeit verraten immerhin, dass er zwischen seinem Dienstort in Afrika und Lissabon hin- und herpendelte und Handelsgeschäften nachging. Laut Einträgen in den königlichen Pensionsbüchern diente Magellan – der darin als «Cavaleiro Fidalgo», als «ritterlicher Fidalgo», geführt wird – im Jahr 1514 zehn Monate, im Jahr 1515 die zweite Hälfte und im Jahr 1516 das erste Quartal in Azemmour. Für den zweiten Aufenthalt gestand ihm der König eine Pension von insgesamt 14 050 Reais zu, ein Betrag, der auf der Basis von 1250 Reais pro Monat und einem Sack Gerste pro Tag errechnet war.

Von seinen kommerziellen Aktivitäten in der Hauptstadt, die er parallel dazu verfolgte, wissen wir aus dem Prozess gegen Abraldez. Im abschließenden Urteil, das am 5. Juni 1516 im Namen des Königs erging und Magellans Ansprüche auf die 200 Cruzados bestätigte, heißt es über den Kläger: «Er ist ein Mann, der in dieser Stadt» – das heißt in Lissabon – «mit seinem Geld handelt, indem er sich mit Kaufleuten zusammentut und ihnen Geld gegen erlaubten Gewinn leiht, und diese handeln mit ihm und beteiligen den Kläger für gewöhnlich mit der Hälfte ihres Gewinns und geben ihm zehn Prozent in jedem Jahr, und das ist sein üblicher Verdienst.» Deshalb forderte Magellan von Abraldez' Vater nicht nur die 200 Cruzados, sondern auch eine Entschädigung für die entgangenen Gewinne in Höhe von zehn Prozent per annum. Auch dies wurde ihm vom königlichen Richter zugestanden, der die zuständigen Beamten anwies, Abraldez' Vermögen einzuziehen und zu liquidieren.

Bereits im Vorjahr hatte Magellan einem seiner Brüder Vollmacht erteilt, vom königlichen Steuerverwalter in Ponte de Lima, einer Stadt im Norden Portugals, die geschuldete Summe entgegenzunehmen. Der Bruder hieß Duarte de Sousa und hatte 1513 wie Magellan an der Expedition gegen Azemmour teilgenommen. Im November 1516 quittierte Duarte dem Beamten den Empfang von 80 702 Reais, womit Abraldez' Schuld im Wesentlichen getilgt war, allerdings nicht zu hundert Prozent: Im Mai 1517 gab Magellan in Lissabon eine notarielle Erklärung mit dem Inhalt ab, dass der Steuerverwalter von Ponte de Lima ihm in der Causa Abraldez noch immer 3751 Reais schulde. Der Ritter erwies sich mithin als unerbittlicher Gläubiger, der Schulden bis auf den letzten Real einzutreiben versuchte.

Eines Tages bekam Magellan Post. Das genaue Datum der Zustellung kennen wir nicht, aber es muss nach der Landung der Gewürzflotte von 1516 in Lissabon gewesen sein. Der Brief kam von sehr weit her. Sein Absender hieß Francisco Serrão, dem Magellan in Malakka das Leben gerettet hatte und der auf der Rückfahrt von Abreus Expedition in der Bandasee verschollen war. Nach mehreren Jahren ein Lebenszeichen seines Freundes zu erhalten wird Magellan sehr gefreut haben. Nicht minder erfreulich war der Inhalt des Briefes. Leider ist er selbst nicht erhalten, aber anhand dessen, was in den Chroniken steht, lässt sich zumindest sinngemäß nachvollziehen, was Serrão seinem Freund zu erzählen hatte.

Der Sturm hatte Serrãos Dschunke auf eine kleine, mit Bäumen bewachsene Koralleninsel[3] getrieben, die unbewohnt war, aber – wie er von javanischen Seeleuten aus seiner Crew erfuhr – immer wieder von Seeräubern angefahren wurde. Als tatsächlich nach einer Weile eine Prau angesegelt kam, teilten sich die Gestrandeten in zwei Gruppen auf. Die einen legten sich auf die Lauer, und während die Übrigen die Ankömmlinge in einen Kampf verwickelten, stürzten sie aus ihren Verstecken und bemächtigten sich des gegnerischen Bootes. Jetzt waren Serrãos Leute in einer starken Position, die sie geschickt zum Verhandeln nutzten. Die Seeräuber gaben klein bei und erklärten sich bereit, die Schiffbrüchigen und ihre Ausrüstung zur hundert Meilen entfernten Insel Ambon zu bringen.

Auf Ambon machten die Portugiesen mit ihren Eisenpanzern und Feuer spuckenden Büchsen großen Eindruck. Die Nachricht von den fremden Kriegern verbreitete sich in der Region, und eines Tages legte eine kleine Flotte festlich geschmückter Boote an, die der Sultan von Ternate gesandt hatte, um Serrão und seine Leute auf die Molukken einzuladen. Der Sultan besaß eine prophetische Gabe. Er hatte geträumt, dass eines Tages Männer in Eisenrüstungen von weit her in sein Land kommen und ihm zur Vormacht über die Herrscher der Nachbarinseln verhelfen würden. Nun schien die Erfüllung dieses Traums nahe. Die Portugiesen nahmen die Einladung nur zu gern an. So wurden Serrão und seine Gefährten die ersten Christen, die die legendären Gewürzinseln mit eigenen Augen sahen und sich im Reich des Sultans von Ternate niederließen.

Groß war es nicht, dieses Reich knapp oberhalb des Äquators. Es umfasste nur eine Insel, kreisrund und gute zehn Kilometer im Durchmesser, in deren Mitte sich der Gamalama, ein majestätisch rauchender Vulkan, erhob. Seine Flanken bedeckte üppiger Urwald, der sich bis ans Ufer hinabzog. Schwarze Sandstrände, von Kokospalmen beschattet, bizarre Felsen aus abgekühlter Lava, kleine Dörfer mit Bambushütten, durch die der verführerische Duft trocknender Nelken wehte, liebenswürdige, offenherzige Menschen – die Portugiesen hatten, so schien es, ein kleines tropisches Paradies gefunden.

Leute wie Serrão hat es im portugiesischen Kolonialreich etliche gegeben, vor allem in den entfernteren Regionen wie Bengalen und Indonesien – Männer, die sich dem rigiden Regiment des Königs und seinem Monopol entzogen, indem sie auf eigene Rechnung handelten und ihre militärische Expertise lokalen Herrschern andienten. Manche traten sogar zum Islam über und brachen damit alle Brücken zu ihrer Heimat ab. Nicht so Serrão. Magellans Freund empfahl sich der Krone als ihr Mann auf den Molukken, während er zugleich zum Ratgeber des Sultans von Ternate avancierte. Er veranlasste diesen, Dom Manuel einen Brief zu schreiben und sich dem «Hocherhabenen und mächtigsten Herrn von uns anderen allen» zu unterwerfen, dem König von Portugal. Serrão schrieb seinerseits Briefe, unter anderem an Magellan, in denen er die Molukken und die Reichtümer, die hier zu holen waren, in rosigen Farben ausmalte. Er habe hier eine weitere neue Welt entdeckt, entlegener und reicher als die, die Vasco da Gama gefunden hatte. Ob sein Freund nicht nach Asien zurückkehren und sich hier niederlassen wolle?

Man kann sich unschwer vorstellen, dass solche Neuigkeiten aus der Feder eines guten Freundes bei ihrem Empfänger Eindruck machten. Schon der Historiker João de Barros meinte, dass es Serrão gewesen sei, der Magellan den Floh ins Ohr setzte, die Gewürzinseln anzusteuern. Mag sein. Aber damit aus einer verrückten Idee ein konkretes Projekt wurde, mussten noch andere Faktoren hinzukommen, zuallererst Magellans Persönlichkeit und Lebensumstände: Wäre der Ritter mit seinem Dasein als Garnisonssoldat in Afrika und Investor zufrieden gewesen, dann wären Serrãos Lockrufe bei ihm kaum auf offene Ohren gestoßen. Aber anscheinend genügte ihm das Erreichte nicht, zudem war er noch jung und energiegeladen genug, um etwas Neues zu wagen. Die Erinnerungen an Malakka, an die zauberhafte Welt der Tropen und den Geruch frischer Gewürze müssen in ihm noch lebendig gewesen sein, so dass es ihn nun mit Macht zurück nach Südostasien zog.

Möglicherweise versuchte Magellan damals, wieder einen Platz auf der portugiesischen Carreira da Índia zu ergattern, was ihm aber nicht gelang. Darum dürfte er bald eine andere Option erwogen haben, eine

Option, von der er aller Wahrscheinlichkeit nach durch seine Kontakte zu den Fernhändlern erfahren hatte: die Gewürzinseln auf der unerschlossenen Route über Brasilien und den Magnus Sinus, Balboas Meer des Südens, zu erreichen. Entweder wies ihn der Kaufmann Cristóbal de Haro auf diese Route hin, oder Magellan ging vielleicht umgekehrt, von Serrãos Post angeregt, auf Haro zu, von dem er wusste, dass dieser bereits Schiffe nach Brasilien geschickt hatte. So oder so, die beiden müssen sich eines Tages getroffen und, möglicherweise im Verlauf eines geselligen Abends bei Wein und Würfelspiel, erste Pläne für eine Molukken-Expedition ausgeheckt haben. Als diese Gespräche konkreter wurden, stellte sich bald auch die Frage, von wo aus ein solches Unternehmen zu organisieren wäre. Und da kam Haros Herkunft ins Spiel.

Die Kaufleute seiner Heimatstadt Burgos, der großen Handelsmetropole auf der kastilischen Meseta, blickten voller Neid auf Lissabon und Sevilla, die beiden Boomstädte, die von der atlantischen Expansion am meisten profitierten und geradezu in Geld schwammen. Durch ihre Agenten in Lissabon, allen voran durch Haro selbst, war es den Kaufleuten von Burgos zwar gelungen, einen Teil dieses Geldstroms in ihre Stadt zu lenken. Aber wer sagte denn, dass dieser Teil nicht bedeutend größer sein könnte? Zudem waren sie es zunehmend leid, sich mit Dom Manuel und seiner Monopolpolitik herumzuärgern. Daher vernachlässigten sie auch ihre Beziehungen zum zweiten großen Akteur der Übersee-Expansion nicht und griffen der kastilischen Krone bei mehreren Gelegenheiten finanziell unter die Arme.

Don Fernando zeigte sich erkenntlich. Er erwirkte vom Papst in Rom, dass die Kathedrale von Burgos 1514 einen neuen Bischof bekam: Juan Rodríguez de Fonseca. Damit wurde der Mann, der im spanischen Überseereich die Fäden zog, zum Nachbarn der Kaufleute von Burgos. Der Bischof hatte seit jeher einen Riecher für gute Geschäfte gehabt (und im Übrigen stets darauf geachtet, dass er bei den Expeditionen, die er lancierte, selbst auf seine Kosten kam). Darum muss er sofort hellhörig geworden sein, als die Handelsherren Interesse an seinem Langzeitprojekt signalisierten: der Suche nach einer Westroute zu den Gewürzinseln. Die Offerte war umso interessanter, als die Kaufleute nicht nur mit Kapital, sondern auch mit Insiderwissen aufwarten konnten. Ihr Landsmann Haro verkehrte mit einem portugiesischen Fidalgo, der

Südostasien aus erster Hand kannte und Briefe von den Molukken erhielt – Briefe, die es in sich hatten. Denn Francisco Serrão hatte seinem Freund Magellan nicht nur das gewaltige ökonomische Potenzial der Gewürzinseln beschrieben, sondern auch deren geographische Lage. Ihm zufolge befanden sich die Inseln sehr weit östlich von Malakka. Wenn die Molukken aber weit im Osten lagen, fielen sie nach der Doktrin des Antimeridians wahrscheinlich in die kastilische Erdhälfte.

Für Haro und die Kaufleute war Magellan mit seinem heißen Draht zu den Molukken genauso attraktiv wie umgekehrt für diesen Haros Verbindungen nach Burgos. Beide Seiten dürften sich bald einig gewesen sein, dass man die geplante Expedition nicht von Portugal, sondern von Kastilien aus organisieren würde. Denn dort gab es – im Gegensatz zu Portugal – ein starkes politisches Interesse an der Erschließung der Westroute, es gab Finanziers, und nicht zuletzt sprachen auch die juristischen und geographischen Fakten für diese Standortwahl.

Also schrieb Magellan eine Antwort an Serrão, in der er versprach, nach Ternate zu kommen. Dieses Schreiben fanden die portugiesischen Autoritäten auf den Molukken später unter Serrãos Papieren. Falls es ihm nicht gelänge, die Molukken über Indien zu erreichen, erklärte Magellan seinem Freund, würde er eben «den kastilischen Weg» nehmen. Der Ritter aus Porto war entschlossen, nach Südostasien zurückzukehren – notfalls auch unter der Flagge von Portugals Rivalen.

Wann genau in Magellan der Entschluss reifte, wieder in den fernen Osten zu reisen, ist nicht dokumentiert, ebenso wenig, wann er in Haros Kreise eintrat und wann «der kastilische Weg» – die Westroute nach Asien – zu einer echten Option für ihn wurde. Die hier rekonstruierten Pläne müssen in einem Zeitfenster zwischen dem Sommer 1516 und Magellans Übertritt nach Kastilien im Herbst 1517 Gestalt angenommen haben. Richtig konkret dürfte das Projekt aber erst in den letzten Monaten vor seiner Abreise geworden sein. Vor einer Untersuchungskommission, die die portugiesische Krone 1523 einberief, um die Molukkenfrage zu erörtern, sagte einer der Befragten aus, er habe Magellan ungefähr ein Jahr vor dessen Ausreise nach Kastilien in Portugal bei Hofe angetroffen, «ruhig und weit entfernt davon wegzugehen». Das ist glaubwürdig, denn bevor der Weg für Magellan frei war, mussten er und seine Partner wissen, dass Solis am Río de la Plata gescheitert war. Das war frühestens ab Herbst 1516 der Fall. Und die politischen Verhältnisse in Kastilien mussten sich wieder stabilisiert haben.

Im Januar 1516 war Don Fernando der Katholische, König von Aragón und Regent von Kastilien, der Patron Fonsecas und seit Jahrzehnten der starke Mann auf der Iberischen Halbinsel, im Alter von 63 Jahren verstorben. Hochintelligent, unersättlich in seinem Machthunger und frei von Skrupeln, war Don Fernando der Prototyp des Renaissancepolitikers: Machiavelli nahm ihn als Vorbild für seinen «Principe». Mit dem Tod dieses politischen Titanen – den, wie man munkelte, ein falsch dosiertes Potenzmittel umbrachte – ging eine Ära zu Ende. Zurück blieb ein Machtvakuum.

Weil Don Fernandos Tochter Juana, nominell Königin von Kastilien, als geistig umnachtet galt, übernahm zunächst der Kardinal von Toledo, Francisco Jiménez de Cisneros, die Regierung. Dieser musste sich dem rebellischen Hochadel entgegenstellen, der nach dem Tod des Monarchen Morgenluft witterte. Mit Mühe und Geschick setzte der greise Kardinal die Ansprüche des Thronfolgers Karl durch. Karl, Herzog von Burgund, mit 16 Jahren ältester Sohn Juanas und Enkel des römischen Kaisers Maximilian, hatte noch nie spanischen Boden betreten. Er lebte in den habsburgischen Niederlanden, wo er geboren und aufgewachsen war.

Solange die Machtfrage in Kastilien nicht geklärt war, machte es für Haro und Magellan wenig Sinn, mit ihrem Projekt bei Fonseca vorstellig zu werden. Das heißt jedoch nicht, dass sie inzwischen untätig waren. Vor allem Magellan scheint die Zeit genutzt zu haben, um sein Wissen über Geographie im Allgemeinen und Südostasien im Besonderen auf den neuesten Stand zu bringen und zu vertiefen. Neben seiner militärischen Erfahrung war es dieses Wissen, das ihn für seine neuen Partner so interessant machte und das ihm, sollte ihr Projekt tatsächlich zustande kommen, von unschätzbarem Nutzen sein würde.

Zentraler Umschlagplatz nicht nur für Waren, sondern auch für jegliche Information, die aus Asien nach Lissabon kam, war die königliche Handelsagentur Casa da Índia, die in Dom Manuels neuem Palast am Tejo-Ufer residierte, dort, wo sich heute der weitläufige Terreiro do Paço ausbreitet.[4] Zu Magellans Zeit gingen in der Casa da Índia die Steuermänner ein und aus, hier wurden Logbücher archiviert, Seekarten gezeichnet, Armadas ausgerüstet und der Gewürzhandel abgewickelt.

Den Beamten der Casa war Magellans Gesicht sicher bekannt. Als ehemaliger Indienfahrer und Geschäftsmann führten ihn seine Wege öfter her, und als königlicher Fidalgo hatte er ohnehin Zutritt zum Palastareal. Der Ritter konnte also ganz ungezwungen mit Steuermännern, Händlern und anderen Heimkehrern aus dem Orient ins Gespräch kommen und seine Neugier befriedigen.

Einer von Magellans Informanten dürfte ein gewisser Gonçalo de Oliveira gewesen sein. Dieser hatte auf Abreus Molukken-Expedition als Steuermann gedient und kannte die Gewässer zwischen Malakka und Banda daher aus eigener Erfahrung. Von ihm und Magellan heißt es[5], sie seien entfernte Verwandte gewesen und gemeinsam im Indischen Ozean zur See gefahren. Dass Magellan so viel von Navigation und Kosmographie verstand, verdankte er angeblich Gonçalo de Oliveira, der ihn gewiss auch über die Geographie Südostasiens und die Lage der Molukken unterrichtete. Oliveira wird aber kaum sein einziger Informant gewesen sein. Zudem ließen sich in der Casa da Índia nicht nur persönliche Kontakte knüpfen. Mit etwas Geschick konnte man Zugang zu vertraulichen Dokumenten erlangen, nautischen und landeskundlichen Handbüchern etwa, vor allem aber zu Seekarten. Das war nicht ungefährlich, hatte Dom Manuel doch jegliche Weitergabe von sensiblen Daten ins Ausland unter Todesstrafe gestellt. Den Schmuggel konnte das Verbot jedoch nicht unterbinden, es trieb nur die Preise in die Höhe. So zeigte sich Venedigs Serenissima Signoria über die Geschäfte ihrer Konkurrenz in Lissabon stets gut informiert, und Magellan punktete später in Kastilien mit der Kenntnis portugiesischer Seekarten. Mehr noch, er konnte sogar einige der renommiertesten Kartenzeichner Portugals dazu bewegen, für ihn zu arbeiten.

Antonio Pigafetta, der Edelmann aus Vicenza, der 1519 auf Magellans Molukken-Armada anheuerte, schrieb in seinem Reisetagebuch, Magellan habe «in der Schatzkammer des Königs von Portugal auf einer Karte, angefertigt von jenem überaus exzellenten Mann, Martin von Böhmen», eine «sehr geheime Meerenge» gesehen, die es ihm ermöglicht habe, die später nach ihm benannte Straße zu finden – eine Bemerkung, die zu den wildesten Spekulationen Anlass gegeben hat, bis hin zu der Hypothese, besagter «Martin von Böhmen» habe die Meerenge bei 52° Süd schon lange vor Magellan gefunden.

Hier ist nicht der Ort, die zahllosen Mythen, die sich bis heute um den Nürnberger Patrizier und Handelsreisenden Martin Behaim ranken, im Einzelnen zu hinterfragen. Dass Behaim Südamerika bereist hätte, lässt sich nirgends nachweisen. Mit Weltkarten hatte er aber sehr wohl zu tun, war er doch der Initiator des ältesten erhaltenen Erdglobus, der 1492 in Nürnberg unter seiner Aufsicht angefertigt wurde. Auf diesem «Erdapfel» ist Vespuccis Neue Welt allerdings noch nicht abgebildet und somit auch keine Meerenge, die durch sie hindurchführte. Der Globus oder die ihm zugrunde liegende Weltkarte kann Magellan daher kaum zu seinem Plan inspiriert haben. Von anderen Karten Behaims, der – verarmt und beim König in Ungnade gefallen – 1507 in Lissabon starb, ist nichts bekannt. Dennoch ist Pigafettas Behauptung nicht völlig abwegig. Sie verweist auf das große Interesse, das gerade süddeutsche Kaufmanns- und Gelehrtenkreise der portugiesischen Expansion entgegenbrachten und das sich etwa in Martin Waldseemüllers berühmter Weltkarte von 1507 und in Schöners Globus von 1515 niederschlug. Offenbar floss das Wissen nicht nur in eine Richtung. Die Gelehrten in ihren Elsässer und Nürnberger Studierstuben verwerteten nicht nur das Erfahrungswissen der Portugiesen, sondern diese griffen ihrerseits auf die Arbeiten der Kosmographen zurück. Dass die südamerikanische Meerenge bereits vor Magellans Expedition «erfunden» war, ist weiter oben bereits gesagt worden.

Unter den Papieren von Magellans Expedition, die heute im spanischen Indienarchiv aufbewahrt werden, findet sich eine «Geographische Beschreibung vom Kap der Guten Hoffnung bis nach China» – ein Text, der auch als «Buch des Duarte Barbosa» bekannt ist. Dieser Barbosa diente einige Jahre als Schreiber der portugiesischen Faktoreien in Kannur und Calicut und soll besagtes Buch um 1516 verfasst haben. Die Krone hielt den Inhalt für so wertvoll, dass sie nie eine Druckerlaubnis erteilte. Obwohl der Text nur unter der Hand zirkulierte, fand er seinen Weg nach Kastilien – ob in Magellans Gepäck, lässt sich nicht mehr eruieren. Aber genau nach dieser Art von Lektüre muss sich ein Mann, der wie er eine Fahrt nach Südostasien plante, die Finger geleckt haben. Denn Barbosa beschrieb nicht nur ganz Indonesien von Sumatra bis zu den Molukken, sondern berichtete auch von Gegenden, die eben erst am Horizont der Christenheit aufgetaucht waren, wie Vietnam, China und die Ryukyu-Inseln. Noch weiter ging das Werk eines anderen Autors: die «Suma Oriental», die der Drogist

Tomé Pires um 1515 verfasste und die ebenfalls lange ungedruckt blieb. Pires erwähnte «Jampom» – Japan – und eine Inselgruppe, die er nach ihrer Hauptinsel «Luzonen» nannte: die heutigen Philippinen, von denen der Apotheker unter anderem zu berichten wusste, dass dort Gold zu holen war. Als Magellan im März 1521 als erster Europäer auf den Philippinen landete, war das gewiss weder Zufall noch ein Navigationsfehler, sondern Resultat seiner Recherchen in der Casa da Índia.

In dieser Zeit machte Magellan eine weitere folgenreiche Bekanntschaft: Er lernte Rui Faleiro kennen, seines Zeichens Bakkalaureus der Universitäten von Salamanca und Siena, Astrologe und Kosmograph. Faleiro behauptete von sich, eine Methode zur Bestimmung der geographischen Länge entwickelt zu haben. Damit hätte er in einer Seefahrernation wie Portugal eigentlich reüssieren müssen. Doch aus irgendwelchen Gründen blieb dem Wissenschaftler die Anerkennung in seiner Heimat versagt. Bei Magellan hingegen stießen Faleiros Theoreme auf reges Interesse. Ein Verfahren zur Längengradmessung war genau das, was er brauchte, um zu beweisen, dass die Molukken in der kastilischen Hemisphäre lagen. Davon hatten ihn Serrãos Briefe und seine Studien im Umfeld der Casa da Índia inzwischen überzeugt.

Barros porträtierte Faleiro als einen von Wahnvorstellungen besessenen Spinner – ein Urteil, das nicht nur von der prinzipiellen Abneigung des Historikers gegen Astrologen und von seiner gekränkten Vaterlandsliebe beeinflusst war, weil Faleiro in seinen Augen wie Magellan sein Vaterland verraten hatte. In der Tat stellte sich mit der Zeit heraus, dass der Gelehrte eine schwierige Persönlichkeit war, misstrauisch, reizbar und emotional instabil. Aber entweder traten diese Züge anfangs nicht so zutage, oder Magellan nahm sie um Faleiros fachlicher Qualitäten willen in Kauf. Die beiden Männer wurden Partner und vereinbarten, nach Kastilien zu gehen und dem König des Nachbarlandes «ein Geschäft vorzuschlagen, das für ihn von großem Vorteil sein würde»: eine Ostasienexpedition via Brasilien.

Nun bildeten sie also ein Trio: Cristóbal de Haro als Hintermann mit seinen Beziehungen zum Königlichen Rat Fonseca und zu potenziellen Geldgebern, Magellan, der weitgereiste und kriegserfahrene Ritter, der Ostasien aus eigener Erfahrung kannte, und schließlich der Gelehrte Rui Faleiro, der dem Unternehmen den wissenschaftlichen Anstrich verleihen sollte. Neben der Hoffnung auf Ruhm und Gewinn, die alle drei Männer teilten, hatte jeder noch persönliche Gründe, Portugal den Rücken zu kehren. Faleiro war es nicht gelungen, in seiner Heimat eine Stellung zu ergattern, die seiner Ausbildung und seinem Selbstbild entsprach, er sah sich als verkanntes Genie. Auch Magellan soll sich von Dom Manuel zurückgesetzt gefühlt haben, weil der König ihm eine Erhöhung seiner Moradia, der monatlichen Pension, verweigert habe.

Das Motiv der gekränkten Ehre wurde im romantischen Magellan-Bild besonders hervorgehoben, weil damit der Übertritt des Ritters nach Kastilien durch die Undankbarkeit des portugiesischen Monarchen gerechtfertigt erschien. In der Überzeichnung ist dieses Bild aber nicht stimmig, weil Magellans Handeln gewiss auch ein gerüttelt Maß Kalkül oder vielmehr Spekulation zugrunde lag. Ebenso wenig war er der geniale Visionär, der in der Einsamkeit seine große Idee von einer Weltumsegelung entwickelte. Die Idee, Ostasien auf dem Weg nach Westen zu erreichen, lag seit Jahren in der Luft. Der Ritter aus Porto war lediglich zur rechten Zeit am richtigen Ort und kam mit den entscheidenden Leuten ins Gespräch. Magellan brachte Erfahrung, Wagemut und Zähigkeit mit, aber ohne die Vorarbeit von Männern wie Vespucci und Solis, vor allem aber ohne Cristóbal de Haro und dessen Netzwerk hätte er in der Geschichte kaum mehr Spuren hinterlassen als sein seefahrender Vetter Paio Rodrigues.

Haro hatte handfestere Gründe als die anderen beiden, über Dom Manuel und seine Politik verärgert zu sein. 1515 schickten er und seine Kompagnons 16 Schiffe nach Afrika, um Handel zu treiben. Vor der Küste Guineas lauerte ihnen ein Seeräuber namens Estevão Jusarte auf, der von den Kapverden aus operierte. Jusarte kaperte sieben Schiffe der Haros und zerstörte sie. Der Verlust betrug geschätzte 16 000 Dukaten, die Kosten für Rettungsversuche nicht eingerechnet. Da Jusarte portugiesischer Untertan war, verlangten die Haros von Dom Manuel Schadensersatz. Doch obwohl sie in den Habsburgern höchste Fürsprecher fanden, tat der portugiesische König nicht viel mehr, als den Schurken zur Fahndung auszuschreiben. Die Kaufleute blieben auf ihren Verlusten sitzen, ein weiterer Grund also für Cristóbal de Haro, seine Zelte in Lissabon abzubrechen und sich wieder nach Kastilien zu orientieren, wo man unterdessen mit wachsender Spannung die Ankunft des Königssohnes Karl erwartete.

Jeder wog seine Chancen unter der neuen Regierung ab, und wer konnte, reiste nach Flandern und machte am burgundischen Hof in Mechelen seine Aufwartung. Auch Cristóbals Bruder Diego, der in Antwerpen residierte und exzellente Beziehungen zum Haus Habsburg unterhielt, wird in Karls Umgebung vorgefühlt und dort positive Signale erhalten haben: Offenbar war man der Idee, die Gewürzinseln auf der Westroute für Kastilien zu erschließen, nicht abgeneigt. Und so war Cristóbal de Haro der Erste des Trios, der Portugal den Rücken kehrte. Im April 1517 weilte er bereits nicht mehr im Lande.

Am 1. April stellte Papst Leo X. seinem hoch geschätzten Sohn in Christus, «Karl König von Spanien», eine Bulle aus, mit der er ihm eingedenk der Verdienste seiner Großeltern Fernando und Isabella im Kampf gegen die «perfiden Sarazenen» in Gottes Namen die Erlaubnis erteilte, den Titel eines «Katholischen Königs» zu führen. Damit waren Karls Ansprüche auf die Herrschaft in Kastilien und Aragón von höchster Stelle sanktioniert. Im Mai brach der König in spe mit seinem Hofstaat zur niederländischen Küste auf, wo schon seit Herbst des Vorjahres eine kastilische Flotte, von Cisneros entsandt, seiner harrte. Anfang September stachen die Schiffe endlich in See, und am 19. selbigen Monats erreichte der Habsburger «nach einer guten Reise, die wir gehabt haben», den Hafen von Villaviciosa an der asturischen Küste und konnte seine glückliche Ankunft in Spanien vermelden.

Zu diesem Zeitpunkt waren auch Magellans Reisevorbereitungen schon weit gediehen. Kein Tagebuch, kein Brief erinnert heute an die schweren Momente des Abschieds von Familie und Freunden. Fest steht nur, dass der königliche Fidalgo nicht Hals über Kopf davonrannte, sondern geordnete Verhältnisse hinterließ. Dom Manuel bat er förmlich um Erlaubnis, aus seinen Diensten treten und sich einen anderen Herrn suchen zu dürfen, was ihm anscheinend ohne Weiteres zugestanden wurde. Weil Faleiro länger brauchte, um seine Abreise zu organisieren, setzte Magellan mit seinem Kompagnon einen Vertrag auf. Er würde ihm nach Kastilien vorausreisen, dort aber nichts im Alleingang unternehmen. Erst wenn Faleiro nachgekommen wäre, würden sie gemeinsam für ihr Projekt die Trommel rühren. Zum Treffpunkt bestimmten sie jene andalusische Stadt, die das unangefochtene Zentrum des florierenden spanischen Überseehandels war: Sevilla.

# 4. Die Kapitulation

Mit ihrer sieben Kilometer langen Stadtmauer aus der Almohadenzeit, deren Tore und Zinnen an eine maghrebinische Kasbah erinnerten, glich Sevilla zu Magellans Zeit äußerlich einer nordafrikanischen Stadt. Überragt wurde sie von einem Glockenturm, der aussah wie ein Zwilling des Minaretts von Marrakesch. Die Gassen waren eng und verwinkelt, die Häuser der Reichen verbargen ihre Reize – kachelgeschmückte Höfe mit Springbrunnen, Gärten mit Zitronenbäumen, Oleandern und Dattelpalmen – hinter schlichten Fassaden und hohen Mauern, so wie auch die ehrbaren Frauen nach alter Sitte verschleiert gingen. Dabei war es schon mehr als 250 Jahre her, dass eine kastilische Flotte den Guadalquivir, den «Großen Fluss» von al-Andalus, heraufgerudert war und «Isbiliya» erobert hatte. Seither war Sevilla christlich, die Stadt besaß viele Kirchen und «gute Klöster der Franziskaner, Augustiner, Dominikaner und Konvente von Nonnen», wie der Nürnberger Arzt Hieronymus Münzer befriedigt feststellte, als er 1494 auf einer Reise durch Spanien und Portugal hier Station machte.

Münzer pries die ideale Lage «in einer ausgedehnten und wunderschönen Ebene, deren Felder in erstaunlicher Fülle jede Art von Früchten produzieren, insbesondere Öl und exzellenten Wein». Er bestieg auch den «sehr hohen Turm der Kathedrale, der einstigen Hauptmoschee», von wo aus ihm die Stadt «doppelt so groß wie Nürnberg erschien; zu Füßen ihrer Mauer fließt nach Westen der Betis, ein wasserreicher und schiffbarer Fluss, der bei Flut um drei oder vier Ellen ansteigt und dann leicht salziges Wasser führt, das sich bei Ebbe wieder in Süßwasser verwandelt».

Es war dieser Fluss – Betis, Guadalquivir oder von den Einheimischen mit besitzergreifender Einfachheit «Fluss von Sevilla» genannt –, der die Stadt seit der Antike zu einem Handelszentrum machte und ihren Reichtum begründete. 120 Kilometer schiffbarer Wasserwege durch eine labyrinthische Sumpflandschaft im Südwesten verbanden

Sevilla mit dem Atlantischen Ozean und einer Welt, deren Horizonte sich seit 1492 exorbitant geweitet hatten. «Früher waren Lusitania und Andalusien das äußerste Ende der Erde; jetzt, nach der Entdeckung von Indien, liegen sie quasi in der Mitte», schrieb Tomás de Mercado, ein Gelehrter der Wirtschaftsmathematik, gegen Ende des 16. Jahrhunderts.

Von Sevilla aus wurde der gesamte Verkehr mit dem jungen spanischen Kolonialreich auf den Antillen abgewickelt. Die Stadt war erste Anlaufstelle für den Handel mit Afrika, den Kanaren und Portugal, und viele Schiffe, die zwischen dem Mittelmeer und Nordeuropa verkehrten, legten hier an. Das alles spülte Geld, sehr viel Geld in die Truhen und machte Sevilla zur bevölkerungsreichsten Stadt Kastiliens. Mehr als 50 000 Menschen drängten sich in ihren Mauern: Auf den Straßen wimmelte es von afrikanischen Sklaven, Morisken[1] in farbigen Gewändern, Bettlern und Prostituierten, Letztere erkennbar am Rouge auf den Lippen und den mit Bleiweiß gefärbten Dekolletés, dazwischen schwerttragende Hidalgos, neureiche Kaufleute und natürlich das bunte Volk der Seeleute in seinen Kapuzen und Pluderhosen.

Magellan dürfte von all dem kaum beeindruckt gewesen sein. Wer Malakka, Calicut und Azemmour gesehen hatte, dem konnte Sevilla kaum exotisch erscheinen, zumal auch Lissabon es mit der Stadt am Guadalquivir aufnehmen konnte, sowohl was den schwindelerregenden Boom und das kosmopolitische Flair anging als auch die sanitären Bedingungen. Hier wie dort war es um die Hygiene schlecht bestellt, selbst wenn in Sevilla noch ein paar Bäder aus muslimischer Zeit in Betrieb waren; todbringende Seuchen gehörten zum Alltag.

Seinen eigenen Angaben zufolge erreichte Magellan Sevilla am 20. Oktober 1517. Ihn begleiteten mindestens zwei Männer: sein Page Cristovão Rebelo, der wie er aus Porto stammte, und sein malaiischer Sklave Enrique. Hinzu kamen wohl noch zwei Diener portugiesischer Herkunft, die in den Besatzungslisten der Expedition als Nuno und Hernando aufscheinen, vielleicht auch die erwähnte Sklavin aus Sumatra, sofern sie nicht ein Hirngespinst der Geschichtsschreiber war. Zwei weitere Sklaven Magellans sind später in Sevilla dokumentiert, darüber hinaus schlossen sich seiner Expedition einige Verwandte von ihm an. Aber wie viele davon bereits Teil der kleinen Karawane waren, die an jenem Dienstag im Oktober 1517, von Westen kommend, samt Pferden und Packtieren über die alte Schiffbrücke trottete, wissen wir nicht.

Von dieser Brücke aus, der einzigen weit und breit, erblickten die Reisenden rechter Hand den Arenal, den ausgedehnten Sandplatz zwischen Fluss und Stadt, der Sevilla als Hafen diente. Dicht an dicht lagen dort, ein Wald von Masten, zahllose Schiffe jeder Größe, von der Flussbarke bis zur hochseetüchtigen Nao. Manche dümpelten im Fluss, andere waren mit Hilfe großer Seilwinden an Land gezogen worden. Über einen gemauerten Kai verfügte der wichtigste Hafen Spaniens nicht, dafür aber über einen Ladekran, der mit einem großen Laufrad angetrieben wurde.

Der Kran stand bei der Torre del Oro, dem zwölfeckigen «Goldturm», der den Arenal nach Süden absicherte und wie der Glockenturm der Kathedrale aus der Almohadenzeit stammte. Das mehrere Hektar große Areal war übersät mit Zelten und Bretterbuden, die als improvisierte Kontore und Lagerräume fungierten, mit Stapeln von Schiffsbaumaterial und Waren aller Art, mit Abfallhaufen und riesigen Pfützen, zwischen denen Schweine und Hühner herumliefen – ein dauerndes Provisorium, da der Arenal periodisch vom Fluss überschwemmt wurde. An die Außenseite der Stadtmauer lehnte sich eine Reihe von gemauerten Gebäuden: Werkstätten von Böttchern und Seilern, Tavernen, billige Absteigen und Bordelle. Aus ihnen ragte der ausgedehnte Komplex der «Atarazanas» hervor, der königlichen Werften, die jedoch, weil sie mit den wachsenden Tonnagen der Schiffe nicht mithalten konnten, bereits im 15. Jahrhundert zu Lagerhallen umfunktioniert worden waren.

Doch nicht der Hafen war Magellans erste Anlaufstelle in Sevilla, sondern der vornehme Stadtteil Santa María la Mayor im Schatten der Kathedrale, wo ein Landsmann von ihm seine Wohnung hatte: Diogo Barbosa. Dieser war mehr als dreißig Jahre vor Magellan nach Kastilien emigriert, als Vasall des hochadligen Don Álvaro de Bragança, der seinerzeit aus Portugal hatte fliehen müssen. Barbosa hatte in jungen Jahren vor Granada gekämpft, und die Katholischen Könige hatten ihm seine Waffendienste mit dem Habit eines Ordensritters von Santiago vergolten. Nachdem er als Kapitän eines Schiffes der portugiesischen Armada nach Indien gesegelt war, ließ er sich 1503 mit seiner Familie in Sevilla nieder, wo Don Álvaro das Amt eines «Alcaide» (Kastellans) der königlichen Schlösser und Werften übernommen hatte. Doch eigentlich war es Diogo Barbosa, der dieses Amt für seinen zumeist abwesen-

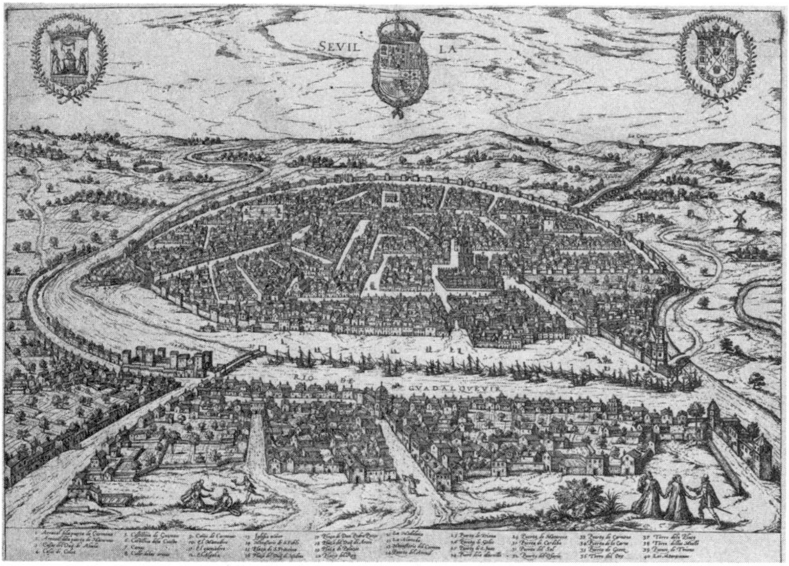


**Ansicht von Sevilla. In der Mitte von links nach rechts der Guadalquivir mit dem Arenal dahinter. Aus den «Civitates Orbis Terrarum» von Georg Braun und Frans Hogenberg, 1594**

den Gebieter ausübte, und als Don Álvaro starb und sein Sohn Don Jorge «de Portugal» ihn beerbte, führte Barbosa auch für diesen weiter die Amtsgeschäfte. Als Stellvertreter des königlichen Alcaide genoss der portugiesische Dienstmann, inzwischen ein gesetzter Herr von mehr als sechzig Jahren, hohes Ansehen in Sevilla und wurde sogar in den Stadtrat berufen.

Gewiss hat Magellan nicht einfach an Barbosas Tür geklopft. Er wurde erwartet. Zwar hat sich ein – von Barros angedeutetes – verwandtschaftliches Verhältnis zwischen den beiden Männern bisher nicht nachweisen lassen, aber Barbosa und Magellan gehörten beide zur großen «Familie» der Bragança, zum weitgespannten Klientelnetz dieses Herzoghauses, dessen Mitglieder einander in Loyalität verbunden waren. Über dieses Netzwerk hatte der Fidalgo aus Porto mit dem ehrwürdigen Beamten in Sevilla Kontakt aufgenommen; vielleicht hatten die beiden auch brieflich schon Magellans Hochzeit mit Barbosas Tochter Beatris ausgehandelt, von der wir wissen, dass sie damals um die zwanzig Jahre alt war. Durch die Heirat mit einer Einheimischen verbesserte Magellan nicht nur seine rechtliche Stellung, weil er mit ihr das Bürgerrecht der Stadt erwarb, sondern auch seine ökonomische.

600 000 Maravedís[2] – 1600 Dukaten – gab der Komtur Barbosa seiner Tochter mit: die höchste Mitgift, die das Gesetz den Bürgern von Sevilla gestattete (der Hochadel ausgenommen). Auswertungen der Notariatsprotokolle des 16. Jahrhunderts haben gezeigt, dass nur ein winziger Prozentsatz der Sevillaner derart hohe Mitgiften aufbringen konnte. Nach materiellen Maßstäben trat Magellan mit seiner Heirat in die oberen Kreise der Stadt ein. Auch sonst war er bei seinem zukünftigen Schwiegervater goldrichtig aufgehoben. Nicht nur, dass der Ältere als Kriegs- und Indienveteran einen ähnlichen Erfahrungshorizont besaß wie er. In den Räumen der königlichen Schlösser und der Werften, deren Verwaltung Barbosa oblag, hatte auch die «Casa de la Contratación» ihre Büros und Lagerräume.

Die königliche Handelsagentur, 1503 nach dem Vorbild der Lissaboner Casa da Índia gegründet, diente als Zentrale des Atlantikhandels und aller Expeditionen nach Übersee. Sämtliche Schätze, die die Konquistadoren in Amerika raubten – Gold, Edelsteine, Perlen, später das Silber Mexikos und Perus –, gingen durch die Casa de la Contratación und die Hände ihrer Beamten, die direkt dem Königlichen Rat von Kastilien unterstanden. Allerdings war der Königshof weit weg, residierte er doch die meiste Zeit im Norden der Halbinsel, so dass die Kommunikation großteils auf dem Schriftweg erfolgte. Mehrmals im Monat machten sich Boten auf, nicht selten begleitet von schwerbewaffneten Panzerreitern, wenn wieder ein Schiff, beladen mit Gold, aus Amerika eingelaufen war und die frisch geschlagenen Dukaten an den Königshof gebracht werden mussten.

Die Leitung der Handelsagentur lag in den Händen eines Triumvirats. Der Schatzmeister Doktor Sancho Ortiz de Matienzo, ein Kleriker an der Kathedrale von Sevilla, übte dieses Amt seit Gründung der Casa aus. Ihm zur Seite stand seit 1508 der Buchhalter Juan López de Recalde, ein Baske. Da beide nicht nur für die Überwachung und Besteuerung des Atlantikhandels zuständig waren, sondern zugleich als Handelsrichter amtierten, besaßen sie enorme Macht, die sie – das war unter Sevillas Kaufleuten ein offenes Geheimnis – auch zum eigenen Vorteil nutzten. Beide Männer häuften kolossale Reichtümer an, die Matienzo zum Teil in prestigeträchtige Kunstwerke, Recalde vor allem in den Erwerb großer Ländereien investierte. Der Krone blieb dieses Gebaren nicht verborgen, aber sie duldete es, solange der Goldfluss aus Sevilla anhielt und sich niemand allzu laut beschwerte. Dabei profitierten die geschäftstüchtigen Bürokraten auch von den Wirren des Interregnums. Don Fernando hatte Sevilla zuletzt 1511 mit seiner Anwesenheit beehrt, Cisneros hatte in seiner kurzen Regentschaft andere Sorgen, und Karl I. sollte die Zügel erst Mitte der 1520er Jahre fester in die Hand nehmen: Recalde wanderte daraufhin für einige Zeit hinter Schloss und Riegel, während dem Schatzmeister dank seines altersbedingten Ablebens eine Kassenprüfung erspart blieb.

Als Magellan nach Sevilla kam, standen Matienzo und Recalde auf dem Gipfel ihrer Macht, sehr zum Verdruss des dritten Mannes an der Spitze der Casa de la Contratación, des königlichen Faktors (Handelsagenten) Juan de Aranda. Aranda war erst kurz zuvor aus seiner Heimatstadt Burgos in sein Amt berufen worden, und es scheint, dass seine dienstälteren Kollegen dem Neuling das Leben schwer machten. Dieser revanchierte sich allerdings, indem er eine Anklage gegen Recalde ins Rollen brachte, die Jahre später zu dessen Verhaftung führen sollte.

Als Magellan bald nach seiner Ankunft in der Casa de la Contratación vorfühlte, geriet er an Aranda, der offenbar sofort ein profitables Geschäft witterte, denn der Faktor entfaltete sofort eine hektische Aktivität, von der Magellan ein wenig überrumpelt wurde. Aus Burgos stammend besaß Aranda gute Kontakte zu den Kaufmannskreisen seiner Heimatstadt, und so war es ihm ein Leichtes, Referenzen über den Neuankömmling einzuholen, der behauptete, weitgereist und ein Experte für Hochseenavigation zu sein. Arandas Kontaktleute in Lissabon, darunter ein Vertreter des Haro-Clans, gaben umgehend positive Antwort, so dass der Faktor einen Schritt weiterging und sich an den königlichen Großkanzler Jean le Sauvage wandte mit dem Vorschlag, Magellan an den Hof zu laden.

Unterdessen traf auch Rui Faleiro in Begleitung seines Bruders Francisco in Sevilla ein und zeigte sich gar nicht begeistert vom Aktionismus des königlichen Faktors. Faleiro warf Magellan vor, ihre Abmachung, der zufolge sie in Kastilien nur gemeinsam agieren wollten, gebrochen zu haben. Nach einer hitzigen Konfrontation setzten die beiden einen neuen Vertrag auf. Sie beschlossen, auf eigene Faust nach Valladolid zu reisen, wohin der neue König für Februar 1518 die kastilischen Stände, die Cortes, einberufen hatte. Arandas Ansinnen, gemeinsam zu fahren, lehnten sie ab. Stattdessen schlossen sie sich der Herzogin von Arcos an, die sich am 20. Januar mit ihrem Gefolge ebenfalls auf den Weg nach Valladolid machte.

Die drei Portugiesen, Magellan und die Gebrüder Faleiro, waren sich beim Aufbruch sicherlich bewusst, dass sie einer Schicksalsstunde entgegengingen. Die Realisierung ihrer Pläne hing von ihrem bevorstehenden Auftritt bei Hofe ab. Um die Mächtigen Kastiliens für ihr Projekt zu gewinnen, hatten die drei Männer nicht nur, sozusagen als lebendes Anschauungsmaterial, den Malaien Enrique dabei (und möglicherweise jene mysteriöse Sklavin aus Sumatra), sondern auch die Briefe von Serrão und verschiedene Karten portugiesischer Provenienz, darunter eine Weltkarte in Sphärensegmenten. Klebte man diese Segmente auf eine Kugel aus Pappmaché, wurde daraus ein Globus: Gab es ein besseres Hilfsmittel, um dem König den Plan einer Expedition um die halbe Erde zu präsentieren?

Quälend langsam bewegte sich der Tross über die Hochebene und die winterlichen Berge Kastiliens. Er zog an brachen Feldern, Schafherden und ärmlich gekleideten Bauern vorbei und übernachtete in kleinen Weilern, in Klöstern, manchmal auch in ummauerten Städten wie Toledo oder Ávila. Für vier Fünftel der Menschen dieses Landes war ihr König so unerreichbar fern wie der Samutiri von Calicut. Von den Molukken hatten diese Leute nie reden gehört, und hätte ihnen jemand verraten, was Magellan und seine Begleiter planten, es hätte in ihren Ohren fantastischer geklungen als heutzutage ein Weltraumflug zu einer anderen Galaxie. Wenn jemand wie der Malaie Enrique unterwegs nicht sonderlich auffiel, dann nur weil er im bunten Gefolge der Herzogin von Arcos reiste.

Leute wie die Herzogin und ihr Gemahl, Don Rodrigo Ponce de León, II. Marqués de Zahara, I. Duque de Arcos, I. Conde de Casares, IX. Señor de Marchena y VI. de Villagarcía, um seine glanzvollen Titel vollständig aufzuzählen, waren die eigentlichen Eigentümer Kastiliens: Etwa zwei Dutzend hochadlige Familien hatten das Land unter sich aufgeteilt und übten auf ihren Domänen eine nahezu unbeschränkte Gewalt aus. Die hohen Ämter der Kirche wurden von ihnen ebenso besetzt wie diejenigen der reichen Ritterorden, und die Regierungen der meisten Städte tanzten nach ihrer Pfeife. Über königliche Anordnungen setzten sie sich routinemäßig hinweg. In den Augen des Hochadels war ein guter König ein schwacher König, und so stellte mancher unter ihnen den Herrschaftsanspruch des Niederländers Karl von vornherein infrage. Schließlich lebte seine Mutter Juana noch, die rechtmäßige Königin; und eignete sich sein jüngerer Bruder Fernando, der in Spanien aufgewachsen war, nicht viel eher, dieses Reich zu regieren? Vor allem deswegen hatte Karl I. es so eilig gehabt, die Cortes einzuberufen. Er brauchte die Anerkennung seines Königtums durch die Ständeversammlung.

Fast drei Wochen war die Reisegesellschaft der Herzogin schon unterwegs und schickte sich nach einem Halt im Bergdorf El Herradón gerade an, den Pass hinüber nach Ávila zu erklimmen, als ein Bote Briefe für Magellan und Rui Faleiro brachte. Juan de Aranda teilte mit, dass er sich bereits in der Messestadt Medina del Campo, drei Tagesreisen nach Norden, befinde und fantastische Neuigkeiten habe: Der König hatte auf sein Schreiben reagiert und eine Antwort an Magellan persönlich mit der offiziellen Einladung adressiert, «er möge an seinen Hof kommen, weil er wünschte, ihn kennenzulernen und ihm Gnaden zu erweisen». Also hatte der rührige Faktor den Glücksrittern bereits die erste Tür geöffnet.

Magellan und die Faleiros beeilten sich, nach Medina del Campo zu kommen, verbrachten dort eine Nacht als Gäste im Haus eines Kaufmanns, der mit Aranda befreundet war, und reisten dann gemeinsam mit diesem weiter in Richtung Valladolid. Zu Karneval – es war inzwischen Mitte Februar – gelangten sie an die baufällige, noch aus römischer Zeit stammende Brücke über den Duero. Ob Magellan beim Anblick des Flusses Heimweh verspürte? Lag doch an seiner Mündung, ein paar hundert Kilometer weiter westlich, seine Heimatstadt Porto.

Bei der Brücke machten sie Rast und waren guter Dinge, als Aranda die Katze aus dem Sack ließ: Nachdem er ihnen die Einladung an den Hof verschafft habe und weil er hoffte, in Valladolid noch viel mehr für die drei Portugiesen tun zu können, sei es doch nur recht und billig, wenn sie sich für seine Hilfe erkenntlich zeigten und ihn an den zu erwartenden Gewinnen aus ihrer Expedition beteiligten. Er halte ein Fünftel für angemessen.

Da war es mit der Eintracht auch schon wieder vorbei. Rui Faleiro tobte, sein Bruder Francisco meinte, man solle den dreisten Faktor zum Teufel jagen, während Magellan Verhandlungsbereitschaft signalisierte, wohl weil er fürchtete, Aranda könnte sich rächen, indem er ihnen in Valladolid Steine in den Weg legte. Also boten sie ihm zehn Prozent an, was der Beamte brüsk ablehnte. Nach längerem Hin und Her erzielten sie eine Vereinbarung, nach der Aranda ein Achtel der Gewinne einstreichen sollte, vorausgesetzt, die Krone würde die Armada finanzieren und die Portugiesen müssten das Kapital nicht selbst aufbringen.

Wenn ein Beamter öffentliche Aufträge vermittelt und dafür Geld annimmt, kann er der Korruption bezichtigt werden – das war schon zu Magellans Zeit so. Da half es wenig, dass Aranda, nachdem die Sache ruchbar geworden war, sich auf die vielen Unkosten herauszureden versuchte, die ihm die Portugiesen verursacht hätten. Im Übrigen behauptete er, Magellan und Faleiro hätten ihm von sich aus eine Beteiligung angeboten. Selbst wenn das stimmte, hätte er dieses Angebot als Bestechungsversuch zurückweisen müssen. Doch der Faktor tat nichts weniger als das, ja er war sogar so unklug, den Vertrag, den er am Ende mit Magellan und Faleiro schloss, bei seinen Verwandten in Burgos herumzuzeigen, wo ihn Cristóbal de Haro zu Gesicht bekam. Schließlich erfuhr auch der Bischof und Königliche Rat Fonseca von der Sache. Dieser fand es gar nicht lustig, dass sein Untergebener sich herausnahm, was er für sein eigenes Vorrecht hielt, und leitete im Herbst 1518 ein Strafverfahren gegen Aranda ein – ein Glücksfall für die Historie, sind in den Akten dieses Prozesses doch viele interessante Details überliefert. Ohne sie wüssten wir nicht einmal das Datum des Tages, an dem Magellan erstmals in Sevilla eintraf.

Doch einstweilen war das Einvernehmen zwischen Magellan, Faleiro und dem Faktor wiederhergestellt, so dass die Abenteurer sich nun der entscheidenden Herausforderung stellen konnten, den König als Auftraggeber für ihr Projekt zu gewinnen. Allerdings dürften sie Aranda nicht mehr so recht über den Weg getraut haben, sie schlugen nämlich die Einladung, auch in Valladolid seine Gäste zu bleiben,[3] aus. Nach einer Nacht suchten sie sich ein eigenes Quartier, auch wenn das kein leichtes Unterfangen war, gab sich doch alles, was in Spanien Rang und Namen hatte, in der Stadt ein Stelldichein, um den lang erwarteten Thronfolger kennenzulernen.

Valladolid, die inoffizielle Hauptstadt Kastiliens, glich in jenen Tagen einem Hexenkessel, in dem Ambitionen, Gerüchte, Intrigen, Feindschaften und Ähnliches brodelten. Jeder wollte etwas von dem neuen König, jeder sah in jedem anderen einen potenziellen Konkurrenten oder Verbündeten. Und zu allem Übel war wieder einmal die Pest ausgebrochen.

Der königliche Hof ließ sich dadurch nicht vom Feiern abhalten. Karl hatte aus den Niederlanden ein vielköpfiges Gefolge mitgebracht: Ratgeber und Vasallen, Kaplane, Sekretäre und Leibärzte, Almosengeber, Kellermeister, Köche, Konditoren, Zeugmeister, Rossknechte, Wachen und Diener aller Art. Dieser große Apparat befolgte das prunkhafte Hofzeremoniell, das Karl von den Burgunderherzögen geerbt hatte und dessen Unsummen verschlingender Luxus in den Augen der sittenstrengen Kastilier geradezu skandalös anmutete. Dazu gehörten endlose Bankette, in denen der Wein aus eigens dafür angefertigten Brunnen sprudelte, luxuriöse Gewänder sowie teure Geschenke an die Getreuen. Überdies fand zum Abschluss der Ständeversammlung – die sich zwar geziert, am Ende aber allen Forderungen des neuen Königs gebeugt hatte – auf dem Marktplatz von Valladolid ein vierzehntägiges Lanzenstechen statt, das allein 40 000 Dukaten verschlungen haben soll und damit fast das Doppelte von dem, was Magellans gesamte Armada am Ende kosten würde. Dabei wurde mit harten Bandagen gekämpft, viele Streiter stürzten, etliche wurden verletzt, sieben starben.

Wer sich ein Bild von Karl I. als jungem König machen will, darf sich nicht den Weltherrscher mit energischem Kinnbart und Harnisch vorstellen, wie ihn Tizian in mehreren Gemälden verewigt hat, sondern muss sich die farbigen Büsten vor Augen führen, die Conrad Meit von ihm anfertigte und die heute in Brügge und Gent zu sehen sind: ein leicht schielender, bartloser Jüngling, dessen Haar nach damaliger deutscher Mode als Kolbe frisiert war (ähnlich dem modernen Pagenkopf) und dessen Mund immer ein wenig offen stand, was wohl auf eine chronisch verstopfte Nase zurückzuführen war und ihm ein leicht debiles Aussehen verlieh. Im Übrigen trieben diesen Adonis durchaus alterstypische Begierden um. So machte er der 29-jährigen Witwe seines Großvaters, Germaine de Foix, den Hof und ließ sich von ihr – über eine eigens zwischen den Palästen errichtete Brücke – nachts ihre Hofdamen zuführen. Die Damen beanspruchten Karls Kräfte derart, dass er einmal während der Messe in Ohnmacht fiel, wie der Humanist und Königliche Rat Petrus Martyr kolportierte. Am großen Thema Indien reizten den jungen König vor allem bestimmte Details. So bat er den Schatzmeister der Casa de la Contratación brieflich, ihm einige Papageien aus Übersee zu schicken: «Weil sie seltsam sind, verglichen mit den Hiesigen, hätte ich große Freude daran.» Bunte Weltkarten, Globen und dergleichen bereiteten ihm ebenfalls Vergnügen – Magellan hatte also die richtigen Überzeugungshilfen im Gepäck, auch wenn er Seiner Hoheit statt bunter Vögel exotische Sklaven zu präsentieren gedachte.

Bevor der Seefahrer jedoch an Karl I. herantreten konnte, musste er dessen Ratgeber für sich gewinnen, deren Einfluss damals gar nicht überschätzt werden kann. Der Bischof von Burgos, Juan Rodríguez de Fonseca, war dabei noch am leichtesten von Magellans Vorhaben zu überzeugen, ging es hier doch um seinen eigenen Plan, den er schon seit Jahren verfolgte. Für ihn stellte sich eher die Frage, ob Magellan der Richtige für das Unternehmen war oder ob man es eher einem anderen anvertrauen sollte, zum Beispiel diesem Estevão Gomes, einem weiteren Portugiese, der erst kürzlich am Hof vorstellig geworden und zum Steuermann Seiner Hoheit bestellt worden war. Fonseca war von den Burgos-Leuten – sicherlich nicht erst von Aranda, der seine Rolle über Gebühr herausstrich, sondern vorab von den Haros – auf Magellans Erscheinen vorbereitet worden, und er war auch im Prinzip mit einer Expedition zu den Gewürzinseln einverstanden. Doch auf sein Placet kam es nicht mehr an, denn der Bischof, der mehr als zwanzig Jahre lang für Don Fernando die Indienpolitik gestaltet hatte, sah sich nach dem Tod seines Herrn ins Abseits gedrängt. Fonseca, notierte ein Beobachter, habe in jenen Tagen «wie eine abgerüstete Galeere» gewirkt.

Mit dem neuen König hatte eine Kamarilla, die ihm aus den Niederlanden gefolgt war, in Spanien das Ruder übernommen. Den Vorsitz des obersten Regierungsgremiums, des Rates von Kastilien, dem das Kolonialreich in Übersee damals noch unterstellt war, übte jetzt der burgundische Großkanzler Jean le Sauvage aus, auch er ein altgedienter Bürokrat, im Übrigen studierter Jurist und eifersüchtiger Verfechter der königlichen Zentralgewalt, der den Kastiliern und dem Klüngel, der sich in den langen Jahren der Regentschaften eingeschlichen hatte, zutiefst misstraute. Noch größeren Einfluss als Sauvage übte Guillaumes de Croÿ, Seigneur de Chièvres, aus, der seit Karls Kindertagen als dessen Kammerherr und Mentor wirkte. Monsieur de Chièvres stand seinem Schützling so nah, dass er zeitweilig das Schlafzimmer mit ihm teilte. Karl zeigte sich für so viel Fürsorglichkeit erkenntlich, indem er seinen Kammerherrn mit Ehren überhäufte und praktisch keinen Schritt ohne dessen Zustimmung tat. Wie Sauvage hielt auch Chièvres nicht viel von den Kastiliern, die ihn umgekehrt bald von Herzen hassten. In Spanien und seinen Kolonien sah der Spross eines französischen Adelsgeschlechts vor allem eine Art Goldmine, die es zum Vorteil seines Schützlings und der eigenen Schatulle auszubeuten galt. Insofern konnte er so wenig wie Fonseca prinzipielle Einwände gegen eine Expedition haben, die im Erfolgsfall eine märchenhafte Rendite verhieß.

Zwei weitere Männer aus Karls näherem Umfeld sind hier noch zu nennen: Francisco de los Cobos, weil er als königlicher Sekretär sämtliche Briefe, Erlasse und Gnadenerweise, die Magellan in den kommenden anderthalb Jahren von der Krone empfangen sollte, mit unterzeichnete, und Don Jorge de Portugal, der Alcaide der königlichen Schlösser und Werften, für den Magellans Schwiegervater Diogo Barbosa in Sevilla die Amtsgeschäfte besorgte.

Als sich Karls Thronfolge abzeichnete, war Don Jorge ebenso wie Cobos beizeiten in die Niederlande gereist und hatte um die Gunst des zukünftigen Königs gebuhlt. Sein Einsatz hatte sich auch gelohnt, denn Karl – das heißt: Chièvres – hatte ihm noch in Brüssel die Lizenz erteilt, 400 afrikanische Sklaven nach Santo Domingo zu importieren, ein sehr einträgliches Geschäft, bei dem der Höfling sich aber nicht selbst die Hände schmutzig machte, sondern die Lizenz an italienische Sklavenhändler weiterverkaufte. Es lassen sich zwar keine Spuren einer direkten Intervention finden, nichtsdestotrotz darf man annehmen, dass Don Jorge am Königshof ein gutes Wort für seinen Landsmann Magellan einlegte, zumal dieser ja ein Vasall seines Vetters, des Herzogs von Bragança, war.

Magellan wurde also bereits in Valladolid erwartet, als er, wohl am 20. Februar, zuerst bei Fonseca vorsprach und dann ins Quartier des Großkanzlers Sauvage geleitet wurde. Dort lief ihm der Pater Bartolomé de las Casas über den Weg, der an den Hof gekommen war, um seine Kampagne für die Rechte der Einwohner Amerikas, der sogenannten Indios, voranzutreiben. Las Casas unterhielt sich mit Magellan über dessen Projekt und beschrieb später in seiner «Historia de las

Indias» das Äußere des Seefahrers – die einzige authentische Beschreibung, die erhalten ist.[4] Demnach war der portugiesische Hidalgo von kleiner Statur und machte auf den ersten Blick nicht viel her, aber er strahlte eine Zielstrebigkeit und Festigkeit aus, die in den Augen des Klerikers auf eine starke Persönlichkeit hindeuteten.

Las Casas bekam auch den Globus zu Gesicht, den Magellan mitgebracht hatte, um dem König und den Räten seinen Plan zu veranschaulichen. Auf dem Globus sei die ganze Erde abgebildet gewesen samt der Route, die Magellan zu nehmen gedachte; nur die Stelle, an der er durch die Meerenge fahren wollte, habe er «mit Fleiß» weiß belassen, «damit ihm kein anderer zuvorkäme». Daraufhin fragte der Kleriker den Seefahrer, was er denn zu tun gedächte, wenn er keine Passage fände, um in das andere Meer zu gelangen. Und dieser habe geantwortet: Dann «würde er auf dem Weg fahren, den die Portugiesen nahmen». Nach dem Zeugnis eines anderen Geschichtsschreibers[5] wollte Magellan «die gesamte Küste entlangfahren, bis er am Kap herauskäme, das dem der Guten Hoffnung entspricht, und viele neue Länder entdecken und einen Weg zu den Gewürzinseln».

Um diese Aussage zu verstehen, hilft es, eine Weltkarte heranzuziehen, die wohl der portugiesische Hofkartograph Lopo Homem im Jahr 1519 entwarf und die heute als Teil des berühmten «Atlas Miller» in Paris aufbewahrt wird. Sie illustriert die geographische Theorie, die Magellans Alternativroute zugrunde lag: Auf Homems Karte geht die amerikanische Küste nach Süden in eine antarktische Landmasse über, wendet sich dann nach Osten, um sich jenseits der malaiischen Halbinsel wieder nach Norden zu ziehen und an Asien anzuschließen. Atlantik und Indischer Ozean erscheinen hier als zusammenhängendes Binnenmeer, das von den untereinander verbundenen Kontinenten eingefasst wird. Im Grunde schrieb dieser Entwurf das Weltbild des Ptolemäus fort, erweiterte es aber um die geographischen Erkenntnisse seit 1492: den Seeweg um Afrika nach Indien und die Neue Welt im Westen.

Solange Amerikas Küsten nicht zur Gänze erkundet waren, konkurrierten verschiedene Vorstellungen über die Verteilung von Land und Meer auf der Erdoberfläche. Vereinfacht gesagt, standen sich zwei Theorien gegenüber, die sich beide auf antike Autoritäten berufen konnten. Die eine, auf Ptolemäus beruhend, sah die Kontinente als eine einzige zusammenhängende Landmasse. Die andere war bereits von Strabon formuliert worden und beschrieb die Kontinente als Inseln, die von einem großen, durch Meeresstraßen verbundenen Ozean umgeben waren. Magellans Vorhaben, auf westlichem Kurs durch eine Meerenge nach Asien zu segeln, stützte sich auf diese zweite, im Rückblick richtige Theorie. Aber wie seine Antwort auf die Frage von Bartolomé de las Casas zeigt, hatte er auch einen Plan B bereit, für den Fall, dass sich seine Annahme als irrig erweisen sollte. Dann würde er der hypothetischen südlichen Küste einfach so lange nach Osten folgen, bis er in Asien ankäme.

Jean le Sauvage, der Großkanzler, muss von Magellans Auftritt angetan gewesen sein, denn er trug das Projekt, wieder nach Las Casas' Schilderung, dem König und Monsieur de Chièvres vor. Später erklärte Magellan im Prozess gegen Aranda, sie seien von Seiner Hoheit persönlich empfangen worden, aber wann diese Audienz stattfand, wissen wir nicht. Fest steht nur, dass er und Faleiro von den Königlichen Räten sehr schnell den Auftrag erhielten, ihre Geschäftsbedingungen schriftlich zu formulieren und einzureichen. Dafür brauchten sie nur wenige Tage, laut ihren Aussagen im Prozess nur bis zum 23. Februar. Doch wie es danach weiterging, welchen Verlauf die Verhandlungen und Beratungen nahmen, liegt im Dunkeln. Einen Monat lang hüllen sich die Quellen in Schweigen. Es scheint fast, als wäre das Projekt in den labyrinthischen Kanälen des Amtsweges versandet.

In Kastilien brannte es damals an allen Ecken und Enden. Die Regierung musste sich mit der weiter schwelenden Adelsopposition herumschlagen und die zahlreichen Beschwerden der Städte anhören. Die nächste Ständeversammlung in Aragón stand schon auf dem Programm, heiß begehrte Pfründen der Kirche und der Ritterorden waren neu zu vergeben. Außerdem wartete die Königin in Tordesillas auf einen Besuch ihres Sohnes. Aus den Kolonien in Übersee waren mehrere Schiffe voller Beamten und Grundherren angereist, die die Krone mit Klagen und Petitionen überschütteten – ganz zu schweigen von anderen Sorgen, wie dem Krieg gegen die Osmanen und deren Handlanger, den Korsaren Baba Oruç, besser bekannt als Barbarossa, der von seinem Stützpunkt Algerien aus das westliche Mittelmeer terrorisierte.

Man sollte meinen, Karls Minister seien mit diesen Aufgaben mehr als ausgelastet gewesen, um sich im fernen Ostasien in neue Abenteuer zu stürzen. Andererseits galt es, Flagge zu zeigen und die königlichen Besitzansprüche, die sich aus dem Vertrag von Tordesillas ergaben, zu verteidigen. Aus der Perspektive von Chièvres und Fonseca war Magellan eine Figur in einem großen Spiel, deren Einsatz wohlüberlegt sein wollte.

Unter den ausländischen Gesandten, die sich in großer Zahl am Hof des neuen Königs eingefunden hatten, waren auch Vertreter Portugals. Diese hatten ihre Ohren überall, und es war nur eine Frage der Zeit, bis Dom Manuel Wind von Magellans Projekt bekam, das ihn nur verärgern konnte. Die Beziehungen zwischen Kastilien und Portugal waren delikat, vor allem nachdem dessen Staatsoberhaupt Interesse an einer neuerlichen dynastischen Verbindung signalisiert hatte. Nach dem Tod seiner zweiten Frau trug sich Dom Manuel mit dem Gedanken, um die Hand von Karls Schwester Doña Leonor anzuhalten. Da die Prinzessin jedoch nur wenig Lust zeigte, mit dem drei Jahrzehnte älteren, buckligen Witwer ihrer Tanten das Ehebett zu teilen, hatte der solvente Freier eine Morgengabe in astronomischer Höhe in Aussicht gestellt. Da galt es sorgsam abzuwägen, was größeren Gewinn versprach, das Heiratsbündnis oder eine Armada zu den Gewürzinseln.

Doch am Ende siegte über alle Bedenken die Abenteuerlust. Offenbar beflügelte der Herrschaftsantritt des jungen Monarchen die Fantasien seiner Minister. Stimmen wurden laut, die halbe Welt, die nach göttlichem Ratschluss Kastilien zustand, endlich ganz in Besitz zu nehmen. Im Januar 1518 adressierte der Beamte Alonso de Zuazo im fernen Santo Domingo eine Denkschrift an seinen König, worin er Karl die Befreiung des Heiligen Grabes und die Weltherrschaft prophezeite. Außerdem klärte er ihn über die Geographie Ostasiens auf: Malakka und der Goldene Chersonesus, behauptete Zuazo unter Berufung auf Ptolemäus, befänden sich in der kastilischen Welthälfte. Der König möge daher baldmöglichst eine Expedition dorthin entsenden, und da ja noch keine Passage durch die Neue Welt gefunden sei, sollte diese Expedition am besten von deren Westküste, also von Panama, in See stechen. Die Schiffe würden «in siebzig Tagen» Asien erreichen und viele Inseln und Länder entdecken, «allen voran die Insel, die man Zipari[6] nennt, die sattsam größer ist als ganz Spanien», wo es «Gold ohne Grenzen» gebe, «eine große Menge kostbarer Steine», «Berge von Gewürzen» und «Haufen» von dem unverrottbaren Holz, aus dem die Bundeslade der Israeliten gemacht gewesen sei.

Für Martín Fernández de Enciso, den Kosmographen und Gefährten Balboas, der 1519 in Sevilla eine «Summa de Geographia» publizierte, begann die kastilische Hemisphäre sogar schon an der Mündung des Ganges. Sie erstrecke sich bis zu den Inseln der Nelken und denen von «Ciampagu» und «Jocat» – die reichsten, «von denen die Kosmographie Kenntnis hat». Enciso glaubte, dass sich hinter diesen legendären Inseln die biblischen Orte Tarsis und Ophir verbargen, wohin König Salomon seine Schiffe entsandt hatte, um Gold und Silber für den Tempel in Jerusalem zu holen.

Auch wenn Zuazos und Encisos Äußerungen sich nicht auf die Entscheidung der Königlichen Räte ausgewirkt haben können, so verweisen sie doch auf ein Klima der kollektiven Gier, angeheizt durch biblisch inspirierte Fantasien, gegen das der jugendliche König und seine habsüchtigen Berater kaum gefeit waren. Daher schlug Karl I. das – keineswegs uneigennützige – Angebot von Cristóbal de Haro aus, die Finanzierung von Magellans Expedition zu übernehmen, und ging selbst mit ihm und Faleiro einen Vertrag ein, den er am 22. März 1518, einen Tag bevor er Valladolid in Richtung Aragón verließ, eigenhändig unterzeichnete. Die beiden Portugiesen wurden dadurch zu Geschäftspartnern der Krone, während Haro und die Burgos-Kaufleute außen vor blieben – zumindest fürs Erste.

Der König unterzeichnete eine «Kapitulation», mit der er Magellan und Faleiro den Auftrag gab, «in den Gebieten, die uns gehören und die unsere sind im ozeanischen Meer innerhalb der Grenzen unserer Demarkation, Inseln und Festländer zu entdecken, reiche Gewürzvorkommen und andere Dinge, womit uns sehr gedient ist und woraus diese unsere Reiche großen Nutzen ziehen werden». Dass die beiden Entdecker sich auf die kastilische Welthälfte beschränken und keinesfalls in den Gebieten «des durchlauchtigsten Königs von Portugal, meines teuersten und wertesten Onkels und Bruders», tätig werden sollten, hob Karl I. ausdrücklich hervor.

Da Magellan und Faleiro für diesen Dienst «Mühsal und Gefahr» auf sich nähmen, versprach der König ihnen eine angemessene «Entlohnung» und verlieh seinem Versprechen mit weitläufigen Beschwörungsformeln Rechtskraft: Eingedenk der großen Dienstbarkeit, die beide an den Tage gelegt hätten, und um andere zu ermuntern, es ihnen gleichzutun, «hielten wir es für richtig, durch das vorliegende (Schriftstück) aus unserem eigenen Willen und sicherem Wissen und aus vollster königlicher Machtbefugnis die besagte Kapitulation und ebenso was oben eingefügt und alles, was darin enthalten ist, gutzuheißen, zu bestätigen und anzuerkennen, und wir befehlen, dass sie (die Kapitulation) euch gewahrt und befolgt wird in allem und jeder Hinsicht für jetzt und für alle Zeiten».

Hätten Unternehmer – oder treffender: Dienstnehmer – wie Magellan und Faleiro nicht darauf vertrauen können, dass sich die Krone an ihre Abmachungen gebunden fühlte, wären sie wohl zu Hause geblieben oder hätten sich gleich als Freibeuter selbständig gemacht. Doch der König war kein Tyrann. Er stellte sich unter dasselbe Recht, dem sich auch seine Untertanen zu beugen hatten. Die in der Kapitulation verbrieften Rechte waren vor Gericht einklagbar. Und falls die beiden Portugiesen auf der Fahrt ums Leben kämen, womit man immerhin rechnen musste, dann würden ihre Nachkommen die Früchte ihrer Mühen ernten. Diese indes konnten sich im Fall des Erfolges sehen lassen.

Aus dem Reingewinn ihrer Unternehmung – das heißt aus dem Erlös der Waren, die sie aus Ostasien mitbringen würden, abzüglich der Kosten – durften Magellan und Faleiro ein Fünftel für sich behalten. Ferner sollten sie auf Lebenszeit ein Zwanzigstel aller Steuereinkünfte aus den zu entdeckenden Gebieten erhalten sowie die Amtstitel von «Adelantados» oder Gouverneuren über diese Gebiete führen. Falls sie mehr als sechs Inseln entdeckten, durften sie sich von den übrigen zwei aussuchen, von denen ein Fünfzehntel der fiskalischen Erträge ihnen gehören sollte. Weiterhin wurden ihnen steuerbegünstigte Handelskontingente in Höhe von 1000 Dukaten pro Jahr in Aussicht gestellt. Alle diese Rechte waren vererbbar, vorausgesetzt, die Erben waren in Kastilien geboren und verheiratet.

Das entsprach in etwa der Gratifikation, die Magellan und Faleiro gefordert hatten, wobei anscheinend ihr Makler, der königliche Faktor Juan de Aranda, noch mäßigend auf sie einwirkte. Lediglich zwei Forderungen waren unerfüllt geblieben. Zum einen hatte die Krone ihnen nicht wie verlangt die Titel von «Almirantes» verliehen, Admirälen über das Meer, sondern nur von Gouverneuren über das Land, zum anderen hatten sie ursprünglich die Herrschaft über jene zwei Inseln haben wollen, von denen sie nun ein Fünfzehntel der fiskalischen Einkünfte erhalten sollten. Der König war zwar bereit, sie zu seinen Gläubigern zu machen, nicht aber zu Feudalherren. Dennoch blieb es unter dem Strich ein vortreffliches Angebot. Wenn die beiden Männer mit ihrer Expedition Erfolg hätten, würden sie steinreich aus Asien zurückkehren. Sie und ihre Nachkommen würden in den Ländern, die sie eroberten, enorme Macht ausüben – fast so wie der Sohn von Kolumbus, Diego de Colón, der von seinem Vater den Titel eines Vizekönigs von Indien, das heißt der Westindischen Inseln, geerbt hatte.

Ähnlich wie ein Vierteljahrhundert zuvor bei dem genuesischen Admiral zeigt sich hier der Ehrgeiz von Magellan und Faleiro, in die oberste Schicht der Gesellschaft aufzusteigen. Im Fall von Kolumbus und seiner Söhne hatte die Krone ihre frühere Großzügigkeit jedoch schon lange bereut. Diego de Colón hielt sich just in jenen Tagen in Valladolid auf und führte einen Prozess gegen den König, weil dessen Vorgänger, Don Fernando, seine Rechte als Vizekönig beschnitten hatte. Umso verwunderlicher ist, dass Magellan und Faleiro zwar nicht ganz so weitreichende, aber ähnliche Zugeständnisse gemacht wurden. Womöglich lag das daran, dass Fonseca, der die meiste Erfahrung mit der Materie hatte, zu der Zeit entmachtet war und seine Vorstellungen nicht durchsetzen konnte.

Die Kapitulation verlieh Magellan und Faleiro für zehn Jahre das exklusive Recht, durch die vermutete Meerenge nach Westen zu fahren, bislang unbekannte Länder zu finden und der Herrschaft des Königs zu unterwerfen. Auch das war eine Forderung der beiden Unternehmer gewesen, weil dadurch das Risiko kleiner war, von Konkurrenten ausgebootet zu werden. Allerdings nahm sich die Krone das Recht heraus, schon jetzt von der Küste des «Festlandes», also von Mittelamerika aus, weitere Expeditionen über das «Meer des Südens» zu entsenden. Und tatsächlich standen schon die nächsten Ehrgeizigen ante portas, um auf dem Weg, den Alonso de Zuazo vorschlug, nach Asien zu segeln. Von Seiten der Krone war Magellans Armada also kein Schuss ins Blaue, sondern nur ein weiterer Angriff im Rahmen ihrer großen Offensive nach Westen. Beim übernächsten sollten endlich auch die Haros und ihre Kaufmannsfreunde in Burgos zum Zuge kommen.

Um ihr Unternehmen durchführen zu können, sollten Magellan und Faleiro fünf Schiffe erhalten, deren Tonnagen bereits spezifiziert wurden: zweimal 130, zweimal 90 und einmal 60 Tonnen, ferner die benötigte Besatzung im Umfang von 234 Mann sowie Ausrüstung, Artillerie und Proviant für zwei Jahre. Mit der Organisation wurden die Beamten der Casa de la Contratación in Sevilla beauftragt.

Mit gesonderten Erlassen, ebenfalls vom 22. März 1518, ernannte der König die beiden Portugiesen zu «Kapitänen sowohl zur See wie an Land» mit einem Jahresgehalt von jeweils 50 000 Maravedís. Für Magellan und seinen Kompagnon schien damit alles in trockenen Tüchern zu sein. Nach dem Willen des Monarchen sollte die Armada schon am 25. August 1518 Anker lichten.

# 5. Eine Armada von fünf Schiffen

Die leitenden Beamten der Casa de la Contratación, Oberbuchhalter López de Recalde und Doktor Matienzo, der Schatzmeister, waren wenig begeistert, dass die Krone über ihre Köpfe hinweg ein Unternehmen von derartiger Tragweite in Angriff nahm. Jemand muss die Nachricht von der Kapitulation umgehend nach Sevilla gebracht haben, denn schon am 5. April beschwerten sich Recalde und Matienzo beim König. Postwendend ließ Karl ein Entschuldigungsschreiben aufsetzen, das die Gemüter seiner Beamten beruhigen sollte. Zugleich befahl Seine Hoheit, alles Gold und alle Perlen in der Casa de la Contratación zu Geld zu machen. Denn «hier gibt es großen Bedarf an Geld, und alles, was in diese Casa aus Indien hereinkommt, habe ich für die Kosten meiner Kammer bestimmt» – ein Indiz für die chronischen Finanznöte des Königs und zugleich für die Gewinnerwartungen, die auch hinter Magellans Expedition standen. Zu jenem Zeitpunkt hortete der Schatzmeister der Casa de la Contratación Münzgeld im Wert von 9 749 005 Maravedís, zudem hatte er 79 Mark, 7 Unzen und 3 Tomines[1] an Perlen in seinen Truhen. In naher Zukunft rechnete er mit dem Eingang weiterer Schätze aus Hispaniola im Gegenwert von 20 000 Pesos, das heißt von 92 Kilogramm Gold oder mehr als 26 000 Dukaten.

Angesichts solcher Summen war sogar eine Gehaltserhöhung für die frischgebackenen Kapitäne möglich: Magellan und Faleiro sollten jeder zusätzlich zu ihrem Jahresgehalt von 50 000 Maravedís weitere 8 000 monatlich beziehen, also nochmals 96 000 Maravedís pro Jahr. Der Gesamtbetrag belief sich auf mehr als das Zehnfache der Moradia, die Magellan als Ritter Dom Manuels kassiert hatte.

Die formelle Bestätigung unterzeichnete der König am 17. April in Aranda de Duero, ein paar Tagesreisen östlich von Valladolid, wohin Magellan und Faleiro dem Königshof gefolgt waren. Zugleich erteilte Karl ihnen schriftlich den Auftrag, sich «directamente» nach Sevilla zu begeben und mit der Ausrüstung der Armada zu beginnen.

Nach ihrem Erfolg beim König waren die beiden Abenteurer und ihre Familien gewiss in Feierlaune. Wahrscheinlich zeugten Magellan und seine Angetraute Beatris in jenen heiteren Maitagen ihr erstes Kind. Womöglich vollzogen sie erst jetzt, im Besitz der Kapitulation, ihre Ehe auch «im Fleische» und machten sie damit kirchenrechtlich gültig. Verlobung und Trauung hatten wohl schon um den Jahreswechsel in der Kapelle des Alcázar stattgefunden. Aus der Verbindung ging ein Sohn hervor, der Rodrigo getauft wurde. Bei Magellans Abreise im Spätsommer 1519 war Rodrigo ungefähr sechs Monate alt, laut einer Augenzeugin «ein kleines Kind im zarten Alter».

Doch die Feierlaune hielt nicht lange an. Im Alcázar zu Sevilla bereiteten die Herren Matienzo und Recalde den Kapitänen einen kühlen Empfang. Zwar zahlten sie Magellan und seinem Kompagnon weisungsgemäß einen Unterhaltszuschuss von jeweils 30 000 Maravedís aus. Aber solange ihnen keine genauen Anweisungen vorlägen, erklärten die Beamten, könnten sie nichts für diese Expedition tun. Überhaupt sei der Abfahrtstermin viel zu früh angesetzt. Bis zum 25. August bleibe nie und nimmer genug Zeit, um eine Armada von fünf Schiffen auf Kiel zu legen. Vor allem wenn man das Material zu reellen Preisen einkaufen wollte. An eine Abreise vor Dezember sei nicht zu denken!

Bei Hofe dürften die Einwände der Beamten Gehör gefunden haben, denn Ende Mai erhielten Magellan und Faleiro ein Schreiben des Königs, das sie offiziell von der Verschiebung in Kenntnis setzte. Und weil in Sevilla nichts voranging, schnürten die beiden im Juni abermals ihr Bündel und machten sich auf den Weg an den Königshof, der inzwischen in Zaragoza residierte.

Anfang Juni fiel Jean le Sauvage einer Seuche zum Opfer, während der ebenfalls kränkelnde Fonseca genas und nun, nach dem Tod des Großkanzlers, die Zügel wieder selbst in die Hand nahm. Am 20. Juli ließ er den König einen Brief unterzeichnen, der den Beamten in Sevilla Beine machen sollte. Nachdem er sich mit den königlichen Steuermännern beraten habe, schrieb Karl, wünsche er die Armada schneller denn je unter Segeln zu sehen. «Denn wenn sie zustande kommt, ist unserem Herrgott sehr gedient und sein heiliger Glaube bewahrt und verbreitet in jenen Ländern, die jetzt unbekannt sind, und unsere christliche Religion sehr erweitert, und diese unsere Reiche und Untertanen werden gefördert und unsere Einkünfte vergrößert.» Der König befahl seinen Beamten, von der nächsten Goldlieferung aus Amerika die ersten 6 000 Dukaten in das Unternehmen zu investieren.

Mit dem Schreiben kam das eingeforderte Memorandum zur Ausstattung der Armada, eine lange Liste, auf der nichts fehlte, angefangen mit den fünf Schiffen über die Artillerie und Proviant für zwei Jahre bis zu den Waren, die in Asien gegen Gewürze getauscht werden sollten. Fonseca hatte an alles gedacht. So waren für den Handel Tuche in verschiedensten Farben und Qualitäten vorgesehen, 200 «einfache farbige Mützen», «Kämme für tausend Maravedís», 10 000 Angelhaken, 20 000 Glöckchen, «fünfhundert Pfund Glaskugeln in allen Farben» und allerlei anderer Tand, wie etwa «vierhundert Dutzend Messer von denen aus Deutschland von der schlechtesten Sorte».

Jetzt kam die Sache also langsam ins Rollen. Mitte August bestätigten die Beamten der Casa de la Contratación den Eingang der Anweisungen, die Magellan persönlich überbrachte. «Wir hatten große Freude an seiner Ankunft», schrieben die Bürokraten scheinheilig an den König. Erstmals wird der Seefahrer in ihrem Brief «Comendador» – Komtur – genannt, ein Hinweis darauf, dass der König seinen neuen portugiesischen Dienstmann in Zaragoza zum Ritter des Ordens von Santiago geschlagen hatte.

Die Aufnahme in den ebenso begüterten wie einflussreichen Orden bescherte Magellan nicht nur zusätzliche Einkünfte, sondern vor allem einen Zugewinn an sozialem Prestige, der sich auch äußerlich zeigte. Von nun an trug er den schwarzen Habit der Ordensritter mit dem markanten roten Jakobskreuz auf der Brust. Das verlieh seinem Auftreten als Kapitän seiner Hoheit und Kommandant einer Armada größere Autorität.

Damit nicht genug, setzte sich der König bei seinem Amtskollegen, Onkel und Schwager Dom Manuel, persönlich für zwei Verwandte des Komturs ein. Der portugiesische Monarch hatte die beiden Männer zum Tode verurteilt, weil sie in Ponte da Barca, dem Stammsitz der Magalhães-Sippe in Nordportugal, des Mordes an einem Richter überführt worden waren. Mit seiner Intervention signalisierte Karl nach Lissabon, dass er Magellan als seinen Vasall und dessen Familienangehörige als seine Schützlinge betrachtete.

Dieses Signal war nicht überflüssig. Wie zu erwarten, reagierte Dom Manuel alles andere als erfreut über die neue kastilische Offensive nach Asien. In seinem Palast zu Sintra – so erzählt der Geschichtsschreiber Damião de Góis – beriet sich der portugiesische König mit seinen Granden, wie in dieser Sache weiter vorzugehen sei. Dom Fernando de Meneses Coutinho e Vasconcelos, königlicher Oberkaplan, Bischof von Lamego und später von Lissabon, empfahl dem König, dass er den umtriebigen Magellan «zu sich rufe und ihm Gnaden erweise oder dass er befehle, ihn zu töten, denn das Geschäft, das er begonnen hatte, sei sehr nachteilig für das Reich und würde noch Ursache vieler Übel und Schäden sein». Auch der Seefahrer Vasco da Gama, damals bereits eine lebende Legende, soll dafür plädiert haben, Magellan umzubringen, bevor er größeres Unheil anrichtete.

Trotz dieser Empfehlungen wurde in Sintra kein Beschluss gefasst. Aber noch während Magellan in Zaragoza weilte, begann dort der portugiesische Gesandte Alvaro da Costa seine Netze zu spinnen. Costa, der in die Hauptstadt Aragóns gekommen war, um Dom Manuels Hochzeit mit Karls Schwester Leonor auszuhandeln, nahm sich seinen abtrünnigen Landsmann zur Brust. Er appellierte an Magellans Vaterlandsliebe und machte ihm ein schlechtes Gewissen. Danach knöpfte er sich Don Jorge de Portugal vor, den Dienstherrn von Magellans Schwiegervater Barbosa. Und er bearbeitete den Königlichen Rat Kardinal Adriaan von Utrecht, den späteren Papst Hadrian VI. Natürlich sprach er auch bei Monsieur de Chièvres vor, und weil der zeitweilig erkrankt war, wurde er schließlich zum König selbst vorgelassen.

In einem Brief an seinen Chef brüstete sich Costa damit, dass er Karl durch seine Überzeugungskraft wankelmütig gemacht habe: «Seine Herrschaft waren so erschrocken von dem, was ich sagte, dass ich selbst erschrak, und er antwortete mir mit den besten Worten der Welt und dass er auf keinen Fall wünsche, dass irgendetwas geschähe, wodurch Eure Hoheit verärgert würden, und viele andere hehre Worte ...» Doch am Ende siegte nicht die Solidarität unter Verwandten, sondern die Staatsräson: «Aber die von seinem Rat widersprachen ihm, vor allem der Bischof von Burgos», berichtete Góis, «weshalb der König nichts anderes tun konnte, als zu halten, was er Fernão de Magalhães und Rui Faleiro versprochen hatte.»

Wie einige Jahre zuvor João de Solis widerstand auch Magellan dem diplomatischen Druck. Er blieb in Kastilien und bei seinem Vorhaben. Ganz geheuer dürften ihm die Ränke seiner Landsleute allerdings nicht gewesen sein. Der Augenzeuge Las Casas berichtet: «Es ging das Gerücht, dass sie von Seiten des genannten Botschafters vorhatten, ihn und den Bakkalaureus Rui Faleiro zu töten, und so bewegten sich beide nur verdeckt, und deshalb schickte der Bischof von Burgos, wenn sich ihre Verhandlungen bis nach Sonnenuntergang hinzogen, Leute seines Hauses mit, um sie bis in ihr Quartier zu geleiten.»

Was auch immer an diesen Gerüchten war: Magellan und Faleiro mussten sich in Acht nehmen. Dom Manuel hatte auch in Sevilla seine Leute, wo die beiden Kapitäne Ende August endlich darangehen konnten, ihre Armada auszurüsten.

Man kann sich vorstellen, dass Magellan nach all den Monaten des Lobbyierens und Antichambrierens, nach den wochenlangen Reisen durch Kastilien froh war, nun mit der richtigen Arbeit beginnen zu können.

Zuerst galt es, Schiffe zu besorgen. Nachdem deren Zahl und Größe schon in der Kapitulation festgelegt worden waren, präzisierte Fonseca diese Angaben in seinem Memorandum vom 20. Juli noch einmal: fünf Naos, von denen zwei 120 Tonnen, zwei weitere 80 und eine 60 Tonnen Fassungsvermögen haben sollten. Mit dieser Information versehen reiste der Faktor der Casa de la Contratación, Juan de Aranda, Ende August nach Cádiz. Im vielbefahrenen Atlantikhafen fand Aranda offenbar ohne Probleme fünf passende Schiffe und kaufte sie.

Ihre Tonnagen und die Preise, die er für sie zahlte, kennen wir aus den Abschlussbilanzen der Armada: Als Einzige entsprach mit 120 Tonnen die «San Antonio» exakt der gewünschten Größe. Sie war mit 330 000 Maravedís auch das teuerste Schiff. Für die Trinidad (110 Tonnen) blätterte der Faktor 270 000 hin, für die Concepción (90 Tonnen) nur 228 750 Maravedís, während die Vitoria (85 Tonnen) wieder 300 000 kostete. Am günstigsten und kleinsten war die Santiago mit 75 Tonnen und einem Preis von 187 500 Maravedís. Hinzu kamen 20 438 Maravedís für die Überstellung der Schiffe von Cádiz nach Sevilla. Sie mussten nach Sanlúcar gesegelt und die 120 Kilometer den Guadalquivir hinauf gerudert oder getreidelt werden. Alle Kaufpreise schlossen die Takelage und ein Beiboot ein.

Lange Zeit wusste man abgesehen von diesen dürren Zahlen nichts darüber, wie diese Transaktionen abliefen: Woher kamen die Schiffe? Wer waren die Verkäufer? Seit kurzem haben wir – durch den Fund eines Kaufvertrags im Archiv der Notare von Sevilla – etwas genauere Kenntnisse.

In dem Dokument bestätigt ein gewisser Pedro de Arismendi, Bürger der Gemeinde Ondarroa in der Herrschaft Bizkaia, am 23. September 1518 vom Schatzmeister der Casa de la Contratación für eine seiner Naos mit dem Namen «Santa María» 800 Dukaten in Gold erhalten zu haben. Die Handelsagentur habe das Schiff «zum Dienst der Königin und des Königs» bestimmt, für eine Armada «zur Entdeckungsfahrt nach Indien im Ozeanischen Meer» unter den «Kapitänen Komtur Fernando de Magallanes und Komtur Ruy Falero». Aus diesem Anlass, erklärte Arismendi zugleich im Namen seines Vaters und Miteigentümers, sei das Schiff von Experten auf 800 Dukaten geschätzt und ihnen gegen ihren Willen abgenommen worden, «weil wir sie nicht hergeben wollten, denn die genannte Nao hat uns mehr gekostet und wir hatten sie bereits beladen für eine Hin- und Rückreise von London nach Kastilien». Das Schiff hatte also baskischen Reedern gehört, die von der Regierung zwangsenteignet und entschädigt worden waren. Dass es auch im Baskenland gebaut worden war, ist nicht gesichert, aber keineswegs unwahrscheinlich. Die Wälder Nordspaniens lieferten damals reichlich Holz für den Schiffsbau, und überall an der Küste gab es Werften.

Mit Hilfe des Kaufpreises – 800 Dukaten entsprechen 300 000 Maravedís – lässt sich die Santa María leicht identifizieren: Es ist die Vitoria. Einige Male erscheint sie in den Büchern der Armada auch unter dem Namen «Sancta María de la Victoria», aber meistens wird sie nur mit der Kurzform benannt. Unter diesem schicksalhaften Namen – «Vi(c)toria» oder «Sieg» – sollte das kleine Schiff später Weltruhm erlangen.

«Santa María de la Vitoria» hießen auch eine Kirche und ein Kloster in Sevillas Vorort Triana am rechten Guadalquivir-Ufer, in dem seit 1516 eine Gruppe der «Geringsten Brüder des San Francisco de Paula» lebte. Das in der Kirche verehrte Marienbild erinnerte an die Belagerung der andalusischen Stadt Málaga und den Sieg der Katholischen Könige über ihre muslimischen Verteidiger – daher der Name. Magellan fühlte sich dem Kloster «Unserer Lieben Frau vom Sieg», das kurz nach seiner Ankunft in Sevilla geweiht worden war, besonders verbunden. Er bedachte die Geringsten Brüder in seinem Testament und übertrug ihnen zudem seine Einkünfte als Komtur des Santiago-Ordens, immerhin 12 500 Maravedís im Jahr: der Jahreslohn eines einfachen Seemanns. Dafür durfte er erwarten, dass die Gottesmutter die Armada beschützen würde, insbesondere die Nao Vitoria[2]. Auch die übrigen Schiffsnamen spiegelten die Frömmigkeit des Generalkapitäns wider, der als Ordensritter dem Vorbild des «Maurentöters» Santiago nacheiferte und als Portugiese sicherlich einen engeren Bezug zu San Antonio hatte, dem Patron Lissabons.

Die Namen der drei genannten Heiligen und anderer standen später auch in den «Lohnheften» der Expedition, genauer gesagt in den Listen jener Personen, die nach der Rückkehr einen Anteil vom Verkauf der Gewürzladung fordern durften. Dort liest man zum Beispiel: «In der besagten Nao Vitoria wurden für Unsere Liebe Frau vom Sieg drei Quintal, zwei Arrobas[3] und 23 Pfund (Nelken) geladen …» Auch die Heiligen waren also am großen Geschäft mit asiatischen Gewürzen beteiligt. Sie beschützten die Seefahrer und deren Schiffe und erhielten als Gegenleistung ihren Anteil am Gewinn (den sie, nicht anders als jeder Sterbliche auch, versteuern mussten).

Über die Vorgeschichte der übrigen Schiffe sind wir leider nicht so gut informiert wie über die der Vitoria. Wir können aber annehmen, dass auch sie vorher als Handelsschiffe im Atlantik unterwegs waren. In den Rechnungsbüchern der Armada findet sich eine (beschädigte) Notiz über einen Betrag, der dem «Alguacil», also dem Büttel der Stadt Cádiz, «für die Beschlagnahme» ausgezahlt wurde: ein weiterer Hinweis darauf, dass sich die Vorbesitzer von ihren Fahrzeugen nicht freiwillig trennten. Ein anderer Eintrag gibt die Zahlung von 720 Dukaten für ein Schiff namens «Santa Catalina de Siena» frei. 720 Dukaten entsprachen 270 000 Maravedís oder der Summe, die laut Endabrechnung für die «Trinidad» hingelegt worden war. Als Makler oder Verkäufer firmierte ein gewisser Nicolás de Artieta, ein Kapitän aus dem Baskenland und guter Bekannter von Cristóbal de Haro. Denselben Artieta hatte Fonseca beauftragt, in Biskaya Dinge für die Armada einzukaufen, die dort günstiger zu bekommen waren als in Andalusien, namentlich die Waffen.

Wie sahen diese fünf Schiffe genau aus? In den Unterlagen der Armada werden alle als «Naos» bezeichnet. Eine typische Nao, wie man sie gezeichnet auf Karten und in Büchern der Epoche findet, trug drei Masten plus Bugspriet, wobei der Fock- und Hauptmast rahgetakelt und mit Stengen – Verlängerungen des Mastes – versehen waren, an denen je eine zweite, kleinere Rahe befestigt war. Der hintere Besanmast war mit einem dreieckigen Lateinersegel geriggt, was das Schiff wendiger machte und das Segeln am Wind erleichterte, während die großen, rechteckigen Rahsegel für starken Vortrieb bei achterlichem Wind sorgten. Ein weiteres Rahsegel unter dem Bugspriet, in deutscher Seemannssprache «Blinde» genannt, komplettierte die Besegelung.

Von allen fünf Schiffen der Molukken-Armada sind Inventare erhalten, die bestätigen, dass sie im Wesentlichen dem Idealtyp einer Nao entsprachen – mit Ausnahme der Santiago. Sie unterschied sich von ihren Schwesterschiffen wohl nicht nur in der Größe, sondern auch in der Bauart; daher wird sie in den Quellen mitunter auch als «(kleinere) Karavelle» bezeichnet. Anders als Naos besaßen Karavellen in der Regel kein Kastell am Bug, ihr Achterkastell war einstöckig und ihre Bordwand niedriger. Karavellen hatten weniger Tiefgang und eine kleinere Segelfläche. Das machte sie zu idealen Erkundungsschiffen. Genau diese Rolle war auf Magellans Expedition der Santiago zugedacht.

Mit 75 Tonnen war die Santiago das kleinste Schiff der Armada, die San Antonio mit 120 das größte. Dazu muss man wissen, dass die Tonnage damals die Tragfähigkeit, nicht die Verdrängung eines Schiffes angab. Da sie ein Gewichts- und kein Raummaß war, das zudem von Hafen zu Hafen variierte, sagt sie nur mittelbar etwas über die Größe aus. Forscher und Enthusiasten haben versucht, Magellans Flotte oder einzelne Schiffe zu rekonstruieren, sowohl in der Theorie als auch in der Praxis, vom kleinformatigen Modell bis hin zum hochseetüchtigen Nachbau. Mangels anderer Zeugnisse griffen sie dafür zumeist auf Traktate über den Schiffsbau zurück, die jedoch alle erst ein halbes Jahrhundert nach Magellans Expedition oder gar später erschienen sind – fünfzig Jahre, in denen der Schiffsbau sich weiterentwickelt hatte. Da auch die Traktate keine exakten Relationen zwischen Tonnage und Schiffsgröße enthalten, kann man diese nur mit Hilfe komplizierter Ableitungen berechnen. Kein Wunder also, dass die Forscher je nach den Variablen und Maßen, die sie ihren Berechnungen zugrunde legten, zu unterschiedlichen Ergebnissen kamen. So variieren etwa die Schätzungen für das größte Schiff, die San Antonio, zwischen 17 und 31 Metern Länge. Ein Nachbau der Vitoria, der seit 1991 die Häfen der Welt anläuft, misst gute 25 Meter vom Heck bis zum Bugspriet, während ein Marinearchäologe dasselbe Maß in einer Studie um zehn Meter kürzer veranschlagt.

Man kann vielleicht festhalten, dass Magellans Schiffe zwischen 20 und 25 Metern maßen, die Santiago vielleicht auch weniger und die San Antonio etwas mehr. Wenn man weiter annimmt, dass die in den Traktaten angegebene Goldene Regel für die Verhältnisse zwischen Rumpflänge, Breite und Höhe des Stützbalkens (zwischen Kiel und Deck) schon zu Magellans Zeit gültig war, nämlich 3:1 beziehungsweise 2:1, dann dürfte die maximale Breite seiner Schiffe fünf bis sieben Meter und ihr Tiefgang um die drei Meter betragen haben. Aus heutiger Sicht mögen Magellans Naos rührend klein anmuten, aber zu ihrer Zeit gab es kein Seefahrzeug auf Erden, das sich mit ihnen messen konnte, wenn man die beste Kombination von Rumpfstabilität, Manövrierfähigkeit und Lagerkapazität anstrebte.

Keines der fünf Schiffe kam direkt von der Werft. Der portugiesische Faktor in Sevilla, ein Mann namens Sebastião Alvares, der offenbar den Auftrag hatte, die Aufstellung der Armada zu beobachten, schrieb nach Hause, die fünf Schiffe seien «sehr alt und geflickt». Er, Alvares, würde auf ihnen nicht einmal zu den Kanarischen Inseln segeln, «denn ihre Bindungen [wohl zwischen den Spanten und Planken] sind aus Reisig».

Die Schilderung des Handelsagenten entsprach wohl mehr portugiesischem Wunschdenken als den Tatsachen. Alvares schrieb, was sein König hören wollte, wäre es ihm doch am liebsten gewesen, wenn die unselige Armada auf immer in den Tiefen des Ozeans versunken wäre. Aber auch wenn die fünf Naos bestimmt keine Seelenverkäufer waren: Bevor man es wagen konnte, auf ihnen um die halbe Erde zu segeln, mussten sie gründlich überholt werden.

In den Rechnungsbüchern der Armada lässt sich diese Generalüberholung bis ins Detail nachvollziehen. Die Arbeiten zogen sich vom Herbst bis weit ins Frühjahr hin und gaben Hunderten Menschen Lohn und Brot: Lieferanten, Handwerkern und Tagelöhnern. Für das maritime Gewerbe, das sich rund um den Hafen angesiedelt hatte, bedeutete solch ein öffentlicher Großauftrag eine Art Konjunkturprogramm, von dem Verwandte der königlichen Beamten genauso profitierten wie Heerscharen von Hilfsarbeitern, die Lasten bewegten, Gräben aushoben oder Segel nähten.

Außer zerschlissenen Segeln wurden auch abgenutzte Teile des Tauwerks sowie schadhafte Rahen, Stengen und Bäume ausgetauscht. Die Schiffe bekamen neue Ruder, Pumpen, Anker, Taljen (Flaschenzüge) und Beiboote. Zimmermänner besserten schadhafte Stellen an den Rümpfen und Aufbauten aus, schreinerten Kajüten und Laderäume, Türen, Luken und Schränke.

Einen aufschlussreichen Einblick in diese Arbeiten gab Magellan selbst in einem Brief an den König. Er schilderte darin einen dramatischen Vorfall, der sich am frühen Morgen des 22. Oktober 1518 zutrug, als das zukünftige Flaggschiff der Armada, die Trinidad, auf den Arenal von Sevilla gezogen werden sollte, um kalfatert zu werden.

Zum Kalfatern benötigte man vor allem massenhaft Werg: minderwertige Bastfasern, meistens vom Hanf, die Arbeiter auf ihren Oberschenkeln zu langen Strängen drehten und dann mit speziellen Keilen, sogenannten Kalfateisen, in die Fugen zwischen den Planken hämmerten: eine langwierige Handarbeit. Danach versiegelten sie die Fugen mit einem heißen, klebrigen und stinkenden Gemisch aus Holzteer, Pech und Öl, das zugleich als Schutzanstrich diente.

Um die Unterseite eines Schiffes auf diese Weise abdichten zu können, musste es aus dem Wasser geholt werden. In Sevilla bediente man sich dazu einer Kombination aus Wasser- und Muskelkraft: Arbeiter hoben einen Graben aus und legten schwere Balken hinein. Sie warteten auf Hochwasser – der Tidenhub des Guadalquivir betrug in Sevilla zwei Meter – und zogen das Schiff mit Seilwinden, die auf dem Arenal befestigt waren, in den Graben, wo es mit der Ebbe trockenfiel.

Da die Flut an jenem 22. Oktober, einem Freitag, sehr früh erwartet wurde, hatte sich Magellan als pflichtbewusster Chef schon um drei Uhr von seinem Nachtlager erhoben, um die Arbeiten zu leiten. An den vier Seilwinden, mit denen die Trinidad an Land gezogen werden sollte, ließ er Flaggen mit seinem Wappen anbringen, so wie es dem Brauch entsprach. Dabei übersah er jedoch, dass die Standarten des Königs und der Heiligen Dreifaltigkeit, die auf dem Schiff gehisst werden sollten, noch fehlten. Das missfiel den Schaulustigen, die sich trotz der frühen

Morgenstunde eingefunden hatten, um das seltene Spektakel zu begaffen. Magellans Wappen sah dem des portugiesischen Königshauses wohl so ähnlich, dass einige aus der Menge seine Anbringung als Affront gegen ihren kastilischen Herrscher missverstanden und begannen, Krach zu schlagen.

Der Aufruhr rief die Hafenbehörde in Gestalt eines Vertreters des Admirals von Kastilien auf den Plan. Doch anstatt Magellans Erklärung anzuhören und die Menge zu beruhigen, goss dieser noch Öl ins Feuer und trommelte mehr Leute zusammen, um die vermeintliche Majestätsbeleidigung zu ahnden. Es kam zum Handgemenge. Einige Heißsporne zogen ihre Schwerter und schwangen sie drohend über der Tonsur des Klerikers Matienzo, der herbeieilte, um Magellan beizustehen. Der Schatzmeister konnte jedoch nichts ausrichten. Magellans Arbeiter, die bereits Geld gesehen hatten, machten sich aus dem Staub, sein Gefolge wurde von Hafenbütteln entwaffnet. Dabei erlitt der königliche Steuermann Juan Rodríguez de Mafra eine Messerstichverletzung.

Steckte hinter diesem Skandal ein gezielter Sabotageanschlag auf die Expedition, womöglich gar angezettelt von portugiesischen Agenten? Immerhin bedauerte Magellan in seinem Brief, dass ein «Ritter des Königs von Portugal» Zeuge des Vorfalls geworden sei.

Wahrscheinlicher ist jedoch, dass Magellan Opfer rivalisierender Behörden wurde. Der frühneuzeitliche Staat besaß kein Gewaltmonopol. Auch in Sevilla rangen mehrere Autoritäten um die Macht in der Stadt, und Konflikte waren an der Tagesordnung. In diesem Fall standen sich der Admiral von Kastilien und die Casa de la Contratación gegenüber, deren Kompetenzen sich im Hafen überschnitten. Zwei weitere Vertreter öffentlicher Gewalt hielten sich demonstrativ heraus. So beklagte Magellan, dass ein Vertreter des königlichen Statthalters in Sevilla dem Aufruhr ebenso tatenlos zusah wie ein Amtsträger des Herzogs von Medina Sidonia. An den Medina Sidonia – bis heute eine der reichsten Familien Andalusiens – kam damals in Sevilla niemand vorbei.

In seinem Schreiben stellte Magellan es klugerweise so dar, als habe sich der Affront nicht gegen ihn persönlich, sondern gegen den König gerichtet, dessen Kapitän und Diener er ja war. Zum Abschluss bat er untertänigst um Verständnis, dass er den Brief nicht eigenhändig verfasst habe, weil «ich das Kastilische immer noch nicht so perfekt schreiben kann, wie es sich gebührt».

Ein spanischer Kalfaterer bei der Arbeit. Aus dem «Trachtenbuch» des Christoph Weiditz, um 1530

Karl reagierte sofort. Er diktierte mehrere tadelnde Briefe nach Sevilla und befahl seinem Statthalter Sancho Martínez de Leyva, «mit der ganzen Härte des Gesetzes» gegen die Schuldigen vorzugehen. Dem Doktor Matienzo dankte er mit warmen Worten für seinen heldenmütigen Einsatz. Seither war der Schatzmeister Magellans Freund.

Zum Glück verliefen die Arbeiten nicht immer so dramatisch. Schon am 14. November konnte die Trinidad wieder zu Wasser gelassen und kurz darauf das nächste Schiff an Land gezogen werden. Während die Kalfaterer Seitenwände dicht machten, arbeiteten an Bord die Zimmerleute und Schreiner. Am Ufer schnitten Säger das Holz zurecht. Weil in Sevilla anscheinend die Arbeitskräfte knapp wurden, rückten Kalfaterertrupps aus dem Umland und sogar aus Biskaya an. All diese Leute arbeiteten als Tagelöhner. Ein Kalfaterer erhielt 85 Maravedís pro Tag; für die Hilfsarbeiter gab es keine fixen Tarife, aber sie bekamen für gewöhnlich einen Real (= 34 Maravedís) oder etwas mehr, je nach Schwere der Tätigkeit und Verhandlungsgeschick. Viele Handwerker brachten Angestellte und manche ihre Kinder mit, die zu einem geringeren Lohn mithalfen.

An besonderen Tagen erhielten die Arbeiter Wein und Essen. So kamen, als die Trinidad aus dem Wasser gezogen wurde, Brot, Sardinen, Granatäpfel, Salz, Orangen, Essig, Öl, Quitten sowie Rettich auf den Tisch – und damit die Leute nach getanem Tagwerk nicht im Dunkeln essen mussten, kaufte der Vorarbeiter einen Satz Kerzen dazu.

Auch nach Weihnachten gingen die Arbeiten weiter. Nach der Concepción war die San Antonio an der Reihe, danach die Vitoria und die Santiago. Im April 1519 war das Gröbste erledigt, aber noch im Juli waren auf den Schiffen Schreiner und Kalfaterer am Werk. Unterdessen nähten Dutzende Handlanger wochenlang Segel. Acht Großsegel gingen anschließend zum Maler, der mit einer Farbe aus Öl und Rötel gigantische rote Jakobskreuze auftrug. Von diesem wurden auch 80 Flaggen und eine königliche Standarte aus Taft und mit bunten Fransen eigens für die Armada angefertigt.

Für all diese Arbeiten waren Werkzeug und Material vonnöten, die Fuhrleute auf Booten oder Karren, auf Lasttieren oder ihrem eigenen Rücken herbeischafften: Berge von Holz, vor allem Pinie, säckeweise Werg, unzählige Nägel, Stifte und Bolzen, Seile aller Art, vom dicken Tross bis zum Bindfaden, Nadeln, Hacken und Schaufeln, Töpfe zum Kochen von Teer und Pech, «eine Handvoll Papier, um am Ufer die nötigen Dinge aufzuschreiben», und wieder und wieder Metallreifen für Hunderte Fässer, die Sevillas Böttcher eigens für die Armada zusammenbanden. Zu Magellans Zeit waren Holzfässer das, was heute Container sind: Standardbehälter für die Seefracht, in denen nicht nur Flüssigkeiten transportiert wurden, sondern beispielsweise auch Schießpulver. Zwieback wurde in Leinensäcken verstaut und das Öl, auch ein Grundnahrungsmittel, in Tonkrügen. Das wichtigste Lebensmittel von allen aber lagerte entweder in Fässern oder in ledernen Schläuchen.

Ende Oktober 1518 reisten Beauftragte der Casa de la Contratación nach Jerez, um den Wein für die Expedition zu kaufen, in den Taschen hatten sie 1500 Dukaten in Gold. Der edle Rebsaft für die Besatzungen war mit Abstand der größte einzelne Posten im Ausgabenbuch der Armada. Nimmt man den Transport hinzu, kostete er beinahe doppelt so viel wie das Schiff Vitoria und erheblich mehr als die gesamte Bewaffnung. Dabei sind die Preise für die Behälter nicht eingerechnet. Mehr als 500 Fässer und Schläuche voll Wein aus Jerez wurden Anfang Februar 1519 per Boot nach Sevilla gebracht. Es waren derart viele Fässer, dass die Fuhrleute mehrere Tage brauchten, um sie in die Lagerhallen der Handelsagentur zu befördern. Was nachts auf dem Arenal stehen blieb, musste bewacht werden – eine verantwortungsvolle Aufgabe, die ein Diener Magellans für einen Real pro Nacht übernahm.

Neben Wein, Zwieback und Öl wurden – in der Reihenfolge der aufgewandten Geldsummen – verschiedene Sorten Stockfisch, getrockneter Speck, Käse, sieben lebende Kühe und drei Schweine, Hülsenfrüchte (Kichererbsen, Bohnen, Linsen), Essig, Zucker, Knoblauch und Zwiebeln sowie kleinere Mengen an Trockenfrüchten, Honig, Senf, Quittenmus und andere Delikatessen wie Feigen, Mandeln und Kapern eingekauft. Eigens für die Kapitäne wurde ein weiteres Schwein besorgt und eingekocht. Den Käse lagerte man in Öl, den Speck – genauso wie Talglichter – in Kleie. Der Proviant war für zwei Jahre bemessen. In Tagesrationen umgerechnet standen jedem Mann an Bord ein guter Liter Wein, etwa dreiviertel Kilo Zwieback und etwas mehr als 30 Gramm Öl zu.

Für den Fall, dass unterwegs jemand erkrankte, wurde eine Bordapotheke zusammengestellt. Darin fanden sich Kräuter wie Löwenzahn, Borretsch, Fenchel oder Gänsedistel und verschiedenste Pasten, Pülverchen, Tinkturen und Latwergen, so etwa Terpentin-, Kapern- und Dillöl, Apostelsalbe (so genannt, weil sie zwölf verschiedene Inhaltsstoffe hatte), Sandelholz-, Mennige- und Trostbalsam, Süßholzsirup, Rosen-

und Sauerhonig, Veilchen- und Rosenblüten, Cassia fistula und andere Abführmittel, Wermut, Grünspan, Bleiweiß, Quecksilber und Alaun. Der gute alte Theriak, seit der Antike das probate Allheilmittel gegen Schlangenbisse, die Pest und andere Gebrechen, durfte natürlich auch nicht fehlen. All diese Arzneien wurden sicher in einer Truhe verstaut.

Die Rechnungsbücher der Armada von 1519 sind vor allem deshalb eine faszinierende Quelle, weil sie den enormen organisatorischen Aufwand sichtbar machen, den es für die Ausrüstung einer solchen Armada brauchte. So geben die Einkäufe Blicke auf den Alltag der Seefahrer frei, nicht nur was Ernährung und medizinische Versorgung betraf. Mehrere Besen, Rattenfallen und zwölf Urinale verweisen auf das große Thema Hygiene, Ketten und Vorhängeschlösser für die Vorratsräume sowie Handschellen und Fußeisen auf die Disziplin an Bord. Quittungen für Altartücher, Messbücher und Tamburine erinnern daran, dass das Leben auf See nicht nur aus Arbeiten, Essen und Schlafen bestand, sondern auch besinnliche und heitere Momente kannte.

Ende Februar 1519 traf aus Bilbao der nach dem Wein teuerste und wichtigste Teil der Ausrüstung ein: die Waffen. Erst ihre Artillerie machte die europäischen Schiffe jener Zeit unschlagbar. Ohne Feuerwaffen hätten die iberischen Monarchen ihre anmaßenden Ansprüche auf die Beherrschung der Welt nicht einmal im Traum durchsetzen können. «La Armada» heißt wörtlich übersetzt nichts anderes als «die Bewaffnete».

Als Juan de Aranda die fünf Schiffe erwarb, verfügten sie jeweils über eigene Artillerie. Aber diese scheint unzureichend gewesen zu sein, verzeichnen die Rechnungsbücher doch, dass drei «dicke Lombarden», ebenso viele «Pasamuros», sieben Falkonetts und 58 «Versos» hinzugekauft wurden. Aus den verschiedenen Inventaren geht hervor, wie diese Geschütze auf die Schiffe verteilt waren.

Demnach hat jede Nao mindestens zwei Lombarden mitgeführt. Lombarde war ein anderer Name für die Bombarde, eine schwere Büchse, mit der Steinkugeln von circa 30 Kilogramm bis zu tausend Meter weit geschossen werden konnten. Jede Lombarde bestand aus zwei Teilen, der Ladekammer und dem Rohr, die nach der Ladung mit Tauen verschnürt wurden, und sie diente vor allem der Zerstörung anderer Schiffe oder von Befestigungen an Land. Vermutlich stand je ein

Exemplar dieses Geschütztyps beiderseits des Vorschiffs an Deck. Mancherorts wurden die Lombarden durch eine Pasamuros ergänzt, die leichter und aus Bronze war, aber durchschlagskräftige Eisenkugeln abschoss – daher ihr Name: Mauerbrecher. Jede dieser Büchsen war mit zwei Kammern ausgestattet, die abwechselnd geladen und montiert wurden, was die Feuerfrequenz erhöhte.

Erheblich kleiner als Lombarden und Pasamuros waren Falkonetts und Versos. Mit Kugeldurchmessern von vier bis sieben Zentimetern ließen sich weder Mauern noch Schiffsplanken durchlöchern, aber ihre Wirkung auf kleinere Boote und Menschen, vor allem wenn sie in der Gruppe ein leichtes Ziel abgaben, konnte verheerend sein – zumal ihre Munition aus Blei gegossen wurde, mit einem Eisenwürfel als Kern. Um unterwegs Kugeln nachgießen zu können, wurde das nötige Material, Kupferkessel, Formen, Kohle, Blei, Zangen und so weiter, gleich mitgeliefert.

Insbesondere die Versos waren mit anderthalb Meter Länge vergleichsweise handlich. Man konnte sie mit einem Dorn auf der Bordwand befestigen und von hinten laden. Ein Dutzend oder mehr dieser Geschütze, die großenteils aus Eisen geschmiedet, vereinzelt – weil erheblich teurer – aus Bronze gegossen waren, hatte jedes Schiff an Bord; dazu kamen zwei oder drei von den etwas größeren Falkonetts. Die gesamte Artillerie war noch in Bilbao auf Herz und Nieren getestet worden.

Im Vergleich zu späteren Jahrzehnten, aber auch zu Kriegsflotten, die zur selben Zeit in europäischen Gewässern operierten, wirkt die Artillerie von Magellans Armada nicht sehr imposant. Portugiesische oder türkische Gegner hätten sich von ihr kaum einschüchtern lassen. Doch in Brasilien und Ostasien konnten die Feuer und Blei speienden Rohre durchaus Eindruck schinden, und gegen Piraten mochten sie ebenfalls helfen.

Dass Magellan und seine Mitstreiter keinen Sonntagsausflug planten, zeigt auch die übrige Bewaffnung: 60 Armbrüste mit 360 Dutzend Bolzen, 50 «Escopetas» (Handbüchsen, Vorläufer der Arkebuse), rund 2500 Wurfspeere und Lanzen, 200 Rundschilde, 100 leichte Harnische sowie eine Sonderanfertigung für den Kapitän. Dazu kam massenweise Zubehör, wie Zunder und Lunten, Putzstöcke, Bürsten, Öl und Schmirgel und nicht zuletzt 50 Zentner Schießpulver, die aus

Fuenterrabía, dem heutigen Hondarribia am Golf von Biskaya, geliefert wurden.

Ob Waffen, Wein oder Werg – alles kostete Geld, nicht zu vergessen die Löhne der Arbeiter. Mit jeder Rechnung, die Doktor Matienzo und seine Kollegen beglichen, schmolz das Budget der Expedition dahin. 16 000 Dukaten hatte die Krone für die Armada insgesamt bewilligt. Dank der Schätze, die aus Amerika eintrafen, flossen die Mittel anfangs reichlich. Doch schon in seinem Brief vom Oktober, in dem er den Vorfall mit den Flaggen meldete, musste Magellan seinen Auftraggeber bitten, 5 400 Dukaten freizugeben, die vom Gesamtbudget noch ausstanden und «ohne die man nicht zurande käme». Zugleich erinnerte er den König daran, für den Handel mit den Gewürzinseln Tauschwaren zu beschaffen, warnte aber im selben Satz, dass 3 000 Dukaten, die dafür veranschlagt waren, nicht ausreichten. Da es «eine große Einbuße wäre, leer hinzufahren», schlug Magellan vor, die Krone möge «Kaufleuten dieser Reiche» gestatten, in die Armada zu investieren, und ihnen dafür eine Beteiligung am Gewinn in Aussicht stellen, «denn der Gewinn könnte, so es unserem Herrgott gefällt, zwanzig zu eins betragen». Mit den «Kaufleuten dieser Reiche» hatte der Komtur zweifellos seine Bekannten aus Burgos im Sinn, allen voran Cristóbal de Haro, der ja schon lange darauf sann, wie er größeren Profit aus dem asiatischen Gewürzhandel schlagen konnte.

Magellan und seine Mitgesellschafter kamen mit ihrem Budget leidlich über den Winter. Doch im Frühjahr 1519 drehte die Regierung, die inzwischen nach Barcelona übersiedelt war, den Geldhahn zu. Zwar waren die gröbsten Arbeiten getan, auch die stattliche Waffenrechnung aus Biskaya konnte mit Hilfe eines Bilanztricks noch beglichen werden, aber ein Posten stand nach wie vor aus: die Tauschwaren. Magellan sah sich deshalb genötigt, ein weiteres Mal an den Hof zu reisen. Zunächst musste er noch ein paar private Dinge regeln: einen entlaufenen «schwarzen Sklaven» wieder einfangen und den Schenkungsvertrag zugunsten seiner Schwester unter Dach und Fach bringen, bevor er sich Ende März auf den Weg machen konnte. Diesmal ließ er nicht nur seine junge Gattin für viele Wochen zurück, sondern auch seinen Erstgeborenen Rodrigo, der kurz zuvor das Licht der Welt erblickt hatte.

Warum war die Krone auf einmal so knauserig? Hatte die Expedition die Mittel ihrer Auftraggeber leer geschöpft? Nachdem es hier – aus Sicht der Krone – um Petitessen ging, muss man die Gründe eher woanders suchen, und zwar zuerst bei den Cortes von Aragón, die nicht so freigiebig gewesen waren wie die von Kastilien. Die Ständevertreter hatten die Verhandlungen so sehr in die Länge gezogen, dass der König für den Unterhalt seines Hofes in Zaragoza am Ende fast mehr aufwenden musste, als er an Steuern bewilligt bekam: ein Nullsummenspiel, das umso unerfreulicher war, als plötzlich eine Situation eintrat, in der Karl noch mehr Geld benötigte als bisher. Und zwar sehr viel mehr.

Am 12. Januar war in Wels im fernen Österreich der Kaiser des Heiligen Römischen Reiches, Maximilian, gestorben. Nach dem Tod seines Großvaters konnte Karl, immerhin burgundischer Herzog und König von Spanien, berechtigte Hoffnungen auf die Kaiserwürde hegen. Weil aber das Heilige Römische Reich eine Wahlmonarchie war, würde er die Stimmen der Kurfürsten brauchen, und die gab es nicht umsonst. Da ging es um Beträge, die jedes Maß überstiegen und am Ende den Gegenwert von mehr als 800 000 Dukaten oder fast drei Tonnen Gold erreichen sollten. Zweifelsohne war es Karls Griff nach der Kaiserkrone, der für die Ebbe in Magellans Expeditionskasse sorgte.

Jetzt schlug die Stunde von Cristóbal de Haro, der gewiss nur darauf gewartet hatte, in das Unternehmen einzusteigen. Bisher hatte die Krone den Kaufmann hingehalten, um ihn nicht am Gewinn beteiligen zu müssen, doch nun wurde er zum Wohle des Reiches und der königlichen Finanzen händeringend gebraucht. Haro erhielt die Genehmigung, bis zu 2000 Dukaten in Magellans Expedition und in nachfolgende Unternehmungen zu investieren. Damit nicht genug, Bischof Fonseca schickte den Kaufmann persönlich nach Sevilla, wo er die Tauschwaren besorgen und gleich bei der Ausrüstung einer zweiten Armada helfen sollte. Diese würde – wie Alonso de Zuazo vorgeschlagen hatte – von der Westküste Mittelamerikas nach Asien fahren und Magellan dort beistehen.

Die Regierung erwartete, dass Haro seinen Auftrag im Mai erledigt haben würde und die Armada dann auslaufen konnte. Aber aus unbekannten Gründen traf der Händler erst im Juli in Sevilla ein. Vielleicht war es aufwendiger als gedacht, so viel Krimskrams – von Tüchern über Angelhaken und Glaskugeln bis zu minderwertigen Messern aus

Deutschland – zu besorgen; vielleicht brauchte Haro aber auch länger, um genügend liquide Mittel aufzutreiben. Laut Endabrechnung investierte er mehr als 4300 Dukaten in die Tauschwaren, also mehr als doppelt so viel wie vorgesehen. Außerdem steuerte er weitere 263 345 Maravedís bei, die zuletzt noch fehlten, um die Schiffe abfahrbereit zu machen. Damit trug der Kaufmann aus Burgos mehr als ein Fünftel der Gesamtkosten, die sich am Ende auf 8 334 335 Maravedís oder knapp 22 225 Dukaten beliefen.

Sicherlich steckte Haro nicht nur sein eigenes Geld in die Armada, sondern agierte zudem als Strohmann für weitere Investoren. Dazu hatte ihn die Krone sogar ausdrücklich ermächtigt. Zu denen, die auf diese Weise zu stillen Teilhabern an der Expedition wurden, zählten wohl in erster Linie Haros Freunde in Burgos, womöglich gar Fonseca selbst, aber es könnten durchaus auch Ausländer darunter gewesen sein, die sich damals noch nicht am Überseehandel beteiligen durften. Vor allem die Fugger stehen hier seit langem unter Verdacht, weil sie bald darauf Karls Kandidatur zum deutschen König und römischen Kaiser finanzierten und später auch offiziell in seine Überseeunternehmungen investierten, so etwa in eine weitere Armada zu den Molukken, die 1525 in See stach. Überdies standen sie mit Cristóbal de Haro schon seit dessen Lissaboner Tagen in geschäftlicher Verbindung.

Jahre später – 1539 – strengte das Augsburger Handelshaus einen Prozess gegen die kastilische Krone an, in dem es um angebliche Verluste aus diesen Geschäften ging. Die Anwälte der Fugger behaupteten, dass diese schon für Magellans Expedition 10 000 Dukaten bereitgestellt hätten – ein Anspruch, den sie aber nicht begründen konnten und der wohl auf einem Irrtum beruhte. Er wurde denn auch vom Indienrat zurückgewiesen. Ein positiver Beweis dafür, dass die Augsburger Firma an Magellans Expedition beteiligt gewesen wäre, steht bis heute aus.

Haros Engagement hatte seinen Preis, der nicht nur Prozente vom erhofften Gewinn ausmachte. Der Kaufmann wollte auf der operativen Ebene mitreden und die Armada auch nach ihrer Abfahrt im Auge behalten. Das hieß nicht unbedingt, dass er Magellan misstraute. Aber für jemanden, der insgesamt mehr als 1 880 000 Maravedís investierte, war blindes Vertrauen keine Option. Fonseca dürfte das ähnlich gesehen haben, und so ernannte der König am 30. März 1519 seinen Dienstmann Juan de Cartagena zum «Veedor General», zum Oberaufseher der Armada. Als Veedor hatte Cartagena darauf zu achten, dass die Interessen der Eigentümer unterwegs gewahrt blieben. Das hieß konkret: Es durfte nur in seiner Gegenwart Handel getrieben werden, und Magellan sowie die anderen Offiziere der Armada waren ihm jederzeit Rechenschaft über das investierte Kapital schuldig, vom Schiff und den Waffen über die Vorräte und Tauschwaren bis zur Besatzung. Hinter Cartagenas Ernennung stand die – durchaus nicht abwegige – Sorge, dass die Seefahrer, Tausende Meilen weit weg von der Heimat, in die eigene Tasche wirtschaften könnten.

Romantisierende Autoren haben es oft so dargestellt, als hätte Fonseca mit Cartagenas Ernennung lediglich einen seiner Günstlinge belohnen wollen. Ihm wurde sogar unterstellt, der Veedor sei sein leiblicher Sohn gewesen. Heute wissen wir, dass Cartagena einer Patrizierfamilie aus Burgos entstammte. Wie andere aus seinem Hause hatte er sich in der Politik seiner Heimatstadt und am kastilischen Königshof, von wo er ein festes Gehalt bezog, Verdienste erworben; seitdem genoss er Fonsecas Vertrauen. Außer Veedor General wurde Cartagena auch Kapitän des dritten Schiffes der Flotte. Für beide Ämter bezog er ein Gehalt von 100 000 Maravedís im Jahr, was gut zwei Dritteln von Magellans Sold entsprach.

Am selben Tag ernannte der König Luis de Mendoza zum Schatzmeister der Armada, kurz darauf Gaspar de Quesada zum Kapitän des vierten oder fünften Schiffes, und Ende April war auch ein Buchhalter gefunden: Antonio de Coca. Zusammen mit Cartagena bildeten Mendoza und Coca quasi das Aufsichtsgremium über den Kommandanten und die übrigen Offiziere. Über Herkunft und Vorleben dieser Männer wissen wir praktisch nichts, aber sie entstammten vermutlich wie Magellan dem niederen Adel.

Mit Oberaufseher, Schatzmeister, Buchhalter und vier von fünf Kapitänen waren zwar wichtige Stellen besetzt, aber damit allein konnte man kein Schiff über den Ozean segeln. 235 Mann Besatzung hatte Fonseca für die Armada insgesamt vorgesehen. So viele geeignete Leute für eine derart gefährliche Reise zu gewinnen war keine leichte Aufgabe. Im Frühsommer 1519 zeichnete sich ab, dass sich die Abfahrt wegen Personalknappheit abermals verzögern würde. Welcher Mensch, der bei Sinnen war, heuerte auch auf einer Armada an, die zwei Jahre lang fort sein und auf die andere Seite des Globus fahren sollte – auf einer Route, die bisher nur in der Theorie existierte?

Antonio de Guevaras Reflexionen über die Motive, zur See zu fahren, sind weiter oben zitiert worden.[4] Ein anderer Autor des 16. Jahrhunderts, der es ebenfalls wissen musste, weil er mit allen Wassern des Ozeans gewaschen war, unterteilte die Seeleute seiner Zeit in zwei Gruppen: Die einen führen zur See, schrieb Juan de Escalante de Mendoza in seinem 1575 verfassten «Itinerarium der Schifffahrt», weil sie keine bessere Möglichkeit fänden, ihr Leben zu bestreiten. Dies sei die größere Gruppe. Die andere bestehe aus jenen, «deren Natur sie zur Rastlosigkeit und zur Kunst der Seefahrt und zu militärischen Tätigkeiten treibt». Gäbe man Männern aus der ersten Gruppe Gelegenheit, einen anderen Beruf zu erlernen, so würden sie niemals die gefährliche und anstrengende Arbeit eines Seemanns tun. Die Zweiten ließen alles stehen und liegen, um ihren natürlichen Neigungen nachzugehen.

Offenbar bildeten die Abenteuerlustigen auch 1519 unter den 50 000 Einwohnern Sevillas nur eine Minderheit, sonst hätten sich Magellans Anwerber nicht derart schwergetan, die Heuerbücher zu füllen.

Dabei standen die Ersten schon im November 1518 auf der Lohnliste der Armada, darunter Ginés de Mafra, Autor eines Berichts über die Expedition, und der Steuermann Estevão Gomes, der in den Büchern als «Meister der Arbeiten» an den Schiffen geführt wurde. Auch Gonzalo Gómez de Espinosa, später Alguacil (Profoss) der Armada, zählte zu den knapp zwanzig Männern, die schon im Herbst mit von der Partie waren.

Bis Februar 1519 hatten sich so viele gemeldet, dass die Organisatoren jedem Schiff eine Kernmannschaft von etwa fünf bis zehn Matrosen zuordnen konnten. Doch Mitte März sprangen etliche wieder ab, und im April sah sich Karl I. gar genötigt, seine königlichen Steuermänner in die Pflicht zu nehmen. Nachdem gewisse Personen allerlei Ausflüchte vorgebracht hatten, um nicht in der Armada dienen zu müssen, befahl der König seinen Beamten, die Drückeberger «mit aller Kraft des Gesetzes dazu zu zwingen, in der besagten Armada zu fahren und ihren Dienst zu tun». Schließlich bezahle er seine Steuermänner dafür, dass sie dahin führen, wo immer es nötig war.

Der Peitsche folgte wenig später das Zuckerbrot: Karl stellte allen Steuermännern und Schiffsmeistern der Armada nach der Rückkehr den Ritterschlag in Aussicht. Außerdem sollten die Familien aller Mitreisenden für die Dauer der Fahrt davon befreit werden, das reisende Gefolge des Königs zu beherbergen – wozu sonst jeder kastilische Hausbesitzer im Rahmen seiner Möglichkeiten verpflichtet war.

Trotz solcher Vergünstigungen hatten im Juni noch immer nicht genug Leute angeheuert. Öffentliche Ausrufe auf den «Gradas» – der leicht erhöhten Zone neben der Kathedrale, wo Sevillas Kaufleute seit Generationen ihre Geschäfte abwickelten und wo von Sklaven bis zu Ländereien alles käuflich war – blieben wirkungslos. Daher entsandte Magellan den Alguacil Espinosa und einige Schiffsmeister in die anderen Häfen Andalusiens, um dort Matrosen anzuwerben.

War der Steuermann dafür zuständig, ein Schiff an sein Ziel zu führen, so oblag dem Schiffsmeister – spanisch «Maestre» – die wirtschaftliche Verantwortung einschließlich der Ladung und Mannschaft. Der Schiffsmeister entsprach am ehesten dem, was wir heute unter einem Kapitän verstehen; oft war er auch der Eigentümer. Nur auf den Schiffen des Königs beziehungsweise dort, wo ein militärisches Kommando erforderlich war, wurde die Schiffsführung zu einem Triumvirat erweitert, mit einem Kapitän an der Spitze. So war es auch in diesem Fall. Jedes Schiff von Magellans Armada hatte, neben dem Kapitän und mindestens einem Steuermann, seinen Meister, der eine geeignete Mannschaft aufstellen musste – allerdings nicht nach eigenem Gutdünken, sondern nach den Kriterien seiner Auftraggeber.

So begab sich Giovanni Battista, ein fünfzigjähriger Genuese und Meister des Flaggschiffs Trinidad, zweimal nach Cádiz, um dort den Rekrutierungsaufruf verlesen zu lassen. Obwohl ihm in Cádiz ausgerechnet Recalde, der Oberbuchhalter der Handelsagentur, Steine in den Weg legte, kehrte Giovanni Battista Mitte Juni mit sieben Matrosen und Schiffsjungen nach Sevilla zurück. Aus Málaga brachte sein Kollege Baltasar von der Santiago, der ebenfalls aus Ligurien stammte, fünf Seeleute und einige Fässer Anchovis mit. Welchen Erfolg die Aufrufe in den anderen Häfen hatten, ist nicht dokumentiert. Jedenfalls waren es nicht genug, um die Heuerbücher zu füllen.

Viele winkten mit der Begründung ab, für einen derart riskanten Job sei die Heuer viel zu niedrig. 1200 Maravedís im Monat für einen

Matrosen (800 für einen Schiffsjungen) waren wirklich nicht die Welt: Selbst Tagelöhner im Hafen verdienten mitunter 40 Maravedís am Tag. Allerdings erhielt ein Seemann an Bord Kost und Logis, und während ein Tagelöhner nicht jeden Tag Arbeit fand, war der Seemann für die Dauer der Reise fest angestellt – in einer Stadt, in der es trotz großen Reichtums immer wieder zu Hungersnöten kam, kein leicht von der Hand zu weisendes Argument. Der eigentliche finanzielle Anreiz zum Anheuern ergab sich jedoch weniger aus dem Lohn als aus den Quintaladas, den Frachtdeputaten, die jedem Mitfahrer zustanden. Im Falle der Molukken-Armada waren das für den gemeinen Matrosen drei Zentner. Wer drei Zentner Nelken nach Hause brachte und zu Marktpreisen verkaufte, konnte seine Heuer – trotz Steuerabzugs – mehr als verdoppeln.

Das Quintalada-System machte die Seeleute zu Teilhabern der Expedition, was auch bedeutete, dass sie gewisse Mitspracherechte hatten. Freilich hatte die Stimme eines Seemanns weniger Gewicht als die eines Offiziers, was sich auch in den Quintaladas widerspiegelte. Magellan und Faleiro besaßen Anspruch auf jeweils 80 Zentner Quintalada, die anderen Kapitäne auf 40, Schiffsmeister und Steuermänner auf 14 Zentner.

Zwangsrekrutierung oder «Schanghaien», wie es aus nordatlantischen Häfen des 18. Jahrhunderts bekannt ist, scheint damals in Spanien nicht üblich gewesen zu sein. Ebenso wenig gibt es Hinweise, dass die Krone ihre Gefängnisse geöffnet und die Lücken mit Delinquenten aufgefüllt hätte. Zwar erwähnt ein amtliches Schreiben «Verbannte», die auf der Armada mitfahren und etwa für gefährliche Missionen eingesetzt werden sollten. Aber wenn solche mit Magellan in See stachen, haben sie sonst keine Spuren hinterlassen. Der Komtur musste sich etwas anderes einfallen lassen, um an seetüchtiges Personal zu kommen.

Vielleicht war ihm das Desinteresse der kastilischen Seeleute aber gar nicht unrecht. In der Feudalgesellschaft beruhten Macht und Sicherheit eines Menschen auf der Größe seines Gefolges, also auf einem Kreis von Personen, die ihm durch Blutsverwandtschaft, Eid oder anderweitig zur Treue verpflichtet waren. Das galt erst recht für einen Hidalgo wie Magellan, der sich mit mehr als 230 Männern auf eine lange, gefährliche Reise begab. Er brauchte Menschen um sich, denen er sein Leben anvertrauen konnte und die ihn im Ernstfall auch gegen Feinde aus den eigenen Reihen schützen würden. Auf der Iberischen Halbinsel wurden die Gefolgsleute eines Herrn damals als «criados» bezeichnet: Kreaturen.

Magellan bemühte sich also, möglichst viele seiner Kreaturen auf der Armada unterzubringen. Neben seinem Sklaven Enrique und Cristovão Rebelo, seinem Pagen, nahm er einen ganzen Hofstaat an Dienstboten mit: Nuno, Hernando und Francisco, alle drei Portugiesen, die beiden Franzosen Petit Juan und Juan Colin, einen Diego aus Sanlúcar sowie den Morisken Jorge – entweder ein Angehöriger der ehemals muslimischen Minderheit in Andalusien oder, wahrscheinlicher, ein junger Araber, der in Gefangenschaft geraten war, denn er wurde in den Büchern als Magellans Sklave geführt. Jorge sollte dolmetschen, falls die Armada mit Muslimen in Kontakt kommen würde, von denen man annahm, dass sie die Sprache des Korans verstünden. Auch Antonio Pigafetta zählte zu Magellans Kreaturen.

Außerdem begleiteten Magellan einige Verwandte, etwa sein Vetter Alvaro de la Mesquita und ein Neffe seines Schwiegervaters, Duarte Barbosa[5]. Zwei Vertraute des Kapitäns, auch sie Portugiesen, fuhren als Proviantmeister auf der Vitoria und der Santiago. Der eine war mit einer Sevillanerin verheiratet, die im Hause Magellan als Amme angestellt war, zweifellos für den kleinen Rodrigo. Ein Überlebender der Expedition, der griechische Matrose Nicolao, erinnerte sich Jahre später daran, das Söhnchen des Chefs vor der Abreise «oft in den Armen» gehalten zu haben. Das Gefolge eines Hidalgos war ein bisschen wie eine große Familie. War ein Vasall in finanziellen Nöten, konnte er von seinem Herrn Hilfe erwarten. Magellan vergab vor der Abreise großzügig Darlehen, nicht nur an seine Kreaturen, sondern auch an andere Mitfahrer, die er dadurch an sich band.

Die Kreaturen hatten in der Regel keine bestimmte Funktion. Sie wurden in den Lohnbüchern unter der Rubrik «Sobresalientes» aufgeführt, das heißt als «Überragende» oder Ersatzleute, die für jegliche Aufgaben infrage kamen. Manche wurden, wie die Sklaven Enrique und Jorge und ein getaufter Inder aus Goa, wegen ihrer Sprachkenntnisse mitgenommen, andere, damit sie ihren Herren das Essen kochten und die Stiefel putzten. Wenn es hart auf hart ging, hatten alle zu den Waffen zu greifen, ausgenommen die beiden Priester, denen das Seelenheil der Armada anvertraut war – auch sie fielen unter die Rubrik der Sobresalientes. Die meisten von diesen schifften sich mit Magellan auf der Trinidad ein. Das zweitgrößte Gefolge – zehn Dienstleute – hatte Juan de Cartagena, Oberaufseher der Armada und Kapitän der San Antonio, im Schlepptau.

Loyalität war nicht zwangsläufig eine Frage der Nationalität: Der Kastilier Espinosa erwies sich als treuer Gefährte Magellans, während dessen Landsmann Estevão Gomes sich als Rivale entpuppte. Dennoch schuf gemeinsame Herkunft eine Vertrauensbasis, und so war es bestimmt kein Zufall, dass sich auffällig viele Matrosen und Schiffsjungen mit portugiesischen Wurzeln in die Heuerbücher einschrieben. Dagegen wollte so mancher kastilische Seemann erklärtermaßen nicht in einer Armada fahren, deren Kommandant aus Portugal stammte.

An sich war die Anwesenheit so vieler Portugiesen in Sevilla weder neu noch ungewöhnlich. In Hafenstädten tummelten sich schon immer Menschen aus aller Herren Länder, und die Lusitanier standen wie die Genuesen im Ruf, ein seefahrendes Volk zu sein. Drei der sechs Steuermänner von Magellans Armada kamen denn auch aus Portugal: neben Estevão Gomes (auf der Trinidad) ein Vasco Gallego, der schon seit Jahren in kastilischen Diensten stand und das Steuer der Vitoria übernehmen sollte, sowie João Lopes Carvalho, der auf Magellans Wunsch im Februar 1519 examiniert und angeheuert wurde.

In Carvalho setzte Magellan große Hoffnungen, war der Steuermann doch bereits 1511 mit einer portugiesischen Flotte über den Südatlantik gesegelt. Er hatte mehrere Jahre im «Land des Wahren Kreuzes» gelebt und kannte die brasilianische Küste aus eigener Erfahrung. Was Magellan wohl nicht wusste: Carvalho war des Diebstahls bezichtigt und deswegen in Brasilien zurückgelassen worden. Eines der Schiffe von Solis' gescheiterter Expedition hatte ihn aufgelesen und nach Europa zurückgebracht. Magellan hätte Carvalho gern das Kommando der Santiago übergeben, doch in der Casa de la Contratación sprach man sich dagegen aus.

So viel portugiesische Dominanz wurde den Auftraggebern zu viel. Königliche Briefe vom 17. Juni und 26. Juli 1519 wiesen die Beamten der Handelsagentur an, nicht mehr als vier oder fünf Portugiesen pro Kapitän zuzulassen und mehrere Schiffsjungen zu entfernen. Wer hinter der Anweisung steckte, wissen wir nicht. War es Recalde? Dass der Oberbuchhalter den Ritter aus Porto nicht ausstehen konnte, war ein offenes Geheimnis – auch Dom Manuels Agent Sebastião Alvares wusste davon. Oder ging die Initiative von Juan de Cartagena aus, der fürchtete, sich als Veedor nicht gegen Magellan und seine Clique durchsetzen zu können? Möglich ist auch, dass Cristóbal de Haro Bedenken anmeldete. Der Investor sah sich in Portugal erneut wirtschaftlichen Repressalien ausgesetzt. Da mochte es ihm ratsam erscheinen, «seine» Armada – immerhin war er zu einem Fünftel an ihr beteiligt – fest in kastilischer Hand zu halten.

Wer auch immer dahintersteckte: Die Casa de la Contratación unterzog die Armada einer Säuberung. Zehn portugiesische Schiffsjungen wurden aus den Lohnbüchern gestrichen und die Lücken mit Seeleuten anderer Nationen gefüllt. Das prominenteste Opfer dieser Säuberung aber hieß Rui Faleiro.

Über die Gründe seines Ausschlusses kann man wieder nur spekulieren. Gemeinhin heißt es, dass der Bakkalaureus den Verstand verloren hatte. Schon im September 1518 meldete Alvaro da Costa aus Zaragoza nach Portugal, Faleiro sei «nicht ganz richtig in der Birne». Nachdem die Armada aufgebrochen war, trat bei dem Wissenschaftler tatsächlich eine derart schlimme psychische Störung zutage, dass sein Bruder Francisco für ihn die Vormundschaft übernehmen musste. Erste Anzeichen könnten sich schon im Sommer 1519 bemerkbar gemacht haben. Andere hingegen äußerten den Verdacht, der studierte Astrologe habe den Verrückten gespielt, um nicht mitfahren zu müssen, weil er in den Sternen das böse Ende der Armada vorhergesehen hatte.

Vermutlich kristallisierte sich während der Vorbereitungen heraus, dass Faleiro der ihm zugedachten Rolle nicht gewachsen war. Während wir Magellan stets mitten im Geschehen antreffen – sei es, dass Schiffe an Land gezogen, Proviantkisten überprüft oder bei Hofe Geld lockergemacht werden musste –, verschwand Faleiro monatelang von der Bildfläche. Er scheint sich hauptsächlich mit den nautischen Aspekten der Armada befasst zu haben, für die er Seekarten und andere technische Hilfsmittel erstellte.

Bei dieser Arbeit stand dem Kosmographen eine Riege von Experten zur Seite, von denen einige ebenfalls aus Portugal angereist waren – sicherlich zum Verdruss Dom Manuels, denn Diogo Ribeiro, Pedro Reinel und dessen Sohn Jorge gehörten den zu besten Kartenzeichnern seines Reiches. Sie alle hatten zuvor in der Casa da Índia gearbeitet und kannten dadurch die aktuellsten Seekarten für den Indischen Ozean und Ostasien, die damals in Europa verfügbar waren. Dass Magellan diese Koryphäen für seine Armada gewinnen konnte, muss Dom Manuel mehr als gewurmt haben.

In Sevilla arbeiteten die portugiesischen Emigranten mit spanischen Kartographen zusammen: mit Nuño Garcia de Toreno und Juan Vespucio, einem Neffen Amerigo Vespuccis. Insgesamt zeichneten sie 25 Seekarten für die Armada, darunter ein Prunkstück, das Magellan im Frühjahr 1519 seinem Auftraggeber Karl als Geschenk überreichte. Für die südamerikanische Küste konnten die Zeichner auf Kenntnisse aus erster Hand zurückgreifen, die 1516 von Solis' Expedition mitgebracht worden waren. Neben Seekarten fertigten Faleiro, Nuño Garcia und Ribeiro auch Messinstrumente für die Navigation an: Astrolabien und Quadranten, Kompasse und Sanduhren.

Obwohl Faleiro also die Tätigkeit eines Kosmographen ausübte, durfte er nicht einmal in dieser Funktion in der Armada mitfahren. An seine Stelle trat der königliche Steuermann Andrés de San Martín, ein Protegé des Schatzmeisters Sancho de Matienzo.

Magellan selbst scheint von Faleiros Abgang weder sonderlich überrascht noch betroffen gewesen zu sein. Er bestand lediglich darauf, vor der Abreise noch dessen Leitfaden zur Bestimmung des Längengrads ausgehändigt zu bekommen. Mit der Verkleinerung seines Gefolges wollte er sich allerdings nicht so leicht abfinden.

Mitten in diesem Kampf um die Besatzung der Armada sah sich Magellan ein weiteres Mal von Dom Manuels Spionagedienst bedrängt. Dieser hatte ihn die ganze Zeit im Auge behalten und ihm immer wieder zugesetzt, mal mit moralischem Druck, mal mit schmeichelhaften Angeboten, damit er von seinen Plänen abließe. Im Juli erschien in Magellans Wohnung der portugiesische Faktor Sebastião Alvares, der seinem König anschließend in einem Brief über das Treffen berichtete. Alvares, der den Komtur beim Ordnen von Kisten mit eingemachtem Proviant antraf, wusste von den Konflikten, die Magellan in der Casa de la Contratación auszufechten hatte, und nutzte die Gelegenheit, den Keil noch tiefer zu treiben. Der Bericht, den der Agent nach Lissabon sandte, erzählt ein Lehrstück in Überredungskunst.

Zuerst versuchte Alvares, den Landsmann bei seiner Ehre zu packen, die durch den Übertritt in kastilische Dienste Schaden genommen habe. Selbst die Kastilier verachteten ihn deswegen als ehrlosen Mann «von schlechtem Blut» – in jenen Zeiten ein harter Vorwurf, den Magellan mit der Zurschaustellung pflichtschuldiger Zerknirschung parierte. Aber so leid es ihm tue, er könne beim besten Willen nicht mehr zurück. König Karl habe ihm – im Gegensatz zu Dom Manuel – so viel Gunst erwiesen, dass es seine Ehre noch mehr schmälern würde, wenn er die Kapitulation bräche. Außerdem solle Dom Manuel froh sein, dass Magellan und kein anderer die Armada befehlige, denn er als Portugiese werde die Rechte seines Heimatlandes in Ostasien respektieren. Damit bezog sich der Komtur auf die Doktrin des Antimeridians, der zufolge die Armada nur innerhalb der kastilischen Erdhälfte operieren und Portugal durch sie nicht geschädigt würde.

Als der Agent sah, dass er auf dem Pfad der Ehre nicht weiterkam, zog er seinen zweiten Trumpf: Er, Alvares, wisse von neuen Instruktionen für die Armada, die den Abmachungen zwischen Magellan und dem König zuwiderliefen. Unter anderem sei geplant, ihm auf hoher See das Oberkommando zu entziehen. Der Komtur möge nicht auf den Honig hereinfallen, den ihm der Bischof von Burgos ums Maul schmiere.

Wie der Brief offenbart, war der portugiesische Agent in der Tat sehr gut über die Armada unterrichtet, nicht nur was die internen Konflikte betraf, sondern auch über die Schiffe, deren Besatzung und Bewaffnung, die Tauschwaren, die Finanzierung der Flotte bis hin zum Kurs, den sie nehmen sollte. Alvares hatte sogar die halb fertigen Seekarten inspiziert und gesehen, dass darauf «vom Cabo Frio [in Brasilien] bis zu den Inseln von Maluku» keine Länder eingezeichnet waren, was nicht verwundern konnte, hatte doch noch kein christliches Schiff jemals dieses Gebiet befahren. Er wusste Details über die zweite Armada, die sich nach Mittelamerika begeben und – mit zwei in Einzelteile zerlegten Schiffen im Gepäck – auf dem Landweg den Isthmus queren sollte, um sie auf der anderen Seite wieder zusammenzubauen. Und eine dritte Armada, die in Magellans Kielwasser segeln sollte, sei auch schon im Gespräch, meldete Alvares nach Lissabon.

Die Warnungen eines Mannes, der über so viel Insiderwissen verfügte, waren ernst zu nehmen. Dennoch ließ Magellan sich nicht von Alvares dazu verleiten, ein Gnadengesuch an Dom Manuel zu richten. Er hoffte wohl, den Konflikt mit der Casa de la Contratación für sich entscheiden zu können. Und so empfahl sich der Agent unverrichteter Dinge. Aber auch wenn er Magellan nicht von seinem Kurs abbringen konnte, hatte er dessen Misstrauen gegen seine Partner doch ordentlich geschürt.

Um das lästige Personalproblem und damit die Blockade aufzulösen, die seine Armada am Auslaufen hinderte, wählte Magellan jenen Weg, der in einer Gesellschaft, die an die Heiligkeit des Rechts glaubte, am sichersten zum Erfolg führte: den Rechtsweg. Er gab eine notarielle Erklärung ab, alles getan zu haben, um die Armada mit geeignetem Personal zu besetzen. Nur weil sich nicht genügend Kastilier gemeldet hätten, habe er auf Portugiesen, Genuesen, Griechen, Franzosen, Deutsche und andere zurückgegriffen, allesamt brauchbare, taugliche Leute. Um seine Erklärung zu bekräftigten, ließ er den Alguacil Espinosa und vier der Schiffsmeister als Zeugen antreten: die Genuesen Giovanni Battista (Trinidad) und Baltasar Pallan (Santiago), den Sizilianer Anton Salamon (Vitoria) sowie den Basken Juan Sebastián de Elcano (Concepción). Einer nach dem anderen traten die Männer vor, legten die rechte Hand auf ein Kreuz und schworen bei Gott, der Jungfrau Maria und den Evangelien, die Wahrheit zu sagen. Jeder der fünf Zeugen bestätigte die Behauptung des Kapitäns: Von den Untertanen des kastilischen Königs hätten sich einfach nicht genügend gemeldet.

Diese Erklärung und eine zweite Stellungnahme, die Magellan von seinem Hausnotar Bernal González de Vallecillo verfassen ließ, trug er im Alcázar den Beamten der Casa de la Contratación vor. Er berief sich auf die Kapitulation vom 22. März 1518 und auf die Instruktionen, die er vom König erhalten habe. In diesen sei kein Wort davon zu lesen, dass er nur eine begrenzte Zahl von Portugiesen mitnehmen dürfe. Das sei die Rechtsgrundlage, und wenn man die ändern wolle, müsse man einen neuen Vertrag aushandeln.

Magellan gab sich kompromissbereit: Falls statt der portugiesischen Seeleute einheimische zur Hand wären, würde er, solange sie etwas taugten und der Armada keine zusätzlichen Kosten entstünden, auf sie zurückgreifen. Aber auf seine Sobresalientes und Hidalgos, «denen er seine Person und deren Schutz anvertrauen müsse, weil sie seine Verwandten sind», auf die würde er niemals verzichten. Entweder sie führen mit, oder er, Magellan, bliebe ebenfalls zu Hause. Die Armada sei bereit zum Auslaufen: Seekarten, Quadranten, Kursbücher – alles da. Er selbst habe alles, was in seiner Pflicht stand, getan für dieses Unternehmen, mit dem

Gott und Seiner Hoheit so sehr gedient wäre. Wenn Matienzo und Recalde nun das Auslaufen blockierten, sollten sie auch vor dem König für den Schaden geradestehen, der daraus unweigerlich entstünde.

Damit hatte Magellan den Beamten den schwarzen Peter zugespielt, so wie er es ein Jahr später in der Meerenge aller Heiligen mit den Kapitänen und Steuermännern machen sollte. Die Drohung verfehlte nicht ihre Wirkung. López de Recalde, Magellans Gegenspieler in der Casa de la Contratación, gab klein bei.

Der nächste Tag war ein Mittwoch, 10. August und Festtag des heiligen Lorenz. Am Morgen dieses Tages versammelte sich die Besatzung der Armada in der Kirche Santa María de la Vitoria, wo der Statthalter des Königs, Sancho Martínez de Leyva, dem Kommandanten die königliche Standarte überreichte. Nach der Messe zogen alle zum «Puerto de las Muelas», dem Hafen am Westufer des Guadalquivir, wo die fünf Schiffe vertäut lagen. Sie waren herausgeputzt, alle Flaggen gehisst, die Geschütze eingeölt. Aus deren Mündungen donnerten zum Abschied Salutschüsse über den Fluss. Dann stieß eine Nao nach der anderen vom Ufer ab, das Focksegel ging hoch, und der Bug drehte sich stromabwärts.

Ob Magellan in diesem Moment an jenen Frühlingstag des Jahres 1505 zurückdachte, an dem er zum ersten Mal nach Indien aufgebrochen war? An das festliche Gepränge auf Lissabons Straßen und das Gedränge im Dom, als Dom Manuel persönlich dem Vizekönig Dom Francisco de Almeida die Standarte überreichte? Mehr als vierzehn Jahre später war er nun selbst Kommandant einer Armada nach Indien, aber unter anderer Flagge und einem anderen Herrn, der weit weg in Barcelona weilte und eben erst in Frankfurt am Main zum römischen König gewählt worden war. Wenn es der Armada gelänge, den lang gesuchten westlichen Weg nach Indien zu finden, hätte Magellan dem zukünftigen Kaiser einen großen Dienst erwiesen. Dann durfte er mit dem Dank Seiner Majestät rechnen.

Aber was auch immer dem Komtur in diesem Moment durch den Kopf ging – gewiss war ihm feierlich zumute, während er den Schiffen hinterherschaute, wie sie eines nach dem anderen langsam um die Flussbiegung außer Sicht trieben.

Die Kapitäne und Steuermänner brauchten auf diesem ersten, ungefähr 20 Leugen langen Teil der Reise nicht an Bord zu sein. Das Steuer übernahmen die «Lemanes», spezialisierte Lotsen, die den Unterlauf des Guadalquivir genau kannten: seine labyrinthischen, sich mit jeder Flut verändernden Kanäle, seine Strömungen, Sandbänke, Tiden und anderen Tücken, versunkene Wracks etwa oder die im Wasser verborgenen Fundamente einer eingestürzten Brücke aus maurischer Zeit. Wegen der Untiefen konnten die Schiffe nicht voll beladen fahren. Dieser erste war keineswegs der ungefährlichste Abschnitt der langen Reise, die die Armada vor sich hatte.

Knapp unterhalb von Sevilla, ab dem Weiler La Puebla del Río, trat der Fluss in eine andere Welt ein, die zu Magellans Zeit noch nicht dem Menschen untertan war: das Delta des Guadalquivir und seiner Marschen, wo der Ozean dem Land die Herrschaft streitig machte, eine unwegsame Wildnis, mehr als 140 000 Hektar groß[6] und, von ein paar Fischerkaten und Ankerplätzen abgesehen, menschenleer.

Den weiten Horizont füllten Vogelschwärme – Möwen, Reiher, Störche und ungezählte andere Arten, vor allem Wasservögel wie Enten, Rallen, Schwäne und Flamingos, die in Lagunen und Tümpeln, zwischen Schilf und Rohrkolben ihre Nester bauten und Nahrung suchten. Hoch am Himmel zogen Adler ihre Kreise. Auf flachen Inseln tummelten sich Rehe und Kaninchen, Luchse schlichen unter Weiden und Tamarisken umher, über deren Zweige Chamäleons balancierten. Halbwilde Herden von Rindern, Schafen und Pferden wateten durch sumpfige Wiesen, über grasbewachsene Dünen. Der Geruch von Salz lag in der Luft. Abends erhoben sich Mückenschwärme. In den trüben, zähflüssig anmutenden Fluten wimmelte es von Getier – ein Reichtum, der immer wieder Delfine weit den Fluss hinauflockte.

Womöglich gaben also Delfine den fünf Schiffen der Armada das Geleit, als sie – dickbauchige, schwarze Fremdkörper in der wilden Landschaft des Deltas, die kein Land mehr, aber auch kein Meer war – unter den Kommandos der Lemanes langsam ihrer Bestimmung entgegenglitten, dem Ozean.

## 6. He, da am Bug, seid wachsam!

Mit dem Kanonendonner, der am 10. August 1519 über den Arenal von Sevilla hallte, war der Startschuss für Magellans Expedition gefallen. Noch am selben Tag brach ein Eilbote nach Barcelona auf, um die Nachricht vom Ablegen der Armada an den Hof zu bringen. Von diesem Tag an stand die gesamte Mannschaft, vom Kommandanten bis zum Pagen, im Dienst des Königs. Die Matrosen der Trinidad kassierten daher vom Schatzmeister der Casa de la Contratación 750 Maravedís für ein halbes Fass Wein, «das ihnen zu trinken übrig blieb in dem Moment, als die Schiffe in diesem Fluss Segel setzten, denn von nun an würden sie von den Vorräten des Königs essen, und das genannte Fass Wein war ihres, weil sie vier Dukaten dafür bezahlt hatten». So steht es im Rechnungsbuch der Armada unter dem Datum des 17. August. Zu diesem Zeitpunkt waren die Schiffe bereits in Sanlúcar de Barrameda angelangt, dem Atlantikhafen an der Mündung des Guadalquivir.

Der Hafen und eine in der Nähe gelegene Ortschaft gehörten zum Besitz der Herzöge von Medina Sidonia. Von hier aus war eine Flotte zur Eroberung der Kanarischen Inseln gesegelt und Kolumbus zu seiner dritten Expedition nach Amerika aufgebrochen. Von diesem Hafen aus sollte auch die erste kastilische Expedition zu den Gewürzinseln in See stechen. Aber noch war es nicht so weit.

Erst mussten die Laderäume der fünf Schiffe ganz gefüllt werden, damit es den 239 Männern – so viele standen zu guter Letzt auf der Mannschaftsliste – in zwei Jahren an nichts mangeln würde. Um das Fehlende herbeizuschaffen, fuhr eine Bergantine den Guadalquivir zwischen Sevilla und Sanlúcar auf und ab: ein leichtes, flaches Boot, das eigens für die Armada gebaut worden war. Es brachte auch die Tauschwaren, die Cristóbal de Haro besorgt hatte.

Bis alles angeliefert und verstaut war, verfloss ein ganzer Monat. Während dieser Zeit gingen Kalfaterer mit Werg und Töpfen voll Pech ein weiteres Mal die Decks ab. Auf Geheiß des Generalkapitäns – wie

Magellan sich ab jetzt nennen durfte – pilgerten alle Seeleute täglich in die Kirche von Sanlúcar, um die Messe zu hören. Vor der Abfahrt musste jeder zur Beichte gehen, erinnerte sich Antonio Pigafetta, dessen Reisebericht mit der Flusspassage einsetzt.

Magellan und die übrigen Kapitäne ließen unterdessen auf sich warten. Der Generalkapitän hatte in Sevilla noch einiges zu erledigen. Am 24. August setzte er im königlichen Alcázar seine Unterschrift unter ein Testament, das Notar González de Vallecillo für ihn aufgesetzt hatte.

Während er seine Seele Gottes Gnade anempfahl, wollte Magellan ihre irdische Hülle in der Kirche Santa María de la Vitoria in Triana aufbewahrt wissen oder, falls ihn der Tod auf der Fahrt ereilen sollte, in der nächstgelegenen Kirche, die der Gottesmutter geweiht war. Diesem Wunsch schloss sich eine lange Liste von Spenden zugunsten religiöser Einrichtungen an. Darüber hinaus waren im Testament Stiftungen für Messen enthalten, die nach dem Tod für seine Seele zu lesen waren. Seinem Pagen Cristovão Rebelo vermachte Magellan 30 000 und seinem Sklaven Enrique, dem er mit dem Tag seines Todes die Freiheit schenkte, 10 000 Maravedís. Immobilien werden nicht erwähnt, was darauf schließen lässt, dass der Generalkapitän kein eigenes Domizil besaß.[1] Dafür gab er schon jetzt die Einnahmen, die er aus seiner Expedition zu erzielen hoffte, an seine Erben weiter.

Die Rechte aus der Kapitulation – das Amt eines Gouverneurs über die zu entdeckenden Länder und die Einkünfte daraus – vererbte Magellan seinem Erstgeborenen Rodrigo und dessen Nachkommen oder, falls Rodrigo keine haben sollte, den Nachkommen des zweiten Kindes, das Doña Beatris bereits erwartete. Sollte das zweite Kind aber ein Mädchen werden und seinerseits einen Sohn bekommen, müsse dieser Magellans Namen und sein Wappen tragen. Andernfalls sollte ein anderer Verwandter aus nächster Linie, beginnend mit seinem Bruder Diogo de Sousa, die Herrschaftsrechte in Übersee erben.

Mancher Magellan-Biograph hat dieses doch eher konventionelle Testament enttäuscht zur Seite gelegt, weil es wenig über Magellans Persönlichkeit auszusagen scheint. Aber zumindest spiegelt es wider, wie der Ritter von seinen Mitmenschen gesehen werden wollte: als frommer Katholik, der sich um das Heil seiner Seele sorgte und zum Glauben an «die gebenedeite Jungfrau, unsere ruhmreiche Herrin, Heilige Maria» bekannte. Und als verantwortungsbewusstes Familienoberhaupt, das sich ebenso seinen Nachkommen wie der Ehre des Namens Magalhães verpflichtet fühlte.

War Magellans Letzter Wille ein amtliches, öffentliches Dokument, so galt für ein anderes Schriftstück, das der Generalkapitän vor seiner endgültigen Abreise verfasste, das Gegenteil: In einer kurzen Denkschrift, die nur für die Augen des Königs und seiner engsten Berater bestimmt war, legte Magellan dar, warum die Molukken seiner Meinung nach nicht in der portugiesischen, sondern in der kastilischen Erdhälfte lagen. Diese Information sollte seinem Auftraggeber Karl I. helfen, seine Rechte gegen portugiesische Einsprüche zu verteidigen, falls Magellan unterwegs etwas zustoßen sollte.

In dem Papier listete der Generalkapitän wichtige Landmarken auf und gab deren Distanzen zueinander an. Den Anfang machte die westlichste Insel der Kapverden, Santo Antão, von der ausgehend die Erde seinerzeit aufgeteilt worden sei. Von hier liege die Demarkationslinie 370 Leugen oder 22 Grad nach Westen. Weitere Punkte, die Magellan nannte, waren das Kap der Guten Hoffnung an der Südspitze Afrikas, der Hafen von Malakka sowie die Molukken. Während er Malakka zweifelsfrei im portugiesischen Herrschaftsbereich verortete, setzte er die Molukken mindestens zweieinhalb Grad östlich «der zweiten Demarkationslinie», das heißt des Antimeridians von Tordesillas, an und damit gerade noch in der kastilischen Hälfte.

Im Streit um die Aufteilung der Welt vertrat der Portugiese Magellan somit eine prospanische Position, die aber im Vergleich zu anderen deutlich gemäßigt war. So behauptete der Kosmograph Martín Fernández de Enciso in seiner 1519 in Sevilla veröffentlichten «Summa de Geographia», dass die kastilische Hemisphäre ganz Asien östlich des Ganges einschließe. Vermutlich hatte Magellan solche Maximalforderungen im Sinn, als er dem portugiesischen Agenten Alvares antwortete, Dom Manuel solle froh sein, dass er und kein anderer die Molukken-Armada befehlige.

Anscheinend war Magellan von der Rechtmäßigkeit seines Standpunktes überzeugt. Dass er Portugiese war und seine Expertise sich auf portugiesische Quellen stützen konnte, zu denen er in Lissabon Zugang gehabt hatte, verlieh ihr aus Sicht seiner kastilischen Auftraggeber zusätzliches Gewicht.

Aus heutiger Sicht freilich irrte Magellan. Geht man von Santo Antão 22 Grad nach Westen, dann wieder 180 Grad nach Osten und legt an diesem Punkt einen Meridian über die Erde, so liegen die Molukken fünf bis sechs Grad westlich dieser Linie und folglich in der Erdhälfte, die Portugal für sich beanspruchte. Allerdings ist die Differenz nicht groß, sie summiert sich auf acht von 360 Längengraden, also gerade mal zwei Prozent. Bedenkt man, wie schwierig es zu Magellans Zeit war, die geographische Länge zu messen, und dass es noch keinen wissenschaftlichen Konsens über den tatsächlichen Erdumfang gab, ist seine Einschätzung sogar erstaunlich genau. Mehr noch, eine Analyse der Denkschrift zeigt, dass Magellan sich in der krummen und verwinkelten Welt der sphärischen Trigonometrie auskannte und folglich sein Ruf, ein Fachmann der Navigation zu sein, nicht unbegründet war – immer vorausgesetzt natürlich, er war wirklich der Autor der Denkschrift und gab darin seine eigenen Gedanken wieder.[2] Offenbar teilte Magellan die in Portugal verbreitete Auffassung, dass ein Längengrad am Äquator der Entfernung von 17,5 Leugen entsprach. Nimmt man die damals unter Seefahrern gebräuchliche Definition der Leuge von vier römischen Meilen oder gut 5900 Metern her, so erhält man einen Erdumfang von rund 37 000 Kilometern. Magellans Erde war somit 7,5 Prozent kleiner als unsere, aber immer noch deutlich größer als die von Enciso.

Der kastilische Kosmograph rechnete wie andere seiner Kollegen mit 16 2/3 Leugen pro Längengrad – ein kleiner Unterschied in der geographischen Theorie mit großen Auswirkungen in der politischen Praxis. Indem er von einem geringeren Längengrad ausging, verkleinerte Enciso die portugiesische Erdhälfte zugunsten der kastilischen. Die Geographie erwies sich so als brave Magd der Politik, auch wenn Magellans Annahmen aus heutiger Sicht realistischer waren.

Laut Enciso warteten zwischen Panama und den Molukken – die äußersten den Europäern bekannten Punkte im Westen und Osten – noch 99° oder ein gutes Viertel des Erdumfangs darauf, entdeckt zu werden. Heute wissen wir, nicht zuletzt dank Magellans Expedition, dass dieser Teil 150° Längengraden oder mehr als 40 Prozent des Erdumfangs entsprach. Aber auch Magellan dürfte sich in diesem Punkt verkalkuliert haben. Indem er mit 17,5 Leugen pro Längengrad rechnete, unterschätzte er die Ausdehnung des «Magnus Sinus» – des heu-

**Die Erde, wie Magellan sie sah, bevor er zu den Molukken aufbrach. In der Mitte der Meridian von Tordesillas, ganz links in der kastilischen Erdhälfte die Molukken. Kopie einer Jorge Reinel zugeschriebenen Karte, 1519**

tigen Pazifik – immer noch um weit mehr als 1000 Kilometer (am Äquator). Für eine Expedition mit Segelschiffen, in der die Vorräte sehr knapp kalkuliert werden mussten, war das keine geringfügige Differenz. Für einige von Magellans Mitfahrern sollte sie den Unterschied zwischen Leben und Tod bedeuten.

Doch von dieser bitteren Erkenntnis waren die 239 Männer noch weit entfernt, als ihre fünf Schiffe am Vormittag des 20. September 1520 vom Festland ablegten und aufs offene Meer hinaussegelten. Nach den langen Monaten der Vorbereitung und des Wartens müssen die meisten Erleichterung empfunden haben, als der bittersüße Moment des Abschieds endlich hinter ihnen lag – so wie die Küste Andalusiens, die bald zu einem blassen Streifen zusammenschrumpfte, um dann hinter dem Horizont zu versinken. Von großen Abschiedsszenen in Sanlúcar ist nirgends die Rede. Vermutlich hatten sich die meisten

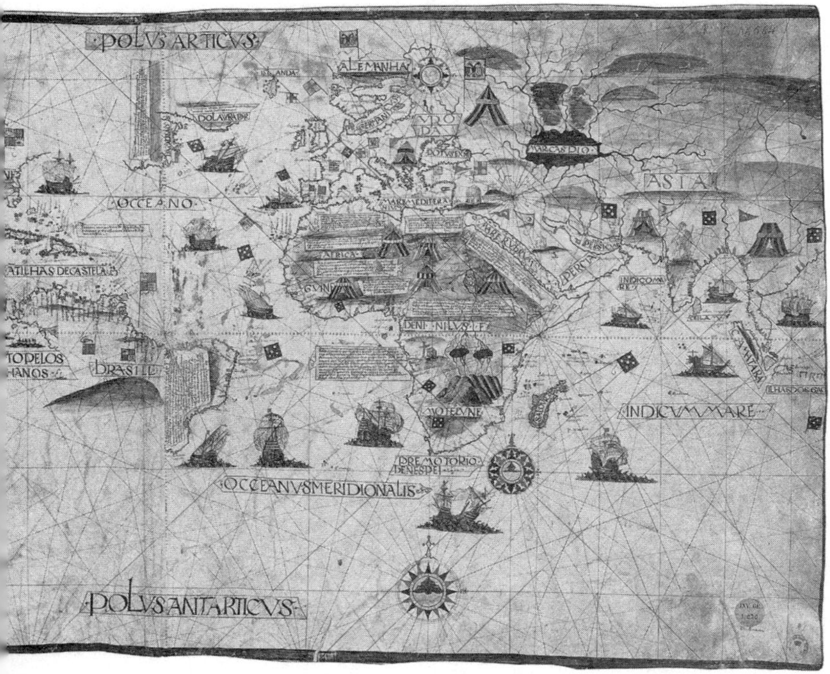


schon in Sevilla von ihren Angehörigen getrennt. Auch die königliche Standarte war ja bereits dort übergeben worden. Allerdings dürfte die gesamte Armada noch von Beamten der Casa de la Contratación inspiziert worden sein, bevor sie in See stach. So schrieb es das Reglement vor.

Der allerletzte Abschiedsgruß galt den Lotsen von Sanlúcar. Sie halfen, die fünf Schiffe unbeschadet durch die Sandbänke zu lenken, die der Guadalquivir seit Urzeiten vor seiner Mündung ablagert. Nun richteten die Steuermänner die Blicke nach vorn, auf die scheinbar endlose Wasserfläche vor dem Bugspriet. Die Matrosen nahmen unter den Pfiffen und Kommandos des Bootsmanns ihre Arbeit an Deck auf und taten zum ersten Mal mit vereinten Kräften die Handgriffe, die sie in den kommenden Monaten immer wieder tun würden, bis sie ihnen irgendwann in Fleisch und Blut übergingen und die Männer mit ihren hölzernen Fahrzeugen zu einem vielarmigen kollektiven Organismus verschmolzen. Die Segel füllten sich mit Wind, und die Armada nahm Kurs auf die Kanarischen Inseln.

Die Steuermänner kannten den Kurs dorthin, trotzdem sollten die Schiffe bei Tag und Nacht in Sichtweite bleiben und dem Flaggschiff folgen. So verlangte es die seitenlange schriftliche «Instruktion», die der König dem Generalkapitän mit auf die Reise gegeben hatte. Alle Schiffe mussten jeden Abend zum Flaggschiff aufschließen, und die Kapitäne hatten dem Generalkapitän ihren Gruß zu entbieten. Bei dieser Gelegenheit sollten die Steuermänner – sofern der Seegang es zuließ – ihre Ortsbestimmungen vergleichen, um etwaige Messfehler zu minimieren.

Sobald die Nacht hereinbrach, wurde es schwieriger zusammenzubleiben. Aber auch hierzu enthielt die Instruktion einen Paragraphen. Am Heck des vorausfahrenden Schiffes war eine Laterne anzubringen, der die anderen zu folgen hatten. Zur nächtlichen Verständigung zwischen den Schiffen, etwa über eine geplante Wende oder andere Segelmanöver, waren verschiedene Lichtsignale vorgeschrieben. Abgesehen von den Signallaternen und einer kleinen Lampe beim Kompass durften die Seeleute kein Licht entzünden, um die Gefahr eines Brandes so gering wie möglich zu halten. Schien kein Mond, mussten sie sich im Finstern an Bord zurechtfinden.

Nachdem das Herdfeuer gelöscht und das Abendgebet gesprochen waren, nahm die erste Nachtwache ihren Dienst auf. Es gab ihrer drei, die einander ablösten bis zum Morgengrauen, jede angeführt von einem der leitenden Offiziere: dem Kapitän, dem Steuermann und dem Meister, wobei der Kapitän sich mit dem Bootsmann abwechselte. Die zweite Wache, um Mitternacht, war unter spanischen Seeleuten als «Wache der Schläfrigkeit» berüchtigt, forderte sie doch den Wachhabenden höchste Konzentration ab zu einer Zeit, in der der Körper am meisten nach Ruhe verlangt. Doch in klaren Nächten, wenn das Schiff weitab vom Land durch sichere Gewässer fuhr und ein stetiger Wind ein Nachtrimmen der Segel unnötig machte, wurden der Mann am Ruder und seine Kameraden mit Sternstunden entschädigt.

Das Meer zwischen Sanlúcar und Santa Cruz auf Teneriffa, dem ersten Hafen, den die Armada anlief, war für einen erfahrenen Steuermann weniger problematisch als der Unterlauf des Guadalquivir. Wenn die Schiffe den Golf von Cádiz mit seinen wechselhaften Winden erst einmal hinter sich gelassen hatten, trugen Kanarenstrom und Passatwind sie einigermaßen verlässlich ans Ziel. Magellans Armada brauchte für die 1300 Kilometer etwa sechs Tage, kam also im Durchschnitt mit fünf Knoten voran.

In Santa Cruz ankerte die Flotte, um Wasser, Brennholz, Pökelfleisch und andere Dinge zu laden; danach ging es weiter zu einem Hafen an der Halbinsel Montaña Roja im Südosten von Teneriffa, wo man zwei Tage auf eine Karavelle aus Sevilla wartete. Außer einer Ladung Pech soll die Karavelle – erzählt Gaspar Correia – auch einen Brief für Magellan gebracht haben, in dem Diogo Barbosa seinen Schwiegersohn vor einer Verschwörung der Kapitäne warnte und somit in dieselbe Kerbe hieb wie der portugiesische Agent Alvares vor der Abreise. Was auch immer Wahres an diesen Gerüchten und Warnungen war: Das Vertrauen zwischen Magellan und den anderen Schiffsführern wurde dadurch sicher nicht gestärkt; daher muss auch nicht verwundern, dass sich im Führungszirkel der Expedition schon bald die ersten Risse auftaten.

Am Abend des 2. Oktober ließ die Armada den letzten spanischen Hafen hinter sich und nahm planmäßig Kurs nach Südwesten. Am Mittag des folgenden Tages hatte sie – nach den «Dekaden» des Historikers Herrera, dem heute verlorene Logbücher vorlagen – geschätzte zwölf Leugen zurückgelegt, und die Messung der Sonnenhöhe ergab 27 Grad südlicher Breite. Diese Richtung hätte die kleine Flotte nach dem vorab festgelegten Kurs nun beibehalten sollen, wohl um mit dem Nordostpassat im Rücken mehr oder weniger direkt auf das Kap Santo Agostinho an der brasilianischen Küste zuzusteuern, dort, wo diese sich knapp unterhalb des Äquators weit nach Osten vorschiebt. Doch statt dem festgelegten Kurs zu folgen, ließ der Generalkapitän die Trinidad nach Süden segeln. Die anderen Schiffe folgten dem Flaggschiff notgedrungen bis zum abendlichen Rendezvous. Doch sobald die Schiffe Seite an Seite lagen, stellte Juan de Cartagena, Oberaufseher der Armada und Kapitän der San Antonio, Magellan und dessen Steuermann Estevão Gomes zur Rede.

Als der Generalkapitän nach dem Grund für die Routenänderung gefragt wurde, befahl er wortkarg, Cartagena und die anderen hätten ihm zu folgen, ohne Rechenschaft zu verlangen. Daraufhin protestierte Cartagena, Magellan habe kein Recht, den Kurs, den die Kapitäne, Meister, Offiziere und Steuermänner festgelegt hätten, eigenmächtig zu ändern. Wenn sie den südlichen Kurs fortsetzten, würden sie direkt auf das Cap Blanc und die Küste von Guinea, wie das gesamte westliche Afrika südlich der Sahara damals genannt wurde, zufahren. Ob Magellan etwa vorhabe, sie im Land der Mauren zu verkaufen? Doch dieser erklärte, der Kurs sei lediglich geändert worden für den Fall, dass ein Schiff sich vom Konvoi entferne. Anscheinend hoffte man, es in Küstennähe leichter wiederzufinden. Damit war für den Generalkapitän die Diskussion beendet. Nach der Schilderung des Historikers Antonio de Herrera, die durch Archivdokumente aus der Casa de la Contratación gestützt wird, bekräftigte er seinen Befehl und ließ die Schiffe weiter nach Süden segeln.

Auf Teneriffa hatte die Mannschaft noch einmal Zuwachs bekommen. Ein Sobresaliente der Trinidad heuerte ab und wurde durch einen anderen ersetzt. Außerdem nahm Magellan weitere drei Männer auf, so dass sich die gesamte Besatzung – dafür, dass blinde Passagiere an Bord gewesen wären, gibt es keine Indizien – nun auf 242 Personen belief. Die meisten davon, 62 Mann, fuhren auf der Trinidad, 57 auf der San Antonio, jeweils 45 auf der Vitoria und der Concepción und auf der Santiago 33.

Auch wenn die fünf Schiffe einen Verband bildeten und stets beisammenbleiben sollten, war doch jedes ein funktionsfähiger Organismus für sich. Der spanische Richter Eugenio Salazar, der 1573 aus beruflichen Gründen den Atlantik überqueren musste, verglich ein hochseetüchtiges Schiff seiner Zeit mit einer Stadt ohne Kirche und ohne Gerichtssaal. In dieser Stadt gab es Kastelle – am Bug und am Heck –, es gab Brunnen, «die Pumpen genannt werden und deren Wasser weder die Zunge noch der Gaumen kosten, noch die Nase riechen, ja nicht einmal die Augen sehen wollen», und es gab sogar Bäume, die jedoch keine wohlriechenden Harze, sondern Pech und Unschlitt absonderten. Aus demselben Grund waren die Böden hölzern und glatt, wenn es regnete, unter den Sonnenstrahlen aber so weich, dass die Fußsohlen daran kleben blieben. «Diese Stadt ist traurig und düster, von außen schwarz, von innen noch schwärzer, pechschwarz sind Dielen und Wände, ihre Bewohner finstere Gestalten.»

Dafür gab es in dieser seltsamen Stadt reichlich Niederwild, nämlich Unmengen von Kakerlaken, Ratten und Läusen – so großen Läusen, schreibt Salazar in anschaulicher Übertreibung, «dass manche seekrank werden und Brocken von Schiffsjungenfleisch ausspeien». Mitunter fühlten sich die menschlichen Bewohner auch wie Geflügel auf dem Weg zum Markt, glich doch das Schiff mit seinem – in den Augen einer Landratte – verworrenen Gespinst aus Wanten, Stagen, Schoten und sonstigen Leinen einem schwimmenden Hühnerkäfig. Dieser Eindruck wurde noch verstärkt durch das straffe Netz, das waagerecht zwischen Vorder- und Achterkastell gespannt war. Es erleichterte den Matrosen, sich rasch zwischen den Aufbauten am Bug und Heck hin und her zu bewegen, und es schützte die Mannschaft auf dem darunter befindlichen Deck vor Tau-Enden oder Blöcken, die bei einem schnellen Manöver schon einmal herunterfallen konnten. Denn schnell hatte es zu gehen, wenn der Steuermann von seinem Sitz auf dem Achterkastell aus Befehle erteilte. Wie «verhexte Dämonen», schreibt Salazar, sprangen dann die Seeleute über Deck oder sausten die Wanten hinauf, je nachdem, wo der Steuermann sie haben wollte. Schrie er etwa: «¡Izá el trinquete!», so eilte alles nach vorn, um das Focksegel zu hissen. Lautete der Befehl: «¡Suban dos a los penoles!», kletterten zwei Männer zu den Rahnocken. Und hieß es: «¡Tirá de los escotines de gavia!», wurden die Schoten der Marssegel dichtgeholt. Wie sie behände durch die Takelage turnten, hinauf und hinab, erinnerten die Matrosen den Autor an «Meerkatzen in den Bäumen oder jene Geister, die vom Himmel gefallen und in den Lüften hängen geblieben sind».

Bei Arbeiten wie dem Segelsetzen, bei denen viele Hände benötigt wurden, stimmten die Seeleute Litaneien an, die oft religiösen Inhalts waren, teilweise auch lediglich aus Lautmalereien bestanden. Wenn der Vorsänger anhob: «Heißa hoch!», antworteten die anderen im Chor und zogen mit vereinten Kräften an den Fallen. Daraufhin der Vorsänger: «O Gott!», und der Chor antwortete mit denselben Worten und griff abermals ins Seil. Und wieder der Vorsänger: «Hilf uns!» – so lange, bis die Rahe hinaufgezogen war. Für Tätigkeiten wie das Drehen des Gangspills (der Seilwinde), die einen anderen Rhythmus erforderten, gab es andere Litaneien.

Wie überall und zu allen Zeiten hatten auch die andalusischen Seeleute in Magellans Tagen ihre eigene Sprache, die sich durch unzählige Fachausdrücke vom Kastilischen, wie es an Land gesprochen wurde, unterschied. Dafür wies sie Überschneidungen mit den Seemannssprachen anderer romanischer Völker, wie etwa Portugiesen und Genuesen, auf. Das dürfte die Kommunikation auf den Schiffen mit ihrer bunt gemischten Besatzung erheblich erleichtert haben, wobei die Nationalitäten recht unterschiedlich verteilt waren. So dienten auf Magellans Trinidad, vor allem unter den Sobresalientes, auffällig viele Portugiesen, während etwa die Mannschaft der Concepción unter Kapitän Gaspar de Quesada stark von Basken dominiert war.

Seeleute gleicher Herkunft – aus demselben Land, mitunter aus demselben Dorf – bildeten gern verschworene Grüppchen, die sich im Alltag halfen und in Notsituationen füreinander einsprangen. Ein Beispiel dafür sind Juan Sebastián de Elcano, Meister der Concepción, der Bootsmann Juan de Acurio und der Schiffszimmermann Domingo de Irarça. Vor der Abreise hatten die drei Basken einander notariell bevollmächtigt, die Heuer der jeweils anderen oder deren Gewinne aus dem Gewürzhandel zu kassieren – wohl für den Fall, dass einem etwas zustoßen sollte.

Auf einem Schiff, auf dem fünfzig oder mehr Männer monatelang auf engstem Raum zusammenlebten und Territorialkonflikte kaum ausbleiben konnten, war die Zugehörigkeit zu einer Gruppe überlebenswichtig. Hidalgos und Offiziere umgaben sich mit ihren Kreaturen, während die einfachen Seeleute sich zu «Camaradas» zusammenschlossen: Gruppen von wenigen Personen, die einen Bereich an Deck oder im Vorschiff teilten, den sie durch ihre Seemannskisten abgrenzten und «Rancho» nannten, auf Deutsch die «Back» – daher auch der deutsche Ausdruck «Backschaften». Jede Backschaft hütete ihr kleines Reich wie ein Heiligtum und verteidigte es mit Klauen und Zähnen – manchmal auch mit dem Messer – gegen Übergriffe von außen.

Auch die Mahlzeiten nahm man im Kreis der Backschaft ein. Es gab keinen Schiffskoch, sondern jede Gruppe war für die Zubereitung ihrer Nahrungsmittel, die in der Regel alle zwei Tage vom Proviantmeister ausgegeben wurden, selbst zuständig. Gekocht wurde auf einem oder zwei gemauerten Herden im Vorschiff. Die Feuerstelle war im Wortsinn ein Konfliktherd, kam es doch oft zu Gerangel, wer wann und wo seinen Pott hinstellen durfte, nicht selten auch zu unterstelltem oder tatsächlichem Mundraub – Letzteres vor allem, wenn mal etwas Schmackhafteres auf dem Feuer brutzelte als die berüchtigte «Mazamorra», ein Brei aus zerbröseltem Zwieback und Wasser, der nach

Möglichkeit durch Öl und weitere Zutaten wie Bohnen, Kichererbsen, Knoblauch oder Speck aufgefettet wurde. Berüchtigt war die Mazamorra deshalb, weil der Zwieback auf längeren Fahrten durch tropische Gefilde zu faulen begann und zur Wohnstätte für Würmer, Maden und Kakerlaken mutierte, die sich dann im Kochtopf wiederfanden. Aber das war in jenen ersten Wochen der Fahrt, in denen Magellans Armada entlang der afrikanischen Küste nach Süden fuhr, noch nicht das Thema.

Die fragwürdige Qualität der Speisen mag dazu beigetragen haben, dass ihre Zubereitung an Bord keine angesehene Tätigkeit war und daher den niederen Chargen zugewiesen wurde. Offiziere und Hidalgos ließen sich von ihren Dienern bekochen, während die «Marineros», die Matrosen, für diese Tätigkeit die «Grumetes», das heißt die Schiffsjungen, heranzogen. Marineros und Grumetes unterschieden sich nicht nur im Alter – die einen waren in der Regel in ihren Zwanzigern oder älter, die anderen zwischen 15 und 20 Jahren alt –, sondern auch in ihrem Rang, der sich in der Besoldung ausdrückte[3]. Gestandene Matrosen wurden im Normalfall von ihren Vorgesetzten nicht geschlagen, dagegen sahen sich Schiffsjungen immer wieder gewalttätigen, gelegentlich auch sexuellen Übergriffen ausgesetzt. Und weil die Körper der Schiffsjungen jung und unverbraucht waren, lastete auf ihren Schultern das Gros der schweren Arbeiten, vom Segelreffen im Sturm bis zum Rudern des Beiboots.

Auf der untersten Stufe der Bordhierarchie standen die Pagen, die oft keine zehn Jahre alt waren. Sie mussten die Decks kehren und schrubben, das Essen auftragen und das Geschirr abwaschen. Da man glaubte, dass die Pagen wegen ihrer kindlichen Unschuld die meisten Aussichten besaßen, von Gott erhört zu werden, hatten sie nach dem Abendessen das Nachtgebet zu sprechen: «Amen, und Gott gebe uns eine gute Nacht, gute Reise, gute Fahrt mache das Schiff, Herr Kapitän und Meister und gute Gesellschaft!», gefolgt von Vaterunser, Ave-Maria, Credo und Salve Regina. Außerdem waren die Pagen die Hüter der Zeit an Bord, oblag es ihnen doch, jede halbe Stunde die «Ampolleta», die Sanduhr, umzudrehen, wobei wieder ein Sprüchlein aufzusagen war: «Gut ist die (Stunde), die geht, besser die, die kommt; eine ist vergangen, und sie mahlt in zwei; mehr wird sie mahlen, so Gott will; zähle und mach, dass wir eine gute Reise haben; he, da am Bug, seid wachsam, gute Wache!» Auf der Trinidad und der San Antonio erhielten die

Pagen für diese Aufgaben priesterliche Anleitung, denn auf beiden Schiffen fuhren Kaplane mit.

Privilegiert unter den Pagen waren diejenigen, die ihre Väter mit an Bord hatten, wie zum Beispiel Francisco, der seinen Stiefvater Juan Serrano, Kapitän der Santiago, begleitete, oder Vasquito, dessen Vater Vasco Gallego über das Steuer der Vitoria wachte. Es gab noch etliche Offiziere und Matrosen mehr, die in Begleitung ihrer Söhne oder Brüder fuhren. Insgesamt umfasste die seemännische Besatzung bei der Abfahrt zwischen 19 (auf der Santiago) und 27 (auf der Trinidad) Männer pro Schiff.

Nicht zu den Seeleuten im eigentlichen Sinn zählten die Lombarderos, die Artilleristen, von denen jedes Schiff drei an Bord hatte (die Santiago nur zwei). Keiner von ihnen stammte von der Iberischen Halbinsel. Die meisten waren Franzosen oder Flamen, drei oder vier kamen aus Deutschland, darunter ein gewisser Hans aus Aachen auf der Vitoria sowie der Condestable (= Chef der Lombarderos) der Concepción, Hans Barge. Als gesuchte Fachleute verdienten die Artilleristen mehr als die Matrosen.

Komplettiert wurde die Besatzung jedes Schiffes durch einen Bootsmann, einen Schreiber und einen Proviantmeister sowie durch einige Handwerker, in der Regel einen Zimmermann und einen oder zwei Kalfaterer. Auf den drei größeren Schiffen fuhren auch je ein Barbier und ein Böttcher mit, auf der Trinidad zudem ein Chirurg und der Alguacil (Profoss) der Armada, Gonzálo Gómez de Espinosa. Kapitän, Offiziere und Hidalgos wohnten auf dem Achterdeck, die Seeleute und das «niedere» Volk auf dem Vorschiff.

Nach dem Wortwechsel mit Magellan fügten sich Cartagena und die übrigen Schiffsführer und folgten der Hecklaterne der Trinidad in die Nacht. In den folgenden Tagen hielt sich das Flaggschiff nicht genau südlich, sondern korrigierte den Kurs immer wieder auf Süd zu West, so dass die Armada schließlich zwischen dem Cap Vert und den gleichnamigen Inseln hindurchsegelte.

Als die Seefahrer nach zwei Wochen die Breite von Sierra Leone erreichten, erstarb der Passatwind. Die Segel, die sich Tag und Nacht im Wind gebläht hatten, hingen schlaff von den Rahen, die Schiffe lagen reglos auf dem spiegelglatten Meer. Eine Woche ging so dahin, eine zweite, bis die Zeit stillzustehen schien: Die Armada war im Kalmengürtel gefangen, in der – wie Meteorologen sie heute nennen – «Innertropischen Konvergenzzone». Die von der Äquatorsonne erwärmte Luft steigt hier nach oben und erzeugt rings um den Globus eine permanente Tiefdruckrinne.

Von den meteorologischen Zusammenhängen wussten Magellan und seine Mitfahrer noch nichts, aber sie litten unter ihren Auswirkungen. Der erzwungene Stillstand drückte auf die Stimmung, dazu kam die schwüle Hitze der Tropen, die das Pech, mit dem die Schiffe kalfatert waren, zum Schmelzen brachte. Wären die Haie nicht gewesen, die um die Schiffe streiften, «schreckliche Zähne» besaßen und «Menschen, wenn sie sie im Meer antrafen» (Pigafetta), auffraßen, hätte man vielleicht ein erfrischendes Bad nehmen können. So blieb nur ab und zu ein Eimer voll Wasser zur Abkühlung. Ihre Kapuzenjacken – die typische Kluft andalusischer Seeleute – hatten die meisten sicherlich schon beim Eintritt in die Tropen abgelegt.

Je länger die Flaute andauerte, desto belastender wurde sie, zumal sie immer größere Löcher in die Vorräte riss. Schließlich sah sich der Generalkapitän zu einer unpopulären Maßnahme genötigt, die er sich vielleicht von Dom Francisco de Almeida abgeschaut hatte, unter dessen Kommando er 1505 nach Indien gesegelt war: Angesichts der langen Fahrt, die noch vor ihnen lag, befahl Magellan, das Essen zu rationieren.

Einige Männer versuchten, dem Hunger und zugleich der Langeweile zu begegnen, indem sie «mit eisernen Haken» auf die Jagd nach Haien gingen, «auch wenn sie nicht schmackhaft sind», wie Pigafetta anmerkte, «außer die kleinen, aber selbst die sind nicht besonders». Wer sich aber die Gedanken an den knurrenden Magen mit Würfeln oder Kartenspiel vertreiben wollte, musste das heimlich tun, denn Glücksspiel war an Bord bei Strafe verboten – ebenso wie das Fluchen. So stand es in den Instruktionen der Armada.

Auch wenn die Schiffe ihre Position kaum veränderten, bestand der Generalkapitän darauf, dass ihm die anderen Kapitäne allabendlich ihren Gruß entboten. Vermutlich ließen sie sich dafür selbst – oder einen ranghohen Vertreter – mit dem Beiboot zum Flaggschiff rudern. Eines Abends nun erschien vor der Bordwand der Trinidad weder der Kapitän der San Antonio, Juan de Cartagena, noch der Meister oder Steuermann, sondern ein einfacher Matrose, der rief: «Gott grüße Euch, Herr Kapitän, Meister und gute Gesellschaft!»

Dem Angesprochenen gefiel der scheinbar höfliche Gruß ganz und gar nicht, fehlte darin doch das in seinen Augen entscheidende Wort. Der Matrose hatte ihn nicht als «Generalkapitän», sondern nur als «Kapitän» tituliert und damit implizit seine Position als Kommandant der Armada infrage gestellt. Um die Gründe für diesen Verstoß gegen die Etikette zu klären, schickte Magellan unverzüglich seinen Steuermann Gomes zur San Antonio, um deren Meister Juan de Elorriaga zu beauftragen, dem Kapitän Cartagena auszurichten – so gewunden war der Dienstweg! –, er möge Magellan hinfort wieder als «Generalkapitän» anreden. Cartagena soll darauf geantwortet haben, er habe ihn «mit dem besten Seemann seines Schiffes» gegrüßt, «das nächste Mal würde er ihn vielleicht mit einem Pagen grüßen» – ein weiterer Affront. Damit nicht genug, verweigerte der Oberaufseher den Gruß die nächsten drei Tage ganz und gar.

Zweifellos zehrte der wochenlange Stillstand an den Nerven aller. Wer aber hatte in Cartagenas Augen an der Misere Schuld, wenn nicht der Generalkapitän, der eigenmächtig den Kurs geändert und die Armada in die Flaute manövriert hatte? Natürlich konnte so etwas dem erfahrensten und beliebtesten Schiffsführer passieren, aber dem verzieh man es eher als jemandem, der sich selbstherrlich über die geschriebenen und ungeschriebenen Gesetze der Seefahrt hinwegsetzte.

Natürlich gab es eine Hierarchie an Bord, und die Rangunterschiede der Ständegesellschaft galten auch auf hoher See. Gleichwohl hatte sich in der Handelsschifffahrt, besonders bei riskanten Unternehmungen, der Ansatz bewährt, alle Mitfahrer zu Teilhabern zu machen. Wenn alle, auch ökonomisch gesprochen, im selben Boot saßen, pflegten sich die Leute mehr ins Zeug zu legen, als von reinen Lohnempfängern zu erwarten war. Im Gegenzug galt als ausgemacht, dass die Anführer wichtige Entscheidungen nicht über die Köpfe der Mannschaft hinweg fällten. Gestärkt wurden solche genossenschaftlichen Vorstellungen durch das Feudalrecht, in dem Treue stets auf Gegenseitigkeit beruhte und das keinen Kadavergehorsam kannte.

Auch Magellans Armada war nach diesen Prinzipien organisiert. Durch die Quintaladas war jeder Mitfahrer am Gewinn beteiligt. Die Instruktionen betonen zudem mehrfach, wie wichtig es sei, dass alle, insbesondere die Schiffsführer, einvernehmlich handelten. Cartagena hatte gesonderte Anweisungen erhalten, die diesen Aspekt ebenfalls hervorhoben. Der Oberaufseher sollte nicht nur darauf achten, dass die Interessen der Investoren gewahrt und die Instruktionen befolgt wurden, sondern auch auf «die Einigkeit und den Bund» zwischen Kapitänen und Offizieren hinarbeiten. Anscheinend legte Cartagena seinen Auftrag sehr weit aus. Er forderte, dass der Generalkapitän ihn in seine Entscheidungen einbezog, als ob beide eine «gemeinsame Person» wären, wie einige Zeugen es später ausdrückten. Damit hätte der Oberaufseher quasi Rui Faleiros Rolle als zweiter Kommandant der Armada für sich beansprucht.

Mit seiner Weigerung, den anderen Schiffsführern Rechenschaft über die Kursänderung abzulegen, hatte Magellan klargestellt, dass ein kollegialer Bund mit den anderen Kapitänen für ihn nicht infrage kam. Er hatte Cartagena brüskiert und dessen Ehrgeiz, sein Amt mit Inhalt zu füllen, ins Leere laufen lassen. Nun stellte ihm dieser die Quittung aus, indem er ihm den rechten Gruß verweigerte.

Warum Magellan derart allergisch auf die Bestrebungen des Oberaufsehers reagierte, wissen wir nicht, weil von ihm selbst keine Erklärungen dazu überliefert sind. Bestanden zwischen ihm und Cartagena persönliche Animositäten, die aus der Zeit vor der Abreise herrührten? Zeigten nun die Intrigen der portugiesischen Agenten ihre Wirkung? Oder hatten ihn seine Erfahrungen auf portugiesischen Armadas einen autokratischen Führungsstil gelehrt? Nach den wenigen erhaltenen Hinweisen ist keiner dieser Faktoren auszuschließen. Aber wer auch immer die Lunte in Brand gesetzt hatte: Die Explosion sollte nicht mehr lange auf sich warten lassen.

Im erhitzten Klima des Kalmengürtels schwelte nicht nur der Konflikt zwischen dem Generalkapitän und dem Oberaufseher vor sich hin. Eines Tages wurde der Meister der Vitoria, Anton Salamon, beim Sex mit einem Schiffsjungen erwischt. Dessen Name wird in den Akten nicht genannt. Auch sonst geben die Quellen kaum Details zu dem Vorfall preis.

Als Magellan von der Sache Wind bekam, berief er eine Versammlung aller Schiffsführer ein. Sie sollten beratschlagen, wie mit dem «sodomitischen» Meister der Vitoria zu verfahren sei, doch die Besprechung wuchs sich rasch zu einem allgemeinen Disput aus, in dem alle strittigen Themen der vergangenen Wochen aufs Tapet kamen: der korrekte Kurs, das richtige Grüßen und die Rolle des Oberaufsehers. Erneut wies Magellan Cartagenas Forderung nach einer kollegialen Führung der Armada zurück. Aber sein Kontrahent ließ nicht locker. Zeugen berichten von einem erhitzten Wortgefecht, an dessen Ende Magellan handgreiflich wurde. Er soll den Oberaufseher am Revers gepackt und ausgerufen haben: «Ihr seid festgenommen!»

Cartagena rief die anderen Schiffsführer um Hilfe, aber niemand wagte, sich dem Generalkapitän zu widersetzen. Erst als die Füße des Oberaufsehers schon in Fesseln lagen, baten die Kapitäne und Steuermänner darum, Cartagena möge doch einem von ihnen anvertraut werden. Zwar gewährte Magellan die Bitte und übergab den Oberaufseher dem Schatzmeister der Armada und Kapitän der Vitoria, Luis de Mendoza, allerdings musste dieser unter Eid versprechen, den Gefangenen jederzeit wieder auszuhändigen. Cartagenas Posten als Kapitän der San Antonio übertrug Magellan dem Buchhalter Antonio de Coca.

Auch Anton Salamon wurde seines Amtes als Meister der Vitoria enthoben und gefangen gesetzt. Zu seinem Nachfolger bestimmte Magellan einen Matrosen der Trinidad, einen gewissen Diego Martín aus Huelva, zu dem er anscheinend schon vor der Abreise in Sevilla Vertrauen gefasst hatte, gehörte dieser Martín doch zu den Werbern, die in den Atlantikhäfen Seeleute für die Armada anheuern sollten. Mit ihm schleuste Magellan einen Vertrauensmann auf der Vitoria ein, was sich langfristig als kluger Schachzug erweisen sollte. In den Büchern der Armada findet sich eine Notiz, die besagt, dass Diego Martín ein miserabler Seemann, aber dafür ein Spitzel war, der den Generalkapitän fortan über die Situation auf der Vitoria auf dem Laufenden hielt.

Nachdem Magellan die Dinge in seinem Sinne geordnet hatte, kehrte endlich auch der Wind zurück, wenn auch nicht der verlässlich von Backbord wehende Südostpassat, der die Armada im Verein mit der großen Meeresströmung des Südatlantiks ans andere Ufer des Großen Teichs hätte bringen sollen. Die Schiffe blieben noch länger im innertropischen Kalmengürtel gefangen, der sich mit der langsam südwärts wandernden Sonne ebenfalls verlagerte. Phasen der Flaute wurden immer wieder von stürmischen und böigen Winden aus wechselnden

Richtungen unterbrochen, die oft mit Gewittern und schweren Wolkenbrüchen einhergingen – mühsames Wetter für die Mannschaft, nicht nur weil die wechselhaften Winde ein ständiges Trimmen der Segel erforderten, sondern weil es unmöglich war, sich gegen die Nässe zu schützen, die bald das ganze Schiff bis in die Laderäume hinab durchdrang.

In diesen endlosen Tagen – laut Herrera hielt das schlechte Wetter über einen Monat lang an – erschien den Seeleuten mehrfach der feurige Leib des heiligen «Elmo» an den Mastspitzen: das Elmsfeuer, das von elektrischen Ladungen in der Luft hervorgerufen wird und das die christlichen Seefahrer früherer Zeiten oft als Zeichen göttlichen Erbarmens angesichts ihrer Not interpretierten. Einmal, schreibt Pigafetta, erschien Sankt Elmo «in einer stockfinstren Nacht in großer Helligkeit wie eine brennende Fackel an der Spitze des Großmastes und blieb dort zwei Stunden und mehr und tröstete uns, während wir weinten. Als uns dieses gesegnete Licht verlassen wollte, blendete sein gewaltiges Leuchten unsere Augen derart, dass wir alle eine halbe Viertelstunde wie Blinde waren. Wir flehten um Erbarmen und glaubten ernsthaft, wir seien gestorben. Da beruhigte sich das Meer plötzlich.»

## 7. Land des Wahren Kreuzes

Mochten die Menschen darum streiten, wer an Bord das Sagen hatte: Der wahre «Gouverneur und Eigentümer» eines Schiffes war – wie Eugenio de Salazar erkannt hatte – der Wind und der Steuermann lediglich sein Statthalter. Endlich hatte der launische Gebieter über die Lüfte ein Nachsehen mit seinen gebeutelten Untertanen; der Kalmengürtel mit seinen unvorhersehbaren Flauten, Windstößen und Gewittern gab die Armada frei, und bald stellte sich unter den Reisenden wieder jenes befriedigende Gefühl ein, das jeder Segler empfindet, wenn sein Boot gute Fahrt macht und einen schäumenden Keil in das Wasser vor seinem Bug treibt. Pigafetta fand wieder Muße, die Welt um sich herum zu bestaunen. Er beobachtete Sturmvögel und fliegende Fische und sah den Polarstern untergehen. Die kleine Flotte passierte den Äquator.

Am 29. November 1519 erreichte sie 7° Süd und war noch geschätzte 27 Leugen vom Cabo de Santo Agostinho an der Küste des heutigen brasilianischen Bundesstaats Pernambuco entfernt. Mit diesem Tag begann Francisco Albo, der Bootsmann der Trinidad, die mittägliche Sonnenhöhe zu messen und daraus die geographische Breite zu errechnen. Seine Berechnungen trug Albo in ein Heft ein. Im Lauf der kommenden Monate und Jahre entstand so das einzige erhaltene Logbuch von Magellans Amada. Dank ihm können wir den Kurs der fünf Schiffe nachvollziehen, die nun für einige Tage zügig in südsüdwestlicher Richtung dahinglitten, um am 7. Dezember nach Westen beizudrehen. Einen Tag später, am Fest der Empfängnis Mariens, sichteten die Reisenden zum ersten Mal das südamerikanische Festland.

Die Armada befand sich nun südlich der Abrolhos, einer Inselgruppe, deren Name allein ihre Gefährlichkeit für die Seefahrt erahnen lässt, leitet er sich doch von portugiesisch «Abre os olhos» ab: Öffne die Augen! Weil João Lopes Carvalho im Ruf stand, diese Gewässer am besten zu kennen, ließ Magellan nun Carvalhos Schiff, die Concepción, den Konvoi anführen. Aber offenbar hielten die Kenntnisse des Steuermanns nicht, was er versprach, denn während die Schiffe entlang der Küste nach Südwesten fuhren, «näherte er sich dem Land ein oder zwei Mal so sehr, dass sie, wenn Estevão Gomes nicht gewesen wäre, auf Grund gelaufen wären». Die fünf Schiffe umrundeten das Cabo Frio, und am 13. Dezember fanden sie jene Bucht bei 23° Süd, in der Carvalho vier Jahre seines Lebens verbracht hatte.

Wie Säulen ragten zwei Granitkegel aus grün überwucherten Inseln auf und bewachten die nur einen Arkebusenschuss breite Einfahrt in die Bucht, die die Kastilier zur Feier des Tages nach der heiligen Luzia benannten. Portugiesische Seefahrer, die am ersten Tag des Jahres 1502 hier angekommen waren und gemeint hatten, es handele sich um eine Flussmündung, hatten ihr bereits den Namen «Januarfluss» gegeben: Rio de Janeiro. Doch die Einheimischen wussten es besser. Sie nannten sie Guanabara, was in ihrer Sprache so viel hieß wie «Bucht, die dem Meer gleicht».

Der Anblick, der sich 240 Augenpaaren bot, muss atemberaubend gewesen sein. Kaum ein Europäer, der Rio de Janeiro im Lauf der letzten 500 Jahre besucht hat, blieb vom Reiz dieses Ortes unberührt. Für Stefan Zweig etwa gab es «keine schönere Stadt auf Erden». Als Magellan und seine Männer in die Bucht einfuhren, konnte sich das Zusammenspiel zwischen Meer und Landschaft ringsum noch ungestört von Hochhäusern, Verkehr und Müll entfalten. Nahezu unberührt breitete sich vor ihnen die sinnbetäubende Schönheit der tropischen Natur aus. Sämtliche Hügel waren von dichtem Regenwald überzogen, und Mangroven säumten überall die Ufer wie heute nur noch im Nordosten der Bucht, in der Gegend um Guapimirim. «Hinter der Einfahrt gibt es eine Bucht, von der es wohl scheint, dass der großartigste Maler und Architekt der Welt sie erschaffen hat: Gott unser Herr, und so ist es das Schönste und Angenehmste, was es in ganz Brasilien gibt», schwärmte der Jesuit Fernão Cardim, der Rio de Janeiro in den 1580er Jahren besuchte. Zu Cardims Zeit gab es in Rio bereits eine kleine portugiesische Kolonie «mit einer großen Anzahl einheimischer Sklaven», wie der Jesuit anmerkte. Das waren die Überreste der ehemaligen Einwohner, die nicht in den vorhergehenden Eroberungskriegen getötet oder vertrieben worden waren.

Als Magellan und seine Crew hier im Dezember 1519 Station machten, hatten die Unterwerfung und Ausrottung der indigenen Völker Brasiliens noch nicht begonnen. Zwar war die Küste – samt der Guanabarabucht – den Europäern seit mehr als einem Jahrzehnt bekannt, aber die portugiesische Krone, die gemäß dem Vertrag von Tordesillas einen Besitzanspruch auf das «Land des Wahren Kreuzes» erhob, hatte weder ein vordringliches Interesse, noch verfügte sie über die Mittel, ihre Ansprüche sogleich durchzusetzen. Portugals Kräfte waren im Indischen Ozean und in Nordafrika gebunden, und um schnell im großen Stil Profit zu machen, waren die indigenen Völker Brasiliens aus europäischer Sicht schlichtweg zu arm. Außer Brasilholz und Papageien hatten sie keine nennenswerten Exportartikel zu bieten, weder Gewürze noch Gold oder Edelsteine. Dass sich aus dem Land des Wahren Kreuzes – unter massenhafter Ausbeutung afrikanischer Sklaven – der zunehmende Heißhunger der Europäer auf Zucker stillen ließ, wurde erst später erkannt.

So öffnete sich für die Dauer von etwa einer Generation ein Zeitfenster, in dem Einheimische und die sporadischen Besucher einander als Menschen begegnen konnten. In den Berichten von den ersten Zusammentreffen ist die Faszination noch spürbar, die beide Seiten aufeinander ausübten. Wie es scheint, waren die Einheimischen, außer von den großen Schiffen, vor allem von den eisernen Werkzeugen und Waffen der Fremden beeindruckt. Sie kannten keine Metallbearbeitung; daher müssen ein Messer oder eine Schere, ja sogar ein Nagel für sie etwas Wundersames gewesen sein, und es ist wenig erstaunlich, wenn sich diese Gegenstände bald in Objekte ihrer Begierde verwandelten. Um sie zu erlangen, lernten sie rasch, die Abenteurer und Geschäftemacher, die nun Jahr um Jahr mit oder ohne Konzession der portugiesischen Krone bei ihnen aufkreuzten, zufriedenzustellen: Im Tausch gegen Eisenwerkzeuge schlugen sie das Brasilholz und schleppten es zu den Anlegeplätzen der Schiffe. So blühte bald ein für beide Seiten profitabler Handel.

Umgekehrt richtete sich das Interesse der Ankömmlinge aber nicht nur auf diesen Rohstoff und, in geringerem Maße, auf die Papageien und Äffchen, die man als exotische Spielzeuge an die vornehmen Haushalte Europas verkaufen konnte. Auch die Einheimischen selbst und ihre gänzlich andere Lebensweise, wie Amerigo Vespucci sie als Erster in seinen Briefen anschaulich schilderte, schlugen das europäische Publikum in den Bann. Der florentinische Steuermann hatte die brasilianische Küste zu Beginn des 16. Jahrhunderts mehrmals bereist. Ob er sämtliche Berichte, die unter seinem Namen zirkulierten, selbst verfasst hat und ob seine Schilderungen in jedem Punkt der Wahrheit entsprachen, spielt dabei keine Rolle. Was er zu erzählen hatte, erregte die Fantasie seiner Leserschaft.

In der «Neuen Welt» traf Vespucci eine große Zahl «sanfter und umgänglicher Menschen» an, die nackt herumliefen, «wie sie aus dem Bauch der Mutter hervorgekommen waren», und hochgewachsene Körper «von wohlgeformter Gestalt und einer ins Rötliche neigenden Farbe» hatten. Sie besaßen volles schwarzes Haar, waren beweglich und geschickt im Spiel und «von anmutigem Antlitz», mit Löchern in Wangen, Lippen, Nasen und Ohren. In diese teilweise «pflaumengroßen» Löcher steckten sie polierte Steine verschiedener Art, kleine Knochen oder «andere kunstvoll bearbeitete Dinge», was dem Autor sonderbar vorkam. Aber diese Völker pflegten noch seltsamere Bräuche «jenseits jeder menschlichen Glaubwürdigkeit»: «Wenn ihre Frauen sexuell erregt sind, lassen sie die Geschlechtsteile ihrer Ehemänner zu solcher Dicke anschwellen, dass sie unförmig und hässlich erscheinen, und dies durch einen Trick von ihnen und den Biss gewisser giftiger Tiere.» Allerdings bezahlten viele Männer die Vergrößerung ihres Penis teuer: «Die Geschlechtsteile fallen ihnen ab, und sie enden als Eunuchen.» Dabei würden die Menschen hier 150 Jahre alt, seien nur selten krank, und «ihre Frauen, obwohl sie nackt einhergehen und sehr wollüstig sind, haben reichlich wohlgeformte und reine Körper».

Aber das vermeintlich naturwüchsige Paradies hatte auch eine Nacht- oder Schattenseite, die allerdings nicht minder zu seinem exotischen Flair beitrug. Sie wird ebenfalls bereits in Vespuccis Briefen thematisiert. Führten die Völker Brasiliens doch ständig gegeneinander Kriege «ohne Kunst, ohne Ordnung», «in denen sie sich gegenseitig grausam töten» und «die Sieger die Besiegten aufessen». Ja, diese schönen, umgänglichen, freien Menschen waren Kannibalen. Von den Deckenbalken ihrer Behausungen baumelten die gepökelten oder geräucherten Gliedmaßen ihrer Opfer wie anderswo die Speckschwarten.

Heute weiß man, dass Vespucci indigene Völker aus der großen Familie der Tupi beschrieb, die im 16. Jahrhundert an weiten Teilen der brasilianischen Küste südlich des Amazonas siedelten. Die Tupi teilten eine mit dem Guarani verwandte Sprache und besaßen weitere kulturelle Gemeinsamkeiten, gliederten sich aber in viele unabhängige, mitunter verfeindete Stämme. Vespuccis Erzählungen über ihren Kannibalismus wurden von späteren Reisenden, etwa dem deutschen Söldner Hans Staden, weitergesponnen. Auch Pigafetta ging auf das Thema ein.

Als die fünf kastilischen Schiffe am Tag der heiligen Luzia des Jahres 1519 in die Guanabara-Bucht einfuhren, sprachen aus den Blicken der 240 Männer an Bord sicherlich Neugier und Erregung. Einige Gebildete unter ihnen, darunter Pigafetta, hatten Vespuccis Briefe wohl selbst gelesen, andere hatten den Erzählungen von befreundeten Seeleuten gelauscht, die selbst in Brasilien gewesen waren oder ihrerseits Geschichten darüber gehört hatten. Nicht zuletzt wird João Lopes Carvalho auf der langen Fahrt über den Atlantik den einen oder anderen Schwank aus seinen brasilianischen Jahren zum Besten gegeben haben.

Für den Steuermann muss das Wiedersehen mit dem Ort, an dem er vier Jahre seines Lebens verbracht hatte, ein aufwühlender Moment gewesen sein – umso mehr, als einige der Einheimischen, die bald in großen Einbäumen angerudert kamen, um die Fremden zu begrüßen, ihren Gast von ehedem wiedererkannten. Daraufhin brachten sie die Frau an Bord, mit der er in jenen Jahren zusammengelebt hatte, samt ihrem gemeinsamen Sohn, der inzwischen sieben Jahre alt war.

Wahrscheinlich hatte Carvalho unter den Temiminós gelebt. Diese Gruppe bewohnte damals die größte Insel in der Bucht, die Ilha do Governador, die heute zu einem Gutteil von Rios internationalem Flughafen eingenommen wird. In jenen Tagen hieß sie noch «Katzeninsel», nach einer heimischen Leopardenart. Ihre Hügel waren bewaldet und reich an Quellen und Bächen. Für die Insel galt in besonderem Maße, was der Jesuit Fernão Cardim über Rio de Janeiro und seine Umgebung schrieb: Diese Gegend «ist sehr gesund, mit sehr guten Lüften und Gewässern. Im Sommer kann es recht heiß werden, im Winter angenehm kühl, aber im Allgemeinen herrscht ein gemäßigtes Klima vor, und der Winter erinnert an den Frühling in Portugal, mit einigen wunderschönen Tagen, so angenehm und heilsam, dass die Körper neues Leben zu trinken scheinen. Es ist ein sehr fruchtbares Land.»

Carvalho beherrschte sehr wahrscheinlich die Sprache der Temiminós, und so konnte er ihnen problemlos klarmachen, weshalb er und seine Mitreisenden hergekommen waren: nicht etwa um Brasilholz einzutauschen, sondern um die Vorratskammern ihrer Schiffe aufzufüllen. Nach der langen Fahrt über den Atlantik fehlte es vor allem an Trinkwasser, aber auch an Brennholz; frische Nahrung war ebenfalls Mangelware. Außerdem freuten sich die Männer nach all den Strapazen auf etwas Erholung, so mancher auch auf weibliche Gesellschaft.

Was immer eines Seefahrers Herz begehrte, die Katzeninsel hielt es in Hülle und Fülle bereit – zumindest wenn man Pigafetta glauben darf. «Wir bekamen reichlich Geflügel, Süßkartoffeln, Ananas – wahrlich die herrlichste Frucht, die es gibt –, das Fleisch vom Tapir, das dem des Rindes ähnelt, Zuckerrohr und zahllose andere Dinge», schwärmt der Autor und listet stolz die Schnäppchen auf, die er und andere beim Tausch mit den Temiminós erzielen konnten: fünf oder sechs Hühner für einen Angelhaken oder eines von jenen billigen Messern aus Deutschland, ein Gänsepaar für einen Kamm; für eine Schere gab es so viel Fisch, dass zehn Männer davon satt wurden, und für ein Glöckchen oder eine Schnur erhielt man einen Korb voll Süßkartoffeln (Batate). «Diese Süßkartoffeln schmecken wie Kastanien und sind lang wie Rüben», erläutert Pigafetta und ergänzt: «Für eine einzige Spielkarte gaben sie mir sechs Hennen und glaubten noch, sie hätten mich übers Ohr gehauen.»

Wer eine Frau haben wollte, musste jedoch etwas tiefer in die Tasche greifen. «Sie gaben uns», schreibt Pigafetta, «für eine Axt oder ein großes Messer ein oder zwei ihrer jungen Töchter als Sklavinnen, aber ihre Ehefrauen gaben sie um keinen Preis her.» Im Gegenteil, die Männer würden ihre Frauen «eifersüchtig» bewachen und diese ihre Gatten niemals «beschämen». Wie schon Vespucci stachen Pigafetta die durchbohrten Wangen und Lippen der Männer ins Auge, außerdem beschreibt er ihren Federschmuck und die «wundervolle» Bemalung «aus Feuer», das heißt wohl in roter Farbe, mit der beide Geschlechter ihre Gesichter und Körper schmückten.

Bei aller unbefangenen Neugier, die aus Pigafettas Erzählung spricht, findet sich bei ihm – wenig überraschend – keine Reflexion darüber, wie die Temiminós die oben beschriebenen Transaktionen wahrnahmen. Was in Pigafettas Schilderung wie übelster Frauenhandel klingt, waren für die andere Seite womöglich Akte der Gastfreundschaft: Gefälligkeiten, mit denen die Temiminós eine Bindung zu ihren Gästen knüpften. Dass junge Frauen sich den Fremden hingaben, machte sie in den Augen ihrer Stammesangehörigen nicht unbedingt zur Ware. Unklar bleibt auch, ob das Verhältnis zwischen den Geschlechtern so patriarchalisch war, wie Pigafetta es beschreibt, oder ob dieser Eindruck der Brille eines Betrachters geschuldet ist, der sich keine Beziehung zwischen Mann und Frau ohne Besitz- und Herrschaftsverhältnis vorstellen konnte. Berichte späterer Brasilienreisender deuten darauf hin, dass junge Frauen und Männer bei vielen indigenen Völkern sexuelle Freiheiten genossen, dass sie aber, sobald sie Eltern wurden, zu einer monogamen Lebensweise übergingen. Auf europäische Männer der Frühen Neuzeit, für die die Ehrbarkeit einer unverheirateten Frau an ihre Jungfräulichkeit geknüpft war, konnten solche Sitten ebenso verstörend wie betörend wirken.

Wie rätselhaft und begehrenswert zugleich die beiden Welten, die sich damals begegneten, füreinander sein konnten, illustriert folgende Anekdote, die Pigafetta erzählt: «Ein schönes Mädchen kam eines Tages auf das Flaggschiff, wo ich mich aufhielt, einfach nur so, um anzubandeln. Wie sie so abwartend dastand, warf sie einen Blick in die Kajüte des Meisters und sah dort einen Nagel, länger als ein Finger. Den nahm sie mit großer Vornehmheit und Anmut an sich, schob ihn zwischen die Lippen ihres Geschlechts und verschwand plötzlich, wobei sie sich ganz klein machte. Dies sahen der Generalkapitän und ich.»

Dem Wunsch seiner Männer, ihre «Sklavinnen» auf die Schiffe zu holen, widersetzte sich Magellan, wollte er doch keine weiteren Esser und keine Frauen an Bord haben. Vor allem aber wollte er dem portugiesischen König keinen Anlass zur Beschwerde geben. In den frühen Morgenstunden des 17. Dezember hatte Andrés de San Martín eine Konjunktion von Mond und Jupiter beobachtet, anhand deren er den Längengrad zu errechnen versuchte, auf dem sie sich befanden – leider ohne schlüssiges Ergebnis. Aber Magellan und seine Mitfahrer zweifelten wohl auch so nicht daran, dass sie sich in der portugiesischen Erdhälfte aufhielten. Dass sie es überhaupt wagen durften, an diesem Ort zu landen, lag an der sehr spärlichen portugiesischen Präsenz in der Region. Zwar könnten die Portugiesen auf der Ilha do Governador schon früher eine provisorische Handelsniederlassung errichtet haben – darauf deuten verschiedene Indizien hin. Aber wenn, dann war sie zwischenzeitlich wieder verlassen worden, so dass Magellan und seine Leute freie Bahn hatten.

Auch wenn San Martín aus der Konjunktion von Mond und Jupiter keine brauchbaren Erkenntnisse gewinnen konnte, so stand der Aufenthalt in der Guanabara-Bucht doch unter einem guten Stern – und wenn es bloß die Sonne war, die in jenen Tagen im Zenit stand. Die Bucht liegt nämlich genau unter dem Wendekreis des Steinbocks, und Pigafetta schreibt, dass die Sonne hier heißer brannte als am Äquator. Als die Armada eintraf, habe es schon zwei Monate lang nicht geregnet gehabt, doch mit den Besuchern sei der ersehnte Regen gekommen. «Daher sagten sie, wir kämen vom Himmel und hätten den Regen mitgebracht», woraus der Autor schloss: «Diese Leute könnten leicht zum Glauben an Jesus Christus bekehrt werden.» Zweimal lasen die Priester an Land eine Messe, offenbar in Gegenwart einiger Temiminós. «Diese lagen in solcher Zerknirschung auf den Knien, die gefalteten Hände erhoben, dass es ein außerordentlich großes Vergnügen war, sie anzuschauen.»

Über ein anderes Schauspiel, das so gar nichts Vergnügliches an sich hatte, schweigt Pigafetta sich aus: Am 20. Dezember wurde über Anton Salamon Gericht gehalten, den früheren Meister der Vitoria, der vor der Guinea-Küste beim Sex mit einem Schiffsjungen erwischt worden war. Die Zusammensetzung des Gerichts ist nirgends vermerkt, aber es steht außer Frage, dass Magellan den Vorsitz führte, hatte ihm doch der König mit seiner Ernennung zum Kapitän die richterliche Gewalt über die gesamte Besatzung, vom Pagen bis zum Meister, übertragen. Seine Hoheit hatte ihm ausdrücklich «Vollmacht und Befugnis» erteilt, jegliche «Strafen, die Ihr in meinem Namen verhängt, … an den betreffenden Personen und ihrem Besitz zu vollstrecken».

Nach den Maßstäben der Zeit war gelebte Homosexualität eine «Sünde wider die Natur» – ein todeswürdiges Verbrechen. Ob es auch geahndet wurde, hing jedoch immer davon ab, ob das jeweilige soziale Umfeld und die Machthaber ein Interesse daran hatten, die Norm durchzusetzen. Wie gesagt, hatte Magellan die Situation vor der Guinea-Küste benutzt, um den ertappten Meister abzusetzen und einen

Vertrauensmann, den Matrosen Diego Martín, auf der Vitoria zu platzieren. Nun verhängte er über Anton Salamon das Todesurteil.

Damit demonstrierte Magellan, dass er als Generalkapitän Gewalt über Leben und Tod besaß und sich nicht scheute, diese Gewalt auch auszuüben. Er bewies mit seinem Vorgehen, dass er ein verantwortungsvoller Anführer war. Aus der Sicht eines gottesfürchtigen Christen der Frühen Neuzeit brachten die Sünden Einzelner Unheil über die Gemeinschaft. Diese Überzeugung spricht auch aus den Instruktionen, die Magellan erhalten hatte, so zum Beispiel indem diese fordern, dass keine Gotteslästerer mitfahren sollten. Wenn aber schon Blasphemie den Zorn des Allmächtigen heraufbeschwor, um wie viel mehr musste jemand, der wie Salamon eine «Sünde wider die Natur» begangen hatte, den Schöpfer beleidigen? Gott würde eine solche Sünde gewiss nicht ungestraft lassen, und damit sein Bannstrahl nicht die gesamte Armada traf, gab es nur einen Ausweg: Der Generalkapitän musste dem göttlichen Strafgericht zuvorkommen. Daher mochte das grausame Urteil aus seiner Sicht nicht nur gerechtfertigt, sondern geradezu geboten scheinen.

Wohlgemerkt verurteilte das Gericht nur Anton Salamon, nicht aber den Schiffsjungen, was darauf hindeutet, dass man diesen nicht als Komplizen des Meisters, sondern als dessen Opfer ansah. Das Urteil wurde noch am selben Tag vollstreckt – durch wen und auf welche Weise, ist abermals nicht dokumentiert. Damit hatte die Armada exakt drei Monate nach der Abfahrt von Sanlúcar ihren ersten Toten zu beklagen (sieht man einmal von einem Matrosen ab, der noch vor der Abreise im Guadalquivir ertrunken war). Den unglückseligen Meister der Vitoria hatte keine Welle verschlungen, keine Schlange gebissen, kein tödlicher Pfeil getroffen, ihn hatte auch kein Fieber dahingerafft, vielmehr hatten seine eigenen Gefährten ihn ihrem engstirnigen Gottesbild geopfert.

Den zweiten Gefangenen, Juan de Cartagena, wollte Magellan offenbar in Brasilien aussetzen, aber die übrigen Kapitäne scheinen sich ein weiteres Mal für ihren Kollegen ins Zeug gelegt zu haben, denn Cartagena blieb an Bord, allerdings nicht auf demselben Schiff wie zuletzt. Anstelle von Luis de Mendoza sollte von nun an der Kapitän der Concepción, Gaspar de Quesada, auf den abgesetzten Oberaufseher aufpassen.

Magellan ließ Quesada einen Eid schwören, den Gefangenen gut zu bewachen.

Und noch eine Personalentscheidung fällte der Generalkapitän während des Aufenthalts in Guanabara: Er entzog Antonio de Coca das Kommando über die San Antonio, das dieser vor der Guineaküste an Cartagenas Stelle übernommen hatte, und übergab es seinem Vetter Alvaro de la Mesquita, zu dem er offenbar mehr Vertrauen hegte.

Auf Familienbande war allerdings nicht immer Verlass. Den Cousin seiner Frau, Duarte Barbosa, der als Sobresaliente auf der Trinidad fuhr, musste Magellan anketten lassen, weil es ihm im Land des Wahren Kreuzes so gut gefiel, dass er lieber «mit den Indios gehen» wollte, als dem Schwiegersohn seines Onkels weiter auf dem Weg nach Indien zu folgen.

So wie Barbosa hätte wohl so mancher gern länger in der paradiesischen Bucht unter dem Wendekreis verweilt, und die Temiminós hätten wohl auch nichts dagegen gehabt, wenn die Europäer noch geblieben wären. Pigafetta erzählt, dass die Indianer schon begonnen hatten, für ihre Gäste eines der typischen Langhäuser zu bauen. Aber nachdem die Vorräte aufgefüllt waren und seine Männer sich erholt hatten, drängte der Generalkapitän zum Aufbruch. Der Sommer überschritt schon den Zenit, und der Weg zu den Molukken war noch weit, die Passage nach Westen längst nicht gefunden.

Das Weihnachtsfest feierten sie noch bei den Temiminós, die mit einem wertvollen Abschiedsgeschenk aufwarteten: einem Berg von Brasilholz, fertig geschnitten. Leider konnten Magellan und seine Gefährten damit wenig anfangen, hofften sie doch die Laderäume ihrer Schiffe auf den Gewürzinseln mit einer kostbareren Fracht zu füllen. Aber sie nahmen – der Aussage eines Matrosen zufolge – ein paar Stämme als Souvenir mit. João Carvalho durfte seinen kleinen Sohn als Pagen an Bord holen, und anscheinend fuhr auch noch ein Mann aus Guanabara mit; das lässt sich aus einer späteren Anmerkung Pigafettas schließen.

Am 26. Dezember stand der Wind günstig. Also ruderten sie zu den Schiffen zurück – womöglich begleitet von dem einen oder anderen Einbaum, der ihnen das Geleit gab – und holten die Beiboote ein. Pigafetta berichtet ein wenig herablassend, die Indianer hätten anfangs geglaubt, «dass die Beiboote die Kinder der Schiffe waren und dass diese sie gebaren, wenn sie vom Schiff zu Wasser gelassen wurden, und wenn sie Seite an Seite lagen, wie es üblich ist, glaubten sie, dass die Schiffe sie säugten».

Nachdem die Beiboote wieder an Bord gehievt waren, wurden die Anker gelichtet, und die Schiffe fuhren aus der Bucht – was simpel klingt, für ein Segelschiff ohne Motor aber ein aufwendiges Manöver war, das Umsicht und Geschick erforderte. Bis das letzte Schiff die Ausfahrt gemeistert hatte, neigte sich der Tag dem Ende zu. Am darauffolgenden Morgen, Festtag des Evangelisten Johannes, setzte die Armada alle Segel und nahm Kurs auf Westsüdwest.

Als Magellan seinerzeit in Valladolid versucht hatte, dem König sein Projekt mit Hilfe eines Globus zu veranschaulichen, hatte er – wie Bartolomé de las Casas bezeugt – den Bereich südlich von Brasilien wohlweislich weiß gelassen. Wir wissen daher nicht, wo genau er die Passage oder Umfahrung nach Westen vermutete. Es muss aber südlich des 35. Breitengrads gewesen sein. Auf dieser geographischen Breite lag das Kap Santa María, das die Einfahrt in den großen Fluss markiert, an dessen Ufer João de Solis 1516 zu Tode gekommen war. Portugiesische Autoren behaupteten, das Kap Santa María sei bereits 1514 von einem anderen Steuermann gesichtet worden: João de Lisboa, damals einer der angesehensten Vertreter seiner Profession und womöglich Leiter jener von Cristóbal de Haro lancierten Expedition, von der die «Newe Zeytung aus Presillg Landt» berichtet.[1] So oder so, für Magellan war das Kap eine bekannte Landmarke, als er seine Fahrt plante, denn er listete es auch in seiner Denkschrift an Karl I. auf.

Doch wie es südlich dieses Kaps aussah, wusste weder Magellan selbst noch sonst jemand aus seiner Crew. Es gab nicht mehr als die Vermutung, dass dort irgendwo eine Durchfahrt nach Westen zu finden sein müsse. Jenseits des Kaps Santa María begann für die Expedition echtes Neuland. Die Seefahrer stießen in unbekannte Gewässer vor, und entsprechend muss mit jeder Meile, die sie diesem Punkt näher kamen, ihre Anspannung gestiegen sein.

Von dieser Anspannung ist bei Francisco Albo, dem Logbuch führenden Bootsmann der Trinidad, allerdings wenig zu spüren. In seiner lakonischen Art vermeldet er für «Dienstag, den 10. (Januar)» eine geographische Breite von 35° und ergänzt: «Wir befanden uns vor dem Kap

Santa María, und von dort verläuft die Küste weiter von Ost nach West, und das Land ist sandig, und in der Richtung des Kaps gibt es einen Hügel, der aussieht wie ein Sombrero, dem wir den Namen ‹Monte Vidi› gaben.» Von hier aus seien die Seefahrer der Küste gefolgt, die anscheinend einen Bogen nach Nord- und dann nach Südwesten machte, durch Süßwasser, das fünf, vier und schließlich nur noch drei Faden tief gewesen sei – eine grenzwertige Tiefe für die Naos, die hier kaum noch Wasser unter dem Kiel hatten.

Dass Albo die Küste als «sandig» beschreibt, deutet darauf hin, dass er sich ihr nicht allzu sehr genähert hat, bemerkt doch ein Navigationshandbuch des 19. Jahrhunderts: «Die Küste sieht aus der Distanz von einigen Meilen fast immer so aus, als ob sie aus Sand wäre, dabei ist sie im Allgemeinen aus Fels.» Auch sonst verraten Albos wortkarge Notizen nur andeutungsweise, welche Herausforderungen die Seefahrer an diesem Punkt ihrer Reise zu meistern hatten. Herrera, der anscheinend auch für diesen Teil seiner Chronik auf die Aufzeichnungen San Martíns zurückgreifen konnte, geht da mehr ins Detail. Zwar stimmt seine Schilderung nicht ganz mit derjenigen Albos überein und gibt überdies manche Rätsel auf, aber sie lässt zumindest erkennen, wie vorsichtig die Entdecker in diesen ihnen gänzlich unbekannten Gewässern zu Werke gingen und welchen Gefahren sie ausgesetzt waren.

Unerlässliches Hilfsmittel war das Lot, das nicht nur Auskunft über die Wassertiefe, sondern auch über die Beschaffenheit des Meeresbodens geben konnte. Dafür wurde die leicht nach innen gewölbte Unterseite des Senkbleis mit Talg beschmiert, so dass Partikel des Bodens daran kleben blieben, wenn man es wieder heraufzog. Offenbar führten die Steuermänner über ihre Befunde Buch, denn Herrera konnte berichten: «Am 10. des genannten (Monats), eine Stunde vor Sonnenuntergang, entboten sie dem Flaggschiff den Gruß, und als der Steuermann Estevão Gomes nach der Breite fragte, sagten sie, dass sie sich bei 34 Grad befänden und dass sie an jenem Tag Tiefen von 15 bis 18 Faden gemessen hätten und dass der Grund weiß sei mit kleinen Muschelscherben, an anderer Stelle aus rotem Sand bestehe und wieder anderswo aus dunklem und weißem Sand mit den genannten Muscheln.»

Aus solchen Beobachtungen war es einem kundigen Steuermann möglich, Rückschlüsse auf Strömungen und die Art des Gewässers zu ziehen, das er befuhr – ob es sich etwa um eine Bucht handelte, eine

Flussmündung oder eine Meerenge. Und es ließ sich ersehen, ob der Grund so beschaffen war, dass ein Anker darin Halt fand. All diese Fragen konnten rasch lebenswichtige Bedeutung annehmen, wenn etwa ein Sturm aufzog – so wie jener, von dem Herrera erzählt.

Sie hatten sich dem Land genähert und an der weitgehend flachen Küste drei Hügel ausgemacht, die Inseln glichen und von denen João Carvalho meinte, es handele sich um das gesuchte Kap Santa María, welches er zwar nicht aus eigener Anschauung, aber aus der Beschreibung seines Landsmannes und Kollegen João de Lisboa kannte. Tags darauf fuhren sie nordwärts «in eine Art Bucht», wo sie die Segel einholten und einen Anker warfen, denn von Osten zog ein Unwetter auf, «und zwar so stark, dass der Anker, obwohl der Grund aus Schlick bestand, zu schleifen begann und es nötig wurde, einen zweiten auszuwerfen. Und weil sich das Unwetter immer heftiger entlud, glaubte der Schatzmeister und Kapitän der Vitoria, Luis de Mendoza, die Meinung der Steuermänner und Seeleute einholen zu müssen. Und Andrés de San Martín war der Ansicht, dass sie, solange die Anker hielten, keine Änderung vornehmen sollten, weil die Nacht sehr finster und furchterweckend war.» Solange der Sturm blase, sei wenig zu tun, erklärte San Martín und warnte eindringlich davor, die Anker zu kappen, denn «an ihnen hing ihr Leben». Im Übrigen, beruhigte der Astrologe den verunsicherten Kapitän, gehe zu Mitternacht der Mond auf, und dann sei naturgemäß und wegen des Laufs der Gestirne eine Verbesserung des Wetters zu erwarten. Und tatsächlich: «Gott wollte, dass sich das Wetter anderthalb Stunden später zu bessern begann, so dass sie einen der Anker einholen konnten.»

Die Sorge des Kapitäns war ebenso wenig unbegründet wie die Umsicht der Steuermänner, manövrierte die Flotte doch in Gewässern, die nicht nur unbekannt, sondern auch tückisch waren. Das Süßwasser, durch das sie fuhren, deutete darauf hin, dass sie sich vor oder in der Mündung jenes Flusses befanden, den João de Solis nach der Gottesmutter benannt hatte; ihm zu Ehren tauften seine Nachfolger den Fluss «Río de Solis», bevor er den Namen Río de la Plata erhielt. Heute verstehen wir darunter den riesigen Mündungstrichter der Flüsse Paraná und Uruguay.

Der nördliche Teil des Río de la Plata, den Magellan und seine Leute zunächst erkundeten, war noch im 19. Jahrhundert unter Steuermännern als «Hölle der Seeleute» verschrien. Als Hauptübel galten, neben vorgelagerten Inseln und unsicheren Ankergründen, die Unmengen an Sedimenten, die Paraná und Uruguay in ihrer Mündung ablagern – geschätzte 80 Millionen Tonnen jährlich. Diese sorgen nicht nur für die charakteristische bräunliche Färbung des Wassers, sondern auch dafür, dass der innere Teil des Río de la Plata sehr seicht und von ausgedehnten Sandbänken durchzogen ist, die Schiffen mit größerem Tiefgang das Manövrieren quasi unmöglich machen. Die meisten davon lagern westlich einer Linie zwischen Montevideo im Norden und Punta Piedras am südlichen Ufer, aber auch auf der Seeseite lauern verborgene Gefahren wie der «Banco Inglés», die Englische Bank: ein ausgedehntes Riff südwestlich von Montevideo, das seinen Namen von dem englischen Freibeuter John Drake haben soll. Als der Neffe des berühmten Francis Drake 1584 am Río de la Plata in spanische Gefangenschaft geriet, gab er zu Protokoll, auf der ominösen Bank Schiffbruch erlitten zu haben; seither heißt sie «die Englische».

Von Schiffbruch blieb Magellans Flotte im Río de la Plata verschont, sei es, weil sie Glück hatte, oder dank der Geschicklichkeit ihrer Steuermänner, denen dieser eigenartige Fluss, wie Herrera andeutet, alles andere als geheuer war. Der spanische Historiker stimmt mit Albo und den übrigen Zeugen darin überein, dass die fünf Schiffe dem nördlichen Ufer folgten und in den inneren Teil der Mündung vorstießen. Dabei ließen die Steuermänner unentwegt das Lot auswerfen, bis das Wasser für die Naos zu seicht wurde und nur mehr die Santiago ausreichend Wasser unter dem Kiel hatte. Die Karavelle wurde daher allein zur weiteren Erkundung flussaufwärts geschickt.

Unterdessen wandte sich Magellan mit zwei Schiffen nach Süden, um die andere Seite des Mündungstrichters zu erforschen. Nach einigen Tagen kehrte er mit der Nachricht zurück, in zwanzig Leugen Entfernung auf Land gestoßen zu sein. Von der gesuchten Passage war jedoch weit und breit nichts zu sehen. Die verbleibende Zeit bis zur Rückkehr der Santiago nutzten die Wartenden, um das Wasser des Río de la Plata in Fässer abzufüllen. Das Wasser fanden sie «so gut wie das des Flusses von Sevilla», vermerkt Herrera, was bedeutet, dass es sich um Süßwasser handelte und die Flotte sich im inneren Teil der Mündung aufhielt, wo sich Fluss und Meer noch nicht vermischen. Über die Qualität des Wassers ist damit wenig ausgesagt, obwohl der Río de la

Plata im 16. Jahrhundert gewiss nicht annähernd so verseucht war wie heute.

Das Wasserfassen nahm die Männer mehrere Tage in Anspruch. In dieser Zeit näherten sich vom Land Kanus den Schiffen, die aber vorsichtig Abstand hielten: Das waren die Bewohner der Küstenländer, die offenbar nachsehen wollten, wer da in ihren Lebensraum eindrang.

Die Einheimischen seien scheu gewesen, erinnert sich Pigafetta; auch Herrera stellt sie als eher furchtsame Gestalten dar. Liest man die Berichte jedoch genauer, so hat man den Eindruck, dass die Europäer sich nicht minder vor den Indianern fürchteten. Und das nicht ohne Grund, mussten sie doch annehmen, dass sie sich denselben Leuten gegenübersahen, die einige Jahre zuvor Solis getötet und, wie es hieß, aufgegessen hatten.

«An einem Süßwasserfluss trafen wir Menschen, die sich Kannibalen nennen und Menschenfleisch verspeisen», schreibt Pigafetta mit spürbarem Schaudern und fügt hinzu: «Ein andermal wurde in diesem Fluss von diesen Kannibalen, weil er zu vertrauensselig war, ein spanischer Kapitän namens Johan de Solis aufgegessen und sechzig Männer, die wie wir auf dem Weg waren, Land zu entdecken.» Falls der Autor wirklich sagen wollte, dass die «Kannibalen» sechzig Christen verspeist hatten, so war das heillos übertrieben. Aber dass man vor ihnen auf der Hut sein musste, daran zweifelte er offensichtlich nicht.

Schließlich fasste sich einer der Küstenbewohner ein Herz und kam an Bord des Flaggschiffs, wo er Pigafetta durch seine Körpergröße – «fast wie ein Riese» – und seine laute Stimme beeindruckte, die der eines Stieres geglichen habe. Pigafetta zufolge war der Hüne gekommen, «um seine anderen Angehörigen zu schützen». Diese hätten unterdessen begonnen, ihre Siebensachen vom Ufer fortzutragen, «aus Angst vor uns», wie Pigafetta erklärte. Daraufhin seien sie mit «hundert Mann» – also fast die halbe Besatzung – an Land gegangen, um einen Dolmetscher zu finden, mit dem man reden konnte, «oder aber vielleicht einen zu fangen». Aber die Fliehenden hätten so große Schritte gemacht, «dass wir sie selbst springend nicht einholen konnten». Womöglich wurden die Europäer durch ihre Panzerungen und Waffen am Laufen gehindert.

Was aus dem Riesen wurde, der sich an Bord gewagt hatte, verrät Pigafetta nicht. In späteren Berichten liest man, die Seefahrer hätten dem nur «mit einem Ziegenfell bekleideten» Mann Gewänder geschenkt und ihm Gold und eine silberne Tasse gezeigt, um zu erfahren, ob ihm solche Dinge bekannt waren. Er habe die Tasse an seine Brust gedrückt und gesagt, davon gebe es reichlich bei ihnen – zumindest wurden seine Äußerungen und Gesten so interpretiert. Am nächsten Morgen sei der Mann auf Nimmerwiedersehen verschwunden. Allerdings ist fraglich, ob die genannten Berichte authentisch sind oder ob sie nicht eine Szene, die sich später so oder ähnlich zugetragen hat, in Magellans Zeit zurückprojizieren. Aus Pigafettas Erzählung geht jedenfalls deutlich hervor, dass beide Seiten sich mit großem Misstrauen begegneten und zwischen ihnen, anders als in der Guanabara-Bucht, kein gewinnbringender Austausch zustande kam. Wenigstens kam bei dem Geplänkel niemand zu Schaden.

Dennoch sollte der Aufenthalt im Río de la Plata zwei Männer aus Magellans Crew das Leben kosten.

Im Archivo General de Indias in Sevilla wird ein Dokument verwahrt mit der Überschrift «Verzeichnis der Personen, die dahingeschieden sind in der Armada, die der Kaiser, unser Herr, zur Entdeckung der Gewürzinseln aussandte, deren Generalkapitän Fernando de Magallans ist». Allem Anschein nach wurde dieses Sterberegister, das die gesamte Reise abdeckt, unterwegs fortlaufend geführt. Jeder Eintrag beginnt mit dem Datum und nennt dann den Namen dessen, der am betreffenden Tag das Zeitliche gesegnet hat, gefolgt vom Todesort und in den meisten Fällen auch der Ursache. Den Anfang macht der hingerichtete Meister der Vitoria, Anton Salamon.

Der zweite Eintrag datiert vom 25. Januar 1520. An diesem Tag «ertrank Guillermo, Schiffsjunge der Nao Concepción, welcher von der Nao Concepción fiel, während sie im Río Juan de Solis lag, der sich an der Küste von Brasilien befindet». Wie es dazu kam, dass Guillermo – oder vielmehr Uilliam, denn der Schiffsjunge stammte aus Galway in Irland – in die schlammigen Fluten des Río de la Plata stürzte und sein junges Leben verlor, bleibt offen. Ihm folgte am Freitag, den 3. Februar, Sebastián de Olarte ins Grab, Matrose der San Antonio aus Bilbao, «von dem es heißt, dass er an einem Messerstich verschied, den ihm ein anderer Matrose verpasste». Auch die näheren Umstände von Olartes Tod bleiben ungeklärt.

Konflikte, die mit Gewalt ausgetragen wurden, waren zwischen den auf engstem Raum zusammengepferchten Männern wohl so alltäglich, dass sie normalerweise nicht zu den Akten genommen wurden. Selbst in einem Extremfall wie diesem, der in Mord und Totschlag ausartete, ist nicht bekannt, dass eine Untersuchung eingeleitet oder der Täter bestraft worden wäre. Offenbar nahmen die Schiffsführer diese Art von Affekthandlungen notgedrungen hin – abgesehen davon, dass viele Hidalgos ihre Konflikte untereinander auch nicht anders als mit Gewalt zu lösen pflegten.

Einen Tag vor Olartes Tod, am Tag Mariä Lichtmess, hatte sich die gesamte Flotte wieder beim «Monte Vidi», wohl dem heutigen Montevideo, versammelt. Inzwischen war auch die Santiago von ihrer Erkundungsfahrt zurückgekehrt. In den fünfzehn Tagen, die das kleine Schiff unter dem Kommando von Juan Serrano fort gewesen war, legte es eine beachtliche Distanz zurück. Albo zufolge fuhr es den Fluss bis 33° 30' südlicher Breite hinauf. Im Delta von Paraná und Uruguay, das um etliche Kilometer weiter nördlich lag als heute, hatten die Kundschafter viele bewohnte Inseln vorgefunden, jedoch keinerlei Hinweis auf eine Durchfahrt nach Westen.

«Am 3. des genannten (Monats) setzten wir Segel und wandten uns nach Süden», notierte Albo. Nun querten alle fünf Schiffe die Mündung des Río de la Plata und erkundeten in den folgenden Tagen dessen südöstliche Gestade, wobei sie abermals Wasser fassten, bis sie am 7. Februar unweit des Kaps San Antonio in neun Faden Tiefe ankerten, auf 36° südlicher Breite und 27 Leugen unterhalb vom Monte Vidi.

Weil ihm die weitere Erkundung des Río de Solis oder la Plata aussichtslos erschien, ließ Magellan am nächsten Tag die Fahrt nach Süden fortsetzen, immer die Küste entlang, die einige Leugen in nordsüdlicher Richtung verlief, dann nach Südwesten abbog, um endlich einen ostwestlichen Verlauf zu nehmen. Albo fand die Küste «sehr nett, um daran entlangzufahren ... Es ist eine sehr gute Küste zum Ankern, mit vielen grünen Berglein und flachem Land.»

In der Tat gab die Ausrichtung der Küste Anlass zu Optimismus. Umso größer muss die Enttäuschung gewesen sein, als sich das Land bei der heutigen Bahía Blanca wieder abrupt nach Süden wandte. Offenbar hatte die Flotte hier einige Tage mit schlechter Sicht und mit

Untiefen zu kämpfen, «wo die Vitoria mehrmals mit dem Hintern aufsetzte». Albo konnte mehrere Tage nicht den Sonnenstand messen, und Herrera berichtet gar von einem weiteren Sturm mit Blitz, Donner, Wolkenbrüchen und Elmsfeuer.

Um sich in Sicherheit zu bringen, steuerten die fünf Schiffe so bald wie möglich aufs offene Meer hinaus. Sie verloren das Land für einige Tage aus den Augen und fuhren so lange nach Süden, bis sie den 43. Breitengrad passiert hatten. Da drehten sie nach Nordwesten, und am 24. Februar, Festtag des heiligen Matthias, stießen sie wieder auf die Küste, die sich hier sehr weit nach Westen öffnete. War das endlich die gesuchte Durchfahrt nach Indien – oder lediglich eine weitere Meeresbucht?

Mittlerweile dürften sich unter den anderen Schiffsführern, was den Plan und die Ziele des Generalkapitäns anging, zunehmend Skepsis und Frustration breitgemacht haben. Vier Wochen hatten sie mit der Erforschung des Río de Solis vertan und inzwischen den 40. Grad südlicher Breite weit hinter sich gelassen. Das Meer wurde von Breitengrad zu Breitengrad kälter, das Wetter spürbar schlechter, der Sommer ging mit großen Schritten seinem Ende entgegen, und noch immer war keine Spur von der verheißenen Passage in Sicht. Wie weit sollten sie noch nach Süden fahren, in immer kältere und unwirtlichere Gefilde? Hatten am Ende doch jene Kosmographen recht, die meinten, dass es keinen Seeweg auf die andere Seite der Neuen Welt gebe? Wusste dieser starrsinnige Portugiese überhaupt, was er tat? So mancher mag in diesen Tagen an die glückliche Zeit in der Guanabara-Bucht zurückgedacht haben, wo es ihnen an nichts gefehlt hatte, manch anderer noch weiter zurück an sein Zuhause in Sevilla, Biskaya, Ligurien oder sonst wo und an seine Lieben, die er daheim zurückgelassen hatte.

Als Magellans Armada am Tag des heiligen Matthias in die weite Öffnung einfuhr, die sich bei 42° Süd an der Küste aufgetan hatte, mischte sich unter die Hoffnung mithin ein beträchtliches Maß an Verzweiflung. Wenn der Erfolg noch länger auf sich warten ließ, stand das ganze Unternehmen womöglich bald auf des Messers Schneide.

# 8. Meuterei

Die letzten Stürme sind an den Schiffen nicht spurlos vorübergegangen. Zerfetzte Segel, gerissene Taue, verlorene Anker und ramponierte Aufbauten zeugen von der Wut, die der Wind an ihnen ausgelassen hat. Als sich südlich des 49. Breitengrades an der schroffen Küste ein natürlicher Hafen auftut, der erste seit Hunderten von Meilen, segeln sie daher ohne viel Abwägen durch die schmale Einfahrt und werfen unweit einiger flacher Inseln Anker. Es ist der letzte Märztag des Jahres 1520, ein Sonnabend.

Sobald die Anker Halt gefunden haben, lassen die Bootsmänner die Beiboote zu Wasser, um ein paar Leute das Ufer begutachten und auf dem mit Geröll und Vogeldung bedeckten Strand einen Altar zimmern zu lassen. Denn am folgenden Tag ist Palmsonntag, und der Generalkapitän wünscht zu Beginn der Heiligen Woche mit allen Kapitänen, Offizieren und Steuermännern der Armada die Messe zu feiern. Im Anschluss daran sind die Herren eingeladen, an Bord der Trinidad zu speisen.

Am nächsten Tag in der Früh ist Pedro de Valderrama als Erster an Land, legt einen geweihten Altarstein auf den am Vortag errichteten Tisch und macht ihn so zu einem richtigen Altar. Darüber breitet er das Altartuch aus und stellt ein Kreuz darauf, einen silbernen Kelch und was sonst an liturgischem Gerät für die Feier gebraucht wird. Auch wenn die Messe fernab von jedem Gotteshaus unter freiem Himmel stattfindet und Zweige von verkümmerten Büschen – der einzige Bewuchs am Ufer – die Palmwedel ersetzen müssen, wird der Priester aus Écija mit seinen Werkzeugen und Handlungen in dieser scheinbar gottverlassenen Einöde eine Verbindung zum Allerhöchsten herstellen. Gott der Herr wird sich zeigen und seinen Gläubigen, die sich barhäuptig und mit andächtigen Mienen vor dem Altar sammeln, Stärkung und Trost zuteilwerden lassen.

Der Priester dankt dem Allmächtigen dafür, dass er ihnen in diesem

Hafen Zuflucht vor den Unbilden der Jahreszeit gewährt hat, und erinnert daran, dass Christus, der König der Könige, auf einem Esel in Jerusalem einzog und sein Leidensweg ein Triumphzug war, der vom Sieg über den Tod gekrönt wurde. Schließlich verwandelt er den Wein und die Hostien und verteilt sie unter den Anwesenden, zuerst an Bernard Calmette, den französischen Kaplan der San Antonio, dann an Magellan und danach an die anderen Kapitäne und Offiziere.

Da die Kommunion die Gläubigen nach kirchlicher Lehre nicht nur mit Gott, sondern auch miteinander verbindet, fällt auf, dass zwei wichtige Personen in diesem Moment fehlen: Gaspar de Quesada, Kapitän der Concepción, und Juan de Cartagena, der abgesetzte Oberaufseher der Armada, der sich in Quesadas Obhut befindet, sind nicht zur Messe erschienen. Als Magellan sich beim Kapitän der Vitoria nach ihrem Verbleib erkundigt, erklärt Luis de Mendoza, seine Kollegen seien unpässlich, und fügt seinerseits entschuldigend hinzu, dass auch er leider nicht mit dem Generalkapitän speisen könne.

In Magellans Augen ist dieses Verhalten – ihm sowohl vor dem Altar als auch zu Tisch die Gemeinschaft zu verweigern – nicht nur eine grobe Unhöflichkeit, sondern ein Alarmsignal. Dem Generalkapitän ist der Unmut nicht entgangen, der sich unter der Mannschaft und den Offizieren breitgemacht hat. Und seine jüngsten Entscheidungen, Ausschau nach einem Platz zum Überwintern zu halten und die Lebensmittel zu rationieren, haben die Stimmung nicht verbessert. Er muss auf der Hut sein. Es wäre nicht das erste Mal, dass sich Untergebene fern von Gesetz und Richter gegen ihren Herrn auflehnten.

Aus ihrer Sicht haben Cartagena, Quesada und Mendoza mehr als genug Gründe, mit ihrem Generalkapitän unzufrieden zu sein. Dass er von ihnen keinen Rat annimmt und dass er ein notorischer Geheimniskrämer ist, der sie über seine Pläne im Unklaren lässt, daran haben sich die anderen Kapitäne wohl oder übel gewöhnt. Auch dass der Portugiese diese kastilische Armada wie ein Familienunternehmen führt, in dem seine Vettern und Landsleute den Ton angeben, haben sie zähneknirschend hingenommen. Sogar die Absetzung des Oberaufsehers haben sie geschluckt. Aber nun ist das Maß voll.

Mehr als sechs Monate ist die Flotte schon unterwegs, und beinahe die Hälfte dieser Zeit haben sie mit der Erkundung einer öden, baumlosen Küste vertan. Dabei sind sie in immer kältere Regionen vorgestoßen und haben fast den 50. Breitengrad erreicht, ohne auch nur eine Spur von der angekündigten Passage nach Westen entdeckt zu haben. Wahrscheinlich ist diese Passage ein Hirngespinst, das nur in den Köpfen der Kosmographen und ihres tyrannischen Anführers existiert. Sie vertun ihre Zeit, vergeuden ihre Vorräte, ruinieren die Schiffe und Mannschaften. Bestenfalls ist dieser Magellan unfähig, wenn er nicht doch Böses im Schilde und diese kastilische Armada willentlich ins Verderben führt, um die Gunst des portugiesischen Königs (bei dem er, wie man sagt, in Ungnade gefallen ist) zurückzugewinnen. Nein, sie können diesem Wahnsinn nicht länger tatenlos zusehen! Das sind sie dem König und ihren Auftraggebern, dem Bischof von Burgos und Cristóbal de Haro, schuldig.

Also beschließen Cartagena, Quesada und Mendoza, dem Generalkapitän ein förmliches «Requerimiento» vorzulegen, eine schriftliche Aufforderung, sich künftig an die königlichen Instruktionen zu halten. Er soll ihnen klipp und klar mitteilen, welchen Kurs er nun einzuschlagen gedenke, und wenn er ihnen nicht glaubhaft versichern kann, dass der Durchstoß nach Westen unmittelbar bevorsteht, soll die Flotte umkehren und entweder noch einmal genauer den Solis-Fluss erforschen oder aber nach Osten umschwenken und die Molukken auf dem Weg über das Kap der Guten Hoffnung und die Sankt-Lorenz-Insel[1] ansteuern. Jedenfalls darf sie nicht in diesem lebensfeindlichen Land überwintern, denn das würde unweigerlich ihren Ruin bedeuten.

Da ist nur ein Problem: Die drei Kapitäne fürchten den Generalkapitän. Dass mit ihm nicht zu scherzen ist, hat Magellan bereits mehrfach bewiesen. Wer ihm widerspricht, wird kalt gestellt. Um ihre Forderung durchzusetzen, brauchen sie daher ein Druckmittel.

Nachdem der Palmsonntag ausgeklungen und über den Hafen, in dem die Flotte Schutz gesucht hat, die Nacht herabgesunken ist, löst sich ein Boot von der Concepción und nähert sich mit leisen Ruderschlägen der San Antonio. Obwohl fast Vollmond ist, gelangt das vollbesetzte Boot unbemerkt zu dem anderen Schiff, und bevor dessen Wache sich versieht, haben mehr als zwei Dutzend Bewaffnete das Deck geentert. Angeführt werden sie von Juan de Cartagena und Gaspar de Quesada, der sein Schwert gezogen hat und nun mit einigen anderen zielstrebig das Achterkastell erklimmt. Ohne anzuklopfen dringt das Grüppchen in die Kajüte des Kapitäns Alvaro de la Mesquita ein, der sich schon zur Nachtruhe gebettet hat. Magellans Vetter ist so überrumpelt, dass er sich widerstandslos abführen, fesseln und in der Kajüte des Schiffsschreibers einsperren lässt.

Die Kajütentür wird mit einem Vorhängeschloss gesichert und davor eine Wache postiert. Da erscheint plötzlich Pedro de Valderrama, Kaplan der Trinidad, der die Nacht auf der San Antonio verbringt, um einigen Männern die Beichte abzunehmen. Er tritt vor Quesada hin und schleudert ihm auf Latein die Worte ins Gesicht: «Gegen die Heiligen wirst du heilig sein und gegen die Verkehrten verkehrt!» Und Quesada fragt: «Wer behauptet das?» – «Der Prophet David», antwortet der Priester. Doch Quesada erklärt ihm: «Pater, den Propheten David kennen wir im Augenblick nicht.»

Inzwischen werden auf der San Antonio immer mehr Leute munter. Jemand hat den Meister alarmiert, Juan de Elorriaga, der Quesada auffordert, den Kapitän umgehend wieder freizulassen und mit seinen Leuten abzuziehen. Als Quesada sich weigert, ruft Elorriaga nach dem Bootsmann. Er soll die Mannschaft bewaffnen und dem Aufruhr gewaltsam ein Ende bereiten. Elorriaga hat kaum ausgeredet, da zieht Quesada seinen Dolch. Mit den Worten: «Wegen dieses Verrückten wird noch unser ganzer Plan scheitern!» sticht er mehrmals so schnell hintereinander auf Elorriaga ein, dass der Angegriffene sofort zusammenbricht.

Erschrocken blicken alle auf den Meister, der wie tot am Boden liegt. Alles hat sich bisher im Zwielicht des Mondes abgespielt. Nun bringt jemand eine Laterne, worauf der Priester und der Barbier der San Antonio sich zu Elorriaga hinabbeugen, der schwer verletzt, aber noch am Leben ist.

Jetzt, da Blut geflossen ist, gibt es für die Verschwörer kein Zurück mehr. Quesada lässt Juan Rodríguez de Mafra aus seiner Kajüte holen und fordert ihn auf, sich ihnen anzuschließen. Doch der Steuermann will mit der Sache nichts zu tun haben. So wird auch er eingesperrt.

Nach kurzer Beratung mit Cartagena lässt Quesada den Bootsmann der San Antonio ebenfalls festnehmen. Cartagena soll ihn auf die Concepción bringen, dort das Kommando übernehmen und deren Meister Juan Sebastián de Elcano zur San Antonio schicken, um hier der Mannschaft die nötigen Kommandos zu erteilen. Diese wird unterdessen von Quesada und dem Buchhalter Coca, der sich auf die Seite der

Meuterer geschlagen hat, entwaffnet. Widerwillig, aber ohne Gegenwehr geben die Männer ihre Waffen heraus. Keiner will das Schicksal des Meisters teilen, doch bis auf zwei oder drei Sobresalientes ergreift auch keiner aktiv Partei für die Verschwörer. Als Elcano an Bord kommt und anordnet, alle Anker bis auf einen zu lichten und die Schiffsartillerie in Gefechtsbereitschaft zu setzen, müssen einige mit blanker Waffe zum Gehorsam gezwungen werden. Ein paar, die sich weigern, mit anzupacken, werden in Eisen gelegt.

Um die Mannschaft für die Sache der Meuterer zu gewinnen, lässt Quesada die Vorratskammern öffnen und freigiebig Essen und Wein an alle verteilen. Diesem verlockenden Angebot können sich die meisten Männer, denen von den gekürzten Rationen und der Kälte ständig der Magen knurrt, nicht entziehen. Immer mehr greifen mit beiden Händen zu und ziehen sich, versehen mit Wein und Zwieback, in ihre Backs zurück.

Als der Morgen graut, ist auf der San Antonio Ruhe eingekehrt. Die Meuterer haben drei Schiffe in ihrer Gewalt, darunter das größte der Armada, während Magellan nur noch auf sein Flaggschiff und die kleine Santiago zählen kann. Mit ihrer Übermacht können die Aufständischen es wagen, dem Generalkapitän gegenüberzutreten. Elcano erklärt sich bereit, ihm ihre Forderungen vorzulegen.

Magellan ist nicht wirklich überrascht, als das Beiboot der San Antonio unter seiner Bordwand aufkreuzt und Elcano ihm das «Requerimiento» der Kapitäne aushändigt. Der Meister der Concepción versichert dem Generalkapitän, dass die anderen Kapitäne den Konflikt einvernehmlich lösen wollten. Wenn er auf ihre Forderungen einginge, würden sie ihn in Zukunft nicht nur mit «Euer Gnaden», sondern mit «Eure Herrschaft» ansprechen. Nach der gültigen Sprachregelung heißt das: Sie würden sich seinem Herrschaftsanspruch unterwerfen.

Magellan jedoch durchschaut die Falle. Weil er nicht so töricht ist, in die Höhle des Löwen zu tappen, weist er die Einladung auf die San Antonio zurück. Stattdessen lässt er den anderen durch Elcano ausrichten, sie möchten sich doch bei ihm auf der Trinidad einfinden. Weder gedenkt er zu verhandeln, noch erwartet er, dass die Meuterer erscheinen werden. Das Geplänkel soll ihm Zeit verschaffen, sich für den bevorstehenden Kampf zu rüsten.

Sobald Elcano fort ist, lässt Magellan die Besatzung seines Schiffes antreten. Er erzählt den Männern vom Verrat der Kapitäne. Diese hätten sich gegen den König aufgelehnt, dessen Autorität er als Generalkapitän repräsentiere. Er spricht von der unvermeidlichen Bestrafung der Verräter und der Belohnung derer, die sich für die richtige Seite entscheiden. Alle müssen schwören, dass sie für ihn kämpfen werden. Danach werden Waffen ausgegeben und die Leute in zwei Gruppen aufgeteilt.

Die einen sollen mit der Trinidad und der Santiago die Ausfahrt aus dem Hafen blockieren. Zum Glück für Magellan liegt das Flaggschiff von allen fünf Schiffen am nächsten zur offenen See. Sie müssen daher nur die Geschütze in Stellung bringen. Die anderen sollen die Vitoria, das kleinste der aufständischen Schiffe, zurückgewinnen.

Wenig später dockt die Jolle des Generalkapitäns mit dem Alguacil Gómez de Espinosa und einer Handvoll Leuten an der Vitoria an, und Espinosa ruft hinauf, er habe dem Kapitän einen Brief zu übergeben. Mendoza bittet den Alguacil und seine Begleiter an Deck. Er nimmt den Brief entgegen und liest ihn. Der Inhalt – eine Aufforderung, an Bord der Trinidad zu kommen – scheint ihn zu erheitern, denn er lächelt, als ob er sich denkt: «So leicht werde ich mich nicht fangen lassen.» Doch er hat das Schreiben kaum gelesen, da steckt ihm schon der Dolch des Alguacils tief in der Kehle, und der eines Matrosen trifft ihn am Kopf. Tödlich verwundet sinkt Luis de Mendoza zu Boden. Im selben Moment haben auch Espinosas Begleiter ihre Waffen gezogen. Aber niemand greift sie an. Der Großteil der Besatzung steht nicht hinter der Meuterei. Kurz darauf legt ein zweites Boot mit einem guten Dutzend Bewaffneter an, das Magellan der Jolle hinterhergeschickt hat. Es bringt das Banner des Generalkapitäns, das nun am Bug gehisst wird, damit alle in der Bucht sehen, dass sich das Blatt gewendet hat.

Als eine neue Nacht hereinbricht, liegt die Vitoria bereits neben der Trinidad und blockiert mit ihr und der Santiago die Hafenausfahrt. Wie tags zuvor Quesada befiehlt auch Magellan, die Vorratsräume zu öffnen und Wein an die Mannschaft auszuschenken. Alle sollen feiern. Espinosa und seine Helfer erhalten zur Belohnung ihres Wagemuts die versprochenen Dukaten. Es ist wichtig, die Leute bei Laune zu halten, denn noch ist die Sache nicht ausgestanden. Magellan gibt den Befehl, Wachen aufzustellen und die beiden Schiffe der Meuterer die ganze Nacht über im Auge zu behalten.

Stunden vergehen, während der Mond langsam seine Bahn über den nördlichen Himmel zieht, für eine Weile hinter einer Wolkenbank verschwindet und wieder hervortritt, so dass man die beiden Schiffe der Meuterer gut ausmachen kann, zwei reglose Silhouetten über dem matt glänzenden Wasser. Als am Abend die Ebbe einsetzt, ist zu beobachten, wie die San Antonio und die Concepción sich drehen. Das heißt, sie hängen nur noch an je einem Anker, sind also ständig abfahrbereit.

Plötzlich setzt sich die San Antonio in Bewegung und kommt genau auf die Trinidad zu. Offenbar wollen die Meuterer im Schutz der Nacht ausbrechen. Jetzt wird es ernst! Mit Wurflanzen bewaffnete Seeleute klettern in die Mastkörbe, die Lombarderos machen ihre Geschütze scharf und entfachen die Lunten, weitere Männer sammeln sich gewappnet auf den Kastellen, und alle blicken gespannt auf das andere Schiff, das wie von Geisterhand gelenkt immer näher auf sie zutreibt. Seltsamerweise ist kein Segel gesetzt. Als ob keine Menschenseele an Bord wäre, driftet die San Antonio lautlos über die ausgestorbene Bucht.

Endlich ist das andere Schiff keine hundert Schritte mehr entfernt. Als es seine Breitseite der Trinidad zuwendet, lässt Magellan Feuer geben. Der Donner einer Lombarde zerreißt die nächtliche Stille, gefolgt vom Knallen mehrerer Versos und Falkonette. Als sich der Pulverdampf verzogen hat, ist die San Antonio so nah, dass man sie mit Haken und Seilen heranziehen kann. Die gegnerische Mannschaft ist bis auf den letzten Mann unter Deck geflohen. Allein Gaspar de Quesada steht in voller Rüstung, Schild und Schwert in den Händen, auf dem Achterkastell. Dort wird er zur Zielscheibe einiger Lanzenwürfe aus den Mastkörben der Trinidad, die aber nicht treffen. Als Magellans Leute das Schiff mit dem Ruf: «Für wen seid ihr?» entern, kommt aus dem Innern die einmütige Antwort: «Für den König unseren Herrn und für Euer Gnaden!» Im Stich gelassen von der Besatzung, lässt Quesada die Waffen sinken und ergibt sich ohne Gegenwehr.

Noch bevor der Morgen graut, weiß auch Juan de Cartagena vom Scheitern der Erhebung und kapituliert mitsamt der Concepción. Die Meuterei ist zu Ende, die Gefangenen sind befreit. Der Generalkapitän hat gesiegt.

Am Dienstag in der Früh schaffen ein paar von Magellans Dienern den Leichnam von Luis de Mendoza an den Strand. Der Tote wird als Verräter ausgerufen und vor aller Augen gevierteilt. Dann beginnt die Vernehmung, deren Leitung Alvaro de la Mesquita übernimmt. Sie dauert vier Tage, bis zum Karsamstag, und am Ende werden mehr als vierzig Männer des Hochverrats für schuldig befunden: zu viele, um alle gebührend zu bestrafen, denn wer soll danach noch die Schiffe segeln? So wie er während der Meuterei Kaltblütigkeit bewahrt hat, lässt sich Magellan auch in der Stunde des Triumphes nicht von seinem Zorn leiten. Er begnadigt fast alle Schuldigen, jedoch nur unter der Auflage, sich seine Gnade durch bedingungslosen Gehorsam und harte Arbeit rückwirkend zu verdienen. Nur einen nimmt er aus: Gaspar de Quesada.

Als einer der Rädelsführer hat der Kapitän der Concepción die San Antonio in seine Gewalt gebracht und seine Hände mit Blut befleckt, als er den Meister niederstach. Darum verurteilt der Generalkapitän ihn zum Tod durch das Schwert – und gönnt ihm damit zumindest das Privileg, wie ein Edelmann zu sterben. Weil sich aber niemand findet, der das blutige Werk des Henkers verrichten will, droht Magellan Luis del Molino, einem von Quesadas Dienstmännern, der sich bei der Meuterei besonders hervorgetan hat, den Tod durch den Strang an. Will der Vasall seinen Kopf aus der Schlinge ziehen, muss er den seines Herrn eigenhändig vom Rumpf trennen.

Die Hinrichtung findet noch am Karsamstag, am 7. April 1520, am Ufer statt, unweit einer mit niedrigem Buschwerk bewachsenen Insel, auf der es von Vögeln aller Arten nur so wimmelt. Möwen, Reiher und Kormorane kreisen in der Luft und kreischen, als Luis del Molino an Gaspar de Quesada das Todesurteil vollstreckt. Auch diesmal muss die ganze Mannschaft zusehen, als der Leichnam gevierteilt und der Tote als Verräter ausgerufen wird. In der folgenden Osternacht, in der die gläubigen Christen der Auferstehung ihres Herrn gedenken, betet manch einer für die Seele des Hingerichteten.

Diese Rekonstruktion der dramatischen Ereignisse, die sich in der Heiligen Woche des Jahres 1520 in jenem Hafen bei 49° südlicher Breite abspielten, stützt sich im Wesentlichen auf die Handvoll von Augenzeugenberichten, die im spanischen Indienarchiv erhalten sind. Magellans Neffe Alvaro de la Mesquita ließ noch im April 1520, etwa zwei

Wochen nach Quesadas Hinrichtung, von den Schiffsschreibern eine Reihe von Zeugenaussagen zu Protokoll nehmen. Diese schildern, wie die Meuterer die San Antonio in ihre Gewalt brachten, und scheinen den Kapitän des Schiffes von jeglicher Kritik reinzuwaschen, insbesondere von dem Vorwurf, er habe die Besatzung hungern lassen und mit Stockschlägen traktiert. Das Protokoll dieser Vernehmung ist im Übrigen das älteste Dokument, das den Namen des Hafens nennt, wo sich die Meuterei ereignete: Puerto San Julián.

Auch Juan Sebastián de Elcano äußerte sich später zu den Vorfällen. Der Meister der Concepción, der im Auftrag der Meuterer auf der San Antonio die nötigen Anordnungen traf, um das Schiff abfahr- und gefechtsbereit zu machen, wurde nach seiner Rückkehr im Oktober 1522 von einem kastilischen Richter verhört. In seiner Aussage bemühte Elcano sich erkennbar darum, von der Rolle, die er bei der Meuterei gespielt hatte, abzulenken und Magellan in ein schlechtes Licht zu rücken. Der Aufstand sei durch die Animositäten zwischen Kastiliern und Portugiesen motiviert gewesen, die Magellan mit seiner Vetternwirtschaft weiter angeheizt habe – eine Interpretation, die bereits vielen Zeitgenossen plausibel erschien und von nationalistisch denkenden Historikern des 19. Jahrhunderts bereitwillig aufgegriffen wurde. Allerdings hielten viele Kastilier und Basken ihrem portugiesischen Generalkapitän die Treue, vom Alguacil Espinosa über die Offiziere der San Antonio bis hin zu Juan Serrano, der sich als Kapitän der Santiago gleich zu Beginn der Meuterei unter Magellans Befehl stellte. Auch viele andere Spanier, deren Namen nirgends genannt werden, blieben loyal; sonst hätte Magellan den Aufruhr nicht so rasch ersticken können.

Nationale Ressentiments mögen zwar eine Rolle gespielt haben, aber das Hauptmotiv der Meuterer war doch eher ihre Überzeugung, dass Magellan die Expedition in eine Sackgasse manövriert habe. Über Tausende von Kilometern waren die Seefahrer der Küste nach Süden gefolgt, doch statt einer Passage nach Westen hatten sie nur eine Landbarriere von monumentaler Trostlosigkeit vorgefunden, die selbst ein Naturbegeisterter wie Darwin «extrem uninteressant» finden sollte: «Eine derart große mit Kies bedeckte Fläche kann man sich kaum sonst wo auf der Welt vorstellen», meinte der britische Gelehrte; auf dem Land liege der «Fluch der Unfruchtbarkeit».

Diese immense, nur spärlich mit dornigen Sträuchern bewachsene

Kiesebene brach zum Meer hin fast überall in steilen Klippen ab. Unten, auf Stränden und Felsinseln, konnten Seefahrer gelegentlich etwas Essbares ergattern: Robben, Muscheln und Pinguine, wobei Letztere für Magellan und seine Gefährten neuartig und daher schwierig einzuordnen waren. «Sie fliegen nicht und leben von Fisch», beschrieb Pigafetta seinen Lesern diese seltsamen «Gänse», und sie seien «so fett, dass man sie nicht zu rupfen, sondern nur zu häuten braucht».

Da die Flotte nicht nur in immer höhere Breiten, sondern auch geradewegs in den antarktischen Herbst segelte, wurde das Wetter von Tag zu Tag rauer und kälter. Die Kälte machte den Männern zu schaffen, von denen die meisten ein wärmeres Klima gewöhnt waren. Ihre Arbeitskleidung – Pluderhosen und wollene Kapuzenjacken – schützte die Seeleute nur unzureichend, vor allem wenn sie durchnässt war. Auch die Schiffe zeigten Abnutzungserscheinungen. Der raue Seegang und die immer heftigeren Stürme gingen langsam, aber sicher an die Substanz. Einige Chronisten berichten, dass die Flotte mindestens einmal in akute Seenot geriet und nur durch Fürsprache der Heiligen und Gottes Erbarmen vor dem Schlimmsten bewahrt wurde. Deshalb ist es kaum verwunderlich, wenn so mancher begann, sich die Sinnfrage zu stellen. Und dass die königlichen Amtsträger in der Armada – der entmachtete Oberaufseher, der Schatzmeister, der Buchhalter und ein Kapitän – diese Frage aufs Tapet brachten, braucht ebenso wenig zu erstaunen. Schließlich waren sie offiziell für das Gelingen der Expedition mitverantwortlich, auch wenn der Generalkapitän ihnen kaum Verantwortung zugestand.

In den Streit um Magellans Führungsstil, der ja schon bald nach den Kanarischen Inseln entflammt war, mag sehr wohl ein kultureller Gegensatz hineingespielt haben. Dieser hatte aber weniger mit nationaler Rivalität als mit unterschiedlichen Erfahrungen und Ansichten zu tun, wie eine solche Expedition zu führen sei. Auf seinen ausgedehnten Seereisen um das Kap der Guten Hoffnung nach Indien, Malakka und zurück war Magellan wie zahllose Portugiesen vor und nach ihm durch eine harte Schule gegangen, aus der er seine Lehren gezogen hatte, beispielsweise auf langen Überfahrten die Rationen zu kürzen. Diese Erfahrungen gingen seinen kastilischen Kollegen ab. Man muss auch bedenken, dass Magellan in Indien unter der Knute von Dom Manuel und Afonso de Albuquerque gedient hatte, Vorreitern eines Autokratismus, wie er in Kastilien zu jener Zeit noch unüblich war. So werden ihn seine indischen Jahre manches gelehrt haben, was sein Handeln als Generalkapitän bestimmte. Dazu gehörten wohl auch sein Geschick im Umgang mit der Mannschaft sowie der Einsatz von Terror, um Gehorsam zu erzwingen.

Dass Magellan seine Untergebenen in Angst und Schrecken versetzen konnte, belegen die im Indienarchiv aufbewahrten Aussagen von Überlebenden, die nicht zu den Hauptfiguren dieser Meuterei gehörten. Ihre Behauptung, die Aufständischen hätten befürchtet, von ihm misshandelt zu werden, wirkt alles andere als unglaubwürdig. Die Kaltblütigkeit und Härte, mit denen Magellan die Rebellion niederschlug, beweisen hinlänglich, dass man diesem Mann besser mit Vorsicht begegnete. Auch sonst entwerfen die Zeugen, bei aller Sympathie für die Meuterer, ein stimmiges Bild dessen, was sich in der Karwoche 1520 im Hafen San Julián zutrug.

In dieses Bild passen schließlich auch die Äußerungen von Francisco Albo und Martín de Ayamonte. Martín diente als Schiffsjunge auf der Vitoria und desertierte später in Indonesien, wo er in portugiesische Gefangenschaft geriet und verhört wurde. Seine schnörkellosen Aussagen sind für die Rekonstruktion des Dramas besonders hilfreich, weil der in Südostasien gestrandete Schiffsjunge keinen Anlass hatte, seinen portugiesischen Vernehmern die Unwahrheit zu sagen.

Wer sich über die Meuterei fast völlig ausschweigt, ist Magellans selbsternannter Hofberichterstatter. Antonio Pigafetta handelt diese einschneidenden Ereignisse nur mit wenigen Sätzen ab, die zudem derart im Widerspruch zu allen übrigen Berichten stehen, dass man sich über seinen Gedächtnisschwund nur wundern kann. Andere Autoren des 16. Jahrhunderts waren da mitteilsamer. Ihre mitunter stark ausgeschmückten Schilderungen brachten die Vorfälle von San Julián einem interessierten Publikum in ganz Europa zur Kenntnis. Daher wusste auch Francis Drake, als er den Hafen im Juni 1578 mit seiner Flotte anlief, was 58 Jahre zuvor dort vorgefallen war. Der britische Freibeuter ließ sich vom Genius Loci dazu inspirieren, es Magellan gleichzutun und seinen Gefährten Thomas Doughty, mit dem er schon seit längerem über Kreuz lag, an derselben Stelle exekutieren zu lassen, wo Gaspar de Quesada seinen Kopf eingebüßt hatte.

Drakes Bordchronist, Kaplan Fletcher, erzählt, sie hätten in San Julián noch die gut erhaltenen Überreste eines «Galgens» aus Fichtenholz vorgefunden, an dem Magellan «mehrere» Meuterer habe hinrichten lassen. Da es keinerlei Indizien dafür gibt, dass Magellan weitere Exekutionen angeordnet hätte, kann der Galgen nur zur Abschreckung errichtet worden sein oder um die zerstückelten Leichname der Meuterer zur Schau zu stellen. Aber vielleicht ging dem belesenen Kaplan hier lediglich die Fantasie durch, und die Holzkonstruktion diente in Wahrheit weniger schaurigen Zwecken. Es könnte sich ebenso gut um ein Kreuz gehandelt haben, das Magellan aufrichten ließ, um die Herrschaft des christlichen Gottes über das Land zu demonstrieren. Das würde auch erklären, warum das Fichtenholz, in der baumlosen Umgebung ein wertvoller Rohstoff, zurückgelassen worden war.

Womöglich stießen die Briten auch auf Reste von Unterständen und einer Werkstatt, die Magellans Leute auf einer Insel gebaut hatten, nachdem feststand, dass sie den Hafen bis zum Frühjahr nicht mehr verlassen würden. Pigafetta teilt mit, dass der Generalkapitän unter anderem eine Schmiede mit steinernen Wänden aufstellen ließ. Daneben hatten vor allem die Zimmermänner viel zu tun, um die Schäden zu reparieren, die Wind und Wetter an den Schiffen angerichtet hatten – bei winterlichen Temperaturen eine beschwerliche Plackerei. «Wegen der großen Mühsal, die sie mit dem Schnee hatten, erlitten drei Männer Verstümmelungen an den Händen», schreibt Herrera, «denn dieser Fluss ist bei 49 Grad, ein bisschen mehr, und die Tage waren sehr kurz.»

Dafür waren die Nächte lang und boten dem Kosmographen Andrés de San Martín reichlich Gelegenheit, den südlichen Sternenhimmel zu betrachten. Manchmal fand der Forscher auch tagsüber gute Bedinungen vor, so dass er den Quadranten auspackte, um mit klammen Fingern die Sonnenhöhe zu messen. Im Zuge mehrerer Beobachtungen konnte er den Breitengrad des Hafens, in dem die Flotte überwinterte, genauer bestimmen: 49° 18', was nahezu exakt der Lage des heutigen argentinischen Städtchens Puerto San Julián entspricht.

Weitaus schwieriger war es dagegen, den Längengrad zu ermitteln. Magellan hatte sich vor der Abreise von Rui Faleiro dessen Leitfaden zur Bestimmung der geographischen Länge aushändigen lassen. In San Julián übergab Magellan diesen Leitfaden an San Martín mit der Aufforderung, Faleiros System zu testen. Nach allem, was Barros und Herrera über diese mehrtägigen Experimente berichten, waren diese nicht sehr erfolgreich.

Wie es scheint, stützte sich Faleiros System auf verschiedene Methoden. Eine davon versuchte sich die Missweisung der Kompassnadel zunutze zu machen, also die Beobachtung, dass die Nadel nur selten genau auf den geographischen Pol, sondern meistens nach Nordosten oder Nordwesten weist, wobei die Abweichung an manchen Orten mehr, an anderen weniger stark ist. Seefahrern war dieses heute auch als «magnetische Deklination» bezeichnete Phänomen schon lange bekannt (wenn auch nicht seine Ursache). Die Richtung des geographischen Nord- oder Südpols ließ sich durch Beobachtung des Polarsterns oder der Sonne recht genau bestimmen. Verglich man diese mit der Ausrichtung der Kompassnadel, so kannte man die Missweisung für einen bestimmten Ort und konnte sie bei der Navigation berücksichtigen.

Irgendwann um das Jahr 1500 entwickelten einige Gelehrte, darunter anscheinend auch Faleiro, eine spannende Hypothese: Sie vermuteten, dass es einen Zusammenhang zwischen der Deklination und der geographischen Länge gebe, dass die Missweisung also im selben Maße zunehme, wie man sich nach Osten oder Westen von einem magnetischen Nullmeridian, den sie irgendwo im östlichen Atlantik verorteten, entferne. Wenn es gelänge, diesen Zusammenhang in eine mathematische Formel zu gießen, so die Hypothese, ließe sich aus der Missweisung unschwer die jeweilige Länge errechnen.

Leider stellte sich diese geistreiche Idee am Ende als undurchführbar heraus, weil das Erdmagnetfeld unregelmäßig ist und sich obendrein verändert. Es gibt keinen regelmäßigen, dauerhaften Zusammenhang zwischen Magnetfeldlinien und Längengraden. Daher blieben auch San Martíns Experimente mit Faleiros Methode ohne positives Ergebnis.

Allerdings standen einem versierten Kosmographen noch andere Wege offen, um den Längengrad eines Ortes zu bestimmen. So konnte er den Zeitpunkt einer Mondfinsternis oder der Konjunktion oder Opposition des Mondes mit einem anderen Himmelskörper messen. Das Ergebnis musste er dann mit der Vorhersage desselben Ereignisses für einen anderen Ort auf der Erde vergleichen. Aus der Zeitdifferenz zwischen der Messung am Standort und der Vorhersage für den Bezugspunkt ergab sich die geographische Länge, wobei eine Stunde fünfzehn Längengraden entsprach. Eine dritte, aber etwas aufwendigere Methode nutzte die Berechenbarkeit der Mondumlaufbahn.

Tabellen mit astronomischen Ereignissen wie auch Mondtafeln für einen bestimmten Ort, zum Beispiel Sevilla, waren in den Almanachen enthalten, die jeder Steuermann auf hoher See mitführte. Obwohl San Martín auch bei diesen Methoden mit Problemen zu kämpfen hatte, die er auf Fehler in seinen Tabellen zurückführte, gelang es ihm schließlich, den Längengrad des Hafens von San Julián mit einer Genauigkeit zu bestimmen, die zu jener Zeit beachtlich war – vor allem wenn man sich klarmacht, dass dem Kosmographen kein Fernrohr zur Verfügung stand, dass seine Quadranten aus Holz gefertigt waren und er die Zeit mit einer Sanduhr maß. Er verortete den Hafen 60 (nach einem anderen Zeugnis 61) Längengrade westlich von Sevilla. Tatsächlich beträgt die Differenz knapp 62 Grad, also nur unwesentlich mehr.

Ist es möglich, solche Forschungen anzustellen, wenn einem zuvor die Arme ausgerenkt wurden? Heimkehrer der Expedition erhoben später in Sevilla den Vorwurf, Magellan habe San Martín foltern lassen, weil dieser «ein Bild der Navigation», das heißt eine Karte, angefertigt und aus Angst ins Meer geworfen hätte. Und zwar habe Magellan dem Gelehrten «drei Behandlungen mit dem Seil und Ladekammern von Lombarden an den Füßen» zuteilwerden lassen. Bei dieser auch als «Aufziehen» oder «Strappado» bekannten Folter fesselt der Peiniger die Arme des Opfers hinter dessen Rücken, zieht es an einem Seil in die Höhe und lässt es dann ruckartig absacken, was extrem schmerzhaft ist und in der Regel dazu führt, dass die Schultern auskugeln. Bindet man dem Opfer zusätzlich noch Gewichte wie die erwähnten Geschützkammern an die Füße, müssen oft auch die Hüftgelenke und Beinsehnen daran glauben.

In der Justiz des 16. Jahrhunderts war das Aufziehen ein probates Mittel, um Geständnisse zu erzwingen; auch auf Schiffen wurde es immer wieder angewandt, um Ungehorsam zu unterdrücken. Es ist nicht auszuschließen, dass Magellan sich solcher Foltermethoden bedient hat. Gewalt, auch in ihren extremen Formen, gehörte für ihn seit seiner Zeit in Indien zum Alltag; wenn es in seinen Augen nötig war, übte er sie ohne Skrupel aus. Andererseits zeigt sein Vorgehen bei der Niederschlagung der Meuterei, dass er gewaltsame Mittel überlegt einsetzte. Das macht die gegen ihn erhobenen Vorwürfe fragwürdig. Warum hätte der Generalkapitän einen Mann, der als Kosmograph und Astrologe für die Expedition unersetzlich war, einer Misshandlung aussetzen sollen, die riskierte, ihn dauerhaft arbeitsunfähig zu machen? Und dies für ein Vergehen, das keines war, denn Karten zu zeichnen gehörte schließlich zu San Martíns Beruf?

Folter oder nicht – außer Frage steht, dass sich die Stimmung der Crew auch nach der Meuterei nicht wesentlich besserte. Unter der Oberfläche gärte der Missmut weiter, denn die Männer froren und litten Hunger. Wer ständig friert, ist gereizt und hat einen höheren Energiebedarf. Aber der Generalkapitän hatte die Vorräte rationiert, und das öde Land gab in der kalten Jahreszeit nichts zum Leben her.

Ab und zu ließ sich auf einer Anhöhe ein Guanako blicken, das Kamel Südamerikas. Diese Tiere waren jedoch sehr scheu und schnell wie der Wind, nicht anders als die straußenartigen Laufvögel, die man gelegentlich mit großen Schritten über die Ebene huschen sah. Mit herkömmlicher Waidmannskunst war da wenig auszurichten. Und die Pinguine, die im Sommer zu Abertausenden auf den Inseln im Hafen San Julián brüten, waren klug genug, sich bald nach Eintreffen der Flotte nach Norden abzusetzen, um den Winter in den wärmeren Küstengewässern Brasiliens und fernab der hungrigen Seefahrer zu verbringen. Magellans Leuten erging es daher nicht viel besser als den Engländern, die 58 Jahre später ihren Spuren folgten und deren Not Kaplan Fletcher in folgende Worte kleidete: «An diesem Ort … begann uns die Nahrung knapp zu werden, und kleine Miesmuscheln galten als gutes Fleisch, ja sogar das Seegras war eine delikate Speise; aus diesem Grund suchten wir jeden Flecken nach Essbarem ab, aber das Beste, was wir finden konnten, waren Muschelschalen anstelle von Fleisch.»

Den Entbehrungen hielt nicht jeder Körper und nicht jede Psyche stand. Am 18. Juni 1520 starb der Böttcher der Concepción, Pedro Pérez, «an Krankheit». Am 12. Juli folgte ihm Meister Felipe, Kalfaterer der Trinidad, mit derselben Diagnose ins Grab. Drei Tage später erlag Juan Elorriaga den Stichwunden, die Gaspar de Quesada ihm zugefügt hatte. Anfang Juni war Rogel du Pret, ein Geschützmeister der San Antonio, ertrunken, und ein besonders tragischer Todesfall hatte sich bereits am 27. April ereignet: An diesem Tag «stürzte sich Antonio der Genuese, Schiffsjunge der Nao Vitoria, von der Nao Vitoria ins Meer und ertrank und tauchte am 21. Mai desselben Jahres ertrunken wieder auf. Eine

Untersuchung ergab, dass er sich von der Nao Vitoria ins Meer stürzte, weil ihn ein Bursche beschuldigte, sodomitisch zu sein.»

Manche Autoren haben in diesem Antonio, der im August 1519 anstelle eines geschassten Portugiesen an Bord gekommen war und vermutlich aus Varese Ligure in der heutigen Provinz La Spezia stammte, den Sexualpartner von Anton Salamon erkennen wollen, dem früheren Meister der Vitoria, der seine «Sünde wider die Natur» in Rio de Janeiro mit dem Leben bezahlen musste. Ob das zutrifft, lässt sich nicht mehr nachprüfen. Welchen Wahrheitsgehalt die «Anschuldigungen» hatten, war aber gar nicht entscheidend. In diesem Milieu reichte es offenbar, dass jemand den Schiffsjungen als Homosexuellen abstempelte, um ihn zum Underdog zu machen. Ein Außenseiter jedoch, der gemobbt wurde, der nicht auf die Solidarität seiner Backschaft zählen konnte, hatte unter den harten Bedingungen, wie sie im Winter 1520 in San Julián herrschten, nur geringe Überlebenschancen.

Ende April schickte Magellan die Santigao unter Juan Serrano aus, den weiteren Verlauf der Küste nach Süden zu erkunden. Hinter diesem Entschluss stand vielleicht auch die Absicht, die Wartezeit für etwas Sinnvolles zu nutzen, das deprimierende Gefühl des Stillstands zu durchbrechen und die Energien der Leute in nützliche Bahnen zu lenken.

Etwas mehr als einen Monat nach der Abfahrt der Santiago tauchten im Hafen plötzlich zwei abgerissene und ausgemergelte Gestalten auf. Nur mit Mühen erkannten die anderen in ihnen zwei Mitglieder von Serranos Mannschaft. Die beiden kamen als Hiobsboten.

Am 3. Mai, dem Festtag des Heiligen Kreuzes, hatte Serrano etwa zwanzig Leugen weiter südlich die Mündung eines breiten Flusses entdeckt. Er war mit der Santiago hineingefahren und hatte sich mehrere Tage dort aufgehalten, um zu fischen und «Seewölfe» (Robben) abzuschlachten. Als Serrano und seine Crew den breiten Fluss wieder verließen, um die Fahrt entlang der Küste fortzusetzen, gerieten sie etwa drei Leugen weiter südlich in eine Flaute, die sie unweit eines Strandes zum Ankern zwang. Was danach geschah, findet man am anschaulichsten bei Fernão de Oliveira geschildert, dessen Traktat über die erste Weltumsegelung im 20. Jahrhundert wiederentdeckt wurde:[2] «Es dauerte nicht lange, bis sich vom Meer her ein starker Wind erhob, mit so heftigen Böen, dass ihnen die Ankerkabel brachen und, als sie Segel setzen wollten, diese rissen. Nun waren sie machtlos. Sie liefen auf Grund, wobei das Ruder zu Bruch ging. … Und dennoch ging alles gut aus, weil Flut war und das Wasser hoch stand wegen des Sturms und weil der Strand frei von Hindernissen war, so dass der Bugspriet vollständig an Land aufkam und sich alle Männer über ihn retten konnten.» Nur einer von den 37 Mann Besatzung kam ums Leben: Juan, ein afrikanischer Sklave von Juan Serrano, der sich unter Deck befand und ertrank.

Unter dem Ansturm der Wellen zerbrach das Schiff in Stücke, und das ablaufende Wasser riss das meiste mit sich fort. Nur von den Gegenständen mit mehr Gewicht blieben ein paar am Strand liegen, hauptsächlich die Artillerie und ein Teil der Waren, aber unglücklicherweise fast nichts von den Vorräten. In den folgenden Tagen und Wochen ernährten sich die Gestrandeten vornehmlich von Napfschnecken, die sie von den Felsen am Ufer sammelten, und von anderen Muscheln.

Schließlich machten sie sich auf und marschierten nach Norden, bis ihnen der Fluss den Weg versperrte. Nachdem sie aus einigen Planken des Schiffes, die an Land gespült worden waren und die sie mitgeschleppt hatten, einen behelfsmäßigen Kahn gezimmert hatten, konnten zwei Männer ans Nordufer übersetzen. Elf Tage später stolperten die beiden Boten völlig entkräftet ins Winterlager der Armada.

«Magellan bedauerte den Verlust des Schiffes», berichtet Herrera, «und er freute sich ungemein, dass sich die Leute gerettet hatten, aber die vielen Vorräte, die verloren gegangen waren, fehlten ihm sehr.» Der Generalkapitän stellte eine zwanzigköpfige Rettungsmannschaft zusammen, die Wein, Zwieback und andere Lebensmittel zu den Schiffbrüchigen bringen sollte. Auf ihrem tagelangen Marsch über das öde Land litten auch die Retter unter großen Entbehrungen, «und es war notwendig, mit Feuer die Eiszapfen zu schmelzen, um zu trinken».

Doch am Ende kehrten bis auf den ertrunkenen Sklaven Juan alle lebend ins Winterquartier zurück. Die Besatzung der Santiago wurde auf die übrigen Schiffe verteilt, und Juan Serrano übernahm das Kommando über die Concepción, das seit Quesadas Hinrichtung frei war. Zum Kapitän der Vitoria ernannte Magellan den Vetter seiner Frau, Duarte Barbosa. Nun standen alle Schiffe unter dem Befehl von Vertrauten des Generalkapitäns; die meisten von ihnen – drei der vier Kapitäne und drei von sechs Steuermännern – waren obendrein Portugiesen. Damit lag die Leitung der Flotte, die die Gewürzinseln für Kastilien in Besitz nehmen sollte, überwiegend in portugiesischen Händen.

Über Monate hinweg wähnten sich die Seefahrer allein in der Einöde, doch eines Tages, erzählt Pigafetta, «sahen wir unvermutet einen Mann von der Statur eines Giganten, der nackt am Ufer des Hafens tanzte, sang und sich Staub auf den Kopf warf. Der Generalkapitän schickte einen von den unsrigen, damit er dieselben Handlungen vollführe als Zeichen des Friedens und, nachdem das getan war, den Mann auf eine kleine Insel vor den Generalkapitän bringe.»

Als der Einheimische den Fremden gegenüberstand, deutete er mit einem Finger nach oben. In Pigafettas Augen war dieses Zeichen nur so zu verstehen, dass der Mann glaubte, «wir kämen vom Himmel. Er war so groß», fährt er fort, «dass wir ihm nur bis zur Hüfte reichten, und gut gebaut. Er hatte ein großes Gesicht, rundum rot bemalt und um die Augen gelb mit zwei gemalten Herzen mitten auf den Wangen. Die wenigen Haare, die er hatte, waren weiß gefärbt.» Offenbar hatte der Gigant rasch begriffen, welch edle Herren ihn da beehrten, denn nachdem er anfangs nackt gewesen war, hatte er sich nun in Schale geworfen, nämlich in «kunstvoll miteinander vernähte Tierhäute»; auch seine Füße steckten in Schuhen aus solchen Häuten. In der Hand «trug er einen kurzen, schweren Bogen mit einer Sehne etwas dicker als die einer Laute … und ein Bündel eher kurzer Pfeile aus Rohr, wie die unsrigen mit Federn und mit Spitzen aus weißem und schwarzem Feuerstein nach der Art türkischer Pfeile».

Mit Pigafettas tanzendem Hünen betrat eine Figur die Bühne der Geschichte, die für die nächsten 250 Jahre aus den Köpfen der Europäer nicht wegzudenken war und bis heute ein Lieblingskind der Kulturwissenschaftler ist: der patagonische Riese. Er findet sich in Dutzenden Reiseerzählungen, auf Buchseiten und Karten pittoresk in Szene gesetzt, wie er, ein Fell um die Schultern oder einen Bogen in der Hand, auf zierliche Europäer herabschaut, die er um Manneslänge überragt. Schon einige Autoren des 16. Jahrhunderts stutzten Pigafettas Riesen auf ein menschliches Maß zurück. So berichtete ein anonym gebliebener Genuese, der an Magellans Fahrt teilnahm, die Bewohner Patagoniens seien «neun bis zehn Spannen», also um die zwei Meter, groß gewesen. Und Fernão de Oliveira meinte: «Die Leute dieses Landes sind vom Körper her so groß wie die Deutschen und andere Leute nördlicher Gefilde.» Aber erst gegen Ende des 18. Jahrhunderts setzte sich allgemein eine realistischere Vorstellung von den Patagoniern durch. Ihre Körpermaße jenseits der 1,80 Meter waren für die Frühe Neuzeit allerdings enorm, vor allem aus der Perspektive eines Südeuropäers, der damals im Durchschnitt nicht über 160 Zentimeter hinauswuchs.

Während die Legende von den Riesen heute als entkräftet gilt, trägt das Land noch immer den Namen, den Magellan beziehungsweise Pigafetta seinen Bewohnern gab: «Der Generalkapitän nannte diese Leute Patagoni.» Was er sich dabei dachte, hat der Autor nicht dazu gesagt. Meinte man lange, der Name sei eine sprachschöpferische Anspielung auf die großen Füße jener Riesen (auf Spanisch wie Portugiesisch «pata», Pfote), so gilt heute als wahrscheinlich, dass sich der Namensgeber von einem der damals so beliebten Ritterromane inspirieren ließ, und zwar von dem 1512 erstmals gedruckten «Primaleón», in dem eine Kreatur namens «Patagón» auftritt. Dieser Patagón ist ein Mischwesen, halb Mensch, halb Tier, und lebt in den Bergen einer Insel inmitten einer Horde wilder Menschen, «denn sie leben so wie Tiere und sind sehr tapfer und menschenscheu und essen rohes Fleisch von dem, was sie in den Bergen jagen. Und sie sind so wie Wilde, die nichts tragen als Kleider aus den Häuten von Tieren, die sie töten, und sind so hässlich, dass es wunderlich zu sehen ist.» Weil sie so barbarisch seien, heißt es in dem Roman, würden diese Leute «patagones» genannt.

Die Pointe dieser Interpretation ist eindeutig: Magellan oder Pigafetta oder wer auch immer den «Primaleón» gelesen hatte und sich von ihm dazu anregen ließ, die Bewohner des Ödlandes «Patagoni» zu taufen, setzte sie dadurch mit Barbaren gleich, die außerhalb der Zivilisation standen und Tieren vielleicht sogar ähnlicher waren als Menschen. So wäre die Benennung der Patagonier ein Musterbeispiel dafür, wie all die Mythen und biblischen Geschichten, die die Seefahrer gehört oder gelesen hatten, ihren Blick auf die Welt formten, die sie in jener Zeit für Europa entdeckten. Um das Neue zu erfassen, konnten sie gar nicht anders, als auf Bilder und Namen zurückzugreifen, die ihnen aus ihrer eigenen Kultur vertraut waren. Dieser Rückgriff aufs Vertraute, um das Unerhörte begreifbar zu machen, lässt sich bei Pigafetta sehr gut beobachten, etwa wenn er die Dicke einer Bogensehne mit der einer Lautensaite oder die Pfeilspitzen der Patagonier mit denen der Türken vergleicht. Womöglich machte gerade sein Talent, das Fremde, dem er unterwegs begegnete, in vertraute Begriffe und Vorstellungen zu übersetzen, den großen Erfolg von Pigafettas Reiseerzählung aus.

Umgekehrt bedeutet das soeben Gesagte, dass die Berichte Pigafettas und anderer Augenzeugen mehr über die Reisenden und ihr Weltbild erzählen als über das, was sie beschreiben. Ihre Schilderungen eignen sich nur sehr bedingt dazu, den «Patagoniern» des 16. Jahrhunderts und ihrer Welt auf die Spur zu kommen – zumal ihre Berichte im Detail erheblich voneinander abweichen. Tanzte bei Pigafetta plötzlich ein Einzelner nackt am Strand, berichtet Ginés de Mafra vom Auflodern nächtlicher Feuer im Landesinneren, die den Generalkapitän veranlassten, Kundschafter auszusenden mit dem Auftrag, frisches Fleisch aufzutreiben. Der zumeist gut unterrichtete Barros schreibt, Magellan habe einen Stoßtrupp zwanzig Leugen landeinwärts geschickt, um nach dem Meer auf der Westseite zu suchen, und nach einer Weile sei der Trupp in Begleitung von Einheimischen heimgekehrt. Nach Herrera wiederum zog eine Reihe von bewaffneten Leuten aus, das Land zu erkunden und ein Kreuz zu errichten; sie kamen jedoch zurück, ohne eine Menschenseele oder auch nur ein Gewässer gesichtet zu haben. Erst Tage oder Wochen später erschienen im Hafen «sechs Indios».

Alle Berichte deuten indes darauf hin, dass die «Patagonier» zu einer Horde von Jägern und Sammlern gehörten, die auf der Suche nach Nahrung die Steppe durchstreiften. Neben Fischen, Beeren, Kräutern und Wurzeln waren ihre Hauptnahrungsquellen der Nandu, der südamerikanische Laufvogel, und vor allem das Guanako, das wilde Lama, das sie mit Pfeil und Bogen erlegten, zuweilen auch lebend einfingen. Seine Felle dienten ihnen als Kleidung und zur Abdeckung ihrer Zelte. Ihre Lebensweise hatten die Patagonier der kargen Umwelt bestmöglich angepasst. Sie waren schnelle, ausdauernde Läufer und exzellente Jäger, mit einem Wort: Überlebenskünstler.

Dank dem kleinen Wörterbuch, das Pigafetta später in einer Mußestunde anlegte,[3] wissen wir, dass sich die Sprache der Einheimischen den einst in ganz Patagonien verbreiteten Chon-Sprachen zuordnen lässt. Allerdings deckt sich das Vokabular von Pigafettas Informant mit keiner der in jüngerer Zeit dokumentierten Varianten dieser Sprachfamilie; es weist Überschneidungen sowohl mit dem weiter südlich gesprochenen Tehuelche wie dem Teushen auf, das schon vor langer Zeit mit seinen Sprechern ausgestorben ist.

Nachdem der Kontakt zwischen Einheimischen und Seefahrern einmal hergestellt war, kam offenbar bald der übliche Tauschhandel in Gang. Die fahrenden Händler aus dem Norden kramten ihre Glasperlen, Glöckchen und Kämme hervor. Im Gegenzug hofften sie von den einheimischen Jägern Guanako-Fleisch zu erhalten.

Über Wochen scheint es mehrfach zu Begegnungen zwischen den beiden Gruppen gekommen zu sein. So luden die Seeleute einige Patagonier auf einen großen Topf Mazamorra ein, ihren Zwiebackbrei, und staunten über den enormen Appetit ihrer Gäste. Sie erlaubten sich Späße, indem sie ihnen Spiegel vorhielten, um sie zu erschrecken, und schenkten ihnen Heiligenbildchen. Die andere Seite revanchierte sich mit Tänzen, Gesängen und zirkusreifen Darbietungen, etwa indem sie sich Pfeile in den Rachen steckten und wieder herauszogen. Sicherlich sahen die Seefahrer in den bunten Patagoniern eine willkommene Auflockerung ihres grauen Alltags.

Doch irgendwann wollte Magellan mehr, und er fasste den Plan, ein paar dieser baumlangen Kerle zu fangen, um sie nach der Rückkehr dem kastilischen Hof vorzuführen. Da er ihre Körperkräfte fürchtete, griff er zu einer List, von der Pigafetta nicht ohne Bewunderung erzählt: Nachdem der Generalkapitän zwei junge und wohlproportionierte Patagonier als Opfer auserkoren hatte, «gab er ihnen viele Messer, Scheren, Spiegel, Glöckchen und Glaskügelchen, und als diese zwei die Hände voll mit den genannten Dingen hatten, ließ der Generalkapitän zwei Eisen bringen, die man an die Füße legt, und signalisierte, dass er sie ihnen schenken wolle. Und weil sie aus Eisen waren, freuten sie sich sehr, wussten aber nicht, wie sie sie mitnehmen sollten, und bedauerten, sie zurücklassen zu müssen … Aber der Generalkapitän machte ihnen Zeichen, dass er sie ihnen an die Füße legen würde und sie sie so forttragen könnten. Sie gaben mit dem Kopf ihr Einverständnis. Sofort ließ er beiden zugleich die Eisen anlegen. Als die Bolzen einrasteten, wurden sie stutzig, aber als der Generalkapitän sie beruhigte, standen sie still. Sobald sie sich aber gefesselt sahen, brüllten sie wie Stiere und riefen lautstark: ‹Setebos›, damit er ihnen hülfe.»

Setebos, erklärt Pigafetta an anderer Stelle, war «ein großer Dämon» der Patagonier mit Hörnern und langen, zotteligen Haaren, der aus

Mund und Gesäß Feuer spie. Doch gegen die Abgefeimtheit seines Generalkapitäns waren selbst solche Geister machtlos.

Eigentlich stand in den Instruktionen, die Magellan vom König erhalten hatte, dass die Bewohner der Länder, die er entdecken würde, freundlich zu behandeln seien. Man dürfe ihnen nichts wegnehmen, keine Gewalt antun und ihnen gegenüber niemals sein Wort brechen, weil man sie nur so am besten zum «heiligen katholischen Glauben» führen könne. Auf keinen Fall aber dürfe man ihre Frauen anrühren, denn «die Leute in diesen Gegenden verursachen wegen so was eher irgendwelchen Schaden und Aufruhr als wegen jeder anderen Sache und sind weniger bereit, Frieden zu halten und an Land Handel zu treiben».

Mit Frieden und Handel war es nach der geglückten Entführung allerdings vorbei. Als unmittelbar danach ein von João Carvalho angeführter Trupp versuchte, einige patagonische Frauen zu rauben – laut Pigafetta in der hehren Absicht, die beiden Entführten sich nicht einsam fühlen zu lassen –, ließen die Einheimischen alles stehen und liegen und machten sich aus dem Staub, nicht ohne auf dem Rückzug ihre Steinzeitpfeile abzuschießen. Einer davon traf Diego Sánchez Barrasa in die Leiste mit der Folge, dass der Sobresaliente der Trinidad an Ort und Stelle starb.

Die Fliehenden zu verfolgen stellte sich als sinnlos heraus. Gegen die Ortskenntnis und Schnelligkeit der Patagonier hatten Magellans Leute keine Chance. Um den Tod ihres Kameraden zu rächen, stahlen sie die Fleischvorräte der Geflüchteten und brannten ihre Zelte nieder.

Auch von diesem Drama, das sich Ende Juli 1520 abspielte, besitzen wir nur ungenaue und widersprüchliche Berichte. Insbesondere bei Pigafetta weiß man nie, was seiner Fantasie entsprungen ist und vor allem was er weggelassen hat. Die vielen Seiten, die er den Patagoniern und ihren Lebensgewohnheiten widmet, sprechen aber dafür, dass er sie über längere Zeit in Ruhe studieren konnte, die Kontakte mithin lange friedlich verliefen. Die Feindseligkeiten brachen erst mit der Entführung der beiden Männer aus, die als Tatsache ebenso sicher belegt ist wie der Tod von Diego Barrasa. Während die Entführung, die Pigafetta so genüsslich ausmalt, zweifellos auf Magellans Konto ging, ergab sich die nachfolgende Eskalation im Grunde zwangsläufig, denn dass die «sehr flinken und arglosen» Patagonier, wie der anonyme Genuese sie in seinen Erinnerungen charakterisiert, die Entführung ihrer Leute einfach hinnehmen würden, war kaum zu erwarten. João Carvalho, der laut Pigafetta den Stoßtrupp anführte, scheint im Übrigen ein Mensch mit kriminellen Neigungen gewesen zu sein. 1512 war der Steuermann unter dem Vorwurf des Diebstahls in Brasilien zurückgelassen worden, und als er später in Südostasien das Kommando über Magellans Armada übernahm, wurde er von der Mannschaft bald wieder abgesetzt, weil er seine Macht allzu dreist missbrauchte.

Letztlich braucht der traurige Ausgang dieser ersten Begegnung zwischen Patagoniern und Europäern nicht zu verwundern. Die Seefahrer befanden sich in einer Lage, die in vielem einem Gefängnis glich: Zusammengepfercht auf engstem Raum, unzureichend ernährt und sexuell ausgehungert waren sie einer harschen Disziplin ausgesetzt, die ihre vitalsten Bedürfnisse unterdrückte. Hinzu kam, dass nicht nur ihr Generalkapitän, sondern die meisten von ihnen durch die Schule der Gewalt gegangen waren, einer Gewalt, die sich jederzeit entladen konnte.

Wenn Kaplan Fletcher, Francis Drakes Bordchronist, knapp sechzig Jahre später die Feindseligkeit der Patagonier auf ihre Erfahrungen mit den Spaniern unter Magellan zurückführte, entbehrt diese Erklärung nicht der Plausibilität. Allerdings strickte Fletcher damit bereits eifrig an der «Schwarzen Legende», jenem bis heute fortwirkenden Mythos, der den katholischen Spaniern die Verantwortung für die Verbrechen des Kolonialismus zuschreibt, während die Briten und allgemein die Protestanten eine zivilisatorische Mission erfüllt hätten. Ganz so einfach war es zwar nicht. Aber dass im Winter 1520 in San Julián die dunkle Seite des «Zeitalters der Entdecker» zum Vorschein kam, lässt sich schwerlich bestreiten.

So wie die Überwinterung an ihrem Beginn von der Meuterei und deren blutiger Niederschlagung überschattet war, stand auch an seinem Ende ein Akt der Gewalt: «Samstag, elf Tage des Monats August des genannten Jahres, während des Aufenthalts in San Julián, wurden Juan de Cartagena und Pero Sánchez, Kleriker, auf Befehl des Generalkapitäns Fernando de Magallanes verbannt», heißt es im Sterberegister der Expedition. Die beiden Männer wurden mit einem Sack voll Proviant und ein paar Waffen an Land ausgesetzt und ihrem Schicksal überlassen. In der lebensfeindlichen Einöde, deren Bewohner man sich überdies zu Feinden gemacht hatte, kam die Verbannung einem Todesurteil gleich.

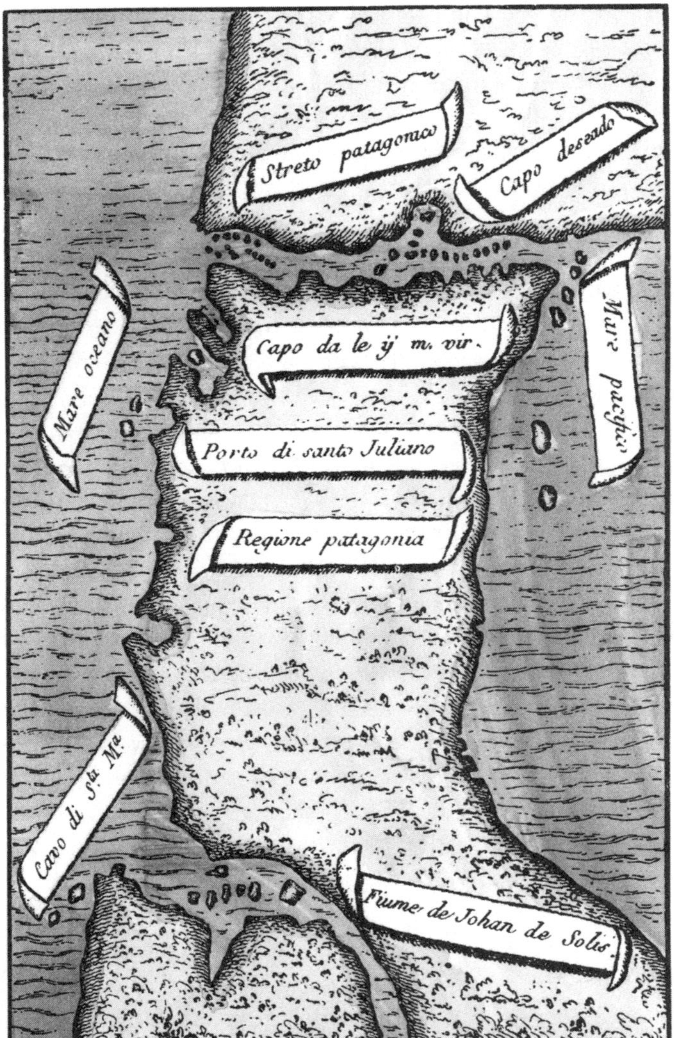

Die Meerenge bei 52° Süd, aus Antonio Pigafettas Reisebericht (um 1524). Süden ist oben. Links unten der heutige Río de la Plata

Da ein Pero Sánchez nirgends in den Heuerlisten auftaucht, wird der Kleriker heute zumeist mit Bernard Calmette, dem Kaplan der San Antonio und zweiten Priester der Expedition, identifiziert. Warum der

Franzose sich einen spanischen Zweitnamen zugelegt hatte, ist unklar. Wie es heißt, übte Cartagena, unterstützt von Calmette, auch nach der Meuterei öffentlich Kritik an Magellans Führung. Darum wollte der Generalkapitän die beiden loswerden. Als die Schiffe am 24. August 1520, am Bartholomäustag, die Anker lichteten, blieben zwei einsame Gestalten in der patagonischen Weite zurück. Man hat nie wieder von ihnen gehört.

Am Fluss von Santa Cruz ging die Armada vor Anker, um Robben zu schlachten und die Waren und Geschütze zu bergen, die nach Serranos Schiffbruch am Ufer zurückgeblieben waren. Dabei ertrank der Zimmermann der Vitoria. Zwei weitere Männer starben während dieser Zeit «an Krankheit». Die Übrigen stachen am 18. Oktober wieder in See und setzten die Fahrt nach Süden fort. Zwei Tage mussten sie gegen den Wind kreuzen, am dritten drehte er. Eine Weile fuhren sie mit guter Brise nach Südsüdwest, bis sich an der Küste bei 52° Süd ein Meerbusen auftat, begrenzt von einer langen Sandzunge und einem Kap, das sie zur Feier des Tages «Kap der 11 000 Jungfrauen» nannten.

Auf ihrer langen Fahrt entlang der südamerikanischen Küste hatten die Seefahrer schon etliche Buchten, Golfe und Flüsse erkundet. Jedes Mal waren sie in derselben Richtung wieder hinausgesegelt, aus der sie hineingefahren waren. Kein Wunder also, dass der Anblick des Meerbusens den Generalkapitän in ein Wechselbad der Gefühle stürzte.

# 9. Nichts als Himmel und Salzwasser

Einen Monat und eine Woche nach der Sichtung des Kaps der 11 000 Jungfrauen war die Tat vollbracht.[1] Die Meerenge, an deren Existenz die Seefahrer beinahe verzweifelt wären, lag hinter ihnen. Nach Westen breitete sich, so weit das Auge reichte, der Magnus Sinus der Geographen aus, Balboas Meer des Südens. Es waren nur noch drei Schiffe, die Ende November 1520, zwischen dem 26. und dem 28. dieses Monats, ungefähr bei 52° 35' südlicher Breite in dieses Meer segelten: die Trinidad, die Concepción und die Vitoria. Die San Antonio war verschollen. Nach dem Urteil des Astrologen war sie nach Spanien zurückgekehrt.

Keiner der verbliebenen 175 Männer an Bord wusste, was sie erwartete. Aber alle hofften, dass hinter der weiten Wasserfläche die Ostküste Asiens und die sagenhaften Inseln lägen, auf denen die kostbarsten Gewürze wuchsen, wo Reichtümer lockten, wie König Salomon sie nicht besessen hatte. Das rauschhafte Gefühl des Triumphes, das in diesen Stunden auf der Trinidad herrschte, gibt von allen Augenzeugen allein Ginés de Mafra wieder: «Ein jeder schätzte sich glücklich, weil er sich an einem Ort befand, an dem sich vor ihm kein anderer befunden hatte … und sie dankten Gott vielmals, dass er ihnen dies hatte zuteilwerden lassen.» Indessen befahl der Generalkapitän, «frohgemut nach Nordwesten zu steuern».

Dass sich Magellan und seine Männer glücklich priesen, war nur würdig und recht. Um die später nach ihm benannte Meerenge in einem Segelschiff zu befahren – und das von Ost nach West, also gegen die in diesen Breiten vorherrschenden Winde –, reicht es nicht aus, ein erfahrener Skipper zu sein. Man braucht auch eine gehörige Portion Glück. Wie tückisch diese Gewässer sind, zeigt eine Geschichte, die Bruce Chatwin in seinem Klassiker «In Patagonia» von seinem Onkel Charley erzählt. Charley Milward war Anfang 1898 als Kapitän eines Segeldampfers auf dem Weg von Neuseeland um Kap Hoorn nach

England, als westlich von Südamerika, vor der «schlimmsten Leeküste der Welt», die Maschine ausfiel. Im Versuch, das havarierte Schiff unter Segeln in die Magellanstraße zu bugsieren, erlitten Onkel Charley und seine Besatzung an einer von Felsen und Fjorden zerfurchten Insel südlich der Einfahrt Schiffbruch. Gegen die Westwinde der «Furious Fifties» hatten sie keine Chance.

Von der friedlichen Seite des «Pazifik» war auch Ende November 1520, als Magellans Flotte auf ihn hinaussegelte, nicht viel zu spüren: «Das Meer», schreibt Herrera lakonisch, «war düster und wild.» Die Seefahrer taten daher gut daran, sich umgehend nach Norden zu wenden und, stets in respektvollem Abstand, der südamerikanischen Küste zu folgen. Und wieder half ihnen das Glück oder vielmehr der mächtige Humboldtstrom, der die Schiffe die Küste hinauftrieb, bis sie am 22. Dezember bei ca. 30° Süd, unweit der damals noch unbesiedelten Juan-Fernández-Inseln, in die Fänge des Südostpassats gerieten.

Nachdem sie den Passatgürtel erreicht hatten, brauchten die Seeleute die Segel nur noch so zu trimmen, dass die Schiffe einen westnordwestlichen Kurs hielten. Die restliche Arbeit erledigte von da an der Wind. Dieser freundliche und beständige, die Fahrt beflügelnde Luftstrom war der Grund, warum Magellan und seine Gefährten diesen Ozean schließlich den «Friedfertigen» nannten. So nahm die erste dokumentierte Pazifiküberquerung der Weltgeschichte ihren Lauf.

Zum Zeitpunkt, als sie sich nach Westen wandten, hatten die Seefahrer schon drei Wochen lang kein Land mehr gesichtet, und es sollten noch etliche mehr vergehen, bis sie wieder welches zu Gesicht bekamen. Tagein, tagaus sahen sie nichts als das majestätisch dahinrollende Meer und den gleichbleibend blauen Himmel. Wenn die Sonne ihren Tageslauf beendet hatte und weit vor dem Bug in einem Meer aus Gold verglüht war, schien am Firmament der südliche Sternenhimmel mit seinen fremden Konstellationen auf, den zu betrachten sie schon in Patagonien Muße gehabt hatten, der aber nun, in den lauen, ungetrübten Tropennächten auf hoher See, noch prachtvoller erschien. Pigafetta wird nicht der Einzige gewesen sein, der bei diesem Anblick ins Staunen geriet, aber er allein hat uns seine Eindrücke hinterlassen: «Der antarktische Pol ist nicht so bestirnt wie der arktische. Man sieht viele kleine Sterne zusammengeballt, die den Anschein zweier wenig voneinander entfernter und etwas düsterer Nebel geben. In ihrer Mitte befinden sich zwei sehr große, nicht sehr leuchtkräftige Sterne, die sich wenig bewegen. Diese beiden Sterne sind der antarktische Pol.» Und als die Seefahrer «inmitten dieses Golfes», das heißt auf hoher See, waren, sahen sie «ein Kreuz von fünf Sternen gerade nach Westen, und sie sind justament einer neben dem anderen».

Bei dieser Beschreibung denken wir heute unwillkürlich an das «Kreuz des Südens», das kleinste, aber wohl bekannteste Sternbild des Südhimmels. Allerdings begannen Pigafetta und seine Mitreisenden ihre Pazifikquerung bei 30° Süd und fuhren nur mehr nach Norden. In diesen Breiten kann ihnen das Kreuz des Südens nicht im Westen, sondern nur im Süden erschienen sein. Zudem war dieses Sternbild Pigafettas Zeitgenossen kaum geläufig. Die vier Sterne, aus denen es sich zusammensetzt, kannte zwar schon Ptolemäus, doch der spätantike Astronom ordnete sie dem Sternbild des Kentauren zu. Später verschwanden die vier Sterne wegen der Präzession der Erdachse – deren periodischer Richtungsänderung – für ein Jahrtausend aus dem Gesichtskreis der Europäer, bis jene christlichen Seefahrer, die am Ende des Mittelalters auf Geheiß der portugiesischen Krone immer weiter nach Süden segelten, diese markante Konstellation wiederentdeckten. Und manche erblickten darin das Symbol ihres Glaubens, wie ein Traktat aus der Feder von João de Lisboa (datiert 1514) und ein Brief des florentinischen Seefahrers Andrea Corsali an Giuliano de Medici (von 1515) belegen, die beide das Kreuz beschrieben und als solches benannten. In den offiziellen Katalog der Sternbilder wurde es jedoch erst an der Wende zum 17. Jahrhundert aufgenommen.

Abgesehen von den hehren Gefühlen, die das Kreuz des Südens in einem christlichen Betrachter wecken kann, gewann es rasch auch praktische Bedeutung. Wie Pigafetta richtig anmerkt, ist die unmittelbare Umgebung des antarktischen Himmelspols nicht so sternenreich wie die des arktischen; es gibt auch kein mit bloßem Auge sichtbares Gestirn, das wie der Polarstern im Kleinen Bären den Pol markiert. Aus der Sicht eines Steuermannes war das ein Manko, wäre doch die nächtliche Navigation auf der Südhalbkugel erheblich leichter gewesen, wenn man sich an einem markanten Punkt wie dem Polarstern hätte orientieren können. So mancher gelehrte Seefahrer hatte daher den Ehrgeiz, die Position des antarktischen Pols zu bestimmen. Auch Pigafetta macht hierzu einen Vorschlag, wobei wir nicht wissen, ob dieser auf seinem eigenen Mist gewachsen war oder der Autor hier eine Idee wiedergibt, die er den Steuermännern der Flotte abgelauscht hatte. Er erwähnt zwei Nebel mit zwei Sternen dazwischen, die sich kaum bewegten und daher als der antarktische Himmelspol anzusehen seien.

Bei den Nebeln dürfte es sich um die Große und Kleine Magellansche Wolke handeln, die beiden Nachbargalaxien der Milchstraße, die heute den Namen von Pigafettas Generalkapitän tragen. Seinen Namen tragen sie aber nicht etwa, wie man oft liest, weil Magellan sie als Erster gesichtet oder gar beschrieben hätte. Die größere Wolke hatte bereits der persische Astronom Abd ar-Rahman as-Sufi um die Mitte des 10. Jahrhunderts – unter Bezugnahme auf noch ältere Autoren – in seinem «Buch der Fixsterne» verzeichnet, wo sie als «weißer Ochse» firmiert. Die portugiesischen Afrika- und Indienfahrer, die im 15. und frühen 16. Jahrhundert das Kap der Stürme umrundeten, nannten die beiden Himmelsobjekte «Wolken des Kaps». Andrea Corsali erwähnt in seinem Brief an Giuliano de Medici von 1515 «zwei Wölkchen von angemessener Größe», die den Himmelspol umkreisten. Auch andere Autoren vor Pigafetta erwähnen sie, und den Bewohnern der Südhalbkugel, von den Khoisan Südafrikas bis zu den Maori, waren sie ohnehin seit unvordenklichen Zeiten bekannt.

Die Magellanschen Wolken umkreisen den südlichen Himmelspol, dieser liegt aber nicht, wie Pigafetta meinte, zwischen ihnen, sondern ca. zwanzig Grad entfernt. Zur Lokalisierung des Pols eignet sich das Kreuz des Südens besser, obwohl es weiter nördlich liegt, zeigt doch die Längsachse des Kreuzes immer auf den antarktischen Pol, wobei der Abstand viereinhalb Mal so groß ist wie der zwischen den beiden Sternen, die die Längsachse markieren. Portugiesische Seefahrer, die auf die Südhalbkugel segelten, pflegten sich daher an dem himmlischen «Kruzifix» zu orientieren; andere folgten ihrem Beispiel.

Eine Zeit lang mag der südliche Sternenhimmel die Seefahrer dafür entschädigt haben, dass sonst nicht viel geschah. Tagein, tagaus durchpflügten ihre Schiffe den Ozean, die Segel prall vom Passatwind, so dass die Matrosen nur selten Hand an die Schoten und Brassen legen mussten und der Mann am Ruder sich unbesorgt Tagträumen hingeben durfte. Doch je länger die Fahrt über das endlose Blau dauerte, desto unheimlicher und unerfreulicher wurde sie. Anfang Januar 1521 passierte die Flotte den Wendekreis des Steinbocks. Sie segelten jetzt unter der

Verschiedene Instrumente für die Himmelsbeobachtung.
Zweites von links ein Quadrant, in der Mitte ein Jakobsstab, rechts eine Sternuhr.
Aus dem «Instrument-Buch» des Peter Apian, Ingolstadt 1533

Sonne, zur Hitze gesellte sich bald der Durst. Um die Trinkwasserreserven der Armada war es schlecht bestellt, um den übrigen Proviant nicht viel besser. Der Schiffbruch der Santiago, das Verschwinden der San Antonio und der lange Aufenthalt in Patagonien hatten an den Vorräten gezehrt. Auch Rationierungen konnten das Ende der Vorräte nur hinauszögern, nicht aber aufhalten. Was noch übrig war, verdarb in der Tropenhitze: «Wir aßen Zwieback», klagte Pigafetta, «oder vielmehr Zwiebackstaub durchsetzt mit Würmern, die bereits das Beste gefressen hatten. Er stank furchtbar nach Rattenurin. Und wir tranken gelbes Wasser, das schon seit vielen Tagen verfault war, und aßen gewisse Ochsenhäute, mit denen die Rahen überzogen waren, um die Takelage zu schonen, die waren steinhart von der Sonne, dem Regen und dem Wind. Wir ließen sie über vier oder fünf Tage in Meerwasser einweichen, dann legten wir sie ein wenig aufs Feuer, und so aßen wir sie; oft genug aßen wir auch Sägespäne. Ratten wurden für einen halben Dukaten das Stück gehandelt, und selbst dafür waren sie nicht zu bekommen.»

Nun erwies sich die Äußerung, die Herrera dem Generalkapitän bei der Einfahrt in die Meerenge in den Mund legte, als selbsterfüllende Prophezeiung: Die Seefahrer aßen das Leder von den Rahen.

Mit jeder Woche, die dahinging, nahm das Elend zu, wurde das traumhaft schöne Wetter immer mehr zu einem Fluch. Wäre hin und wieder ein Wolkenbruch über die Schiffe niedergegangen, hätte man das Regenwasser auffangen können. So blieb den Männern nur übrig, die ranzigen Zwiebackkrümel in Meerwasser zu kochen, was den Durst nur noch verschlimmerte. Immer angestrengter hielten die Wachen im Mastkorb nach Land Ausschau. Umso größer war die Enttäuschung, als sie nach acht Wochen auf See am 25. Januar 1521 – nach Albos Logbuch bei 16° 15' Süd – endlich ein mit Bäumen bestandenes Eiland sichteten und feststellen mussten, dass sie dort nicht landen konnten. Denn die Insel war laut Ginés de Mafra «so umstellt von Riffen, dass es schien, als ob die Natur sie bewehrt hätte, um sie gegen das Meer zu verteidigen», und laut Albo war das Meer ringsum so tief, dass die Sonde keinen Grund und somit auch der Anker keinen Halt fand.

Zehn Tage und geschätzte 200 Leugen weiter nordwestlich stießen sie auf eine zweite Insel, die ebenfalls unbewohnt war und «keinerlei Erfrischung» für die Dürstenden bereithielt, in deren Umgebung sich indes viele Haie tummelten – eine willkommene Erweiterung des dürftigen Speiseplans. Trotz offenbar guten Fangs fanden die beiden menschenleeren Eilande unter dem Namen «Unglücksinseln» Eingang in die Bordbücher und Chroniken.

Dass Magellan und seine Mitfahrer monatelang über den Pazifik segelten, ohne eine der vielen bewohnten Inseln Ozeaniens anzufahren, hat immer wieder Kopfschütteln ausgelöst, ist doch der südliche Pazifik geradezu gesprenkelt mit Archipeln, die der Mensch ab etwa 1500 vor Christus nach und nach besiedelt hatte. Über zweieinhalb Jahrtausende hinweg fuhren immer wieder Gruppen von Siedlern hinaus auf den Ozean und bevölkerten Insel für Insel, bis sie eines Tages Hawaii im Norden, Rapa Nui (die Osterinsel) im äußersten Osten und Aotearoa (Neuseeland) ganz im Südwesten erreichten. In ihren Auslegerkanus segelten sie Tausende Kilometer über das offene Meer, indem sie sich an

Sternen, Wolken, Meeresströmungen, Vögeln und anderen Naturerscheinungen orientierten. Die schrittweise Besiedlung Ozeaniens ist eines der erstaunlichsten Kapitel der Menschheitsgeschichte, und ihre namenlosen Heldinnen und Helden zählen ohne Zweifel zu den fähigsten und wagemutigsten Seefahrern aller Zeiten.

Die Tatsache, dass Magellan und seine Flotte fast den gesamten Pazifik überquerten, ohne irgendwo den Nachfahren dieser Pioniere zu begegnen, ermöglicht es im Verein mit Albos Logbuch, ihre Route über den Ozean annähernd zu rekonstruieren – obwohl Albo lediglich die geographische Breite und die Fahrtrichtung aufzeichnete, nicht aber den Längengrad, dessen Messung ja ein großes Handicap frühneuzeitlicher Hochseeschifffahrt war. Demnach segelte die Flotte zwischen Tuamotu und den Marquesas hindurch und kreuzte irgendwo zwischen den Linien- und den Gilbert-Inseln, die beide heute zum Staat Kiribati gehören, am 12. oder 13. Februar 1521 den Äquator. Die dazwischenliegenden Phoenix-Inseln bestehen nur aus wenigen Atollen, die sich kaum über den Meeresspiegel erheben und daher nur aus der Nähe sichtbar sind; man kann sie leicht verfehlen.

So mancher hat sich gefragt, warum Magellan den Äquator überhaupt gekreuzt hat und nicht einfach mit dem Südostpassat so lange nach Westen segelte, bis er die Molukken erreichte. Wusste er doch aus den Briefen seines Freundes Francisco Serrão, dass die Gewürzinseln in Äquatornähe lagen. Stattdessen ließ er Anfang Februar 1520 einen Kurs nach Nordwesten legen und beibehalten. Erst als die Flotte gute drei Wochen später den 12. Breitengrad der Nordhalbkugel – und dabei unbemerkt auch die Marshall-Inseln – hinter sich gelassen hatte, lenkten die Steuermänner die Schiffe wieder nach Westen.

Der anonyme Genuese erklärt in seinem Augenzeugenbericht, Magellan habe gewusst, «dass es auf den Molukken keine Lebensmittel gab», und deshalb den Umweg nach Norden angeordnet. Die portugiesischen Geschichtsschreiber, allen voran Barros, verbreiteten hingegen, Magellan habe nach monatelanger Fahrt durch die Weiten des Pazifik «die Schätzung des Ortes, an dem er sich befand, verloren»; mit anderen Worten, der Generalkapitän und seine Steuermänner hätten nach einiger Zeit auf hoher See nicht mehr gewusst, wo sie waren. Als sie so weit gefahren waren, dass sie nach ihrer Einschätzung längst die Molukken hätten erreichen müssen, und noch immer kein Land in Sicht war, schreibt Barros, habe Magellan sich in seiner Not zuerst an den Astrologen und auf dessen Geheiß mit seinen Schiffen nach Norden gewandt, in der Hoffnung, dort Land und vielleicht einen Dolmetscher oder sonst jemanden zu finden, der ihnen verraten könnte, wo sie sich befanden. Sofern sie nicht völlig desorientiert über die Weltmeere drifteten, argwöhnte Barros, hätten Magellan und seine Komplizen die Längenmaße bewusst zulasten Portugals und zugunsten ihrer kastilischen Auftraggeber gefälscht.

Das Bild, das der portugiesische Livius hier zeichnet, zeugt einmal mehr von seiner Abneigung gegen den abtrünnigen Landsmann, aber es trägt wenig dazu bei, die Route von Magellans Armada durch den Pazifik zu erklären. Wie oben erörtert,[2] ging Magellan von einem 7,5 Prozent geringeren Erdumfang aus. Folglich dürfte er auch die Ausdehnung des Magnus Sinus oder Pazifik unterschätzt haben, und zwar um weit mehr als 1000 Kilometer am Äquator. Das ist keine Kleinigkeit für ein Segelschiff, vor allem wenn die Vorräte so knapp sind, dass die Besatzung mit jedem Tropfen Wasser und jedem Krümel Zwieback haushalten muss. Aber im Verhältnis zur tatsächlichen Größe des Pazifischen Ozeans, der sich am Äquator über mehr als 16 000 Kilometer erstreckt, ist der Fehler nicht so gravierend, wie man zunächst meinen könnte. Dank der Messungen seines Bordkosmographen San Martín wusste Magellan zumindest ungefähr, auf welcher geographischen Länge die Meerenge lag, die er entdeckt hatte; auch von der Position der Molukken hatte er, wie oben gezeigt, eine annähernd korrekte Vorstellung. Selbst wenn man dem Generalkapitän und seinen Experten gröbere Messfehler zugesteht und wenn man berücksichtigt, dass sie mit einem zu kleinen Maß für den Längengrad arbeiteten, muss Magellan bei der Einfahrt in den Pazifik damit gerechnet haben, dass die Entfernung zu seinem Ziel weit über 10 000 Kilometer betrug. Das heißt, er und einige Eingeweihte sind an jenem denkwürdigen Tag Ende November 1520 nicht einfach ins Blaue gesegelt, sondern sie waren sich im Klaren darüber, dass ihnen kein kurzer Segeltörn bevorstand. Ob sie ihr Wissen mit der Mannschaft geteilt haben, ist eine andere Frage.

An jenem Punkt zwischen den Gilbert- und den Linien-Inseln, wo er von der Süd- auf die Nordhalbkugel wechselte, hat Magellan daher kaum befürchtet, die Molukken bereits verfehlt zu haben. Wenn er den

Äquator irgendwo zwischen 160° West und 175° Ost passiert hat und somit im Bereich von 135 bis 160 Grad westlich seiner Bezugslinie, dem Meridian von Santo Antão auf den Kapverden, dann war er mit seiner Flotte an diesem Punkt noch immer mindestens 40 Längengrade, weit über 4000 Kilometer, von den Molukken entfernt. Da müssten Magellan und seine Berater sich schon sehr verrechnet haben. Auch wenn die entsprechenden Aufzeichnungen verschollen sind, gibt es keinen Zweifel, dass die Steuermänner jeden Tag die Distanz maßen, die sie zurücklegten, und über ihre Messungen Buch führten. Zwar war damals noch nicht das Log in Gebrauch, ein Holzstück an einer Schnur, das man hinter dem Schiff ins Wasser warf, um nach einer gewissen Zeit anhand der Länge der abgerollten Schnur die zurückgelegte Strecke zu messen. Aber man wusste sich anders zu helfen, wie Pigafetta andeutet: Man maß die Zeit, die das Schiff brauchte, um einen fixierten Punkt auf dem Wasser (zum Beispiel einen Gegenstand, den man hineinwarf) vom Bug bis zum Heck zu passieren. Daraus ergab sich die Geschwindigkeit, die sich leicht auf den Tag hochrechnen ließ. Aus der Tagesdistanz und der Fahrtrichtung wiederum konnte man die Position erschließen. Freilich ist dieses uralte Verfahren, das sich «Koppelnavigation» nennt, nicht sehr genau. Aber gerade bei der Überquerung des Pazifik, wo die Flotte über Wochen vor gleichmäßig starkem Wind in dieselbe Richtung segelte, dürfte es doch einigermaßen verlässlich funktioniert haben.

Magellan scheint also ganz bewusst vom direkten Kurs auf die Molukken nach Norden abgewichen zu sein. Das erklärt auch, warum die Flotte Albos Logbuch zufolge den Äquator sehr zügig passierte, ohne lange herumzukreuzen, wie man es wohl täte, wenn man einen Ort in Äquatornähe suchen würde und sich verirrt hätte. Stattdessen fuhren sie vom 13. Breitengrad Süd kontinuierlich nach Nordwesten, nach der Überquerung des Äquators dann immer nach Westnordwesten, bis 13° Nord erreicht war, wo die Schiffe den Bug wieder nach Westen richteten.

Seiner hungernden Mannschaft mag Magellan erklärt haben, dass es auf den Molukken nichts zu beißen gebe, aber ihn dürfte eine andere Art von Hunger zur Wahl dieses Kurses getrieben haben. Pigafetta schreibt, Magellan habe auf dieser Route das Kap Cattigara erreichen wollen. Von diesem Ort, den Ptolemäus in seiner Geographie erwähnt, weiß zwar bis heute niemand sicher, wo er sich befand; womöglich bezeichnete der Name einst eine Stadt im Mekong-Delta, im heutigen

Vietnam. Aber jedenfalls deutet Pigafettas Bemerkung darauf hin, dass Magellan wie schon Kolumbus die Ostküste Asiens und die ihr vorgelagerten Inseln im Visier hatte.

Seit Marco Polo am Ende des 13. Jahrhunderts einem Mitgefangenen im Kerker von Genua seinen berühmten Reisebericht diktiert hatte, kursierten in Europa die klangvollen Namen von allen möglichen Ländern und Inseln Ostasiens. Die Gelehrten des Spätmittelalters gaben sich große Mühe, sie mit Ortsangaben in der Bibel und in der Geographie des Ptolemäus zu verbinden. Aus alten Büchern trugen sie alles zusammen, was man über diese Weltgegend wusste, und erzählten über sie die wundersamsten Geschichten. Als portugiesische Schiffe ab 1509 immer weiter nach Osten vorstießen, erhielten solche Spekulationen neue Nahrung. «Gegenüber diesem Reich China», liest man in der Beschreibung Asiens, die sich unter Magellans Papieren im Indienarchiv befindet,[3] «ist das Meer von vielen Inseln bedeckt, und jenseits dieser Inseln gibt es ein großes Land, von dem es heißt, dass es Festland ist, und andere Inseln, von denen jedes Jahr drei oder vier Dschunken mit weißhäutigen Menschen nach Malakka kamen. Diese Menschen sind sehr bedeutende Händler und sehr reich, sie bringen viel Gold und Barren von Silber und Seide und jede Menge sehr guten Weizen und sehr schönes Porzellan und andere Handelsgüter, und sie führen viel Pfeffer mit sich und all die anderen Dinge, die die Chinesen zu jenen weiterverschiffen, die sie ‹Lequios› nennen. Und die in Malakka sagen, dass diese Leute ein besseres Volk sind, größere Kaufleute, reicher, besser gekleidet und ehrenhafter als die Chinesen. Von diesem Volk haben wir bislang keine Nachricht, weil sie niemals nach Malakka kamen, seit die Portugiesen dort sind.»

Offenbar verfolgte Magellan den Plan, dieses Märchenland im Fernen Osten zu erreichen, bevor irgendein anderer christlicher Seefahrer seinen Fuß daraufsetzte. Darum ließ er seine Schiffe den 13. Grad nördlicher Breite ansteuern und von dort geradewegs nach Westen segeln.

Die meisten der 175 Männer an Bord teilten die Träume ihres Generalkapitäns wohl in irgendeiner Form. Auch sie hofften auf einen Anteil an den sagenhaften Reichtümern Asiens. Doch Woche um Woche strich dahin, ohne dass die erhofften Gestade in Sicht kamen, und es wurde zusehends fraglicher, ob ihre Träume jemals Wirklichkeit werden würden, während sich der Alltag an Bord langsam in einen realen Albtraum verwandelte. Schon in der Meerenge aller Heiligen hatte es um die Gesundheit der Besatzung nicht zum Besten gestanden, wie San Martín in seinem Gutachten vom 23. November 1520 festgestellt hatte. Die Leute waren geschwächt. Sie konnten daher kaum auf körperliche Reserven zurückgreifen, als Trinkwasser und frische Nahrung an Bord zur Mangelware wurden.

Als Erster wurde am 23. Dezember Alonso de Mora, ein Kriegsmann auf der Vitoria, abberufen. Drei Tage später folgte ihm sein Bordkamerad, der Schiffsjunge Domingo, ins nasse Grab. Beide stammten aus Portugal. Am 25. Januar 1521, als die Flotte die erste «Unglücksinsel» passierte, waren schon sechs Männer «an Krankheit» gestorben. Bis zum 9. Februar hatte sich die Zahl der Opfer auf acht erhöht – soweit sie denn im Sterberegister aufgeführt sind. Vom Hungertod des entführten Patagoniers und eines «Indios aus dem Brasilland», der sonst nirgends erwähnt wird, wissen wir nur durch Pigafetta.

Der Edelmann aus Vicenza beschreibt auch die Symptome eines Leidens, das nach einigen Wochen auf hoher See auftrat: «Aber über allen anderen Qualen war diese die schlimmste: Bei einigen schwoll das Fleisch sowohl über den unteren als auch den oberen Zähnen, so dass sie beim besten Willen nicht mehr essen konnten und daher starben. An dieser Krankheit starben 19 Männer ... 25 oder 30 Männer erkrankten an den Armen, den Beinen oder anderen Körperteilen. Nur wenige blieben gesund.»

Das geschwollene Zahnfleisch deutet auf Skorbut hin, die große Geißel der frühneuzeitlichen Seefahrt, von der man schätzt, dass sie bis zum Ende des 18. Jahrhunderts mehrere Millionen Menschen dahinraffte, vor allem solche, die das Pech hatten, auf monatelangen Fahrten übers Meer frische Nahrung entbehren zu müssen. Denn wie man erst im 20. Jahrhundert zweifelsfrei erkannte, ist Skorbut eine Mangelerkrankung, die immer dann aufzutreten droht, wenn dem Körper längere Zeit kein Vitamin C zugeführt wird. Die Folge davon ist, dass sich das Bindegewebe nicht mehr ausreichend erneuert. Im Körper eines Erkrankten zersetzen sich nach und nach die Blutgefäße, angefangen mit den Schleimhäuten, über die inneren Organe bis hin zu den Knochen, und wenn er nicht rechtzeitig neues Vitamin C erhält, stirbt er einen schmerzvollen Tod.

Durst, Hunger und Vitaminmangel waren jedoch nicht die einzigen Qualen, die Magellans Männern zusetzten. Da ihre Widerstandskräfte erlahmten, hatten altbekannte Plagegeister der Seefahrt nun umso leichteres Spiel mit ihnen. Wanzen und Flöhe waren davon noch die harmloseren; auch Läuse zu haben gehörte unter Seeleuten, selbst unter Offizieren, fast zum guten Ton. Weitaus lästiger waren die von einer Hautmilbe verursachte Krätze sowie Ekzeme, die durch Salzwasser und fehlende Hygiene hervorgerufen wurden. Besonders fatal wirkten sich die ungesunden Verhältnisse jedoch auf den Verdauungstrakt aus. Galt es unter Seereisenden eigentlich als ratsam, auf regelmäßigen Stuhlgang zu achten, um Verstopfung vorzubeugen, führten die verdorbene Nahrung und der Skorbut das Gegenteil herbei. Da man sich über die Bordwand entleerte, geriet ein Kranker, der für diese Prozedur zu schwach war, in arge Bedrängnis, die auch seine Nächsten nicht unbehelligt ließ. Die einzige Plage, der man unter diesen Umständen etwas Gutes abgewinnen konnte, waren, wie gesagt, die Ratten. Die «ersten Bewohner» frühneuzeitlicher Schiffe – so genannt, weil sie sich meistens schon auf der Werft an Bord niederließen – konnte man immerhin essen.

Zu den körperlichen Beschwerden kamen psychische Leiden. Skorbut kann Depressionen auslösen, wie überhaupt Unterernährung die Betroffenen deprimiert und teilnahmslos macht. Gegen diese kollektive Misere konnten der Wundarzt der Trinidad, Juan de Morales, und die Barbiere auf den anderen Schiffen wenig ausrichten. Auch all die Tinkturen und Pülverchen der Bordapotheke dürften kaum geholfen haben. Terpentinöl, Theriak und Süßholzsirup waren höchstens geeignet, den allgegenwärtigen Gestank zu übertünchen – womit sie freilich nach damaliger medizinischer Lehre an die Wurzel des Übels rührten, galt doch «böse Luft» als Krankheitserreger schlechthin. Ginés de Mafra berichtet, dass die Skorbutkranken sich das geschwollene Zahnfleisch «mit Urin und Meerwasser» wuschen. Auch wenn diese Behandlung anscheinend die Symptome linderte, behob sie natürlich nicht den Vitaminmangel, so dass der körperliche Verfall weiterging. Wer seine letzte Stunde nahen fühlte, dem blieb nur, nach dem Priester zu rufen, seine Sünden zu beichten und, so er denn irdische Güter sein Eigen nannte, dem Schiffsschreiber ein Testament zu diktieren.

Die von Pigafetta genannte Zahl von 19 Toten – die beiden Südamerikaner nicht mitgerechnet – stimmt mit dem Sterberegister überein, wobei die Mehrzahl erst der Tod ereilte, nachdem sie nach mehr als drei Monaten auf hoher See wieder bewohntes Land erreicht und damit die Möglichkeit hatten, frischen Proviant zu erwerben. Manche waren vermutlich so ausgezehrt, dass ihr Körper die plötzliche Zufuhr reichlicher und zumal ungewohnter Nahrung nicht mehr vertrug, andere so entkräftet, dass ihr Immunsystem unter dem Ansturm fremdartiger Erreger kollabierte.

Allerdings schlug der Tod nicht auf allen Schiffen in gleichem Ausmaß zu. Den höchsten Blutzoll entrichtete mit Abstand die Besatzung der Vitoria, von der mindestens ein Dutzend für immer von Bord ging. Das kleinste Schiff der Armada stellte zwei Drittel der Toten in dieser Zeit, entweder weil weniger Proviant in seinen Stauräumen mitgeführt oder weil der vorhandene schlecht verwaltet wurde oder aus anderen Gründen. Als Kapitän der Vitoria amtierte seit San Julián der Vetter von Magellans Gattin, Duarte Barbosa. Das wenige, das wir über ihn wissen, lässt nicht auf einen verantwortungsbewussten Charakter schließen. In Rio de Janeiro musste Magellan seinen Verwandten in Eisen legen lassen, weil er desertieren wollte. Es sollte nicht das einzige Fehlverhalten Barbosas bleiben, das Spuren in den Akten hinterließ.

Aber nicht nur einfache Seeleuten schieden dahin. Am 28. Februar tat Vasco Gallego, Steuermann der Vitoria, seinen letzten Atemzug; sein Kollege auf der Concepción, Juan Rodríguez de Mafra, der Buchhalter Antonio de Coca sowie Baltasar der Genuese, vormals Meister der Santiago, bezahlten die Überfahrt ebenfalls mit dem Leben. Wer alle Strapazen überstand oder gar, wie Pigafetta, ganz gesund blieb, konnte sich glücklich preisen und in den Triumph des Autors einstimmen: «Ich glaube wahrlich nicht, dass jemals wieder eine solche Reise unternommen wird!»

Pigafetta irrte sich. Nachdem Magellans Armada den Anfang gemacht hatte, folgten in ihrem Kielwasser bald andere. Schon 1526 segelte García Jofre de Loaísa mit drei Schiffen durch die Magellanstraße in den Pazifik, von denen nur eines Monate später mit stark dezimierter Besatzung die Molukken erreichte. In den folgenden Dekaden stachen immer wieder von Neuspanien, also von der Westküste Amerikas aus Schiffe nach Asien in See und setzten damit jene Idee in die Praxis um, die Alonso de Zuazo bereits 1518 formuliert hatte.[4] An einer Expedition unter Ruy López de Villalobos, die am 1. November 1542 von Mexiko auslief, nahm auch Ginés de Mafra teil, den seine Erfahrungen unter Magellan offenbar nicht davon abhielten, ein zweites Mal die große Überfahrt zu wagen. Von dieser Expedition heißt es, dass die Reisenden «Hunde, Katzen, Ratten und Eidechsen» aßen und viele starben. Ein Überlebender erinnerte sich: «Auch glaubten wir zu verdursten, und ich sah niemals frommere und entsagungsvollere Menschen; alle beichteten ihre Sünden, und die Verheirateten schworen gar, ihre Frauen verlassen und Mönche werden zu wollen.»

Selbst nachdem die spanische Krone 1565 einen jährlichen Schiffsverkehr zwischen Mexiko und den Philippinen eingerichtet hatte, die sogenannte Manila-Galeone, blieb die Überquerung des Pazifik für Passagiere und Besatzung ein Martyrium. An den – aus heutiger mitteleuropäischer Sicht – haarsträubenden Verhältnissen an Bord änderte sich wenig: «Auf einer so langen Seereise», berichtet der italienische Globetrotter Giovanni Francesco Gemelli Careri, der die Passage gegen Ende des 17. Jahrhunderts mitmachte, «leiden die Seeleute im Vorschiff der Galeone … nicht weniger Not als die Israeliten, als sie von Ägypten nach Palästina zogen; so arg machen sich der Hunger, der Durst, die Krankheiten, die Kälte, die Nachtwachen und andere Mühsalen bemerkbar, abgesehen von den Stößen, die von den furchtbaren Wellen ausgehen. Ich könnte auch sagen, dass sie alle Plagen erleiden, die Gott über Pharao kommen ließ, um seine Hartherzigkeit zu erweichen.» Careri wusste aber auch, warum manche Menschen sich diese Tortur immer wieder antaten: «Die Gier nach Gewinn verführt viele dazu, eine solch schreckliche Reise zwei-, vier-, sechs- und bisweilen zehnmal zu unternehmen.»

Für lange Zeit blieben spanische Schiffe die einzigen, die sich regelmäßig über den Pazifik wagten, was dem Ozean für jene Epoche rückblickend die Bezeichnung «Spanischer Teich» eingetragen hat – ein Name, der angesichts der unermesslichen Weite des Meeres und der insgesamt doch spärlichen Präsenz der Spanier eher ironisch klingt. Erst als John Harrisons Erfindung des Chronometers im 18. Jahrhundert eine zuverlässigere Navigation ermöglichte und eine gesündere Ernährung den Skorbut zurückdrängte, gelang es anderen seefahrenden Nationen, allen voran den Engländern und ihren Abkömmlingen in Übersee, sich auf dem blauen Erdteil breitzumachen und den Pazifik in das globale Handelssystem zu integrieren – mit einschneidenden Konsequenzen für die Ökologie des Meeres und die Bewohner seiner Inseln. Aber das ist eine andere Geschichte, auch wenn sie letztlich mit Magellans historischer Fahrt ihren Anfang nahm.

Am Morgen des 6. März 1521 riss ein Schrei die Männer aus ihrer Agonie: «Laand! Laaaand!», ertönte es vom Ausguck eines der Schiffe. «Bei diesem unverhofften Wort», schreibt Ginés de Mafra, «freuten sich alle so sehr, dass derjenige, der am wenigsten Freude zeigte, sich am verrücktesten dünkte, wie jeder nachempfinden wird, der sich schon einmal in einer solchen Lage befand.» Laut Mafra handelte es sich bei dem Rufer um «einen gewissen Navarro». Demzufolge strich ein Matrose der Vitoria oder ein Schiffsjunge der Concepción die fürstliche Belohnung ein, die für diese frohe Botschaft ausgelobt worden war, nämlich Geschmeide aus Gold im Wert von annähernd hundert Dukaten.

Es waren zwei Inseln, die der Ausguck hoch oben im Krähennest und eine Weile später auch die Männer an Deck in der Ferne ausmachen konnten, eine nordwestlich, die andere südlich in Fahrtrichtung, wobei die im Nordwesten höher und zunächst wie zwei einzelne Inseln erschien, die andere dafür breiter. Diese südliche Insel anzusteuern bot sich wegen des Nordostpassats an. Nachdem sie sich ihr genähert hatten und ihre Konturen immer deutlicher am Horizont hervortraten, meldete sich wieder der Mann vom Mastkorb mit der Nachricht, dass er ein Segel erspäht habe. Also gab es dort Menschen und somit auch Trinkwasser und Nahrung. Kein Wunder, dass sich die Seefahrer nach Ginés de Mafras Zeugnis wie Wahnsinnige gebärdeten. Ohne Zweifel schrien sie ihre Erleichterung heraus, fielen einander unter Tränen in die Arme, und wer noch dazu in der Lage war, sprang und tanzte vor Freude über Deck.

Die drei Schiffe umrundeten die Landspitze und segelten an der Leeseite der Insel entlang auf der Suche nach einem sicheren Ankerplatz, den sie schließlich in einer Bucht fanden. Eine Kette flacher Riffe, über die das Meer brandete, trennte sie vom Ufer, wo sich Strände, Palmen, Hütten und weiter hinten eine teils felsige, teils von leuchtendem Grün bedeckte Geländestufe abzeichnete. Mittlerweile waren aus dem einen Segel unzählige geworden, die ohne erkennbare Schwierigkeit über die Riffe hinwegflogen. Sie glichen in ihrer Form Lateinersegeln und saßen auf kleinen, lang gestreckten Booten, die auf der Seite gegenüber dem Segel, in den Worten von Pigafetta «ein langes, spitz zulaufendes Holz haben, mit Querstangen, die es im Wasser stabilisieren, um sicherer segeln zu können»: Es waren Auslegerkanus, auch «Proas» oder «Praus» genannt, wie sie überall in Südostasien und Ozeanien in der einen oder anderen Form verwendet wurden und werden; zumindest Magellans malaiischem Sklaven Enrique und seinem Herrn dürften sie bekannt vorgekommen sein. Solche Praus umschwärmten bald zu Dutzenden die Schiffe und glichen dabei – wieder nach Pigafetta – «Delfinen, die von Welle zu Welle springen». Gelenkt wurden sie von braun gebrannten, unbekleideten Menschen, die keinerlei Scheu vor den Ankömmlingen zeigten, vielmehr unbekümmert näher kamen und schließlich scharenweise die Decks erklommen.

Die erschöpften Seefahrer fühlten sich durch das Gewimmel dieser agilen Besucher rasch überfordert, ein Gefühl, das sich in Panik verwandelte, als sie hilflos mitansehen mussten, wie die uneingeladenen Gäste alles in Beschlag nahmen, was nicht niet- und nagelfest war, und es in ihre Kanus verluden.

Hinterher wusste niemand, ob der Generalkapitän es so befohlen hatte oder ob Einzelne eigenmächtig begannen, sich gegen die Diebe zur Wehr zu setzen. Ginés de Mafra erinnerte sich: «Der Bootsmann des Flaggschiffs» – also wohl Francisco Albo, der Verfasser des Logbuchs – «gab einem dieser Indios wegen einer Kleinigkeit eine Ohrfeige, und der Indio vergalt es ihm mit einer zweiten; daraufhin stach der erzürnte Bootsmann ihn mit einem Messer, das er am Gürtel trug, in die Schulter, und das genügte, um die ganze Narrenhorde Hals über Kopf ins Wasser hüpfen zu lassen. Nachdem sie sich wieder auf ihren Bötchen gesammelt hatten, begannen sie mit einigen im Feuer gehärteten Lanzen – den einzigen Waffen, die sie besaßen – gegen uns zu kämpfen. Von den Schiffen schossen sie ein paar Armbrustpfeile ab, aber es waren bei alldem dennoch eher die Indios, die manche von den Schiffen verletzten.»

In dem Durcheinander fiel Ginés de Mafra eine Sache besonders auf: Während die einen ihre Lanzen gegen die Schiffe schleuderten, kamen von der Insel andere mit Lebensmitteln, navigierten zwischen den Praus hindurch und reichten den Seefahrern das mitgebrachte Essen – Kokosnüsse und Fische –, um danach ihren Landsleuten im Gefecht beizustehen. Als die Feinde immer mehr wurden, musste Magellan einsehen, dass der Kampf aussichtslos war; er befahl daher den Schützen, die Armbrüste wegzulegen. Daraufhin hörten auch die Einheimischen auf, ihre Lanzen zu werfen, und begannen umgehend wieder damit, Fische und Kokosnüsse anzubieten, die sie gegen kastilische Glasperlenketten eintauschten.

Doch der Frieden sollte nicht lange währen. Entweder noch am selben oder am nächsten Tag stellte jemand von der Trinidad fest, dass die Jolle, die am Heck angebunden gewesen war, fehlte. Irgendwer von den Inselbewohnern musste sie gestohlen haben. Abgesehen davon, dass die Jolle unentbehrlich war, durfte man sich so etwas nicht gefallen lassen! Magellan ließ zwei Beiboote mit 40, nach anderen Aussagen bis zu 60 Kämpfern bemannen und sich von ihnen an Land rudern, um das gestohlene Fahrzeug zurückzuholen und die Diebe Mores zu lehren. Offenbar waren die Seefahrer, obgleich von der Überfahrt erschöpft, noch immer in der Lage, ein Exempel zu statuieren. Der Trupp steckte das halbe Dorf in Brand und tötete sieben oder acht Bewohner.

Bevor sie jedoch Feuer legten, sahen sich die Rächer genauer um. Das geht aus Pigafettas Bericht hervor, der offenbar an der Strafexpedition teilnahm. Der Edelmann aus Vicenza schildert anerkennend die stabilen und wohnlichen Behausungen der Einheimischen, deren Böden und Schlafstätten mit fein gewebten Matten aus Palmblättern bedeckt waren. Auch Vorratsbehälter aus demselben Material fanden sich darin sowie allerlei Essbares: Kokosnüsse, Süßkartoffeln (wohl Yamswurzeln), «Feigen so lang wie eine Spanne» (wahrscheinlich Bananen), fliegende Fische und anderes. Das Essen brachten die ausgehungerten Seefahrer zunächst in Sicherheit, bevor sie die Hütten in Rauch aufgehen ließen. Außerdem werden sie sich nach Trinkwasser umgesehen und es in Schläuche gefüllt haben.

Wir kennen nur die Erzählungen der einen Seite und können uns daher lediglich ausmalen, welchen Schrecken die gepanzerten Krieger mit ihren Waffen unter den Dorfbewohnern verbreiteten. Pigafetta beschreibt, wie diejenigen reagierten, denen ein Armbrustpfeil die Flanke durchbohrt hatte: «Sie zogen erst vorn, dann hinten an dem Pfeil, und nachdem sie ihn herausgezogen hatten, betrachteten sie ihn sehr verwundert und starben. Andere, die an der Brust verwundet worden waren, taten dasselbe und rührten uns dadurch zu großem Mitleid.» Pigafetta berichtet zudem, dass einige der Kranken, die an Bord zurückgeblieben waren, vorab darum gebeten hatten, dass man ihnen von den Getöteten, egal, ob Frauen oder Männern, die Eingeweide mitbrächte, «weil sie dann sofort genesen würden». Ob die Rächer dieser grausigen Bitte nachkamen, sagt der Erzähler nicht. Nachdem sie ihr Zerstörungswerk getan und sich überzeugt hatten, dass es in dem Dorf weder Gold noch sonst etwas von Wert gab, nahmen sie die gestohlene Jolle ins Schlepptau und zogen sich auf ihre Schiffe zurück.

Also hatte Magellans Armada, mehr als 14 Wochen nachdem sie aus der Meerenge gesegelt war, doch noch eine der vielen bewohnten Inseln des Pazifik angelaufen. Es handelte sich ziemlich sicher um Guam, die südlichste der später so genannten Marianen. Magellan wollte sie offenbar zuerst «Insel der Lateinersegel» nennen, doch nach seinen schlechten Erfahrungen mit ihren Bewohnern entschied er sich für «Isla de los Ladrones»: Insel der Diebe.

Der Name warf kein gutes Licht auf die Chamorros, die Guam (oder in ihrer Sprache «Guåhån») lange vor der christlichen Ära vermutlich von Südostasien aus besiedelt hatten, und in den Berichten, die im 16. Jahrhundert über sie in Europa kursierten, kamen sie generell schlecht weg. Wer sich so unverfroren an fremdem Eigentum vergriff, galt in den Augen europäischer Zeitgenossen als «bestialisch», eher als Tier denn als Mensch, so dass man sich ihm gegenüber nicht menschlich zu zeigen brauchte. Keiner machte sich die Mühe, das Verhalten der Chamorros zu verstehen. Magellan und seine Schergen wussten nichts vom Gabentausch, der in diversen Gesellschaften des Pazifikgebiets zelebriert wurde und bei dem Gruppen miteinander darum wetteiferten, wer die meisten und großzügigsten Geschenke gab. So geriet ihre Begegnung mit den Chamorros zum Paradebeispiel eines interkulturellen Missverständnisses, samt den fatalen Konsequenzen, die daraus entstehen können.

Für die Seefahrer waren die Chamorros ein unverbesserliches Diebsvolk und ihre Insel mangels wertvoller Rohstoffe keiner gründlichen Erkundung wert – ein hoffnungsloser Fall, dem man am besten schleunigst den Rücken kehrte. Daher hisste die Armada schon am 9. März 1521 wieder die Segel und setzte ihre Fahrt mit westsüdwestlichem Kurs fort, verfolgt von hundert oder zweihundert Praus, die mit schreienden, teils auch weinenden und sich die Haare raufenden Menschen besetzt waren. Manche hielten Fische hoch, als ob sie diese hergeben wollten, warfen beim Näherkommen aber mit Steinen, um sich sogleich wieder zu entfernen. «Die Schiffe fuhren unter vollen Segeln», erzählt Pigafetta, «doch mit ihren kleinen Kähnen schlüpften sie sehr geschickt zwischen ihnen und den Beibooten hindurch.»

Irgendwann gaben die Verfolger auf. Eine Prau nach der anderen ließ sich zurückfallen. Die dreieckigen Segel entfernten sich und wurden immer kleiner, bis sie nicht mehr von der Gischt auf den Wellenkämmen zu unterscheiden waren. Endlich verschwand auch die «Insel der Diebe» für immer hinter dem Horizont, es blieben nurmehr drei Schiffe, der Himmel und das Meer.

## 10. Die Inseln der Bemalten

Die Inseln samt ihren ungestümen Bewohnern sanken hinter den Horizont, und an Bord der drei Schiffe reihte sich wieder gleichförmig ein Tag an den anderen. Aus Nordost blies beständig der Passatwind und jagte, gelegentlich zu kräftigen Böen auffrischend, die Schiffe vor sich her, die in der Dünung auf und ab stampften wie Pferde, die ihre Reiter abwerfen wollten. Tag für Tag zog die Sonne ihre Bahn und vertrieb die Dürstenden unter Deck oder in den Schatten eines Segels. Ein Ende der Qual schien nicht in Sicht.

Doch im Morgengrauen des 16. März 1521, nach einer weiteren endlosen Woche auf dem Ozean und geschätzte 300 Leugen westlich von Guam, meldete der Ausguck erneut Land. Bald sahen auch die anderen eine bewaldete Küste, die sich weit nach Norden erstreckte. Beim Näherkommen stießen sie auf Untiefen, aber das war wohl nicht der einzige Grund, warum der Generalkapitän von einer Landung Abstand nahm. Vermutlich hatte ihn die Erfahrung auf den Diebesinseln Vorsicht gelehrt. Der Zustand der Mannschaft war zu schlecht, als dass er sie einer weiteren Konfrontation aussetzen durfte. Die Leute brauchten Erholung.

Magellan ließ die Schiffe daher nach Süden wenden und nach einem Landeplatz Ausschau halten, der mehr Sicherheit versprach. Nachdem sie an Steuerbord eine Landspitze passiert hatten, hielten sie auf eine kleine Insel zu, vor deren Küste sie Anker warfen. Die Jolle wurde ausgeschickt, um die Insel zu erkunden. Aber das kleine Boot hatte sich noch nicht weit von den Schiffen entfernt, als die Übrigen zwei Praus erspähten, die hinter einer Landspitze hervorschossen. Die Männer an Deck riefen, um ihre Kameraden auf der Jolle zu warnen, woraufhin diese wendeten und die Praus sich ebenfalls zurückzogen. Magellan befahl, die Anker wieder einzuholen. Er wollte es lieber mit einer anderen Insel versuchen, die im Westen zu sehen war.

Dort hatten sie Glück. Die Insel schien unbewohnt, und bald wankten die Seefahrer mit dem eigentümlichen Gang von Menschen, die monatelang auf einem schwankenden Schiff gelebt hatten, über den Strand. Sie fanden zwei Quellen mit klarem Wasser und hohe Bäume, in deren Schatten man sich ausstrecken konnte, auch viele Kokospalmen. Magellan ließ zwei Zelte für die Kranken aufstellen und eine Wildsau schlachten, die ihnen über den Weg lief. Pigafetta schreibt, dass der Generalkapitän von nun an jeden Tag an Land ging und sich persönlich um die Kranken kümmerte – so wie er es vielleicht einst in jenem Hospital getan hatte, das er und seine Landsleute 1507 auf Mosambik errichtet hatten.[1]

Wegen der Quellen nannten sie die Insel «La Aguada», Wasserstelle, oder wie Pigafetta präzisierte: «Wasser des guten Zeichens, denn auf dieser Insel fanden wir das erste Anzeichen von Gold.» Der ganzen Inselgruppe gaben sie den Namen «Sankt-Lazarus-Archipel», weil sie am Vorabend des fünften Fastensonntags dort ankamen. An diesem Tag las man in den Kirchen das 11. Kapitel des Johannesevangeliums, das von der Auferweckung des Lazarus handelt. Den Seefahrern muss der Bibeltext sehr passend erschienen sein. So mancher wird sich nach der langen Überfahrt gefühlt haben, als wäre er von den Toten auferstanden. Doch nicht für jeden kam die Rettung früh genug. Gutierre «der Asturier», zuletzt Schiffsjunge auf der Trinidad, und sein Kollege Ochote von der Vitoria fanden auf der Insel des guten Zeichens ihre letzte irdische Ruhestätte.

Die bemalten Männer kamen am zweiten Tag, nachdem die Seefahrer auf der Insel ihre Zelte aufgeschlagen hatten. Es waren neun in einem Boot, alle braun gebrannt, schwarzhaarig und wohlgenährt. Außer einem Tuch um die Hüften trugen sie kein Gewand, so dass man die Bemalung ihrer Körper sehen konnte: daumendicke Linien, die sich gerade oder im Zickzack die Beine hinaufzogen, breite Bänder aus Rauten oder Dreiecken, was ihren Gliedmaßen das Aussehen von Schlangen gab. Andere Muster erinnerten an die Ranken und Blüten von Schlingpflanzen. Jeder der Ankömmlinge hatte die Beine mit solchen Mustern geschmückt, mancher auch Arme und Brustkorb, und einer, der am ältesten und ihr Anführer zu sein schien, hatte sogar die Wangen bemalt, so dass sein Gesicht einer furchteinflößenden Maske glich. Er trug große Ohrringe aus purem Gold, die anderen goldene Armreifen und Kopftücher. Alle waren bewaffnet mit Dolchen, goldbeschlagenen Lanzen, Wurfspeeren und Schilden. Ihre Haut glänzte wie frisch eingeölt.

Als die Schar sich dem Lager der Seefahrer näherte, verbot Magellan seinen Leuten, sich ohne Erlaubnis zu bewegen oder auch nur ein Wort zu sagen. Offenbar wollte er einer Eskalation wie auf den Diebesinseln vorbeugen. Doch seine Sorge war unbegründet. Der Anführer ging auf die Seefahrer zu und schien sehr erfreut über ihre Ankunft. Überhaupt sah man sofort, «dass es vernünftige Leute waren», wie Pigafetta es ausdrückte, das heißt, die Ankömmlinge verhielten sich nicht so unberechenbar wie die Chamorros, sondern mit angemessener Zurückhaltung und Vorsicht. Die Seefahrer entspannten sich.

Während vier der bemalten Männer davonruderten, um ihre Kameraden zu holen, die in der Nähe beim Fischen waren, ließ Magellan die anderen mit dem wenigen an Essen und Trinken bewirten, das seine Vorratskammern hergaben, und er schenkte ihnen rote Kappen, Spiegel, Kämme, Glöckchen und andere Dinge. Die Bemalten revanchierten sich mit Fisch, einem Gefäß voll Palmwein, «indischen Feigen» (Bananen) und zwei Kokosnüssen. Man verständigte sich mit Händen und Füßen, verstand sich dabei aber so prächtig, dass der Generalkapitän die Besucher schließlich auf die Trinidad lud. Er führte sie über das Schiff und legte ihnen Proben von Nelken, Zimt, Pfeffer, Muskatnuss, Ingwer, Macis, Gold vor – jener Waren also, an denen die Europäer am meisten interessiert waren. «Und sie gaben Zeichen», berichtet Pigafetta, «dass die Dinge, die der Kapitän ihnen gezeigt hatte, dort wuchsen, wohin wir fuhren.» Magellan ließ auch ein paar Geschütze abfeuern, «was ihnen große Angst machte, so dass sie vom Schiff ins Meer springen wollten». Damit handelte der Generalkapitän gegen die königlichen Instruktionen, die unnötigen Einsatz der Bordartillerie ausdrücklich verboten, «weil sich die Indios davor mehr als vor jeder anderen Sache fürchten und furchtbar aufregen». Aber vielleicht war es gerade das, was er erreichen wollte. Die Knallerei hatte jedenfalls keine negativen Folgen, denn die Gäste verabschiedeten sich «mit sehr guten Manieren und Höflichkeit» und gaben zu verstehen, dass sie innerhalb weniger Tage wiederkommen und mehr Essen bringen würden.

Vier Tage später um die Mittagszeit kehrten die bemalten Männer zurück. Auf zwei Praus brachten sie mehr Kokosnüsse, Orangen, Palmwein und einen Hahn, laut Pigafetta, «um uns zu verstehen zu geben, dass es in ihrem Land Geflügel gab». Der Autor war sehr angetan von den neuen Bekannten und ließ sich von ihnen Wörter ihrer Sprache beibringen sowie die Namen der umliegenden Inseln nennen, auch den des Eilands, auf dem sie sich befanden: «Humunu». Da er noch weitere Inseln namentlich erwähnt, die die Flotte nach ihrem Aufbruch von Humunu oder La Aguada am 25. März passierte, darf man vermuten, dass die Einheimischen in ihren Praus den Seefahrern zumindest ein Stück weit das Geleit gaben.

Kurz vor der Abfahrt kam es zu einem Zwischenfall, der beinahe tragische Folgen gehabt hätte: nicht so sehr für Magellans Armada an sich, aber umso mehr für das Bild, das sich die Nachwelt seit beinahe 500 Jahren von dem Mann und seinen Taten macht.

Pigafetta, der inoffizielle Bordchronist, wollte fischen, glitt dabei aber auf einer Spiere[2] aus, die vom Regen rutschig war, und fiel ins Meer, ohne dass jemand es bemerkte. Im letzten Moment bekam er eine Schot des Großsegels zu fassen, die ins Wasser baumelte. Er klammerte sich an die Leine und schrie aus Leibeskräften, bis ihm seine Kameraden mit der Jolle zu Hilfe kamen. «Nicht durch meine eigenen Verdienste, sondern durch die Barmherzigkeit jener Quelle der Frömmigkeit wurde ich errettet», erklärte der Autor überzeugt davon, dass sich die Gottesmutter seiner erbarmt hatte, war der 25. März doch ein Marienfeiertag – dasselbe Datum übrigens, an dem Magellan 16 Jahre zuvor erstmals nach Indien aufgebrochen war. Hätten Pigafettas Hände nicht rechtzeitig jene Großschot ergriffen, unsere Kenntnis der ersten Weltumsegelung wäre um viele Details und die Weltliteratur um ein Buch ärmer.

Zwei Tage lang segelte die kleine Flotte auf westsüdwestlichem Kurs zwischen hügeligen, teils gebirgigen Inseln hindurch, deren dampfendes Urwaldgrün sich überall bis an die Ufer hinabzog, so dass kaum zu erkennen war, ob auf ihnen Menschen lebten oder nicht. Als die Seefahrer am Abend des 27. März Feuer auf einer Insel sahen, gingen sie am nächsten Morgen dort vor Anker, und es dauerte nicht lange, bis sich ein langes, schmales Boot, besetzt mit acht Männern, dem Flaggschiff bis auf Rufweite näherte. Magellans malaiischer Sklave Enrique rief ein paar Worte in seiner Muttersprache hinüber, und siehe da: Die Männer im Boot verstanden nicht nur, was er zu ihnen auf Malaiisch sagte, sondern antworteten auch in derselben Sprache!

Das Erstaunen an Bord der Trinidad muss riesig gewesen sein, vor allem als den Weitgereisten bewusst wurde, was dieser Wortwechsel bedeutete: Nachdem sie anderthalb Jahre lang immer nach Westen gesegelt waren, dabei Tausende Leugen zurückgelegt und mehr als die halbe Erdkugel umrundet hatten, war einer unter ihnen wieder Menschen begegnet, die seine Sprache sprachen, und zwar Malaiisch, das in weiten Teilen Südostasiens als Lingua franca diente. Dies war ein deutliches Indiz dafür, dass sich die Seefahrer im Einzugsbereich von Malakka befanden und ihr Ziel folglich nicht mehr weit entfernt sein konnte.

Doch es sollte noch besser kommen. Die folgenden Geschehnisse erweckten bei den Reisenden, allen voran bei Magellan selbst, das beglückende Gefühl, nach schier endloser Reise durch Wildnis und Wasserwüsten wieder einen Ort erreicht zu haben, der zum Bleiben einlud. Und das lag nicht nur an der freundlichen Aufnahme, die der Herr dieser Insel ihnen bereitete, nachdem seine Abgesandten ihn dazugeholt hatten. «Schließlich kamen die Eingeborenen des Hafens heraus und empfingen die Armada mit guter Miene», erinnerte sich Ginés de Mafra, «und als Magellan sie sah und erkannte, dass es in einem so kleinen Land Gold gab, denn die Leute brachten welches, sagte er zu den Seinen, dass er endlich in dem Land sei, das er gesucht hatte.»

Der spanische König hatte Magellan ausgesandt, eine Westroute zu den Molukken zu finden. Aber er hatte dem Ritter des Santiago-Ordens auch den erblichen Titel eines Gouverneurs über alle Inseln und Länder verliehen, die er in der spanischen Welthälfte entdecken würde, dazu einen Anteil an allen künftigen Steuereinnahmen aus diesen Ländern; sollte Magellan mehr als sechs Inseln entdecken, durfte er von zweien sogar einen größeren Teil der Einkünfte in die eigene Tasche stecken. So stand es in der Kapitulation, die Karl I. und er im März 1518 unterzeichnet hatten.[3] Und nun war der Generalkapitän auf einen ganzen Archipel gestoßen, der offensichtlich weit mehr als sechs Inseln umfasste – Inseln, auf denen es Gold gab und deren Bewohner freigiebige Menschen waren. Denn der Herrscher über die Insel ließ ihm, neben einer Schachtel voll Ingwer, einen Barren Gold an Bord schicken, den Magellan jedoch nicht annehmen wollte.

Dahinter steckte wohl nicht nur Bescheidenheit. Pigafetta berichtet, dass Magellan seinen Leuten kurz darauf jeglichen Handel mit Gold verbot, «damit diese Leute von Anfang an lernten, dass wir unsere Waren höher schätzten als ihr Gold». Vor allem aber wollte der Generalkapitän nicht, dass seine Seeleute für ein paar Goldkörnchen ihr letztes Hemd hergaben. Wenn die Inselbewohner erst einmal merkten, wie gierig die Christen hinter dem gelben Metall her waren, «hätte das den Handel für immer ruiniert».

Anscheinend verstand der Ritter aus Porto etwas vom Handel – und von Kanonenbootdiplomatie. Nachdem er den Schreiber der Concepción, Sancho de Heredia, mit Enrique zu Sondierungsgesprächen an Land geschickt hatte (von denen der Dolmetscher sturzbetrunken zurückkehrte, wie Ginés de Mafra kolportiert), empfing Magellan am Karfreitag, dem 29. März, den Fürsten der Insel persönlich an Bord. Er überhäufte ihn mit Geschenken und demonstrierte ihm zugleich unmissverständlich, welche Großmacht er repräsentierte. So befahl er, einige Geschütze abzufeuern, was wie erwartet großen Eindruck machte. Kaum hatte sich der Pulverdampf verzogen, ließ er einem seiner Soldaten eine komplette Rüstung anlegen und drei andere mit Schwertern und Dolchen tüchtig auf ihn einstechen, ohne dass der Geharnischte einen Kratzer davontrug. Auch das verfehlte seine Wirkung auf den Fürsten nicht. Magellan erklärte ihm mit Hilfe des Dolmetschers, dass ein derart gerüsteter Mann so viel wert sei wie hundert von seinen und dass er in jedem Schiff 200 von der Sorte habe – ein dreister Bluff, denn die Besatzung der Armada bestand zu diesem Zeitpunkt allenfalls noch aus 160 Männern, von denen viele angeschlagen waren.

Nach dieser eindrucksvollen Vorstellung schlossen die beiden Anführer nach Landessitte Brüderschaft, indem sie sich die Brust aufritzten, ihr Blut in einen Becher mit Palmwein rinnen ließen und beide daraus tranken. Daraufhin erfüllte der Fürst der Insel gern Magellans Bitte, zwei von den Seefahrern als Gäste mit an Land zu nehmen und ihnen sein Reich zu zeigen. Einer davon war Pigafetta, der wie üblich mit wachem Blick hinsah und eifrig mitschrieb – und das, obwohl die trinkfesten Gastgeber ihm reichlich Palm- und Branntwein kredenzten: «Sie heben zuerst die Hand gen Himmel, dann nehmen sie das Gefäß, aus dem sie trinken, mit der rechten Hand und strecken die Faust der Linken gegen die anderen Leute aus. Als der König», wie Pigafetta den

Fürsten nannte, «das bei mir machte, fürchtete ich zuerst, er wolle mich schlagen. Aber dann machte ich dieselbe Geste zu ihm.» Auch wenn der Gesandte die Schiffsartillerie in Schussweite wusste, gehörte doch einiger Mut dazu, sich in die Gewalt dieser Leute zu begeben, die bei aller Höflichkeit keineswegs harmlos wirkten. Während er sich mit dem Fürsten in Zeichensprache unterhielt, «umstanden uns seine Leute mit ihren Schwertern, Dolchen, Lanzen und Schilden».

Pigafetta besah sich die repräsentativen, etwa acht Meter langen Boote des Fürsten, die «Balangays» genannt wurden, er stieg über eine Leiter in dessen Palast, der auf Stelzen stand und ihn mit seinem Dach aus Palm- und Bananenblättern an eine Scheune erinnerte, er aß aus Höflichkeit – «weil ich nicht anders konnte» – an Karfreitag Fleisch und schlief seinen Rausch auf einer Strohmatte aus. Seinen Gastgeber verblüffte der Autor, indem er Wörter aus dessen Sprache aufschrieb und wieder ablas. Und er lernte den Bruder des Fürsten kennen, der, wie man ihm erklärte, über eine andere Insel herrschte und vorbeigekommen war, um mit seinem Bruder der Jagd zu frönen.

In den Augen Pigafettas war dies «der schönste Mensch, den wir unter diesen Leuten sahen. Er hatte sehr schwarzes und schulterlanges Haar, ein Bändchen aus Seide um den Kopf und zwei große Ohrringe aus Gold … An seiner Seite hing ein Dolch mit einem langen Griff ganz aus Gold und einer Scheide aus bearbeitetem Holz. Auf jedem seiner Zähne sah man drei Pünktchen aus Gold, so dass sie wie mit Gold überzogen wirkten, und er verströmte den Geruch von Balsam und Benzoe. Er war braun gebrannt und über und über bemalt.» Das heißt, er war tätowiert wie die Fischer auf Humunu und anscheinend alle angesehenen Männer in diesem Land. Auf der Insel des schönen Fürsten erfuhr Pigafetta überdies, finde man Goldstücke groß wie Hühnereier in der Erde.

Das mit dem Gold interessierte auch den Generalkapitän. Also lud Magellan den Bruder des Inselherrschers am nächsten Tag aufs Schiff und dinierte mit ihm, sicherlich assistiert von Enrique, dem malaiischen Dolmetscher, der sich in diesen Tagen über Mangel an Arbeit nicht beklagen konnte. Auf diese Weise erfuhr Magellan die Titel und Namen der beiden Potentaten: Raja Awi und Raja Kolambu. Die Insel, vor der sie ankerten, hieß Mazawa und der Ort, wo der Schöne regierte, Butuan. Dieses Butuan liege im Nordteil einer großen Insel, die Mindanao genannt werde und wegen ihres Goldreichtums Händler von überall her anziehe.

Während der Unterredung kauten die beiden Fürsten Betel: die zerkleinerte Nuss der Arekapalme, vermischt mit Kalk und eingewickelt in ein Blatt des Betelpfeffers. Magellan kannte dieses Aufputschmittel sicherlich von seiner Zeit in Indien her, so dass die tiefroten Münder seiner Gesprächspartner, eine Folge des Betelkausens, ihn daher kaum befremdet haben dürften.

Am folgenden Tag war es an den Seefahrern, den Insulanern ihre Bräuche vorzuführen. Man schrieb den 31. März des Jahres 1521, Ostersonntag. Genau ein Jahr war es her, dass die Armada den patagonischen Hafen San Julián angelaufen hatte. Auch dort waren sie an Land gegangen, um die Messe zu feiern, aber an einem öden Kiesstrand, über dem die düsteren Schatten von Herbstwolken und Meuterei lagen. Nun ankerten ihre Schiffe dagegen in türkisblauem Wasser vor einem Sandstrand mit üppiger Vegetation, bevölkert von lächelnden, goldbehängten Menschen.

Nachdem er den Priester und den Dolmetscher an Land geschickt hatte, um die nötigen Vorbereitungen zu treffen, bestieg der Generalkapitän mit fünfzig seiner Leute, alle so hübsch wie nur möglich herausgeputzt, die Boote. Die Rüstungen hatten sie zurückgelassen, aber ihre Schwerter gegürtet und die Handbüchsen geschultert, und bevor die Boote landeten, krachte von den Schiffen «als Zeichen des Friedens» (Pigafetta) der Geschützdonner sechs schwerer Lombarden. Auch als der Priester während der Messe die Hostie erhob, feuerten die Schiffe wieder aus allen Rohren; zuvor hatten vom Land her die Schützen mit ihren Büchsen das Zeichen gegeben.

Raja Awi und Raja Kolambu nahmen nicht nur an der Messe teil, sondern sie «küssten das Kreuz wie wir» und «lagen auf den Knien wie wir und beteten Unseren Erlöser mit gefalteten Händen an», wie Pigafetta bewegt notierte. Beide Fürsten wohnten auch mit «großem Vergnügen» den Schaukämpfen bei, die Magellan nach der Messe von seinen Soldaten ausfechten ließ, und lauschten andächtig, als der Generalkapitän ihnen ein Kruzifix präsentierte und mit Hilfe des Dolmetschers erläuterte, was es damit für eine Bewandtnis habe: Sein Herr und Meister, der Kaiser, habe ihm aufgetragen, dieses Kreuz an allen Orten zu errichten, die er besuche, und so wolle er es auch im Land des Rajas aufstellen – zu dessen eigenem Nutzen. Wenn in Zukunft andere Flotten aus Spanien kämen und dieses Zeichen sähen, würden sie den Einheimischen freundlich gesinnt sein und ihnen keinen Schaden zufügen, sie weder ausrauben noch entführen. Deshalb wolle er das Kreuz gut sichtbar auf einem Berg platzieren. Außerdem: Wenn sie dem Kreuz Verehrung entgegenbrächten, könnten ihnen künftig weder Donner, Blitz noch Sturm etwas anhaben.

Schließlich wollte der Redner von seinen Zuhörern wissen, ob sie Muslime oder Heiden seien oder woran sie glaubten. «Und sie antworteten», schreibt Pigafetta, «dass sie nichts anderes anbeteten, als ihre gefalteten Hände und ihr Antlitz zum Himmel zu erheben, und dass sie ihren Gott ‹Abba› nannten, was den Kapitän sehr beglückte.» Magellan fragte die Fürsten noch, ob sie irgendwelche Feinde hätten, und bot ihnen an, diese mit seinen Soldaten und Schiffen zu unterwerfen, woraufhin der eine ihm dankte und sagte, es gebe wohl zwei Inseln, mit deren Bewohnern er verfeindet sei, aber jetzt sei nicht die richtige Zeit, sie anzugreifen. Damit endete die Unterredung. Der Raja von Mazawa schwor Magellan Freundschaft, die Seefahrer schossen Salut aus ihren Handbüchsen, man umarmte einander und schied mit der Verabredung, nach der Siesta den höchsten Punkt der Insel, nicht mehr als einen Hügel, zu besteigen und dort das Kruzifix aufzustellen.

Mazawa wird heute gemeinhin mit Limasawa gleichgesetzt, einem schmalen, keine zehn Kilometer langen Eiland vor der Südspitze der Insel Leyte, im Nordosten der Mindanaosee. Limasawa kann sich somit rühmen, der Ort zu sein, wo an jenem Ostersonntag des Jahres 1521 die erste christliche Messe auf philippinischem Boden gefeiert wurde – kein geringer Ruhm in einem Land, das bis heute von seiner mehrheitlich katholischen Religiosität geprägt ist. Die philippinische Regierung hat sogar eine Historikerkommission eingesetzt, um das denkwürdige Ereignis zweifelsfrei zu lokalisieren. Die Kommission hat sich klar für Limasawa ausgesprochen, doch wird ihr Urteil nicht von allen Historikern anerkannt.

In der Tat lässt sich Magellans Route durch den «Lazarusarchipel» nicht mit hundertprozentiger Gewissheit nachvollziehen. Die einzigen Angaben dazu liefern die Bordchronisten, die auch in diesem Punkt weder allzu genau noch widerspruchsfrei sind. So heißt die erste Insel, die die Seefahrer vom Pazifik aus sahen, bei Pigafetta «Zamal», was auf

**Inselwelt Südostasiens (Philippinen und Indonesien/Ausschnitt)**

das heutige Samar hindeutet; Albo hingegen gibt ihr den Namen «Yunagan», was manche heute mit Dinagat gleichsetzen. Je nachdem aber, welche dieser beiden Inseln Magellans Armada zuerst anlief, ergibt sich eine andere Route durch den Archipel.

Für Pigafettas Variante spricht, dass sich südlich von Samar eine kleine Insel namens Homonhon befindet, was an «Humunu» denken lässt, wo die Seefahrer Wasser fassten. Sie wären demnach von Homonhon durch den Golf von Leyte und die Straße von Surigao gesegelt, hätten das gebirgige Panaon umrundet und von da aus Limasawa angefahren, wo sie, wie Ginés de Mafra anmerkt, auf der windgeschützten Westseite vor Anker gingen.

Allerdings darf man heutige Ortsnamen nicht einfach in die Vergangenheit zurückprojizieren. Nur weil es eine Insel Homonhon gibt und Pigafetta eine namens Humunu erwähnt, müssen diese nicht identisch sein. Das wäre so, als würde man den Mittelgebirgszug in Norddeutschland, der heute «Teutoburger Wald» heißt, unhinterfragt mit dem Ort der historischen Varus-Schlacht gleichsetzen, obwohl der Höhenrücken seinen Namen erst im 17. Jahrhundert erhalten hat. Genauso gut können einige philippinische Inseln ihre heutigen Namen erst nach Magellans Ankunft bekommen haben. Schriftliche Zeugnisse oder gar Landkarten aus der Zeit davor gibt es nämlich ebenso wenig wie aus dem Germanien der Zeit des Augustus. Limasawa mag daher mit einiger Wahrscheinlichkeit für sich beanspruchen, Schauplatz der ersten Messe auf philippinischem Boden gewesen zu sein; einen genuinen Beweis dafür gibt es jedoch nicht.

Man mag die Kontroverse um den Ort, wo die erste Messe auf den Philippinen gefeiert wurde, müßig finden, besonders wenn man selbst geneigt ist, dem Ereignis weder heilsgeschichtliche noch nationale Bedeutung zuzumessen. Aber die Frage eignet sich gut, die Schwierigkeiten zu illustrieren, denen man sich gegenübersieht, wenn man die erste Begegnung zwischen Europäern und Philippinern rekonstruieren möchte.

Allein von Philippinern oder Philippinerinnen zu sprechen ist aus der Sicht des Jahres 1521 ein Anachronismus. Den Namen «Philippinen» erhielt der pazifische Archipel erst 1543 von Ruy López de Villalobos, der damit den Kronprinzen und späteren spanischen König Philipp II. ehren wollte. Außerdem bildeten die mehr als 7000 Inseln, die heute zur «Republika ng Pilipinas» zählen, kein zusammenhängendes Reich. Stattdessen gab es dort unzählige kleinere und größere Gemeinwesen, die teilweise durch Allianzen miteinander verbunden, teilweise verfeindet waren. Magellan und seine Leute lernten lediglich einen Bruchteil davon kennen. Die Inseln, auf denen sie Station machten, gehörten sämtlich zum Kulturkreis der Visayas, der mittleren Inselgruppe der Philippinen zwischen Luzon im Norden und Mindanao im Süden.

Andererseits beginnt mit der Landung der Armada an den Stränden der Visayas die philippinische Geschichte im eigentlichen Sinn. Auch wenn das spanische Imperium sich den Archipel erst ab 1565 einverleibte und dessen Missionierung erst nach der Eroberung erfolgte, steht das Kreuz von Mazawa doch für einen historischen Anfang, für einen Ursprungsmythos. Dadurch gewinnen die dramatischen Geschehnisse vom Frühjahr 1521, die im Folgenden erzählt werden, in der Rückschau eine andere Bedeutung, als sie damals für die Beteiligten hatten.

Wir kennen nur die Sicht der christlichen Seefahrer, weil die Bewohner der Visayas zwar Schriftsysteme hatten, aber, soweit bekannt, diese nicht verwendeten, um Geschichten aufzuschreiben und historisches Wissen zu tradieren. Zwar besingt ein Epos Magellans Auftritt auf den Philippinen. Das «Aginid Bayok Sa Atong Tawarik» beruft sich auf eine alte mündliche Tradition, ist jedoch nur in einer Version erhalten, die Mitte des 20. Jahrhunderts zu Papier gebracht wurde, also viele Generationen nach dem Geschehen. Dieses Epos als historische Quelle für die Frühe Neuzeit heranzuziehen wäre so, wie die Geschichte der Völkerwanderung anhand des Nibelungenlieds zu schreiben. Zweifellos spiegelt sich das historische Geschehen in der Sage wider, aber vielfach durch die Tradition überformt, und eine Scheidung der Zeitebenen wirft methodische Probleme auf, die – wenn überhaupt – hier nicht lösbar sind. Somit sind wir für die Rekonstruktion der Ereignisse auf die europäischen Zeugnisse zu Magellans Expedition, namentlich die Bordchroniken von Albo, Ginés de Mafra, Martín de Ayamonte und vor allem Pigafetta, angewiesen, der im Sankt-Lazarus-Archipel als Erzähler zur Höchstform aufläuft.

Die immer wieder aufgeworfene Frage, ob Pigafettas Bericht der historischen Wahrheit entspricht, wird dem Anspruch des Autors kaum gerecht. Er schrieb zwar erklärtermaßen für die Nachwelt, aber sicher dachte er dabei nicht an zukünftige Geschichtswissenschaftler, die an der Ermittlung historischer Fakten interessiert sind. Sein Werk richtete sich an die mehr oder weniger gebildete Oberschicht seiner Heimat, die er unterhalten und erbauen wollte. Kopien davon überreichte er dem Kaiser und anderen illustren Personen wie dem Großmeister des Johanniterordens, Philippe de Villiers de l'Isle-Adam. Nach seiner Rückkehr wurde Pigafetta selbst zum Ritter dieses Ordens geschlagen, dessen Ursprünge in der Kreuzzugszeit lagen und der in seinen Kämpfen gegen die Türken wacker am Ideal des «Miles Christi» – des christlichen Kriegers – festhielt. Da wundert man sich nicht, wenn der Autor seinen Generalkapitän, der ja selbst den schwarzen Habit mit dem blutroten Kreuz der Santiago-Ritter trug, als Helden eines christlichen Epos in Szene setzte.

Aber Pigafettas Geschichte ist nicht nur ein erbaulicher Ritterroman, sondern sie erzählt auch von der Begegnung mit einer fremden Kultur. Dabei kupferte er, wie Autoren es seit jeher tun, ungeniert von den Berichten anderer Asienreisender ab, ohne seine Quellen anzugeben, so zum Beispiel, wenn er seitenlang über die Kokospalme dozierte und dabei Wissen weitergab, das er im «Itinerario» des Asienreisenden Ludovico de Varthema gefunden hatte. Aber Pigafetta ließ auch viele eigene Beobachtungen einfließen. Dass der Weltreisende aus Vicenza einen wachen Blick besaß und seine Eindrücke in Worte zu kleiden verstand, merkt jeder Leser seines Werks schon nach wenigen Seiten.

Zu Pigafettas erster Beschreibung der Kultur der Visayas-Inselgruppe sollten sich im Lauf der Zeit weitere gesellen, vor allem nachdem spanische Soldaten die Inseln erobert hatten und Jesuiten sich daranmachten, die Bevölkerung zu missionieren. Manche Missionare lernten die Sprachen der Einheimischen und studierten ihre Sitten jahrzehntelang, während sie unter ihnen lebten. Natürlich taten sie das geprägt von ihrem Glauben und ihrer eigenen Kultur. Sie waren keine modernen Ethnologen, die sich um eine wertfreie Beobachtung bemühten, sondern wollten die indigene Kultur durch ihr christliches Wertesystem ersetzen. Trotzdem sind die Aufzeichnungen von Autoren wie Francisco Ignacio Alcina sehr wertvoll, umso mehr, als es auf den Visayas bis dato keine schriftliche Tradition gab und archäologische Zeugnisse rar sind. Aus ihnen lässt sich ein – wenn auch nur skizzenhaftes – Bild jener heute versunkenen Welt entwerfen, in die Magellan und seine Leute am 16. März 1521 hineinsegelten.

Dort, wo Magellan herkam, auf der Iberischen Halbinsel, gab es kein Land mehr, das nicht irgendeinem Herrn gehörte. Auf den Visayas war es umgekehrt. Die Inseln waren so dünn besiedelt, dass die Vorstellung von Landbesitz unbekannt war. Wer Platz für eine Hütte benötigte oder um Yamswurzeln, Bananen oder Baumwolle anzupflanzen, brauchte nur ein Stück Urwald abzuholzen, das von keinem anderen bearbeitet wurde. Die Bewohner der Visayas betrieben Brandrodungsfeldbau. Sie verlegten ihre Felder alle paar Jahre, weil der tropische Urwaldboden auf Dauer keine intensive Landwirtschaft verträgt. Die größte Schwierigkeit bestand nicht darin, ein Stück Land zu finden, sondern es dem Tropenwald abzutrotzen und von Vegetation freizuhalten. Jenseits der Staketenzäune, mit denen die Felder umgrenzt wurden, wucherten Schlingpflanzen und Würgefeigen, lauerten Krokodile, Pythons und zahllose Geistwesen, die verehrt sein wollten, aber es gab dort auch Hirsche, Schweine, Affen, Schleichkatzen, Iguanas, Hühner und anderes Wild in Hülle und Fülle, dem die Visayer mit Netzen, Fallen und Hunden nachstellten; auch die Nester wilder Bienen beuteten sie aus.

Neben der Jagd war der Fischfang unerlässlich für den Lebensunterhalt, vor allem für die Küstenbewohner, mit denen Magellan und seine Leute zu tun hatten. Die Fischer warfen ihre Angeln und Netze in Flüssen aus oder fuhren nachts mit Einbäumen aufs küstennahe Meer. Überhaupt fühlten sich die Insulaner im und auf dem Wasser in ihrem Element. Sie schwammen gern, und Kinder bekamen, sobald sie greifen konnten, ihr erstes Paddel geschenkt. Ein Paddel gehörte zur Ausstattung eines jeden Mannes, genauso wie sein Speer, «Bangkaw», und das «Bolo», ein machetenartiges Messer, mit dem man eine Kokosnuss öffnen, sich den Weg durch den Dschungel bahnen, aber auch einen Feind attackieren konnte. Ihre Boote waren leicht und hatten wenig Tiefgang, weil sie für den Verkehr entlang und zwischen den Inseln konzipiert waren. Wie bei den Praus sorgten Ausleger für die nötige Stabilität im Wasser. Manche hatten solche Ausleger auf beiden Seiten, etwa die legendären «Karakoa»-Kanus. Das waren pfeilschnelle Kriegsschiffe mit bis zu 40 Paddlern auf jeder Seite, ein bis drei Segeln und einer Plattform für die Kämpfer über dem mittleren Rumpf.

Weil das Leben der Küstenbewohner stark auf das Meer ausgerichtet war, werden ihre Gemeinwesen mit einem Wort aus der Tagalog-Sprache auch als «Barangays» bezeichnet, einem Wort, das nicht zufällig an den von Pigafetta erwähnten Bootstyp «Balangay» erinnert. Ein Barangay umfasste in der Regel zwischen 30 und 100 Haushalte, die untereinander versippt waren. An seiner Spitze rangierte ein Häuptling, «Datu» genannt, der aber, wenn er über ein größeres Gemeinwesen gebot, auch den Titel eines «Raja» führen konnte. Datus wurden nicht gewählt, sondern erbten ihr Amt. Sie bildeten eine abgeschlossene Gesellschaftsschicht, in der nur gleichrangige Ehepartner akzeptiert wurden, oft aus benachbarten Barangays. Deren Oberhäupter waren daher nicht selten verwandt, so wie die Brüder Awi und Kolambu, die Pigafetta auf Mazawa kennenlernte. Andere schlossen miteinander Blutsbrüderschaft, wie der Raja von Mazawa mit Magellan.

Datus zeugten auch mit Frauen aus anderen Schichten Nachkommen. Aus diesen rekrutierten sich die «Timawa», die Freien, die den Datus als Berater und Krieger dienten und ihnen Tribut zahlten. Das Gros der Menschen zählte jedoch zu den «Oripun», den Leibeigenen oder Sklaven, die ihre Arbeitskraft ganz oder teilweise anderen zur Verfügung stellen mussten. Oripun war man entweder durch Geburt, oder man wurde es, weil man Schulden nicht zurückzahlen konnte. Schuldknechtschaft scheint auf den Visayas verbreitet gewesen zu sein. Oftmals hatte diese ihre Ursache in Brautgaben, die ein Bräutigam an die Sippe der Umworbenen zu entrichten hatte. Gefragt waren Gold, das auf den Visayas selbst wie auch in Mindanao gefunden wurde, aus China importiertes Porzellan und wohlklingende Bronzegongs, vorzugsweise aus Borneo. Solche Wertgegenstände machten, neben einem repräsentativen Haus, den Reichtum eines Datu aus, den er zu besonderen Anlässen zur Schau stellte.

Anders als ein europäischer König der Frühen Neuzeit bestritt ein Datu seinen Lebensunterhalt durch eigene Arbeit, indem er wie seine Gefolgsleute aufs Meer fuhr, fischen und jagen ging. Manche Datus übten auch ein Gewerbe aus und brachten es darin zur Meisterschaft, etwa in der hoch angesehenen Kunst des Schmiedens, und ihre Frauen webten eigenhändig die kunstvollen Baumwollstoffe, die bei Festen getragen wurden. Ein Datu herrschte, indem er darüber hinaus andere für sich arbeiten ließ und die Produkte ihrer Arbeit an seine Gefolgschaft verteilte. Arbeitskraft war in der dünn besiedelten Inselwelt[4] stets eine knappe Ressource. Um sie zu vermehren, unternahmen ehrgeizige Datus mit ihren Timawas regelmäßig Raubzüge zur See, bei denen sie es auf Kriegsgefangene, manchmal auch auf ebenbürtige Bräute abgesehen hatten. Die Gefangenen wurden dann Sklaven – wenn nicht einer das Pech hatte, dass gerade ein großer Datu todkrank oder gestorben war und ein Menschenopfer verlangt wurde, um ihn zu heilen oder zu betrauern.

Solche Raubzüge galten als Heldentaten, die in epischen Liedern besungen wurden. Ein Krieger, der Tapferkeit und Geschick im Kampf bewiesen und einen oder mehrere Feinde getötet hatte, dokumentierte seine Siege, indem er seinen Körper tätowieren ließ – eine äußerst schmerzhafte und wegen der Infektionsgefahr nicht ungefährliche Tortur, die jedoch unabdingbar war fürs Prestige. Je mehr Körperteile eines Kriegers, von den Beinen aufsteigend, tätowiert waren, desto größer sein Nimbus; nur die ganz Verwegenen trauten sich, auch im Gesicht «Batuk» (Tattoos) zur Schau zu stellen. Da die Männer normalerweise nur einen Lendenschurz trugen, kam ihre Bemalung gut zur Geltung. Üblich war es zudem, die Zähne zu feilen, zu färben, vorzugsweise schwarz oder rot, und mit Goldinlays zu schmücken. Die Spanier hießen auf den Visayas «die mit den weißen Zähnen», weil sie ihre Zähne nicht behandelten und darin in den Augen der Einheimischen wilden Tieren glichen. Umgekehrt nannten die Spanier die Visayas «las Islas de los Pintados»: die Inseln der Bemalten.

Außer Raub gab es noch ein weiteres Mittel, wodurch ein Datu seinen Einfluss und seinen Reichtum vergrößern konnte: indem er sich zum Schutzherrn des Handels aufschwang und Zölle erhob. Einzelne Barangays entwickelten sich so zu Emporien mit überregionaler Bedeutung, wo im großen Stil heimische und Fernhandelsgüter umgeschlagen wurden. Chinesische Händler liefen Luzon im Norden schon seit Jahrhunderten regelmäßig an und brachten neben Porzellan und Seide hauptsächlich Gusseisen, das den einheimischen Schmieden als Rohstoff diente. Auf die Visayas kamen vor allem muslimische Kaufleute aus Champa im heutigen Vietnam, aus Borneo und Sulawesi. Sie hatten feine Stoffe, Edelsteine und Gewürze geladen, die zum Teil aus fernen Ländern wie Java oder Indien stammten, in erster Linie aber Eisenwaren: Messer, Speerspitzen und hochwertige Klingen wie den malaiischen Kris, ein typischerweise geflammtes, zweischneidiges Schwert, dessen Schneide wie beim Damaszenerstahl aus mehreren Lagen bestand. Auf den Visayas wurden längere, «Kalis» genannte Ausführungen dieser legendären Waffe geschätzt, insbesondere solche, die aus den berühmten Schmieden von Makassar und Sangihe kamen. Ihre Waren tauschten die Fernhändler gegen Perlen, Korallen, Muscheln, Wachs, Tierhäute, Schildkrötenpanzer, Zibet, Moschus und Ambra, Färbeholz oder rote Waldameisen (die in China zu Tinte verarbeitet wurden), vor allem aber gegen Gold und Sklaven ein.

Anscheinend erfasste der im 15. Jahrhundert in Süd- und Ostasien zu beobachtende Aufschwung kommerzieller Aktivitäten auch die Philippinen. Der Binnenhandel boomte ebenfalls, in erster Linie der mit Lebensmitteln. Als Tauschobjekte dienten Gold, Salz und nicht zuletzt Reis, der ein knappes und daher begehrtes Gut war. Reis wurde vorwiegend auf Trockenfeldern im Landesinneren angebaut und bildete den wichtigsten Exportartikel der dort lebenden Stämme.

Die Pracht der alten Visayas-Kultur entfaltete sich bei festlichen Anlässen, ganz besonders bei Hochzeiten zwischen Datu-Familien, die nicht nur die gesamte Gemeinschaft tagelang in Aufregung versetzten, sondern im Idealfall Stoff für Epen und Gesänge lieferten. Die Häuser wurden geschmückt, Braut und Bräutigam mussten eine Vielzahl von Zeremonien über sich ergehen lassen, bevor sie sich Mann und Frau nennen durften, die Familien tauschten Geschenke aus, es wurde gegessen, getrunken und getanzt. Tanz und Gesang durchzogen aber auch den Alltag. Ein Visayer, der einmal nicht singe, schrieb ein Missionar, sei entweder krank oder schlafe. Und ohne den Konsum alkoholischer Getränke, sei es nun Palm- oder Zuckerrohrwein, vergorener Honig oder «Alak» (Schnaps), kam kein geselliges Beisammensein zustande.

So angenehm es in Mazawa war, die Insel war zu klein, um eine derart große und hungrige Gästeschar wie Magellans Crew zu versorgen. Die beiden Rajas empfahlen dem Generalkapitän daher, «Zubu» anzulaufen, den größten Hafen im ganzen Umkreis. Dort würden sie im Tausch gegen ihre Waren reichlich Lebensmittel bekommen. Der Fürst von Mazawa bot sogar an, die Seefahrer persönlich dorthin zu geleiten, was Magellan gern annahm. Doch die Abreise verzögerte sich, zuerst weil die Rajas nach einer durchzechten Nacht ihren Rausch ausschlafen mussten, dann, weil noch Reis zu ernten war, wozu Magellan einige seiner Männer als Helfer abstellte. Auch als die Flotte endlich aufbrach und entlang der Küste von Leyte nach Norden segelte und schließlich die Camotes-See nach Westen überquerte, musste sie unterwegs auf die Balangays des Raja warten, die mit den schnellen Schiffen der Europäer, wie Pigafetta stolz anmerkt, nicht mitkamen. Anscheinend konnten diese mit den Großsegeln ihrer Naos ein weiteres Mal den Nordostpassat einfangen.

Am Sonntag, dem 7. April, fuhr die Flotte in den Hafen von Zubu ein, des heutigen Cebu City (Sugbo) am Ostufer der gleichnamigen Insel, das schon damals eine große Ansiedlung war. Lange bevor die Seefahrer den Hauptort erreichten, passierten sie Dörfer mit Häusern unter Bäumen, die auf Stelzen standen und spitze Dächer hatten; davor am Wasser lagen zahllose Boote, die sie inzwischen unterscheiden konnten: Einbäume, Praus, Balangays. Cebu selbst war nach dem Urteil von Ginés de Mafra «ein guter Hafen», der mit einem «sehr frischen Strand» und einem «schönen Kokospalmenhain» aufwarten konnte. Dort strömten bei der Ankunft der fremdartigen Schiffe die Einwohner zusammen, um sich «mit Säbeln und Wurflanzen» zu verteidigen. Es war nicht allein der Anblick der hochwandigen Naos, der die Cebuanos in Angst versetzte. Bei der Einfahrt, erzählt Pigafetta, ließ Magellan alle Flaggen aufziehen, die Segel bergen, «wie man es tut, wenn man sich für die Schlacht rüstet», und dann die gesamte Artillerie abfeuern, «was den Leuten dieses Orts großen Schrecken einjagte».

Nach diesem fulminanten Auftritt gingen Unterhändler an Land. Laut Pigafetta und Ginés de Mafra nahmen an der ersten Begegnung Cristovão Rebelo, Enrique und der Raja von Mazawa teil, der mit dem Fürsten von Cebu verbündet oder sogar verwandt war. Gemeinsam gelang es den Parlamentären, den Fürsten von den friedlichen Absichten der Ankömmlinge zu überzeugen. Dieser erholte sich offenbar rasch von seinem Schrecken, denn er gewährte den Europäern zwar die Bitte, in seinem Hafen Handel zu treiben, pochte aber zugleich darauf, dass sie die ortsüblichen Zölle zahlten. Um zu zeigen, dass das keine Schikane war, ließ der Fürst einen Kaufmann herbeizitieren, der vier Tage zuvor mit seiner Dschunke aus Champa eingetroffen war, um in Cebu «mit Gold und Sklaven zu handeln», und brav seinen Tribut entrichtet hatte. Doch Rebelo ließ dem Fürsten durch Enrique ausrichten, dass sein Meister «Kapitän des größten Königs der Welt» sei und deswegen «keinem Herrn der Welt Tribut zahlen» wolle. Und um die Dinge klarzustellen, fügte er hinzu: «Wenn er Frieden wollte, bekomme er Frieden, und wenn er Krieg wolle, Krieg.»

An dieser Stelle schaltete sich der Händler aus Champa, der Pigafetta zufolge ein «Maure», also Muslim, war, in die Verhandlungen ein. Er nahm den König beiseite und warnte ihn: «Bedenke wohl, was du tust, Herr, denn diese Leute hier sind dieselben, die Calicut, Malakka und ganz Groß-Indien erobert haben. Wenn du sie gut behandelst, werden sie dich auch gut behandeln, und wenn schlecht, umso schlimmer wird es dir ergehen, so wie sie es in Calicut und Malakka gemacht haben.»

Enrique, der alles mitgehört hatte, fügte hinzu, dass «sein Herr noch mächtiger zur See und an Land war als der König von Portugal … Er war König von Spanien und Kaiser der gesamten Christenheit.» Der Dolmetscher warnte den Raja: Wenn er nicht Freund dieses mächtigen Königs sein wolle und dessen Untertanen schlecht behandele, dann würde dieser beim nächsten Mal «so viele Leute gegen ihn schicken, dass sie ihn vernichten würden».

Diese Drohungen machten Eindruck auf den Fürsten von Cebu. Er bat sich Bedenkzeit aus und ließ die hochfahrenden Fremden fürs Erste mit reichlich Fleisch und Wein bewirten.

Nirgends ist aufgezeichnet, was in jener Nacht im Rat des Fürsten – er nannte sich «Raja Humabon» – gesprochen wurde, aber anscheinend kam der Raja von Cebu zu dem Entschluss, erst einmal gute Miene zum bösen Spiel zu machen. Am nächsten Vormittag empfing er Magellans Abgesandte mit der unterwürfigen Frage, ob er seinerseits dem Kaiser Tribut zahlen solle. Aber nein, erklärten dessen Abgesandte großzügig, Tribute an den Kaiser seien nicht erforderlich. Der Kapitän wolle lediglich Handel mit den Waren treiben, die er mitgebracht habe.

In den folgenden Tagen entfaltete sich im Hafen von Cebu das Spiel der Diplomatie, wie es in abgekürzter Form schon auf Mazawa stattgefunden hatte: Delegationen wurden hin und her geschickt, Freundschaftsbekundungen ausgesprochen und Geschenke getauscht. Die Seefahrer gaben gefärbte Stoffe, Kleider und goldgefasste Kristallgläser und erhielten dafür hauptsächlich Fleisch und Reis. Dabei achtete Magellan darauf, dass die waffentechnische Überlegenheit der Ankömmlinge gut zur Geltung kam, etwa indem er einen Soldaten in seinen eigenen – besonders gut verarbeiteten – Harnisch steckte und dem Neffen des Raja weismachte, jeder von ihnen würde derart gerüstet in den Kampf ziehen. Überdies ließ der Generalkapitän keine Gelegenheit aus, den Visayern die frohe Botschaft des Christentums ans Herz zu legen. Die erste bot sich schon kurz nach der Ankunft, als er, auf einem mit rotem Leder bezogenen Stuhl an Deck seines Flaggschiffs sitzend, die Gesandten von Raja Humabon zu einem förmlichen Friedensschluss empfing und diese sich über seine laut gesprochenen Gebete verwunderten. Daraufhin sprach er zu ihnen von Adam und Eva, von Sünde, Teufel und Hölle, der unsterblichen Seele, den Gefahren vorehelichen Geschlechtsverkehrs und «vielen anderen Dingen, die unseren Glauben betreffen».

Pigafetta zeichnet hier einen Magellan, der den Visayern predigte wie der heilige Bonifatius den Friesen. Die Zuhörer hätten gebannt an seinen Lippen gehangen und ihn schließlich begeistert darum gebeten, sie zu Christen zu machen. Dabei fragt man sich, wie viel die Menschen, die unverhofft in den Genuss dieser Katechese kamen, überhaupt von dem verstanden, was der Santiago-Ritter ihnen vortrug. Immerhin sprach dieser ihre Sprache nicht, und als Dolmetscher stand allein Enrique zur Verfügung, der die Predigt nur ins Malaiische übersetzen konnte: eine Verkehrssprache, die nicht jeder auf den Visayas beherrschte. Wurde ihr religiöser Eifer vielleicht vom Versprechen des Generalkapitäns angefacht, «dass er ihnen, wenn sie Christen würden, von den Waffen welche daließe, die die Christen verwendeten»?

Eine weitere Gelegenheit, christliche Symbole zu setzen, ergab sich aus dem Tod zweier Crewmitglieder. Am 9. April 1521 starb der Sobresaliente Martín de Barrena und am folgenden Tag der Proviantmeister der Vitoria, Juan de Aroche, beide «an Krankheit». Zu der Gesandtschaft, die vom Raja die Erlaubnis einholen sollte, die Toten auf seiner Insel beerdigen zu dürfen, gehörte auch Pigafetta. Als er zum ersten Mal vor den Fürsten trat, saß dieser, umgeben von vielen Leuten, in seinem Palast auf einer Matte aus Palmblättern und bis auf einen Lendenschurz und ein Seidenbändchen um den Kopf nackt. Um den Hals trug er eine schwere Goldkette und an den Ohren Ringe aus Gold, besetzt mit Edelsteinen. «Er war ein kleiner, fetter Mann», schreibt Pigafetta, «und hatte das Gesicht auf verschiedene Arten mit Feuer bemalt.» Vor ihm standen Porzellanschalen mit Schildkröteneiern und mehrere Krüge voll Palmwein, aus denen er durch Strohhalme trank.

Mit Erlaubnis des Raja begruben die Seefahrer ihre Toten «mitten auf dem Platz so pompös wie möglich, um ein gutes Beispiel zu geben». Die Erde wurde geweiht und ein Kreuz aufgestellt. Dann brachten sie ihre Waren an Land. Der Fürst wies ihnen ein Haus zu, wo sie ihre mitgebrachten Produkte lagern und ausstellen durften. Bald war ein kleiner Laden eingerichtet, in dem es geschäftig zuging. Besonders gefragt waren Messing und Eisen, für das die Kunden reines Gold gaben, und zwar für 14 Pfund Eisen zehn Goldstücke, jedes einzelne so schwer wie anderthalb Dukaten.

Als der Generalkapitän davon erfuhr, unterband er den Handel sogleich – bei Todesstrafe, wie Zeugen später aussagten, «weil er den Goldpreis niedrig halten wollte». Reis, Fleisch und andere Lebensmittel anzunehmen erlaubte er hingegen. Die Geschäfte verliefen in geordneten Bahnen. Man merkte, dass die Bewohner der Visayas, anders als die Chamorros, schon lange Teil des großen Handelsnetzes waren, das sich von Ostasien bis nach Europa erstreckte und bald den ganzen Erdball umspannen sollte. Ihre hölzernen Waagen funktionierten nach einem ähnlichen Prinzip wie die europäischen. «Diese Leute», erkannte Pigafetta, «leben mit Gesetz, Gewicht und Maß, sie lieben den Frieden, die Muße und die Ruhe.»

Pigafetta durfte nun regelmäßig an Land gehen und sich dort umsehen. So kam er in den Genuss eines Kammerkonzerts, das vier junge Frauen mit Tamburinen und Gongs aufführten, und durfte mit drei nackten Mädchen tanzen. Er nahm an der rituellen Schlachtung eines Schweins durch zwei Greisinnen teil und war Gast auf mehreren Gelagen, bei denen stundenlang gegessen und getrunken wurde und man allerhand zu sehen bekam: «Groß und Klein haben ihr Glied nahe der Eichel mit einem Stäbchen aus Gold oder Zinn durchbohrt, so dick wie eine Gänsefeder. Und an jedem Ende des Stäbchens haben einige so etwas wie einen Stern mit Spitzen, andere etwas, das an einen Wagennagel erinnert.» Pigafetta war derart fasziniert von diesem ungewöhnlichen Körperschmuck, dass er alle Welt, ob jung oder alt, darum bat, ihm den Penis herzuzeigen.

Penispiercings dieser Art, malaiisch «Palang» genannt, fand man damals vor allem auf den Philippinen und auf Borneo; sie waren eine von vielen Formen, das männliche Glied operativ zu verändern oder zu schmücken, wie sie im Malaiischen Archipel seit alters verbreitet waren. Über die ursprüngliche Motivation dieser Praktiken ist viel spekuliert worden. Manche Anthropologen sehen darin eine Folge weiblicher Selektion. Frauen hätten Männer mit Penispiercings als Sexualpartner bevorzugt, entweder weil sie beim Sex mit diesen mehr Lust empfanden oder weil sie die – schmerzhafte und daher abschreckende – Prozedur des Durchbohrens als Opfer ansahen, das in ihren Augen den Mann, der es erbrachte, als Partner qualifizierte. So oder so wäre es ein Zeichen der sexuellen Macht, die Frauen in südostasiatischen Gesellschaften über ihre Männer ausübten. Auch Pigafettas Wahrnehmungen scheinen für diese These zu sprechen: «Sie sagten uns, dass ihre Frauen das so wollten, und wenn sie anders wären, würden sie nicht mehr mit ihnen zusammen sein.» In den Augen des Autors verriet das wenig Gutes über den Charakter der Visayer: «Diese Leute machen so was, weil sie von schwächlicher Natur sind.» Der europäische Macho war überzeugt, dass «die Frauen uns viel mehr liebten als die aus ihrem Land».

Indes gab es auch unter den Christen schwache Naturen. Duarte Barbosa fand an den Lustbarkeiten an Land so viel Gefallen, dass er, wie schon einmal in Rio de Janeiro, nicht mehr an Bord zurückkehren wollte. Nachdem er trotz mehrfacher Ermahnung drei Tage lang unerlaubt fortgeblieben war, enthob Magellan den Vetter seiner Frau des Kommandos über die Vitoria und übertrug es seinem Schützling Cristovão Rebelo.

Wer sich so gehen ließ, gab den Einheimischen kein gutes Beispiel ab. Das aber wünschte der Generalkapitän unbedingt zu zeigen, umso mehr als seine Predigt beim Friedensschluss ihre Wirkung nicht verfehlt zu haben schien, hatte Raja Humabon ihm doch versprochen, sich mit seinen Standesgenossen taufen lassen zu wollen.

Die feierliche Zeremonie fand am Sonntag, dem 14. April, nur eine Woche nach der Ankunft auf Cebu statt. Wieder einmal donnerten die Geschütze, und mitten auf dem Platz, neben einer für diesen Anlass gezimmerten Bühne, wurde ein großes Kreuz aufgestellt. Raja Humabon empfing zu Ehren des fernen Kaisers den Taufnamen «Don Carlos», und sein Neffe durfte sich fortan «Don Fernando» nennen, nach dem jüngeren Bruder Karls I., damals Erzherzog von Österreich. Auch der Raja von Mazawa und der muslimische Kaufmann aus Champa ließen sich taufen, und am Nachmittag war die Frau des Raja mit ihren Hofdamen an der Reihe. «Die Königin war jung und schön», erinnerte sich Pigafetta, «in ein weißes und schwarzes Laken gekleidet ... und trug auf dem Kopf einen großen Sonnenhut aus Palmblättern.» Ihr Mund und ihre Nägel waren tiefrot gefärbt. Sie erhielt den Namen «Juana», wie die Mutter des Kaisers. Insgesamt soll der Priester an jenem Tag 800 Männern, Frauen und Kindern das Taufsakrament gespendet haben.

Den Frauen zeigte man eine aus Holz geschnitzte Madonna mit Jesuskind. Das Jesuskind gefiel der Fürstin von Cebu so sehr, dass Magellan es ihr am Ende der Zeremonie als Geschenk überließ. Der Legende nach hat die Statue die Zeiten überdauert und ist identisch mit jener, die noch heute auf Cebu als «Santo Niño de Cebú» verehrt wird.

Wie sehr die Annahme des Christentums sich auszahlte, lernten die Visayer einige Tage später, als Magellan zur Heilung eines Kranken schritt, der schon seit einer Weile bewusstlos in seiner Hütte lag. Wenn der Kranke sich taufen ließe, würde er genesen, erklärte der Generalkapitän. Sollte er die Unwahrheit sagen, dürfe man ihm auf der Stelle den Kopf abschlagen. Eine gewagte Ansage, doch Magellan behielt seinen Kopf fürs Erste, denn tatsächlich gewann der Patient nach der Taufe Bewusstsein und Sprache zurück und erklärte, es gehe ihm «durch die Gnade unseres Gottes» viel besser. Nach ein paar Tagen der Behandlung mit Mandelmilch, Rosenöl und Konfitüren konnte er sich sogar wieder von seinem Lager erheben. Da staunten nicht nur die Visayer: «Dies war ein wahres Wunder in unserer Zeit», fand Pigafetta.

Für Raja Humabon oder vielmehr Don Carlos sollte sich die Bekehrung noch anderweitig auszahlen. Weil der Fürst als Erster das Christentum angenommen hatte, verdiente er nach Ansicht des Generalkapitäns, dass man ihn «zum größten König dieser Gegend machte». Um diesen Anspruch durchzusetzen, versprach Magellan, eine große Streitmacht aus Spanien zu holen. Jenen unter Humabons Standesgenossen, die sich diesem nicht unterwerfen wollten, drohte er den Tod an; ihren Besitz würde er dem Raja geben. Und wieder verfehlte die Drohung ihre Wirkung nicht. Innerhalb von nur acht Tagen bekehrte sich die gesamte Insel zum Christentum. Alle benachbarten Fürsten mussten dem neuen König Gehorsam schwören und dieser wiederum dem König von Spanien. Damit nicht genug, sie hatten dem Raja und seinem kastilischen Schutzherrn Lebensmittel zu liefern und Tribut zu zahlen.

Nach Pigafettas Erzählung verpasste Magellan also einer Insel mit sicherlich Tausenden Bewohnern im Hauruckverfahren ein neues Glaubenssystem und krempelte ihre politische Struktur um. Inwieweit ihm das kraft seines Charismas oder eher durch seine Schiffsartillerie gelang, sei dahingestellt. Wichtiger ist die Frage, ob er sich bewusst war, wie einschneidend seine Neuerungen auf die Führungsschicht der Visayas gewirkt haben müssen. Einen König im europäischen Sinne kannte man dort nämlich nicht. Bei den hier als «Standesgenossen» und von Pigafetta als «principali» bezeichneten Anführern dürfte es sich um Datus gehandelt haben, von denen jeder einem kleinen Gemeinwesen vorstand. Der Raja von Cebu übte in diesem Kreis als Datu der größten und reichsten Ansiedlung so etwas wie die Rolle eines Primus inter Pares aus, dem man Respekt, wahrscheinlich auch Geschenke schuldete und an den man sich bei Konflikten oder anderweitigen Problemen wandte. Aber er war kein König, der Gehorsam einfordern konnte. Das Ansinnen, sich einem anderen aus ihrer Gruppe zu unterwerfen, muss diese Fürsten mächtig irritiert haben. Würden sie an ihrem Gehorsamseid festhalten, auch nachdem die fremden Schiffe mit ihren feuerspeienden Bombarden wieder abgereist waren?

Wie begrenzt die Wirkung seiner Drohkulisse schon jetzt war, konnte Magellan daran erkennen, dass ein Dorf auf der Nachbarinsel Mactan sich offen weigerte, ihm und dem neuen König zu gehorchen. Als «Kapitän des größten Königs der Welt» konnte er eine solche Weigerung natürlich nicht hinnehmen, wäre sie doch als Schwäche ausgelegt worden. Also fuhr er mit seinen Männern hinüber und brannte das Dorf nieder.

So mancher hat sich gefragt, welcher Teufel den großen Seefahrer ritt, dass er sich derart in die inneren Verhältnisse der Visayas einmischte – ein Verhalten, das ihn und viele seiner Untergebenen teuer zu stehen kommen sollte. Man hat sogar den Verdacht geäußert, der sonst so beherrscht Agierende und kühl Kalkulierende habe nach all seinen Erfolgen, nach der Niederschlagung der Meuterei, der Entdeckung der Meerenge und der langen Fahrt über den Pazifik, den Verstand verloren. Er sei größenwahnsinnig geworden, ja nachgerade in einen religiösen Wahn verfallen und habe sich für einen Auserwählten Gottes gehalten.

Eine gehörige Portion Selbstüberschätzung schadet gewiss nicht, wenn man ein Projekt wie Magellans Molukken-Expedition in Angriff nimmt und es gegen alle Widerstände durchzieht. Vergegenwärtigt man sich jedoch den Werdegang des Ritters, seine Kapitulation mit dem König, sein Gebaren auf der Fahrt und die Umstände seines kläglichen Endes, dann erkennt man so etwas wie einen roten Faden.

Hätte Magellan direkt die Molukken angesteuert, wäre er zwar von Karl I. zum Gouverneur der ertragreichen Gewürzinseln ernannt worden, aber er hätte diesen Titel erst gegen die Portugiesen durchsetzen müssen, die dieselben Inseln ja bereits erreicht hatten. Da schien es viel besser, wenn er unterwegs wie zufällig andere reiche Länder entdeckte. Die Visayas mit ihren Goldvorkommen und ihrer Handel treibenden Bevölkerung, die zudem ein offenes Ohr für das Evangelium zu haben schien, waren genau das, was er suchte. Dass er östlich des asiatischen Kontinents solche Inseln finden würde, damit hat Magellan zweifellos gerechnet, entweder weil er in Malakka gerüchteweise von ihnen gehört oder weil er Bücher wie die «Geographische Beschreibung vom Kap der Guten Hoffnung bis nach China» gelesen hatte.

Nachdem er fündig geworden war, stellte sich für Magellan das Problem, wie er seine Entdeckung absichern konnte. Schließlich war seine Mission nicht beendet; er musste noch immer zu den Molukken weiterfahren. Sein Auftreten auf Mazawa und Cebu lässt sich so verstehen, dass er vor der Weiterfahrt unverrückbare Fakten schaffen wollte. Er versuchte seiner Entdeckung im Eilverfahren einen kulturellen Stempel aufzudrücken, dessen Prägung hielt, bis er eines Tages mit einer neuen Armada zurückkam. Daher der Eifer, christliche Symbole zu setzen – abgesehen davon, dass die Evangelisierung nötig war, um seine Herrschaft zu legitimieren. Dabei wirkt Magellans Handeln deutlich von den Erfahrungen bestimmt, die er anderthalb Jahrzehnte zuvor an der Malabarküste und in Ostafrika gemacht hatte: Konflikte zwischen lokalen Machthabern ausnützen, sich mit Einzelnen gegen andere verbünden, Marionettenherrscher einsetzen und – vor allem – immer und überall militärische Überlegenheit demonstrieren. Die Einheimischen sollten so große Furcht vor ihm haben, dass diese bis zu seiner Rückkehr in einigen Jahren anhielt.

Die Strategie der Unbesiegbarkeit, die Magellan verfolgte, ist brutal effizient, aber auch riskant, denn sie beruht auf einem Bluff. Sobald die anderen erkennen, dass man verletzlich ist, droht die imposante Fassade wie ein Kartenhaus einzustürzen. Magellan war nicht nur ein talentierter Schauspieler und Regisseur, der beeindruckende Theaterstücke inszenierte, von seinem Auftritt vor dem jungen kastilischen König in

Valladolid bis zur großen Jesus-Show für die Visayer. Er war, wie sein Geldgeber Cristóbal de Haro, wohl überhaupt ein Spieler, der hohes Risiko nicht scheute und mitunter alles auf eine Karte setzte – so wie er einst die Brücken nach Portugal hinter sich abgebrochen hatte und in kastilische Dienste getreten war.

Das alles stellt im Übrigen die Aufrichtigkeit seiner religiösen Gefühle und Absichten nicht infrage. In Magellans Weltbild, das von der hochmittelalterlichen Kirche geprägt war, gehörten Glaube und Macht untrennbar zusammen. Die Welt war eine kosmische Hierarchie, die alles umfasste vom Gottvater an der Spitze über den Kaiser, die Fürsten, Bischöfe, Ritter bis hin zu den Bauern und Sklaven. Wer sich dieser Hierarchie nicht unterordnen wollte, ob Heide, Muslim oder Ketzer, musste notfalls mit Gewalt dazu gezwungen werden. Gott wollte es so, und er hatte daher die Gewalt in die Hände seiner Streiter gelegt, von denen auch der Ritter Magellan einer war. Der große Seefahrer stand fest verwurzelt in der Tradition der «Ecclesia militans», der «streitenden Kirche» des Hochmittelalters. Er war vom Geist der Kreuzritter beseelt, ja es scheint fast, als wäre in Magellan am Ende tatsächlich der Visionär zum Vorschein gekommen, zu dem ihn sein Mythos verklärt hat. Pigafetta hat das von allen am besten erkannt und seinen Generalkapitän dafür von ganzem Herzen bewundert.

Welche Strategie die Visayer verfolgten, lässt sich hingegen nicht so eindeutig sagen. Spielten auch sie Theater, indem sie sich dem fremden Anführer scheinbar rückhaltlos unterwarfen und seine religiösen Lehren freudig annahmen? Gingen sie, von Magellans Auftritt überrumpelt, erst einmal auf sein Spiel ein, in der Hoffnung, das Blatt irgendwann wenden zu können? Oder war ihre Begeisterung etwa echt? Eines steht außer Frage: Ein Fürst wie Raja Humabon handelte ebenso wenig wie Magellan ohne Hintergedanken. Angesichts der brisanten Situation, die durch die Ankunft der großen Schiffe entstanden war, wog er seine Optionen sicherlich sorgsam ab. Und nicht nur er allein, auch die anderen Datus in der Umgebung werden auf Mittel und Wege gesonnen haben, wie sie der veränderten Lage wieder Herr wurden.

Unter den Kriegern der Visaya-Inseln scheinen List und Hinterhalt seit jeher anerkannte Wege zum Sieg gewesen zu sein. Das spiegelt sich in der Sage vom riesenhaften Menschenräuber Pusong von Magtaon wider, der weithin gefürchtet war. Seine ihm an Wuchs und Kraft unterlegenen Opfer stellten Pusong an einem Fluss eine Falle, in die er hineintappte, so dass sie ihn mit vereinten Kräften töten konnten. Nach einer anderen Legende stritt die kleine Schildkröte mit dem großen Affen um eine Bananenpflanze. Um den Affen abzulenken, forderte sie die Blätter für sich, obwohl sie in Wirklichkeit die Wurzel haben wollte, weil sie wusste, dass daraus eine neue Pflanze entstehen würde. Der Affe fiel auf den Trick herein, nahm die Blätter und überließ der Schildkröte die Wurzel. Von einem Intriganten sagten die Visayer daher, er sei wie die Eingeweide einer Schildkröte, weil diese viele Windungen hätten und weil die Schildkröte, obgleich klein, so klug gewesen sei, den Affen hinters Licht zu führen.

Am Freitag, dem 26. April 1521, erschien vor Magellan der Abgesandte eines Datus namens Zula von der Insel Mactan, um zwei Ziegen abzuliefern. Er klagte, dass er gern all seine Tributpflichten erfüllen würde, aber wegen eines anderen Fürsten derselben Insel, Lapulapu, der sich dem König von Spanien nicht unterwerfen wolle, nicht mehr geben könne. Und er bat den Generalkapitän darum, ihm ein Boot voller Männer zu senden, um den Aufsässigen in der kommenden Nacht zu bekriegen.

Mit dieser Bitte begann nach Pigafettas Bericht der letzte Akt des Dramas. Auch andere Zeugen gaben an, ein Fürst von Mactan habe sich geweigert, den geforderten Tribut – eine Ziege und einen Zentner Reis – zu zahlen und «die Hand des Königs von Cebu zu küssen». Daraufhin habe sich Magellan umgehend zu einer Strafexpedition entschlossen, trotz der Bitte seiner Leute, er möge davon ablassen, und obwohl in den Nächten zuvor mehrfach ein schwarzer Vogel erschienen war und stundenlang geschrien hatte – ein böses Omen. Laut Ginés de Mafra versuchte auch Raja Humabon, Magellan von einem Angriff gegen den rebellischen Datu abzubringen, der offenbar sein Schwager war. Doch da hatte der Generalkapitän bereits öffentlich erklärt, in seiner Ehre gekränkt zu sein und Rache nehmen zu wollen. Der Matrose Mafra vermutete aber noch ein anderes Motiv hinter diesem Entschluss: «Es hieß von Magellan, dass man ihm einige Inseln als ewigen Lohn versprochen hatte, und man vermutete, dass er unter anderem Cebu nehmen wollte, weil er selbst das oftmals gesagt hatte, und dass er viele Untertanen haben wollte, und deshalb oder wegen einer anderen Sache, die ihm einfiel, beschloss er, nach Mactan zu gehen.»

Es wirkt jedenfalls so, als hätte Magellan nur auf die Gelegenheit gewartet, vor den Visayern ein Exempel zu statuieren, und so wies er auch das Angebot des Rajas von Cebu, an seiner Seite zu kämpfen, zurück. Doch er lud den Raja ein, mit an den Kampfschauplatz zu fahren, um zu sehen, «wie die Löwen Spaniens fochten» (Ginés de Mafra). Laut Pigafetta machte der Generalkapitän den Gegnern noch ein Friedensangebot, sofern sie sich ihm unterwürfen. Da dies abgelehnt wurde, ruderte er noch in derselben Nacht mit 40 bis 60 Kriegern, aufgeteilt auf zwei oder drei Boote, in den Kampf. Über eine größere Streitmacht habe Magellan nicht geboten, schreibt Herrera in seiner «Allgemeinen Geschichte der Taten der Kastilier», weil viele von seinen Leuten noch immer von der Pazifiküberfahrt geschwächt gewesen seien. Denkbar ist auch, dass manche ihre Unpässlichkeit nur vorschoben, weil sie ihre Haut nicht für ein Unternehmen zu Markte tragen wollten, das ihnen persönlich wenig einbringen würde. Außer dem Generalkapitän trug niemand eine Kapitulation in der Tasche, die ihm Macht und Steuereinnahmen in Aussicht stellte, und nicht jeder teilte, wie Pigafetta, den missionarischen Ehrgeiz des Chefs.

Die Schiffe mitzunehmen hielt Magellan offenbar für unnötig, vielleicht weil der Kampfplatz nicht weit entfernt oder das Manövrieren in den seichten Gewässern nachts zu riskant war. Seinen Mitstreitern hatte er befohlen, Handbüchsen und Armbrüste mitzunehmen und sich mit Brustpanzern und Helmen zu wappnen. Nachdem hinterher von Wunden im Gesicht berichtet wurde, waren Letztere wohl einfache Eisenhüte ohne Visier, nach Art des Schallers oder des kastilischen Morrión.

Die Berichte von Pigafetta und Ginés de Mafra über den Hergang des Kampfes weichen erheblich voneinander ab. Einigermaßen gesichert ist, dass Magellan und seine Kämpfer am Morgen des 27. April 1521 irgendwo vor der Insel Mactan aus ihren Booten stiegen und etwa zehn Mann als Wachen zurückließen. Weil dem Strand Riffe vorgelagert waren, konnten sie nicht näher als bis auf zwei Armbrustreichweiten ans Ufer heranrudern, so dass die Streiter die letzten rund 300 Meter oder so durchs Wasser waten mussten.

Der Plan war vermutlich, mit der bewährten Rittertaktik des rücksichtslosen Drauflosstürmens – der «Offensive à outrance» – das Dorf zu erobern, es niederzubrennen, gegebenenfalls ein paar Bewohner zu erschlagen und wieder abzuziehen, so wie die Seefahrer es schon auf Guam und kurz zuvor an einem anderen Ort auf Mactan getan hatten, ohne eigene Verluste zu erleiden. Doch diesmal ging die Sache anders aus, was mehrere Gründe gehabt haben könnte.

Erstens besaßen die Verteidiger eine deutliche Übermacht, wobei die genannten Zahlen, zwischen 1500 bei Pigafetta bis 4000 beim anonymen Genuesen, wie in solchen Fällen üblich etwas hoch gegriffen erscheinen. Zweitens lockten sie die Angreifer womöglich in einen Hinterhalt. Vor dem Gefecht war Magellan vor Fallgruben mit spitzen Pfosten darin gewarnt worden; laut Martín de Ayamonte stolperten dennoch etliche hinein. Ginés de Mafra berichtet zudem, die Verteidiger hätten sich in den Häusern versteckt und seien, als Magellans Leute das Dorf anzünden wollten, plötzlich von mehreren Seiten herausgestürmt. Und drittens waren die Männer von Mactan unerschrockene Krieger, die ihre Waffen zu führen wussten: Keulen, Schwerter, Speere, Steine als Wurfgeschosse und Wurflanzen, die im Feuer gehärtet und nach alter Kunst mit Gift präpariert waren, so dass sie doppelt schädlich wirkten.

Was auch immer den Ausschlag gab: Der Widerstand war massiver, als die Angreifer erwartet hatten. Es gelang ihnen zwar, das Dorf oder Teile davon in Brand zu stecken, aber nachdem sie ihre Armbrustpfeile und ihr Pulver verschossen hatten, sahen sie sich bald in die Defensive gedrängt und von drei Seiten umringt, so dass sie vom Strand ins flache Wasser zurückweichen mussten. Ein Hagel von Steinen prasselte auf die Helme der Angreifer, während ihre Beine, an denen sie keine Eisenpanzer trugen, den Lanzenwürfen der Verteidiger ausgesetzt waren. Dieses Bombardement verfehlte seine Wirkung nicht. Irgendwann waren die meisten von Magellans Männern verletzt, einige bereits kampfunfähig. Auch der Generalkapitän trug mehrere Wunden im Gesicht und an den Beinen davon und blutete stark. Als er schließlich, die Kehle von einer Lanze durchbohrt, zu Boden ging, ergriffen seine Leute die Flucht.

Pigafetta berichtet, Magellan habe dem Ansturm der Gegner so lange standgehalten, bis er seine Leute sicher in den Booten wusste. Im folgenden Satz schreibt er jedoch, sie hätten sich erst in die Boote gerettet, nachdem sie ihren Anführer hatten fallen sehen. Der Widerspruch lässt das Chaos erahnen, in dem sich der Rückzug vollzog, zugleich das

Chaos, das in Pigafettas Innerem ausbrach, als er mit ansehen musste, wie die Krieger von Mactan sein Idol erschlugen.

In Wahrheit wäre wohl kaum einer der Angreifer lebend in die Boote gelangt, hätten nicht die Leute des Rajas von Cebu, die auf Magellans ausdrücklichen Wunsch bisher tatenlos zugesehen hatten, doch noch in den Kampf eingegriffen und die Fliehenden herausgehauen. Humabons Krieger drängten Lapulapus Streitmacht zurück, so dass sich die meisten der Geschlagenen retten konnten – nicht aber den Leichnam ihres Generalkapitäns, der am Ufer zurückblieb. Und so «töteten sie den Spiegel, das Licht, den Trost und unseren wahren Führer», klagte Pigafetta, der sich selbst, wenngleich von einem vergifteten Wurfpfeil im Gesicht verletzt, zu den Geretteten zählen durfte. Gegen Ende des Kampfes tauchten dann offenbar die Schiffe auf: Vielleicht war es so verabredet, vielleicht hatte sie auch jemand zu Hilfe gerufen. Nun feuerten die Bombarden und töteten einige von den Visayern – ob von Lapulapus oder Humabons Leuten, dazu widersprechen sich die verschiedenen Versionen von Pigafettas Bericht.

Magellan fiel an einem Samstag, einem Wochentag, der ihm besonders heilig war und den er deshalb für einen guten Tag gehalten hatte, um Krieg zu führen. Doch diesmal hatte ihm der Herr, der sonst «auf wundersame Weise stets seinen Christen den Sieg über die Ungläubigen gibt», wie Giovanni da Empoli nach der Eroberung Malakkas 1511 verkündet hatte, die Hilfe versagt. Die große Reise seines Lebens, die den Ritter aus Porto beinahe um die ganze Erde geführt hatte, war zu Ende.

# 11. Piraten der Sulusee

Außer Magellan waren sechs Männer am Strand von Mactan zurückgeblieben, darunter Cristovão Rebelo, der gerade erst zum Kapitän der Vitoria ernannt worden war. Zwar hatte die Mehrzahl der Angreifer dank Humabons beherztem Eingreifen überlebt, bei vielen entzündeten sich aber die Wunden, die die Verteidiger ihnen mit ihren vergifteten Lanzen zugefügt hatten. Zu den Überlebenden zählten neben Pigafetta der Sklave Enrique, Bootsmann Albo und der Matrose Nicolao de Nápoles. Die Namen der Übrigen kennen wir nicht, aber die meisten dürften wie Enrique und Nicolao persönliche Gefolgsleute des Generalkapitäns gewesen sein. Zwei weitere Männer erlagen später ihren Verletzungen. Von den Verteidigern sollen laut Pigafetta 15, von Humabons Männern vier ums Leben gekommen sein, Letztere vielleicht durch «Friendly Fire» der Schiffsartillerie.

Das Erste, was die Seefahrer nach der Katastrophe taten, war, den Laden auf Cebu zu schließen und die Waren auf die Schiffe zu verladen. Dann mussten neue Anführer gefunden werden. Die Wahl fiel auf Juan Serrano, den altgedienten Steuermann und Kapitän der Concepción, und auf Duarte Barbosa, den Magellan gerade erst aus disziplinarischen Gründen degradiert hatte und der nun zum Kommandanten des Flaggschiffs Trinidad aufstieg. Die beiden – so berichtet der anonyme Genuese – erhielten den Auftrag, an Land zu gehen und bei Don Carlos alias Raja Humabon um Lotsen anzufragen, die sie nach Borneo leiten sollten. Pigafetta berichtet zudem, dass sie versuchten, Magellans sterbliche Überreste und die der anderen Gefallenen von den Siegern loszukaufen. Aber diese winkten ab: «Sie antworteten, dass man einen solchen Mann nicht herausgäbe, wie wir dächten, und dass sie ihn nicht für den größten Reichtum der Welt hergeben würden, sondern als Andenken behalten wollten.»

Raja Humabon erklärte sich gern bereit, die erbetenen Lotsen zur Verfügung zu stellen, aber er bestand darauf, die Abreisenden mit einem

Gastmahl würdig zu verabschieden. Außerdem wolle er ihnen ein Geschenk für seinen Namenspatron Kaiser Karl übergeben. Dieses Präsent hatte er schon vorher dem Generalkapitän und einigen anderen gezeigt: Es handelte sich um schweres Geschmeide aus Gold und Edelsteinen, einen wertvollen Schatz.

Anscheinend waren nicht alle dafür, die Einladung anzunehmen. Manche trauten den Visayern nicht recht und wollten so schnell wie möglich in See stechen. Andere laborierten wie Pigafetta noch an ihren Wunden und konnten darum nicht von Bord gehen. Dass schließlich doch eine größere Zahl der Einladung folgte, lag anscheinend an den Überredungskünsten Barbosas, der gierig auf den Schatz war und den Zaudernden Feigheit unterstellte. Entweder wollten viele einen solchen Vorwurf nicht auf sich sitzen lassen, oder auch sie lockte das Gold – jedenfalls ließ am sich 1. Mai 1521 alles, was an Bord Rang und Namen hatte und bei Kräften war, an Land rudern.

Der Raja und sein Gefolge empfingen die Gäste mit gewohnter Herzlichkeit. Als jedoch jener Visayer, den Magellan geheilt hatte, den Priester in sein Haus führte, witterten der Steuermann João Carvalho und der Alguacil Espinosa Verrat und kehrten an Bord zurück.

Kurz darauf drangen aus dem Palmenhain lautes Geschrei und Wehklagen zu den Schiffen. Die Zurückgebliebenen, alarmiert, lichteten sofort die Anker, brachten die Schiffe in Gefechtsbereitschaft und feuerten ein paar Salven auf die Siedlung ab. Doch sie stellten das Feuer sogleich wieder ein, als sie sahen, dass die Einheimischen einen der Ihren gefesselt ans Ufer zerrten: Juan Serrano.

Der Kapitän der Concepción schrie seinen Gefährten zu, die Leute des Raja seien während des Banketts über sie hergefallen und hätten alle außer Enrique, den Dolmetscher, erschlagen. Und sie würden auch ihn töten, wenn er nicht ausgelöst würde. «Mit Worten und Tränen», erinnerte sich Ginés de Mafra, «flehte der Alte die Unsrigen an, dass sie sich seines Alters erbarmten, damit er nicht seine Tage in der Gewalt so grausamer Barbaren beschließen müsse.» Und Pigafetta: «Er bat uns flehentlich, ihn mit irgendwelchen Waren freizukaufen.» Der Preis, den die Visayer für Juan Serrano forderten, soll zwei Bombarden, einige Barren Kupfer und ein paar Bahnen Stoff betragen haben.

Ginés de Mafra und andere berichten, die Männer auf den Schiffen hätten ihr Bestes getan, die Forderungen zu erfüllen. Doch die Visayer hätten die Verhandlungen in die Länge gezogen und den Preis weiter und weiter in die Höhe geschraubt, während sich am Ufer immer mehr Bewaffnete versammelten und ihre Kanus zu Wasser ließen. Auf den Schiffen nahm schließlich die Angst vor einem Angriff überhand. Die Mannschaften hissten eilends die Segel und schickten sich an, den verzweifelten Serrano zurückzulassen. Pigafetta legt dem Steuermann einen Fluch in den Mund, den er den Fliehenden hinterherschleuderte: Er werde zu Gott beten, «dass dieser am Tag des Gerichts seinen Gevatter João Carvalho nach seiner Seele frage».

Manche haben diese erschütternde Szene so interpretiert, dass Carvalho seinen Kollegen Serrano mutwillig preisgegeben habe, weil er das Kommando über die Schiffe an sich reißen wollte. Oliveira hingegen berichtet, Serrano habe selbst erkannt, dass weiterzuverhandeln sinnlos war, und seinen Gefährten daher voller Großmut geraten, ihn seinem Schicksal zu überlassen. Wie auch immer es war: «Sie fuhren aus dem Hafen», erzählt Ginés de Mafra, «der Rest von uns mit drei sehr guten Schiffen.» Was weiter mit Serrano geschah, ist ungewiss. Einigen Berichten zufolge, die allerdings alle aus dritter Hand stammen, mussten die Fliehenden zuletzt mitansehen, wie die Einwohner von Cebu das Kreuz, das Magellan bei der Taufe des Raja in der Siedlung hatte errichten lassen, in Stücke schlugen.

Auch wenn der Verrat des «christlichen Königs» (Pigafetta) offenbar nicht für jeden überraschend kam, erschien er vielen doch erklärungsbedürftig, umso mehr, als sich zwischen dem Raja und Magellan scheinbar eine innige Freundschaft entwickelt hatte. Manche verdächtigten Lapulapu, den siegreichen Fürsten von Mactan, Raja Humabon unter Druck gesetzt oder überredet zu haben, sein Bündnis mit den Kastiliern zu brechen und sich ihrer Schiffe, Waffen und Waren durch einen Angriff aus dem Hinterhalt zu bemächtigen. Andere meinten, Magellans malaiischer Sklave Enrique habe die Seefahrer verraten und den mordlüsternen Visayern ausgeliefert, nachdem ihn Duarte Barbosa schmählich behandelt hatte.

Der neue Kapitän soll den Malaien einen Hund genannt und ihn vom Krankenlager, wo er sich nach dem Gefecht von seinen Wunden erholte, mit den Worten aufgescheucht haben: «Auch wenn sein Herr, der Kapitän, tot sei, sei er deswegen längst kein freier Mann. Wenn sie wieder nach Spanien kämen, würde er immer noch der Sklave von Doña Beatris sein, der Frau des Generalkapitäns. Und er drohte, ihn auszupeitschen, wenn er nicht an Land ginge.» Woraufhin der Sklave, erzählt Pigafetta, aufgestanden und scheinbar gehorsam seinen Pflichten als Dolmetscher nachgekommen sei. Doch heimlich habe er mit dem Raja ein Komplott geschmiedet, über die Seefahrer herzufallen.

Eine dritte Erklärung präsentierte später der Humanist und Königliche Rat von Kastilien, Petrus Martyr, unter Berufung auf Heimkehrer der Expedition: «Sie glauben, dass der Ehebruch der Frauen zu dieser Verwirrung Anlass gegeben hat. Die Männer sind nämlich eifersüchtig.» Mit anderen Worten, die Seefahrer hätten sich an den Frauen der Einheimischen vergriffen und damit deren Männer tödlich beleidigt.

Man kann diese Erklärung als Projektion maskuliner Ehrvorstellungen und Potenzfantasien, wie sie der europäischen Kultur eigen waren, auf die fremde Welt der Visayas abtun, vergleichbar mit der Behauptung Pigafettas, die fremden Frauen hätten die Seefahrer mehr begehrt als ihre eigenen Männer. Andererseits hatten schon die Verfasser der Instruktionen für die Armada eindringlich davor gewarnt, in anderen Ländern Frauen anzurühren, denn «die Leute in diesen Gegenden verursachen wegen so was eher irgendwelchen Schaden und Aufruhr als wegen jeder anderen Sache». Wer «einen Frevel oder einen Übergriff gegen die Frauen des Landes» verübe, schädige die Interessen des Königs und gehöre daher bestraft.

Wer weiß, was sich Duarte Barbosa während seiner dreitägigen Eskapade an Land hatte zuschulden kommen lassen? Immerhin demütigte ihn Magellan danach, indem er ihm seinen Posten als Kapitän der Vitoria wegnahm. Wenig später war Barbosa ein prominentes Opfer des Massakers vom 1. Mai – so dürfen wir jedenfalls annehmen, auch wenn spätere spanische Expeditionen, die auf die Visayas kamen, erfuhren, dass acht von Magellans Männern das Massaker überlebt hätten und nach China in die Sklaverei verkauft worden seien. So oder so war Raja Humabon dem neuen Kapitän nicht durch ein Blutsbündnis verpflichtet, wie er es mit Magellan eingegangen war. Bündnisse wurden seinerzeit auf den Visayas zwischen einzelnen Personen geschlossen, nicht zwischen Kollektiven. Das heißt, Humabon mochte sich an den Pakt mit Magellan nicht mehr gebunden gefühlt haben. Wenn sich

Barbosa zudem an Frauen vergriffen hatte, die dem Raja nahestanden, war die Aggression in seinen Augen womöglich gerechtfertigt.

Die visayische Sage von der schlauen Schildkröte und dem Affen kannte noch eine Fortsetzung: Nachdem aus der Wurzel der Bananenpflanze, welche die Schildkröte für sich behalten hatte, eine Früchte tragende Staude gewachsen war, musste die Schildkröte erkennen, dass sie zu klein war, um selbst an die Früchte zu kommen. Ihr blieb nichts anderes übrig, als den Affen zu bitten, ihr die Früchte zu holen, und ihm dafür zu erlauben, sich selbst davon zu bedienen.

Die Bewohner der Visayas hatten die Seefahrer des spanischen Königs gleich zweimal überlistet, und doch sollten sie diese auf Dauer nicht mehr loswerden. Die Spanier kamen wieder, um nach 1565 für mehr als 300 Jahre zu bleiben. Dennoch ist das Gefecht von Mactan für die Philippiner bis heute ein denkwürdiges Ereignis. Wie das Kreuz auf Limasawa wurde der mutmaßliche Kampfplatz zum Erinnerungsort, an dem eine überlebensgroße Bronzestatue an den mythischen Sieger Lapulapu erinnert.

Fast auf den Tag genau, als Magellans Versuch, den Fürsten von Mactan der kastilischen Krone zu unterwerfen, so jämmerlich scheiterte, schloss rund 14 000 Kilometer weiter im Osten ein gewisser Hernán Cortés den Belagerungsring um die aztekische Hauptstadt Tenochtitlan. Cortés, wie Magellan ein aus bescheidenen Verhältnissen stammender Hidalgo, legte mit der Eroberung der Stadt dreieinhalb Monate später den Grundstein für das riesige spanische Kolonialreich in Amerika, das sich bis dahin im Wesentlichen auf die Antillen beschränkt hatte. Bald schon sollten von dort unermessliche Reichtümer nach Kastilien fließen, die alles, was sich dessen Regierung von Magellan und den Molukken erhofft haben mochte, in den Schatten stellten. Erst die Eroberung Mexikos durch Cortés schuf die logistischen Voraussetzungen, dank deren sich die Spanier rund 45 Jahre später auch auf den Philippinen dauerhaft festsetzen konnten.

Von all diesen Dingen ahnten die flüchtenden Seefahrer auf ihren drei Naos nichts. Für sie bedeutete das Massaker von Cebu den zweiten schweren Schock innerhalb weniger Tage. Gerade erst hatten sie neue Kapitäne wählen müssen, da waren sie abermals führerlos. Mit Juan

Serrano und Andrés de San Martín hatte die Armada zudem ihre besten Steuermänner eingebüßt; von den sechs Navigationsexperten, die im September 1519 in See gestochen waren, blieb nur mehr João Carvalho übrig. Zu den Opfern des Massakers zählten weiterhin der Priester Valderrama, die Schreiber Sancho de Heredia und León de Ezpeleta, der Proviantmeister Cristóbal Rodríguez und Luis Afonso de Goes, der nach Rebelos Tod zum neuen Kapitän der Vitoria gekürt worden war.

Der Tod des Astrologen veranlasste einige portugiesische Autoren zu sarkastischen Kommentaren, allen voran Barros, der sich darüber mokierte, dass San Martín «die Zeit und den Ort ihres Todes nicht vorhersah, obwohl er wegen des Aszendenten ihrer Abfahrt, von Magellan befragt, diesem geantwortet hatte, dass ihm auf dieser Reise eine große Todesgefahr begegnen würde». Insgesamt listet das Sterberegister an jenem 1. Mai 27 Namen von Offizieren, Seeleuten und anderen Mitfahrenden auf, die mit diesem Datum für tot erklärt wurden. Ob eventuell doch der eine oder andere überlebt hatte, war für die Fliehenden ohne Bedeutung. Sie suchten nur noch das Weite, segelten durch den Kanal zwischen den Inseln Cebu und Bohol in südwestlicher Richtung davon. Unweit der Südspitze von Bohol drehten sie bei, um Kriegsrat zu halten.

Die Besatzung bestand noch aus 108 (nach anderen Angaben 115) Mann, von denen viele verletzt oder geschwächt waren. Um drei Schiffe zu bemannen, waren das auf Dauer zu wenige. Deshalb wurde beschlossen, die Concepción, die von den dreien im schlechtesten Zustand war, zu opfern. Nachdem die Männer alles, was noch irgendeinen Wert besaß, herausgeholt hatten, legten sie aus sicherer Entfernung Feuer an das Schiff.

Vor allem für die Besatzung der Concepción muss es ein herzzerreißender Moment gewesen sein, als sie ihr Schiff in Flammen aufgehen sahen. Für fast zwei Jahre war es ihr Zuhause gewesen, es hatte sie vor den Elementen beschützt und über den Ozean getragen. Jeder Quadratzentimeter an Deck, jede Scharte in der Bordwand war ihnen vertraut. Und nun brannte dieses Schiff lichterloh, ein Scheiterhaufen auf hoher See, der eine weithin sichtbare Rauchsäule in den Himmel schickte.

Zu Kapitänen der Trinidad und der Vitoria wählte die Versammlung den Steuermann João Carvalho und den Alguacil Gonzalo Gómez de Espinosa. Von den beiden war Carvalho zunächst derjenige, der den Kurs der Armada bestimmte, deren nächstes Ziel weiterhin Borneo hieß. In Cebu waren die Seefahrer Leuten von dieser großen Insel begegnet, die ihnen Hoffnung gemacht hatten, dass man sie von dort weiter zu den Molukken leiten würde.

Albo nennt in seinem Logbuch für diesen Abschnitt der Fahrt eine Reihe von Längengraden, angefangen mit den Inseln Suluan und Yunagan ganz im Osten des Sankt-Lazarus-Archipels, die er bei 189° «vom Meridian aus» verortete; allerdings sagt er nicht, von welchem. Sollte er sich auf die Demarkationslinie von Tordesillas bezogen haben, die laut Magellan 22 Grade westlich von Santo Antão, also bei ca. 47° West, verlief, dann wäre seine Angabe geradezu verblüffend genau, liegt das heutige Suluan doch bei 126° Ost und damit 187° westlich besagter Linie. Einen derart geringen Fehler von nur 2° konnte man kaum durch Koppelung, sondern damals nur durch astronomische Beobachtungen erzielen. Demnach hätte San Martín kurz nach der Ankunft auf den Visayas, vielleicht auf Humunu, noch eine Längengradmessung durchgeführt, bevor er sechs Wochen später in Cebu umkam.

Ausgeschlossen ist das keineswegs. Warum aber hielten sich die Seefahrer dann in den folgenden Wochen eher in westlicher Richtung und wollten Borneo ansteuern? Aufgrund ihrer Theorie hätten sie die Molukken mehr als zehn Längengrade weiter im Osten suchen müssen. Außerdem stellt sich dann die Frage, warum Magellan mit so großem Eifer darum bemüht war, die Visayas dem spanischen König untertan zu machen. Aufgrund der Messung hätte er erkennen müssen, dass die Armada sich bereits westlich des Antimeridians von Tordesillas und damit in der portugiesischen Erdhälfte befand.

Womöglich sind diese Fragen, über die Historiker sich seit langem den Kopf zerbrechen, müßig, denn Albos Logbuch ist nur in Abschriften späterer Zeit erhalten, in die sich Manipulationen und Fehler eingeschlichen haben können. Studiert man den Kurs, den die Armada in den Wochen nach ihren Aufbruch aus Cebu nahm, so hat man nicht den Eindruck, dass Carvalho oder irgendwer sonst an Bord wusste, wo es langging. Er wirkt eher so, als wären die Seefahrer, getrieben von Angst, Hunger und Monsunwind, ziellos über die Mindanao- und Sulusee gedriftet.

Um sich im Labyrinth der zahllosen Inseln zu orientieren und weil sie zum Überleben Trinkwasser, Essen und Brennholz brauchten, waren die Umherirrenden immer wieder gezwungen, die Küsten anzulaufen. Dort wurden sie in der Regel unvoreingenommen, oft sogar gastfreundlich empfangen. Aber der Schrecken, der ihnen auf Cebu in die Glieder gefahren war, scheint sie für lange Zeit nicht mehr verlassen zu haben. Mit Ausnahme Pigafettas, dem es gelang, seine Offenheit zu bewahren, blieben die Seefahrer jedem Fremden gegenüber misstrauisch, stets bereit, zuzuschlagen und sich mit Gewalt zu holen, was sie brauchten.

Auch Magellan hatte wenig Skrupel gezeigt, aber immerhin hatte er seine Flotte unbeirrbar und mit paternalistischer Strenge um die halbe Welt geführt. Unter Carvalhos Führung degenerierte die stolze Armada zu einer kopflosen Piratenbande, die sich vom unbeständigen Sommermonsun hierhin und dorthin treiben ließ, wahllos Schiffe überfiel und Menschen raubte. Mehr als einmal waren die Hungernden drauf und dran, die Segel zu streichen und am nächstbesten Strand das Ende abzuwarten. Hätten sie damals aufgegeben, niemand in Kastilien hätte sich über ihr Verschwinden gewundert.

An einem Sonntag im Mai 1521 saß Juan López de Recalde in seinem Büro im Alcázar von Sevilla. Der Oberbuchhalter der Casa de la Contratación hatte Papier, Tintenfass, Löschwiege und Streusandbüchse vor sich liegen, denn er schrieb seinem Vorgesetzten, dem Bischof Fonseca, einen Brief: «Am Mittwoch, dem sechsten ‹Mai›, ging im ‹Puerto de las Muelas› dieser Stadt die Nao Sancto Antonio vor Anker, die größte jener fünf, die mit der Gewürzinsel-Armada fuhren, in welcher als Kapitän Gerónimo Guerra ankam, Verwandter und Kreatur von Cristóbal de Haro, und als Steuermann der Portugiese Estevan, Steuermann dieses Hauses, und mit ihnen bis zu sechzig Männer, einschließlich Matrosen und Sobresalientes …»

Während Recalde diese Sätze schrieb, rang er offenbar immer noch um Fassung. Nicht am Mittwoch, dem 6., sondern dem 8. Mai 1521 war die San Antonio völlig unerwartet in den «Muelas»-Hafen am Westufer des Guadalquivir eingelaufen. Man mag dem Oberbuchhalter diesen Irrtum nachsehen, hatte er doch drei Tage lang die Feder nicht aus der Hand gelegt, um, assistiert von zwei Schreibern und dem Justitiar seiner Behörde, die Aussagen der Rückkehrer zu Protokoll zu nehmen –

und hatte nicht annähernd die Hälfte geschafft. Nun wollte er seinem Chef wenigstens kurz das Wesentliche mitteilen.

Die San Antonio, die Magellan ein halbes Jahr vorher im Kanal aller Heiligen verloren gegeben hatte, war also tatsächlich nach Kastilien zurückgekehrt, ganz so, wie der Astrologe San Martín es vorhergesagt hatte. Magellans Vetter Alvaro de la Mesquita hatten die Meuterer, angeführt von Estevão Gomes und dem Schreiber Gerónimo Guerra, gewaltsam abgesetzt und eingesperrt – mit guten Gründen, wie sie Recalde erklärten. Vom Streit zwischen dem Generalkapitän und Juan de Cartagena, der erstmals auf den Kanaren hochgekocht war, bis zur Aussetzung des Oberaufsehers und eines Kapellans im «düsteren» Hafen San Julián listeten die Rückkehrer alle Untaten auf, die Magellan in ihren Augen begangen hatte. Vor allem aber warfen sie ihm vor, Monate an einer «nutzlosen Küste» vertrödelt, die Armada in unwirtliche Breiten geführt und dort zum Überwintern gezwungen zu haben. Aus ihrer Sicht war der portugiesische Generalkapitän nicht nur ein Despot, der sich über berechtigte Kritik brutal hinwegsetzte, sondern auch ein unfähiger Navigator, der Anker verlor und im äußersten Süden der Erdkugel einen Kurs verfolgte, der «keinen Gewinn» versprach – wenn der Mann nicht gar ein «doppeltes Spiel» trieb. «Nach dem Urteil und der Ansicht derer, die zurückgekehrt sind», fasste Recalde zusammen, «wird der besagte Magellan nicht nach Kastilien zurückkehren.»

Diese Vorwürfe waren zum Gutteil Schutzbehauptungen, mit denen Gomes, Guerra und die Übrigen ihre eigenmächtige Umkehr zu rechtfertigen versuchten. Immerhin mussten sie damit rechnen, als Deserteure angeklagt zu werden, obwohl sie es so darstellten, als hätten sie die Flotte in der Meerenge aus den Augen verloren und trotz längerer Suche nicht mehr gefunden. Diogo Barbosa setzte denn auch alles daran, dass die Schiffsführer der San Antonio zur Rechenschaft gezogen und Alvaro de la Mesquita aus dem Kerker, wo er seit der Rückkehr einsaß, freigelassen wurde. Magellans Schwiegervater handelte damit auch im Interesse seiner Tochter Doña Beatris, der die Hiobsbotschaften über ihren Gatten sehr zu Herzen gegangen sein müssen.

Doch alle Bemühungen des alten Mannes blieben ohne Erfolg. Nicht nur Recalde, auch Fonseca glaubte mehr den Heimkehrern. «Die Bosheit, die jener (d. h. Magellan) angerichtet hat», antwortete der Bischof am 26. Mai von Burgos aus, «und das Schicksal jener Edelleute haben mich in derartige Erregung versetzt, dass ich nicht darüber sprechen und kein Wort darüber hören wollte …» Fonseca befahl, zuallererst Magellans Frau und Sohn unter Kuratel zu stellen, um ihre Flucht nach Portugal zu verhindern. Sodann verlangte er, Gomes, Guerra und Mesquita – Letzteren streng bewacht und getrennt von den anderen – zu ihm nach Burgos zu bringen. Die Waren der San Antonio sollten sichergestellt und eine Karavelle nach Brasilien entsandt werden, um nach Juan de Cartagena zu suchen. Das Schicksal des Oberaufsehers ging dem Bischof sichtlich nahe.

Niemand in Kastilien wusste, dass die übrigen drei Schiffe unter Magellans Führung den Ausgang aus der Meerenge längst gefunden und den immensen Ozean dahinter überquert hatten und dass ihr Generalkapitän mittlerweile im Kampf gegen die Einwohner von Mactan gefallen war. Man ahnte nichts vom Massaker auf Cebu, auch nicht, dass die Überlebenden die Suche nach den Molukken trotz allem noch immer nicht aufgegeben hatten.

Mit Hilfe muslimischer Lotsen, die sie auf der Insel Palawan kidnappten, erreichten die Seefahrer Anfang Juli 1521 das reiche Sultanat Brunei an der Nordwestküste Borneos, wo sie mit allem Prunk des Orients empfangen wurden: einer Eskorte aus Elefanten, in Seide gehüllten Paladinen, die mit Gold, Edelsteinen und Perlen verzierte Dolche trugen, sowie mit köstlichen Speisen, in Porzellangefäßen serviert, die unter anderem Früchte, gegrilltes Fleisch, Nelkenkonfitüre und Reisschnaps enthielten. Der Sultan von Brunei empfing die Fremden in seinem mit Brokat ausgekleideten Palast, entzog sich aber durch einen Vorhang ihren Blicken. Durch ein Sprachrohr erteilte er ihnen die Erlaubnis, in seiner Stadt zu handeln; von ihm erfuhren sie, dass sie die Molukken auf der anderen, der östlichen Seite von Borneo suchen mussten.

Die Ankömmlinge waren also wohlgelitten in Brunei, doch als sie nach etwa drei Wochen im Hafen plötzlich eine Unzahl an Booten auf ihre Schiffe zukommen sahen, weckte das offenbar Erinnerungen an das Trauma von Cebu. Hals über Kopf ergriffen sie die Flucht, nicht ohne zuvor Dutzende Boote in Stücke zu schießen. Bei ihrer Ausfahrt brachten sie zwei Dschunken in ihre Gewalt, die gerade in den Hafen einlaufen wollten. Die beiden Schiffe kamen aus Luzon, ganz im Norden der heutigen Philippinen, und hatten einen Fürstensohn an Bord, der die Tochter des Sultans von Brunei ehelichen sollte. Die vermeintliche Angriffsflotte, die die Europäer in ihrer Paranoia versenkt hatten, war das Empfangskomitee für den Bräutigam gewesen.

Den Fürstensohn ließ Carvalho laufen, und in der Mannschaft ging das Gerücht um, der Generalkapitän habe sich die Freilassung mit kostbarem Geschmeide bezahlen lassen, ohne mit den anderen zu teilen. Womöglich wollte Carvalho aber auch, dass der Prinz beim Sultan ein gutes Wort für ihn einlegte. Denn als die Trinidad und die Vitoria aus dem Hafen von Brunei flohen, hielt sich sein neunjähriger Sohn noch mit einigen anderen Männern in der Stadt auf. Aber der Sultan lehnte die Freilassung ab. Indessen drängte die übrige Mannschaft zum raschen Aufbruch, «aus Angst vor den vielen Flauten, die es in diesem Land gibt und weil die Leute auf den Schiffen geschwächt waren» – erklärt das Sterberegister der Armada. Carvalho sollte seinen Jungen nie wiedersehen.

Nachdem er den Fürstensohn aus Luzon eigenmächtig freigelassen hatte, war die Mannschaft mit Magellans Nachfolger fertig. Dass er von den Passagieren der Dschunken drei schöne junge Damen für sich zurückbehielt und als Sexsklavinnen missbrauchte, machte ihn nicht eben populärer. Während eines mehrwöchigen Aufenthalts am Strand einer menschenleeren, von Wildschweinen und Krokodilen bevölkerten Insel an der Nordspitze Borneos – ein Aufenthalt, der nötig geworden war, um die Schiffe neu zu kalfatern – wurde João Carvalho entmachtet. An seiner Stelle übernahm der Alguacil Gómez de Espinosa das Kommando über die Trinidad und damit auch das Amt des Generalkapitäns. Zum obersten Steuermann avancierte der Genuese Giovanni Battista, ein Mann Anfang fünfzig, der bisher als Meister über das Flaggschiff regiert hatte, und zum neuen Kapitän der Vitoria wurde der frühere Meister der Concepción, Juan Sebastián de Elcano, gewählt.

Elcano stammte aus dem Küstenort Getaria am Golf von Biskaya. Es heißt, dass er seit seiner Jugend zur See gefahren sei und das raue Handwerk der Fischer und Schmuggler erlernt habe. Für Fernando den Katholischen soll er im Königreich Neapel gekämpft haben, allerdings wäre der um 1487 Geborene da noch sehr jung gewesen, denn der Krieg um Neapel war 1504 beendet. Eine andere Nachricht über sein Vorleben hat Elcano selbst bezeugt: Als Meister und Eigner eines 200-Tonnen-Schiffes habe er der kastilischen Krone im westlichen Mittelmeer und vor Afrika gedient. Finanziell dürfte sich dieses Unternehmen nicht ausgezahlt haben, denn in der Folge geriet der Baske in Geldnot. Er sah sich gezwungen, sein Schiff an Kaufleute aus Savoyen zu verpfänden, und weil die Krone bei der Entlohnung seiner Dienste allzu säumig blieb, musste er es schließlich seinen Gläubigern aushändigen. Damit aber machte er sich strafbar, war es doch in Kriegszeiten verboten, Schiffe an Ausländer zu veräußern. Um Gras über die Sache wachsen zu lassen, soll Elcano für eine Weile untergetaucht sein. Als die Casa de la Contratación Ende 1518 erfahrene Seeleute für Magellans Molukken-Armada suchte, sah er darin wohl eine Chance, sich zu rehabilitieren. Er heuerte an.

Nachdem Elcano sich in San Julián auf die Seite der Meuterer geschlagen hatte, habe er bei Magellan nichts mehr zu melden gehabt, berichtet Ginés de Mafra. Aber der Meister der Concepción habe jede Zurücksetzung «wie ein kluger Mann» erduldet. Nun endlich, nach Carvalhos Absetzung am 16. September 1521, schlug die Stunde seiner Bewährung.

Unter Espinosas und Elcanos Führung nahmen die Trinidad und die Vitoria wieder Kurs nach Osten, über die Sulusee. Nach einem Zwischenhalt auf Cagayan de Tawi-Tawi, dem heutigen Mapun, erreichten sie die Südspitze der Zamboanga-Halbinsel mit den ihr vorgelagerten Eilanden. Dort kauften die Seefahrer Zimt und trafen Menschen, die mit ihren Familien auf Booten hausten. Wahrscheinlich handelte es sich um Angehörige der Sama-Bajau, die ihren Lebensstil als Seenomaden teilweise bis ins 21. Jahrhundert beibehalten haben.

Eine günstige Brise trug die beiden Naos über den Golf von Moro zum Reich des Sultans von Maguindanao, der damals den ganzen Süden von Mindanao beherrschte. Sie folgten der gebirgigen Küste bis zur Meerenge von Sarangani. Dort gerieten sie in einen schweren Sturm, der sie zwang, unter Gebeten alle Segel zu bergen. «Und sofort erschienen unsere drei Heiligen», erinnerte sich Pigafetta, «und verjagten jegliche Finsternis. Sankt Elmo stand zwei Stunden lang wie eine Fackel oberhalb des Marssegels, Sankt Nikolaus auf der Spitze des Besanmasts und Santa Klara über dem Fockmast. Wir versprachen Sankt Elmo, Sankt Nikolaus und Santa Klara einen Sklaven und gaben jedem sein Almosen.»

Auf der Fahrt von Borneo nach Sarangani überfielen die Seefahrer mehrere Schiffe und nahmen die Besatzungen als Geiseln, um sie gegen Nahrung zu tauschen, aber auch um Lotsen zu bekommen. Genauso wie die Fremden ohne die erpressten Lebensmittel – darunter einige Tonnen Reis – jämmerlich verhungert wären, konnten sie auch die Hilfe ortskundiger Lotsen nicht entbehren, nicht nur weil sie den Weg zu ihrem Ziel nicht kannten, sondern auch wegen der Gefahren, die diese tropischen Gewässer für Schiffe bereithielten, wie etwa verborgene Riffe oder starke Strömungen.

Anders als unter Carvalhos Führung ging es bei diesem Seeraub nun aber mit rechten Dingen zu. Über die Beute wurde Buch geführt und in einem Fall sogar ein schriftlicher Vertrag mit den Entführten über ihre Freilassung geschlossen; dies gelang mit Hilfe eines Mannes aus der Region, der – woher auch immer – ein paar Brocken Kastilisch sprach. In den meisten Fällen handelte es sich bei den Opfern um Muslime. Diese anzugreifen galt in Spanien als «guter Krieg», den auch die Instruktionen für die Armada ausdrücklich gestatteten, obwohl sie mit dem Zusatz versehen waren, «Grausamkeit» nur «in maßvoller Weise» anzuwenden und solche Muslime, die sich als Handelspartner eigneten, in Ruhe zu lassen. Andersgläubige gefangen zu nehmen, als Sklaven zu verkaufen oder gegen Lösegeld freizulassen war im Mittelmeer ein gängiges – von christlichen wie muslimischen Seeräubern praktiziertes – Geschäftsmodell. Wobei Seeraub, ob mit oder ohne staatliche Lizenz, beileibe keine Erfindung der Mittelmeeranrainer war. Wie auf den Visayas trieben auch südlich von Mindanao und anderswo im Malaiischen Archipel seit jeher Piraten ihr Unwesen – und tun es bis heute.

«Wir nahmen mit Gewalt ein ‹Biniday› (ein Bootstyp, ähnlich dem Balangay) und töteten sieben Männer», schreibt Pigafetta an einer Stelle lapidar. Von den Seefahrern starben ein Waffenschmied und ein Lombardero, der eine, weil eine Büchse explodierte, der andere, weil ihm Schießpulver das Gesicht verbrannte. Später gelang es einigen der entführten Lotsen trotz Fußeisen, schwimmend zu fliehen. Einer verlor auf der Flucht seinen kleinen Sohn, der die Schultern des Vaters umklammert hatte, den Halt verlor und ertrank – eine von vielen Tragödien am Rande dieser Geschichte.

So segelten die Trinidad und die Vitoria in die Molukkensee, erreichten Sangihe und hangelten sich an der gleichnamigen Kette von Vulkaninseln entlang, die sich in nord-südlicher Linie bis Sulawesi erstreckt, wandten sich schließlich nach Südosten und fuhren zwischen Maju und Tifore (Gureda) hindurch. «Nachdem wir diese Inseln passiert hatten», schreibt Pigafetta, «entdeckten wir am Mittwoch, dem 6. November, im Osten vier hohe Inseln ... Der Lotse, der uns geblieben war, sagte uns, diese vier Inseln seien die Molukken. Dafür dankten wir Gott und feuerten vor Freude die gesamte Artillerie ab. Kein Wunder, dass wir so froh waren, hatten wir doch 27 Monate minus zwei Tage damit verbracht, die Molukken zu suchen.»

Am 8. November 1521, an einem Freitag drei Stunden vor Sonnenuntergang, warfen die beiden Schiffe, die von Magellans Armada noch übrig waren, vor Tidore Anker, der Schwesterinsel von Ternate, wo knapp zehn Jahre zuvor Magellans Freund Francisco Serrão als erster Europäer an Land gegangen und sesshaft geworden war. Sie ankerten am Ufer, weil der Meeresgrund um die Insel steil abfiel, und ließen ein weiteres Mal die Geschütze donnern.

## 12. Der Kreis schließt sich

«Moloku Kie Raha», Welt der vier Berge – so heißen die Molukken seit alter Zeit. Neben den beiden Schwesterinseln Ternate und Tidore mit den Vulkanen Gamalama und Kie Matubu komplettieren der Jailolo auf Halmahera und die Insel Bacan mit ihren Gebirgszügen die mythische Vierzahl. Bacan konnten Pigafetta und die anderen Seefahrer allerdings nicht sehen, als sie sich ihrem Ziel von Nordwesten näherten, weil es rund 120 Kilometer weiter im Süden liegt. Die vierte «hohe Insel», die sie am Horizont erspähten, wird daher Makian mit dem Kie Besi gewesen sein.

Jailolo, Gamalama, Kie Matubu und Kie Besi sind Stratovulkane, die sich aus den Tiefen der Molukkensee als nahezu perfekte Kegel bis zu 1730 Meter über den Meeresspiegel erheben, wobei «Ternate und Tidore die höchsten sind», wie schon Herrera wusste, der ihre Form mit «der Art eines Zuckerhuts» verglich. Während der Kie Matubu auf Tidore schon lange als ruhend gilt, steigen vom Gamalama immer wieder Rauchfahnen auf, die von seiner bis heute anhaltenden Aktivität künden.

Häufig sind die Gipfel dieser Vulkane allerdings in Wolken gehüllt, und man sieht von fern nur ihre grünen Flanken. Der vulkanische Boden bringt eine reiche Vegetation hervor, die überragt wird von Kaurikiefern, Kanaris (wilden Mandeln) und anderen Baumriesen. Unter dem schützenden Dach ihrer Kronen wuchert Regenwald, dessen dichtes Grün eine schillernde Fauna verbirgt: handtellergroße Schmetterlinge, bunt glänzende Prachtkäfer, smaragdgrüne Edelpapageien, weiße Kakadus, Loris, Fruchttauben, Eisvögel, Segelechsen, Geckos und Netzpythons, Zibetkatzen, Wildschweine und putzige Beuteltiere, die auf Gleitmembranen, wie auch Fledermäuse sie haben, von Ast zu Ast segeln. Im Halbschatten der Kanaris gedeiht neben Mangos, Melonen, Mangostanen und Bananen auch *Eugenia caryophyllus*, nach anderer Nomenklatur *Syzygium aromaticum* oder einfach: der Gewürznelkenbaum. Heute wird dieser Baum in vielen tropischen Regionen der Erde, von Brasilien bis Tansania, kultiviert, und seine nagelförmigen Knospen sind Massenware. Im 16. Jahrhundert aber war er derart anspruchsvoll, dass er nur auf den äquatornahen Inseln Ternate, Tidore, Bacan, Makian und dem kleineren Moti nennenswerten Ertrag brachte, und auch dort nur an bestimmten Plätzen.

Nelkenbäume keimten zwar von allein, ohne dass man sie aussäen müsste, erklärte der portugiesische Arzt und Botaniker Garcia de Orta 1563 in seinen «Kolloquien über die Arzneipflanzen und Drogen Indiens», aber «sie sprießen nicht sehr nah am Meer, sondern mindestens einen Kanonenschuss vom Meer entfernt, allerdings auf Inseln, die vom Meer umgeben sind». Die wählerischen Bäume fühlten sich auf Seehöhe nicht wohl, weshalb man sie auf den Abhängen der Vulkane mehrere hundert Meter oberhalb der menschlichen Siedlungen am Ufer fand. Acht Jahre dauere es, bis so ein Baum Frucht trage, sagt Orta, danach könne man ihn achtzig Jahre lang abernten. Begehrter als die Früchte waren und sind jedoch seine Knospen, die noch vor der Blüte gepflückt werden, wenn sie noch rot sind; ihre typisch braune Farbe erhalten diese «Nelken» erst anschließend beim Trocknen. Pro Jahr seien sechs Ernten möglich, erklärte wiederum der Apotheker und Asienkenner Tomé Pires 1515 in seiner «Suma Oriental». Pires schätzte, dass die fünf Inseln in einem guten Jahr insgesamt 6000 «Bahar»,[1] also etwa 1150 Tonnen, Gewürznelken produzierten. Er wusste auch, dass man auf den Molukken das Bahar Nelken im Tausch gegen Waren erhielt, die in Malakka für 500 Reais, also 1 ¼ Cruzados, zu haben waren. In Relation zu den Preisen, die man in Europa mit Nelken erzielen konnte, war das zwar spottbillig, aber wenn Pires' Information stimmte, flossen den Gewürzinseln in jedem Jahr Waren zu, die in Malakka 7500 Cruzados wert waren: ein beträchtliches Vermögen für ein kleines Land, dessen Sozialgefüge sich dadurch gravierend veränderte. Dass Reichtum an begehrten Rohstoffen oft mehr Fluch als Segen bringt, mussten auch die Bewohner der Molukken am eigenen Leib erfahren. Der Nelkenbaum, der im Regelfall zehn bis zwölf Meter hoch wächst und eine dichte Krone ausbildet, warf einen langen Schatten auf ihr Schicksal.

Seit wann die Molukken Nelken exportierten, wissen wir nicht. Archäologische Funde in Mesopotamien lassen zwar darauf schließen, dass die aromatischen Nägelchen schon im frühen zweiten Jahrtausend

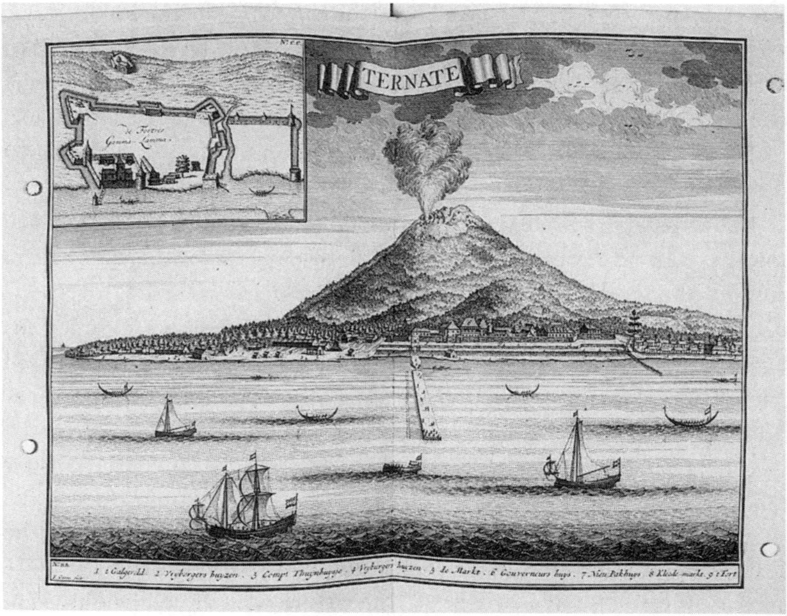


Ternate im 18. Jahrhundert. Im Hintergrund der Gamalama. Aus François Valentijn, Oud en Nieuw Oost-Indiën, Bd. 1.2, 1724

vor Christus über große Distanzen gehandelt wurden. In China und Rom waren sie schon vor der Zeitenwende bekannt. Aber ob die Molukken schon damals die einzigen Exporteure waren, ist ebenso unklar wie das Ausmaß dieses Handels. Dafür lässt sich mit Gewissheit sagen, dass die Inselgruppe im Lauf der Jahrtausende vielerlei Einflüssen von außen ausgesetzt war. Immer wieder kamen Menschen über das Meer und brachten neue Sprachen, Organismen und Gebräuche mit. Manche blieben, andere zogen nach kurzem Kontakt weiter. Für lange Zeit bildeten die Molukken den äußersten Rand der Alten Welt. Auch wenn es sporadische Verbindungen zur Insel Papua und den Archipeln gab, die weiter östlich über den blauen Erdteil verstreut liegen, waren diese doch nicht in das große eurasisch-afrikanische Handelsnetz eingebunden.

Als sicher gilt auch, dass die Nachfrage nach Gewürznelken während des Spätmittelalters stark zunahm und der Aufschwung des Handels in dieser Zeit auch die Molukken erfasste. Vor allem der Aufstieg Malakkas im 15. Jahrhundert ließ die Geschäfte florieren, wobei zumeist Händler aus Java den zeitintensiven Verkehr mit den entlegenen Inseln besorgten. Die Fahrt von Malakka zu den Molukken und zurück dauerte auf der üblichen Route über Java, die Sunda-Inseln und Banda ca. anderthalb Jahre.

Wie die Araber und Gujaratis im Indischen Ozean brachten die javanischen Kaufleute nicht nur exotische Waren, sondern auch den Islam. Die Fürsten der Molukken, die «Kolanos», nahmen den muslimischen Glauben irgendwann in der zweiten Hälfte des 15. Jahrhunderts an. Während ihnen ein Teil der Bevölkerung folgte – nach Pires' Informationen weniger als ein Viertel –, blieben die Übrigen ihrer traditionellen, vom Animismus geprägten Religion treu.

Der Islam verflocht die Molukken enger mit dem globalen Handelsnetz. Als Glaubensbrüder der Kaufleute konnten die Fürsten den Nelkenhandel fester an sich binden, folglich ihre Profite steigern und ihre Dominanz über die übrigen Inselbewohner verstärken. Mit dem Islam kamen auch kulturelle Neuerungen, so etwa die Schrift, andere Rechtsvorstellungen, Rollenmodelle und Tabus sowie eine neuartige Herrschaftslegitimation, die das Machtgefälle zwischen den Kolanos und ihren Untertanen, insbesondere den weiblichen, vergrößerte. Zugleich verschärfte sich die Konkurrenz unter den Fürsten.

Den vier Bergen von Moloku Kie Raha entsprach eine Art Tetrarchie von vier Fürstentümern, die auf Ternate, Tidore, Bacan und Jailolo ihren Sitz hatten. Ihre Oberhäupter akzeptierten sich als ebenbürtig und waren allesamt miteinander versippt und verschwägert, sie lagen aber auch dauernd im Wettstreit und führten Kriege gegeneinander. Vor allen anderen strebte der Kolano von Ternate danach, die Oberhoheit zu erringen. Um seinen Anspruch zu verdeutlichen, tauschte er den traditionellen Herrschertitel gegen den eines Sultans ein. Der Kolano von Tidore indes versuchte, den Aufstieg seines Nachbarn zu bremsen, während der von Jailolo, einst ebenfalls ein mächtiger Mann, immer mehr ins Hintertreffen geriet. Das lag auch daran, dass sein Reich kaum Nelken produzierte. Dafür konnte man in Jailolo, das auf der größeren Insel Halmahera lag, Hirsche jagen, und zudem wuchsen dort auch mehr Sagopalmen, deren stärkehaltiges Mark den Molukkern als Grundnahrungsmittel diente.

Diese gesellschaftlichen Umbrüche und der Kampf um die Hegemonie waren in vollem Gang, als die Portugiesen 1511 Malakka eroberten – ein Ereignis, das entlang der Handelsrouten wie ein ökonomischer Tsunami gewirkt haben muss, warf es doch ein bewährtes System des Warentauschs über den Haufen und erzeugte einen Moment der Unsicherheit, was die Zukunft bringen würde. Als António de Abreu 1512 erstmals in Banda Muskat und Nelken einkaufte, wurde jedem klar, dass die Eroberer sich nicht mit der Besteuerung des Handels in Malakka zufriedengeben würden.

Angesichts dieser Entwicklungen beschloss Bayan Sirrullah, der Sultan von Ternate, die Flucht nach vorn anzutreten. Er ließ den auf Ambon gestrandeten Francisco Serrão mit allen Ehren nach Ternate holen, gewann ihn als Ratgeber und unterwarf sich dem König von Portugal. In den folgenden Jahren fuhren mehrere portugiesische Flotten die Molukken an, kauften Muskat und Nelken, während Serrão dem Sultan von Ternate gegen seine Rivalen Schützenhilfe gab.

Mitte 1520 strandete ein portugiesisches Schiff auf der Insel Bacan, wo die Besatzung die Einheimischen derart drangsalierte, dass diesen irgendwann der Geduldsfaden riss und sie mit den Fremden kurzen Prozess machten. Als Francisco Serrão vom Lynchmord an seinen Landsleuten erfuhr, rüstete er gemeinsam mit Bayan Sirrullah zum Rachefeldzug gegen Bacan. Dessen Fürst jedoch vereitelte ihre Pläne, indem er mit dem Kolano von Tidore ein Komplott schmiedete. Während der Kolano den Portugiesen auf seine Insel einlud und vergiftete, widerfuhr dasselbe Schicksal dem Sultan durch eine seiner Mätressen – ausgerechnet eine, die er besonders geliebt hatte. Sie war die Tochter des Fürsten von Bacan,[2] der sie zu dem Mord angestiftet hatte. Obwohl Bayan Sirrullah seiner Geliebten die Tat auf dem Sterbebett verzieh und seinen Söhnen auftrug, sie nicht zu sühnen, «befahl sein Sohn, die Tochter des Königs von Bacan zu ergreifen, und er befahl, sie auf den Platz zu bringen, nackt auszuziehen und mit einem Schwert mitten entzweizuschneiden». Das berichteten später Portugiesen, die kurz nach diesen Ereignissen die Molukken bereist hatten.

Bayan Sirrullah und Francisco Serrão starben ungefähr zur selben Zeit, als Magellan auf Mactan fiel, irgendwann im März oder April 1521. Nachfolger des Sultans von Ternate wurde dessen Sohn Abu Hayat, ein siebenjähriger Knabe, für den seine Mutter – eine Tochter des Kolanos von Tidore – und ein Halbbruder oder Onkel das Regiment übernahmen. Wie man sieht, waren die dynastischen Verflechtungen auf den Molukken kaum weniger kompliziert als zwischen den europäischen Fürstenhäusern.

Die neuen Regenten schrieben im Namen ihres Mündels herzzerreißende Briefe an den König von Portugal, die heute im portugiesischen Nationalarchiv Torre do Tombo aufbewahrt werden. Sie sind in malaiischer Sprache und arabischer Schrift verfasst und gehören zu den ältesten Dokumenten ihrer Art. Im ersten unterrichtet Abu Hayat den «großen König der Welt und des ganzen Universums» vom Mord an seinem Vater Bayan Sirrullah und dessen Ratgeber Serrão und von der Allianz seiner Feinde in Tidore, Bacan und Jailolo gegen Ternate. Angesichts dieser Bedrohung bittet der minderjährige Sultan seinen «Onkel» in Lissabon, ihn zu beschützen, «weil Ternate der Hafen des Königs von Portugal ist».

Im zweiten Brief wird der Ton flehentlicher. Der Sultan nennt sich eine «Waise», die keinerlei Hoffnung mehr habe als ihren «edlen Vater», den «Sultan von Portugal», der seinen «geliebten Sohn» und «das Land von Ternate» beschützen möge. Denn der «Raja von Kastela» habe zwei Schiffe mit Waffen und Waren nach Tidore gesandt, um den Hafen in Besitz zu nehmen und zur Festung auszubauen. Damit nicht genug, der «Raja» von Kastilien habe dem Raja von Tidore Feuerwaffen gegeben und angekündigt, bald zwanzig Schiffe als Verstärkung zu schicken.

Die beiden Schiffe aus Kastilien waren keine anderen als die Trinidad und die Vitoria, die am 8. November 1521 am Ostufer von Tidore, unweit der Residenz des Fürsten, anlegten und von diesem mit viel Pomp willkommen geheißen wurden. Laut Pigafetta nannte sich der Fürst von Tidore inzwischen ebenfalls Sultan oder vollständiger «Raja Sultan al-Mansur». Al-Mansur kam mit seinem Hofstaat auf geschmückten Praus, die im Takt von Trommeln und Gongschlägen gepaddelt wurden.

Diese Art, im Takt der Musik zu paddeln, beschreibt Barros so: «Unsere Leute hörten großes Getöse von Trommeln und gewissen Metallscheiben, die man in jenen Gegenden gebraucht und die in Java ersonnen wurden, damit die Ruderer in ihrem Takt und Klang singen und rudern, in der Art wie die Wachen der Deutschen ihre Schritte gemessener oder zügiger setzen, je nachdem, was sie von der Pfeife und Trommel vernehmen ... Bei einer Flotte mit vielen Ruderern ist das weithin zu hören, vor allem des Nachts.»

Sultan al-Mansur saß unter einem Baldachin aus Seide, «vor ihm eines seiner Söhnchen mit dem königlichen Szepter, zwei Männer mit zwei goldenen Gefäßen voller Wasser, um seine Hände zu waschen, und zwei weitere mit vergoldeten Kistchen voller Betel». Pigafetta schätzte den Sultan auf etwa 45 Jahre. Er sei «gut gebaut, eine wahrhaft königliche Erscheinung und ein großartiger Astrologe». Al-Mansur verriet nämlich den Fremden, ihre Schiffe seien ihm schon vor einiger Zeit im Traum erschienen und er habe, um sicherzugehen, den Mond und die Sterne befragt, die seinen Traum bestätigt hätten. Er und sein Volk, erklärte der Sultan, wollten gern «für immer die treuesten Freunde und Vasallen des Königs von Spanien» sein, und seine Insel «würde von nun an nicht mehr Tidore, sondern Kastilien heißen wegen der großen Liebe, die er unserem König, seinem Herrn, entgegenbrachte».

Man fragt sich, warum die Seefahrer geradewegs nach Tidore segelten, ohne zuerst Ternate anzulaufen, das als Zentrum der Molukken galt, näher auf ihrer Route lag und wo sie erwarten durften, Magellans Freund Serrão anzutreffen. Portugiesische Gewährsleute sagten später, die Trinidad und die Vitoria hätten Ternate zwar angesteuert, seien dort aber abgewiesen worden. Doch wahrscheinlich empfahl ihnen ihr malaiischer Lotse, es zuerst auf Tidore zu versuchen. Er sagte dem anonymen Genuese zufolge, dass «die Könige (der Molukken) gute Männer waren, die in ihren Landen Leute aus aller Welt freundlich bewirteten». Dieser Lotse war im Übrigen nicht der Einzige, der über die Verhältnisse auf den Nelkeninseln Bescheid wusste. An der Südküste Mindanaos hatten die Seefahrer einen Mann getroffen, der in Serrãos Haus auf Ternate zu Gast gewesen war. Und vorher noch, auf Palawan, waren sie gar einem begegnet, «der recht ordentlich Portugiesisch sprach, weil er sich auf den Molukken aufgehalten hatte, wo er Christ geworden war».

Umgekehrt hatte wohl auch der Sultan von Tidore nicht nur durch Träume und Sterndeutung von der bevorstehenden Ankunft fremder Schiffe erfahren. Wie Pigafetta und andere bezeugen, war das Gerücht von einer kastilischen Armada, die auf dem Weg zu den Molukken sei, mittlerweile ebendort angelangt. Nachdem alle Versuche, Magellan von seinem Projekt abzubringen, gescheitert waren, hatte Dom Manuel seine Kapitäne im Indischen Ozean angewiesen, die Augen nach Schiffen unter kastilischer Flagge offen zu halten und sich ihnen in den Weg zu stellen, falls sie dort aufkreuzten. Außerdem war ein Sonderbeauftragter des portugiesischen Königs in vertraulicher Mission zu den Molukken unterwegs: Jorge de Brito, der sich schon als Kommandant einer Armada bewährt hatte und nun für Portugal auf Ternate eine Festung bauen sollte.

Doch der Weg von Lissabon war weit, und die saisonalen Richtungswechsel der Monsunwinde erzwangen längere Aufenthalte in Cochin, Malakka und Banda. In Malakka sah sich der Sonderbeauftragte mit einem Mangel an seetüchtigem Personal und mit einem Statthalter des Königs konfrontiert, der ihn nur halbherzig unterstützte. Jorge de Brito, der von seinem Bruder António begleitet wurde, kam daher nur langsam voran. Mitte Oktober 1521 luden vier der sechs Schiffe, die er sich für seine Mission verschaffen konnte, noch Proviant in Malakka, während das Gerücht seines Kommens ihm längst vorausgeeilt war.

Wenn man so will, hatte Magellans Armada – oder was von ihr übrig war – das Rennen gewonnen. Trotz der Überwinterung in San Julián, trotz des Umwegs über die Philippinen und Borneo hatte sie die Molukken quasi durch die Hintertür erreicht, bevor Dom Manuel «seine» Entdeckung mit dem Bau einer Festung absichern konnte. Zu verdanken war dies vor allem dem Passatwind, der die kastilischen Schiffe zuverlässig und zügig über den Pazifik getragen hatte. Die Seefahrer unter dem Kommando von Gómez de Espinosa, Elcano und Meister Giovanni trafen ausgerechnet in einem kurzen Zeitfenster auf den Molukken ein, in dem die portugiesische Präsenz auf den Inseln nach dem Mord an Serrão praktisch ausgelöscht und noch keine Verstärkung da war. Wäre Jorge de Britos Armada bereits vor Ort gewesen, hätten die bewegenden Verbrüderungsszenen zwischen Kastiliern und Molukkern, die Pigafetta beschreibt, in dieser Form kaum stattfinden können.

Die Gesandten Kastiliens überschlugen sich geradezu vor Beflissenheit. Als al-Mansur, angetan mit Turban und goldbestickten Gewändern, das Flaggschiff besuchte, legten sie auf seine Bitte hin sämtliche Waffen ab, küssten ihm die Hände, geleiteten ihn durch die Deckluke ins Achterkastell, damit er sich nicht zu bücken brauchte, setzten ihn auf einen Sessel aus rotem Samt und sich selbst zu seinen Füßen, um seinen Reden zu lauschen. Als Dolmetscher trat zum einen João Carvalho auf, «der ein wenig die Sprache des Landes verstand», das heißt Malaiisch, das auch auf den Molukken als Verkehrssprache diente, zum anderen ein Einheimischer namens Uzman, der rudimentäre Kenntnisse des Kastilischen besaß – auch dies ein Indiz, wie eng die Molukken damals schon in die globale Kommunikation eingebunden waren. Wenig später konnte sich zudem der Moriske Jorge, Magellans nordafrikanischer Sklave,[3] nützlich machen, als im Gefolge eines anderen Fürsten ein Muslim erschien, der Persisch sprach und mit dem sich Jorge verständigen konnte. Zu den Sprachkundigen der Armada muss man zu guter Letzt auch Pigafetta zählen, der – nachdem er in Brasilien, Patagonien und auf den Philippinen bereits Wörterlisten angelegt hatte – nun auch ein Lexikon des auf den Molukken gesprochenen Malaiisch zusammenstellte, das mehr als 400 Einträge umfasst.

Erstaunlicherweise fanden die Seefahrer auch nach mehr als zweijähriger Fahrt in den Bäuchen ihrer Schiffe noch präsentable Geschenke (die sie allerdings zum Teil wohl in der Sulusee erbeutet hatten). Vielleicht im Wissen, dass die Farbe Gelb in der malaiischen Kultur den Herrschern vorbehalten war, überreichten sie dem Sultan ein gelbes Gewand, dazu den roten Sessel, auf dem er saß, und weitere Kleider und Stoffe aus Seide, Damast, Scharlach und indischer Baumwolle sowie Gläser, Messer, Spiegel, Kämme, Tassen und manch anderes. Auch der Sohn des Sultans und dessen Hofstaat gingen nicht leer aus. Al-Mansur zeigte sich von so viel Großzügigkeit überwältigt. Er bat die Seefahrer, sich auf seiner Insel wie zu Hause zu fühlen, und erteilte ihnen die Erlaubnis, jeden zu töten, der sich nachts ihren Schiffen näherte. Daraufhin antworteten die Ankömmlinge, der Sultan möge doch nach Belieben über sie und ihre Schiffe verfügen.

Nachdem sich beide Seiten der Freundschaft und des Friedens versichert hatten, konnte endlich zum Geschäft übergegangen werden. Zu seinem Bedauern musste der Sultan mitteilen, dass auf seiner Insel nicht genug getrocknete Nelken vorrätig seien, um beide Schiffe beladen zu können. Aber wenn die Seefahrer zwei Monate warten wollten, könne er ihnen ausreichend geben. Er werde das Fehlende von den Nachbarinseln Bacan, Moti und Makian herbeischaffen lassen.

Dass sie eine Weile warten sollten, war den Seefahrern gar nicht recht. Sie wollten ihre Laderäume mit Nelken füllen und dann so rasch wie möglich wieder in See stechen. Dem Sultan erklärten sie, sie hätten noch einen langen Weg vor sich und könnten es kaum erwarten, dem Kaiser in Spanien von ihrer Reise zu berichten. Aber aus den Augenzeugenberichten lässt sich noch ein anderes Motiv für ihre Ungeduld herauslesen: Angst.

Da war zum einen die Sorge, dass die Portugiesen aufkreuzen und die geschwächten Seefahrer in einen Kampf verwickeln könnten. Zum anderen trauten viele dem Sultan nicht über den Weg. Trotz oder wegen seiner überschwänglichen Freundlichkeit fürchteten sie Verrat. Der Schrecken von Cebu saß tief. Als nach drei Wochen Aufenthalt auf Tidore in den Laderäumen ihrer Schiffe noch immer gähnende Leere herrschte, brach unter der Mannschaft plötzlich Panik aus. Hastig befahlen die Schiffsführer, die Segel aufzuziehen. Doch der Sultan, der von der Unruhe unter seinen Gästen Wind bekommen hatte, eilte herbei und rettete die Situation. Er ließ einen Koran bringen und schwor einen Eid darauf, dass die Christen von seiner Seite nichts zu befürchten hätten. Das beruhigte die Seeleute. Ein nicht minder überzeugendes Argument war der Profit, der ihnen entging, wenn die Schiffe mit leeren Bäuchen heimfuhren. So saßen die Europäer, zwischen Angst und Gier hin- und hergerissen, wie auf heißen Kohlen.

Doch al-Mansur hielt Wort. Anfang Dezember traf die wertvolle Ware von den anderen Inseln ein, deren Fürsten und Gouverneure es sich nicht nehmen ließen, die Lieferungen höchstpersönlich zu eskortieren. Der Sultan von Tidore hatte auf seiner Insel unterdessen ein Haus errichten lassen, das als Umschlagplatz dienen sollte.

Die Modalitäten dieses Tauschhandels beschreibt Pigafetta. Die Seefahrer gaben Stoffe verschiedener Qualität, Äxte, Gläser, Zinnober, Quecksilber, Messer, Scheren, Mützen, Gongs, Bronzebarren, Messingketten und Spiegel, von denen allerdings die meisten zerbrochen waren. Die wenigen intakt gebliebenen verlangte der Sultan für sich, der offenbar auch den Löwenanteil der anderen Tauschwaren kassierte. Einige davon stammten, wie Pigafetta offen zugibt, aus den Dschunken, die die Seefahrer in der Sulusee ausgeraubt hatten. Da war es zu verschmerzen, dass «die Eile, nach Spanien zurückzukehren, uns dazu verleitete, unsere Waren zu einem günstigeren Preis herzugeben, als wir hätten sollen». Tatsächlich mussten die Kastilier ein Vielfaches dessen berappen, was die Portugiesen zu zahlen pflegten.

Im Tausch gegen die genannten Artikel nahmen die Handelsreisenden fast ausschließlich Gewürznelken entgegen, die nach dem ortsüblichen Maß, dem Bahar, abgewogen wurden. Einige erwarben auch Papageien, von denen es auf den Molukken besonders prächtige gab, als Andenken oder Mitbringsel. Der Großteil der Transaktionen ging auf das Konto der kastilischen Krone und der Investoren in Burgos, aber die Seefahrer durften auch auf eigene Rechnung einkaufen, ein jeder nach seinem Vermögen und den Quintaladas, also den Frachtdeputaten, die ihm zustanden. Das führte dazu, dass «einige die Mützen hergaben, einige die Mäntel und einige die Hemden und andere Kleidung, um an ihre Quintalada zu kommen». Nicht nur an Land, auch über die Reling hinweg wurde «in großer Hektik» Handel getrieben, bis die Schiffe so schwer beladen waren, dass sie bedenklich tief im Wasser lagen – so tief, dass sie von den zehn Bahar Nelken, die der Kolano von Bacan dem Kaiser schenken wollte, am Ende acht Bahar zurücklassen mussten. Der Fürst schickte außerdem einen Sklavenjungen mit und «zwei wunderschöne tote Vögel» mit kleinem Kopf, langem Schnabel und «anstelle der Flügel großen bunten Federn». Über diese sagten die Einheimischen, «dass sie aus dem irdischen Paradies kämen und ‹Vögel Gottes› hießen». Es handelte sich um Paradiesvögel, von denen einige Arten auf den Molukken heimisch sind.

Während die meisten Seeleute nur ihre Einkäufe tätigen und dann schnell nach Hause wollten, hatten die Leiter der Expedition noch eine politische Agenda zu erledigen. Sie mussten im Namen des Königs von Spanien Beziehungen zu den Fürsten der Molukken herstellen – ganz egal, ob die Inseln nun in der kastilischen Hemisphäre lagen oder nicht. Seit San Martíns Tod gab es an Bord ohnehin niemanden mehr, der das zweifelsfrei überprüfen konnte. Der Längengrad, den Pigafetta für die Molukken angibt – 161 Grad westlich der Demarkationslinie –, weicht so stark von der Realität ab, dass man annehmen muss, er habe die Zahl zu Spaniens Gunsten manipuliert. Oder bei der Irrfahrt durch die Sulusee hatten sich die Koppelungsfehler so hoch aufsummiert, dass sie die übliche Marge von zehn bis 15 Prozent weit überschritten.

Albo nennt in seinem Logbuch eine andere Zahl; ihm zufolge liegen die Molukken auf der Länge 191° 45'. Auch wenn Albo nicht klarstellt, auf welchen Nullmeridian er sich bezieht, lassen seine Daten den Verdacht zu, dass er und vielleicht auch einige andere Offiziere durchaus ahnten, auf wessen Erdhälfte sie sich befanden: nämlich jener, die Portugal für sich beanspruchte. Umso dringlicher war es, die Fürsten der Molukken auf die kastilische Seite zu ziehen.

Zum Glück für Espinosa und Elcano wurde ihre diplomatische Mission zum Kinderspiel. Glaubt man den Augenzeugenberichten, buhlten der Sultan von Tidore und die Kolanos von Bacan und Jailolo geradezu darum, sich dem «Kaiser und König von Kastilien» als Freunde und Vasallen anzudienen. Sogar die Regenten von Ternate wurden mit ihrem Mündel bei den Seefahrern vorstellig. Nach Rücksprache mit ihrem Gastgeber schlossen diese auch mit den Ternatern ein Bündnis, nahmen aber zunächst keine Handelsbeziehungen mit ihnen auf, obwohl es auf Ternate reichlich Nelken gab und Abu Hayats Vormunde sie gern auf den Markt geworfen hätten.

Am Hof von Abu Hayat lebte ein Mann namens Pedro Afonso de Lourosa, der einzige Portugiese, der auf Ternate noch die Stellung hielt. Lourosa besuchte die Kastilier auf der Trinidad und verriet ihnen viel von seinem Insiderwissen. So erzählte er, Francisco Serrão sei in Wahrheit auf Geheiß portugiesischer Autoritäten ermordet worden, weil diese befürchteten, der Aussteiger wollte mit Magellan gemeinsame Sache machen. Von dem gesprächigen Lourosa erfuhren die Kastilier wohl auch, dass Serrão 200 Bahar, also rund 40 Tonnen, Nelken für sich auf die Seite geschafft hatte: in europäischen Marktpreisen ein fürstliches Vermögen!

Man plauderte bis spät in die Nacht, und schließlich ließ sich Lourosa von den Kastiliern dazu überreden, die Seiten zu wechseln. Kurz darauf gaben die Seefahrer die meisten Gefangenen frei, die sie in der Sulusee und an der Südküste Mindanaos gemacht hatten. Wie sie dem Sultan von Tidore erklärten, hätten sie diese Leute ja nur entführt, um die Molukken zu erreichen, «und nicht, um irgendwem etwas Böses zu tun». Die drei jungen Frauen, die Carvalho zum Sex gezwungen hatte, erhielt der Sultan zum Geschenk.

Über die Begegnungen und Bündnisse mit den Fürsten der Molukken führte der Schreiber der Vitoria, Martín Méndez, der mittlerweile als Buchhalter der Armada amtierte, ausführlich Protokoll. Diese heute auch als «Buch der Nao Vitoria» bekannten Dokumente sollten zum einen belegen, dass die Kommandanten ihre Pflicht getan hatten. Zum anderen sollten sie im europäischen Diskurs über die Molukken Fakten schaffen, indem sie bezeugten, dass deren Fürsten sich dem Kaiser und König von Kastilien unterworfen hatten – mit all den feierlichen Gesten und Symbolen, die in einer vormodernen Gesellschaft nötig waren, um aus einer Unterwerfung einen Rechtsakt zu machen. Dazu zählten das öffentliche Aussprechen dieses Aktes und die Übergabe von Hoheitszeichen wie Fahnen und Wappen sowie von Geschenken. Dies alles hat Martín Méndez aufgezeichnet und damit eine detaillierte Chronik geschaffen, die den gesamten Aufenthalt der Armada auf den Molukken abdeckt.

Freilich ist es Pigafetta, dem wir wieder die lebhaftesten Schilderungen und die pittoresken Details am Rande verdanken, etwa die Beschreibung einer fürstlichen Hochzeit oder des herrscherlichen Harems, dem er jedoch nur aus der Ferne begehrliche Blicke zuwerfen konnte. Niemand dürfe die 200 darin lebenden Frauen ohne Erlaubnis des Sultans sehen, erklärt Pigafetta, und wer in der Nähe des Gebäudes angetroffen würde, sei des Todes. Aber auch außerhalb des Harems scheinen die Seefahrer auf den Molukken wenig Gelegenheit gehabt zu haben, ihre sexuelle Dauerfrustration ein wenig zu lindern. Das lässt sich aus Pigafettas Bemerkung schließen, die Männer dort seien «so eifersüchtig auf ihre Frauen, dass sie uns nicht erlaubten, dass wir mit entblößter Unterwäsche an Land herumliefen, weil sie sagten, dass ihre Frauen denken würden, wir wären immer bereit». Der Autor tröstete sich, indem er sich sagte: «Diese Frauen sind hässlich und laufen nackt herum.»

Als Angehöriger der Oberschicht durfte Pigafetta an den Begegnungen mit dem Sultan und den anderen Fürsten persönlich teilnehmen. Dieser Personenkreis steht denn auch im Mittelpunkt seiner Erzählung, während er auf das Leben der übrigen Inselbewohner – so wie auch auf die niederen Chargen unter seinen Mitfahrern – nur hin und wieder einen Seitenblick wirft. Das ist schade, denn Moloku Kie Raha muss jenseits seiner Fürstenhöfe und seiner Verstrickung in die Weltpolitik des 16. Jahrhunderts ein eigener, rätselhafter Mikrokosmos gewesen sein. Das geht aus den Aufzeichnungen späterer Beobachter hervor, aber auch aus einer Episode, die Pigafetta erzählt: Eines Tages ließ der König den Seefahrern, die nachts das Warenhaus bewachten, ausrichten, sie sollten unter keinen Umständen das Gebäude verlassen, «wegen einiger seiner Leute, die sich mit Öl einrieben und durch die

Nacht streiften und aussähen, als ob sie keinen Kopf hätten. Und wenn einer von ihnen einem anderen über den Weg liefe, würde er seine Hand berühren und mit ein wenig Öl beschmieren, woraufhin dieser sofort erkranken und in drei oder vier Tagen sterben würde. Wenn diese Leute aber drei oder vier andere auf einmal anträfen, würden sie diesen nichts Ärgeres antun, als ihnen den Verstand zu rauben.» Er habe schon mehrere von diesen Herumtreibern hängen lassen, erklärte der Sultan.

Ganz geheuer war dieses Land wirklich nicht. An der Stelle, an der die Fremden ihr Wasser holten, waren drei Portugiesen aus Serrãos Gefolge, so erzählte man ihnen, von Einheimischen getötet worden, die sich im Gebüsch versteckt hatten. Die Seefahrer mussten pausenlos auf der Hut sein und – wollten sie nicht wie die Portugiesen auf Banda immerzu in ihren schweren Rüstungen durch die Äquatorhitze stapfen – die Warnungen und Verbote ihres Schutzherrn befolgen. Die meisten werden daher erleichtert gewesen sein, als die beiden Schiffe am Mittwoch, dem 18. Dezember 1521, endlich voll beladen und bereit zum Auslaufen waren.

Die Fürsten von Tidore, Bacan und Jailolo sowie ein Abgesandter des Sultans von Ternate fanden sich ein, um die Abreisenden bis zu einem Eiland südlich von Tidore zu geleiten, wo al-Mansurs Diener in den Tagen zuvor Brennholz für die Seefahrer geschlagen hatten. Als Erste zog die Vitoria die Segel auf und entfernte sich ein wenig vom Ufer, um auf die Trinidad zu warten. Es war ein nagelneuer Satz Segel mit einem großen Jakobskreuz darauf und dem Schriftzug: «Dies ist das Zeichen unseres günstigen Geschicks».

Doch das Geschick war ihnen diesmal nicht wohlgesinnt. Als die Trinidad ebenfalls die Anker lichten wollte, bemerkte die Besatzung zu ihrem Entsetzen, dass von unten Wasser in den Rumpf drang: Sofort kehrte die Vitoria wieder um, und eilends begannen sie, das Schiff zu entladen, um das Leck ausfindig zu machen.

Beide Schiffe waren inzwischen mürbe und undicht. Schon viel zu lange lagen sie im Meerwasser, wo sie Bohrwürmern, eigentlich Muscheln, ausgesetzt waren, die sich an Holz festsetzen und ihre Schalen als Bohrkopf gebrauchen, um sich eine röhrenförmige, mitunter metertiefe Behausung zu schaffen. Dabei richten sie an den Rümpfen hölzerner Schiffe, aber auch an Pfählen, Stegen oder Deichtoren schwere

Schäden an. Die Indienfahrer des 16. Jahrhunderts wussten davon ein Lied zu singen, tummelten sich doch in den tropischen Gewässern Ostasiens besonders gefräßige Arten dieser Bohrmuscheln. Bootsrümpfe, die längere Zeit nicht an Land überholt worden waren, glichen geradezu Sieben und mussten durch unentwegtes Pumpen gelenzt, also entwässert, werden – eine typische Sklavenarbeit. Und manchmal war das Werk der Würmer derart verheerend, dass man das Schiff auch mit Lenzen nicht mehr über Wasser halten konnte.

Doch das Leck der Trinidad schien eine andere Ursache zu haben, denn das Wasser strömte «wie durch ein Rohr oder einen Schlauch» von unten in den Rumpf, «aber wir fanden nicht die Öffnung, durch die es eindrang». Al-Mansur befahl fünf Tauchern, auf der Außenseite des Rumpfes nach der undichten Stelle zu suchen. Mehr als eine halbe Stunde blieben die fünf unter Wasser, aber sie konnten das Leck nicht finden. Daraufhin ließ der Sultan drei Männer holen, die auf der anderen Seite der Insel lebten und im Ruf standen, sehr lange unter Wasser bleiben zu können. Womöglich waren es Perlenfischer, die in den seichten Buchten von Halmahera ihrem Metier nachgingen. Die drei kamen am Freitagmorgen und tauchten «mit offenen Haaren, auf dass sie mit ihnen den Spalt fanden» – wohl mit dem Hintergedanken, dass die langen Haare durch das Leck angesaugt würden, wenn sie in dessen Nähe kamen. Doch obwohl die drei Apnoetaucher «eine gute Stunde» unter Wasser aushielten, entdeckten auch sie den Schaden nicht.

Sultan al-Mansur war untröstlich. Wer würde nun nach Spanien fahren und seinem neuen Verbündeten und Lehnsherrn Nachrichten von ihm überbringen? Nicht minder bekümmert waren vermutlich die Seefahrer, obwohl der Zustand der Trinidad manch einem bewusst machte, auf welchen Seelenverkäufern sie die lange Reise nach Hause wagen sollten. Was war, wenn sich auch bei der Vitoria ein Leck öffnete, und das womöglich mitten auf dem Ozean? «Einige von unserem Schiff», schreibt Pigafetta, der inzwischen von der Trinidad zur Vitoria gewechselt war, «wollten dableiben, aus Angst, dass sie nicht halten und Spanien nicht erreichen würde.» Aber was diese Leute in Wahrheit umtrieb, meinte er, war wohl eher die Angst zu verhungern. Denn in ihrer Gier, eine möglichst große Menge Nelken zu laden, hatten die Seefahrer an den Lebensmitteln gespart.

Endlich wurde beschlossen, dass die Vitoria trotzdem fahren sollte, wenn auch um 60 Zentner Nelken erleichtert. Der Monsunwind wehte günstig, um nach Süden in die Bandasee zu segeln. Die Seefahrer hatten vom Sultan Lotsen gemietet, die sie bis Timor am Südrand des Malaiischen Archipels führen sollten. Von dort wollten sie Kurs nach Westen nehmen, den Indischen Ozean durchfahren und dann um das Kap der Guten Hoffnung nach Kastilien zurückkehren. Die Trinidad sollte derweil leer geräumt und repariert werden, um im Frühjahr mit dem auffrischenden Südwestpassat nach Osten in den Pazifischen Ozean zu segeln, aber nicht wieder bis zur Meerenge bei 52° Süd, sondern nach Darién, wie der Isthmus von Panama damals genannt wurde, also über die Nordhalbkugel.

Die Abfahrt der Vitoria verzögerte sich noch um einen Tag, weil viele der Zurückbleibenden ihren abreisenden Kameraden Briefe mitgeben wollten. Einer dieser Briefe wurde im 19. Jahrhundert im Archiv der Hafenstadt Ragusa, des heutigen Dubrovnik, aufgefunden. Giovanni Battista, Meister der Trinidad und Steuermann der Flotte, schrieb einem – namentlich nicht genannten – «Edlen Herrn» in aller Kürze von den Fährnissen der Armada und empfahl ihm seinen Sohn Domingo an, der auf der Vitoria in die Heimat zurückkehren wollte. Außer dem Brief schickte Battista dem Adressaten auch einen Papageien. «Und wenn er nicht überlebt, werde ich einen anderen bringen», schrieb der Meister optimistisch.

Am Samstagmittag, Festtag des heiligen Thomas, war es endlich soweit. Pigafetta hat den bewegenden Moment mit seiner Feder festgehalten: «Als die Stunde gekommen war, nahmen die Schiffe Abschied voneinander mit einer Artilleriesalve, und es schien, als ob beide ihr letztes Scheiden voneinander beklagten. Unsere Leute, die blieben, begleiteten uns ein Stück mit ihrem Beiboot, dann trennten wir uns unter Tränen und Umarmungen.» Nachdem die Vitoria auf der kleinen Nachbarinsel das vorbereitete Brennholz an Bord genommen hatte, legte Albo, inzwischen zum Steuermann aufgestiegen, einen südsüdwestlichen Kurs. Für die 47 Mann Besatzung hatte endlich die Heimreise begonnen – und für 13 «Indios», die mit an Bord waren, eine Fahrt ins Unbekannte.

# 13. Ein verlorener Tag

Erst nachdem die Trinidad komplett entladen war, fanden sie das Leck: Der Kiel war angebrochen, und das vermutlich schon seit geraumer Zeit, war das Schiff doch nach der überstürzten Flucht aus Brunei auf ein Riff gelaufen und erst Stunden später durch die Flut wieder freigekommen. Den Schaden zu reparieren würde Monate dauern.

Sultan Al-Mansur stellte den Kastiliern Arbeiter zur Verfügung und half mit Material und Lebensmitteln. In ihren Protokollen und Berichten stellten die Seefahrer es später so dar, als hätte sich der kleine Fürst von Tidore den Abgesandten des mächtigen Kaisers in Spanien unterworfen. Doch in der Realität war es umgekehrt, die Spanier wären ohne den Schutz und die Hilfe des Sultans aufgeschmissen gewesen. Auf den Molukken brauchten sie nicht wie auf Cebu Eindruck zu schinden. Der Sultan handelte aus freien Stücken – und womöglich aus Berechnung, weil ihm das Bündnis mit den Kastiliern im Konflikt mit Ternate, das mit den Portugiesen im Bunde war, nützlich erschien.

Während der Wartezeit ging der Handel munter weiter. In Kooperation mit al-Mansur wurde eine Faktorei errichtet, ein großes Gebäude nach landestypischer Art, wie sich ein Matrose später erinnerte, «mit Wänden aus gestampftem Lehm und innen und außen mit Bambusrohren dick wie Balken ausgekleidet». Darin hatten nicht nur all jene Tauschwaren Platz, die die Seefahrer nicht wieder mit nach Hause nehmen wollten, sondern auch fünf Männer unter der Leitung des früheren Proviantmeisters der Concepción, Juan de Campos, der zum Faktor ernannt wurde. Auch Luis de Molino, der einstige Dienstmann und Henker von Gaspar de Quesada, sollte auf Tidore bleiben, dazu noch ein Lombardero, war doch die Faktorei mit Geschützen bestückt worden. Nachdem der Sultan darum gebeten hatte, erhielt er ebenfalls ein paar Büchsen, die ihm helfen sollten, seine und die Interessen Kastiliens zu vertreten.

Am 6. April 1522 war die Trinidad wieder bereit zum Auflaufen. Von den gut 50 Mann Besatzung fehlte João Carvalho, den seine Kameraden Mitte Februar begraben hatten. Dafür war der Überläufer Pedro de Lourosa an Bord gekommen. Möglicherweise nahm Lourosa auch seine Frau und Dienerschaft mit, auf jeden Fall aber 35 Quintal Nelken. Insgesamt hatte das Schiff – die Aussagen gehen auseinander – zwischen 800 und 1200 Quintal, also rund 50 Tonnen, der kostbaren Knospen geladen.

Nachdem sie an der Nordostküste von Halmahera einen Zwischenstopp eingelegt hatten, um Wasser, Schweine und Hühner an Bord zu holen, nahmen Giovanni Battista und der Genuese Leone Pancaldo, die das Schiff gemeinsam steuerten, Kurs nach Ost zu Nord auf. In dieser Richtung hofften sie ihr Ziel nach höchstens 2000 Leugen zu erreichen – eine allzu optimistische Erwartung, betrug doch die direkte Entfernung in Wirklichkeit 16 000 Kilometer, also um ein Drittel mehr. Die Fehleinschätzung verwundert vor allem deswegen, weil die Seefahrer die ganze Breite des Pazifik ja bereits auf der Hinfahrt ausgemessen hatten. Allerdings befand sich kein Navigationsexperte mehr an Bord, und diejenigen, die nun das Steuer führten, konnten wohl nicht auf denselben Erfahrungsschatz zurückgreifen wie ein San Martín, Serrano oder Magellan.

Bald sahen sich Battista und Pancaldo gezwungen, ihren Kurs immer mehr nach Norden zu korrigieren. Erneut kamen sie in das Reich des Nordostpassats, der ihnen auf der Hinfahrt so gute Dienste geleistet hatte, ihnen nun freilich direkt ins Gesicht blies. Schließlich erreichten sie die Marianen und passierten 14 Inseln dieses Archipels. Nachdem sie auf der letzten einen Lotsen an Bord genommen hatten, setzten sie ihre Fahrt nach Nordosten fort, vermutlich in der Hoffnung, irgendwann in einen Westwindgürtel wie im Atlantik zu geraten, der sie zum (amerikanischen) «Festland» bringen würde. Gegen den Wind kreuzend arbeiteten sie sich mit viel Mühe bis zum 42. Grad nördlicher Breite vor.

«Ich fuhr dahin, durchpflügte das Meer und strengte meine Kräfte an, um mein Bestes zu geben», erklärte Espinosa später in einem Brief an den König, aber vergebens: Ein Sturm packte das Schiff so heftig, dass sie die Kastelle niederreißen mussten, um dem tosenden Wind weniger Angriffsfläche zu bieten. Die Seefahrer besaßen kein Gewand mehr, das sie gegen die hereinbrechende Kälte geschützt hätte, und dazu litten sie

Hunger, denn sie hatten alle Nahrung aufgebraucht bis auf ein wenig Reis, den sie wegen des Sturms aber nicht garen konnten. Zwölf Tage tobten die Naturgewalten ohne Erbarmen, und als immer mehr Männer vor Erschöpfung zusammenbrachen und schließlich die Ersten starben, entschlossen sich die Schiffsführer notgedrungen zur Umkehr.

Für den Großteil der Besatzung kam die Entscheidung jedoch zu spät. Einen nach dem anderen befiel ein mysteriöses Leiden, das beängstigend rasch zum körperlichen Verfall und unweigerlich zum Tode führte. Ginés de Mafra berichtet, dass sie einige der Toten aufschnitten und feststellten, «dass alle Venen sich geöffnet hatten und das ganze Blut in den Körper verströmt war, weswegen wir von da an jeden, der erkrankte, schröpften, weil wir dachten, dass sie im Blut ersoffen, und dennoch starben sie». Einige meinten, an all dem seien die Ternater schuld. Sie hätten die Brunnen vergiftet, aus denen die Seefahrer ihr Wasser gefasst hatten. Aber Ginés de Mafras plastische Beschreibung weist eindeutig auf Skorbut hin. Die Trinidad befand sich schon vier Monate lang auf hoher See, ohne ausreichend frischen Proviant nachgeladen zu haben.

Unter großen Strapazen erreichten sie wiederum eine Insel der nördlichen Marianen, wo sie ein wenig Regenwasser an Bord nehmen konnten, wo ihnen allerdings auch der Lotse und drei Christen desertierten, die das ungewisse Schicksal auf einem Pazifik-Eiland dem sicheren Tod an Bord vorzogen. Die anderen setzten die Schreckensfahrt fort. Fast täglich schied einer dahin, und als sie irgendwann Mitte Oktober die Insel Doi an der Nordspitze Halmaheras sichteten, hatten schon 20 Mann ihre ewige Ruhe im Meer gefunden.

Auf Doi erfuhren die noch Lebenden von Einheimischen, dass auf Ternate eine portugiesische Armada von fünf Schiffen gelandet war. In seiner Verzweiflung ließ Espinosa einen Brief mit einem Hilfegesuch an den Kommandanten aufsetzen und schickte sogleich den Schiffsschreiber auf einer angeheuerten Prau los, es zu überbringen. Weil eine Antwort auf sich warten ließ und der Liegeplatz ungünstig war, beschlossen er und die anderen, Anker zu lichten, was den Erschöpften mit letzter Kraft gelang. Als sie rund hundert Kilometer weiter südlich, in einer Bucht unterhalb des Vulkans Gamkonora auf Halmahera, erneut den Anker warfen, wussten jene unter ihnen, die noch bei Verstand waren, dass sie diesen nicht wieder heraufholen würden.

Der Sonderbeauftragte des portugiesischen Königs, Jorge de Brito, hatte sich auf Java dazu verleiten lassen, einen Tempel auszurauben, und war dabei getötet worden. Daraufhin hatte sein Bruder António das Kommando über die Armada übernommen. Mit 140 seiner Landsleute erreichte António de Brito am 13. Mai 1522, nur wenige Wochen nach der Abfahrt der Trinidad, die Molukken und schuf sofort klare Verhältnisse. Er landete auf Tidore, ließ die Kastilier in Eisen legen, ihre Waren beschlagnahmen und ihre Faktorei abreißen. Dann knöpfte er sich den Sultan vor. Was dieser sich dabei gedacht habe, Portugals Rivalen aufzunehmen? Al-Mansur rechtfertigte sich damit, dass er die Kastilier nur als Händler empfangen habe, und das auch nicht freiwillig, sondern nur aus Furcht. Aber Brito ließ ihn wissen, dass allein das ein Affront gegen seinen Herrn in Lissabon war. Tags darauf erklärte sich der Sultan in Gegenwart der kastilischen Gefangenen kleinlaut zum Vasall des Königs von Portugal. So jedenfalls berichtete es Brito seinem Chef, der allerdings nun nicht mehr Dom Manuel, sondern Dom João III. hieß. «O Venturoso» war am 13. Dezember 1521 in seinem Palast am Ufer des Tejo einer Seuche zum Opfer gefallen. Aber das wusste Brito zu dem Zeitpunkt noch nicht.

Schließlich setzte der Sonderbeauftragte nach Ternate über und begann, die lang geplante Festung zu errichten. In der Äquatorhitze war das ein mühsames Unterfangen, und die Portugiesen steckten mitten in der schweißtreibenden Arbeit, als am 20. Oktober 1522 das Hilfegesuch Espinosas eintraf. Brito reagierte sofort und schickte eine seiner Karavellen mit zwei weiteren Booten einheimischer Bauart los.

Am Gamkonora fanden die Retter beinahe ein Totenschiff vor. Leichen lagen an Deck, und die meisten der noch Lebenden waren zu schwach, sich zu rühren. Kurzerhand enterten die Portugiesen das Schiff und brachten es nach Ternate. In diesen und den folgenden Tagen starben auf der Trinidad nochmals mehr als ein halbes Dutzend Männer, so dass sich die Verluste bis Ende Oktober auf mehr als 30 beliefen, die Deserteure nicht eingerechnet. Aber auch die Überlebenden hatten wenig zu lachen. Ihnen wurde von den Portugiesen «alles bis auf die Kleidung, die sie am Leibe trugen», abgenommen, wie es der Steuermann Leone Pancaldo später ausdrückte. Mit dem Argument, die Kastilier hätten sie gestohlen, ließ Brito die ganze Nelkenfracht mitsamt dem Schiff beschlagnahmen, außerdem alle Seekarten, Logbücher, nautischen Instrumente, Geschütze, Waffen und was sonst Wertvolles an Bord war. Als Espinosa eine Quittung verlangte, soll Brito ihm geantwortet haben: Wenn er eine Quittung wünsche, werde er ihn an den Rahen aufknüpfen. Er sei nichts weiter als ein gemeiner Dieb, musste sich Espinosa vor versammelter Mannschaft beschimpfen lassen. Später nahm Brito den Kapitän und die anderen Schiffsführer einzeln ins Verhör. Sie mussten den Verlauf ihrer Fahrt zu Protokoll geben und sich anhören, dass ihre Seekarten falsch seien, lägen die Molukken doch in Portugals Erdhälfte.

Ausgeplündert, ihrer Freiheit beraubt und gedemütigt, bekamen die Geretteten immerhin genug zu essen. In den folgenden Monaten, während derer sie auf Ternate festsaßen, starb keiner von ihnen mehr – obwohl sie von ihren Rettern und Rivalen dazu gezwungen wurden, beim Bau der Festung mit anzupacken. Allein Espinosa weigerte sich, offenbar ohne deswegen ernsthafte Konsequenzen zu gewärtigen. Für Pedro de Lourosa dagegen hatte der gescheiterte Versuch, die Molukken auf einem kastilischen Schiff zu verlassen, kapitale Folgen. Brito ließ ihm als Verräter den Kopf abschlagen und sein Vermögen einziehen.

Nach ihrer Abfahrt von Tidore am 21. Dezember 1521 hatte die Vitoria die Inseln Moti, Makian und Bacan an Backbord liegen gelassen, den Sula-Archipel gestreift und war zwischen Buru und Seram hindurchgesegelt. Nachdem sie die Bandasee in acht Tagen auf südwestlichem Kurs durchquert hatten, fanden die Seefahrer eine der Meeresstraßen des Alor- und Solor-Archipels und fuhren hindurch. Auf der Südseite gerieten sie in einen Sturm, der die Vitoria nach Osten zu einer gebirgigen Insel trieb: Malua, heute Alor. Trotz starker Fallwinde und Gegenströmungen gelang es ihnen, auf Alor zu landen.

Die beiden Lotsen, die Sultan al-Mansur ihnen geliehen hatte, lenkten nicht nur die Vitoria unbeschadet um Inseln und Riffe herum, sondern betätigten sich auch als Fremdenführer, die viel über Land und Leute zu erzählen wussten. Auf einer Insel hausten Zwerge mit so großen Ohren, dass sie sich damit zudecken konnten, auf einer zweiten Amazonen, die sich vom Wind befruchten ließen und ihren männlichen Nachwuchs töteten, und auf anderen liefen «Heiden» nackt herum und äßen Menschenfleisch.

Der wissbegierige Pigafetta dürfte zahllose Stunden in Gesellschaft der Lotsen verbracht haben, gab er doch von ihren Geschichten etliche an seine Leser weiter. Die Kenntnisse seiner Informanten schienen nicht hinter den Inseln zu enden, an denen sie vorbeifuhren, sondern reichten darüber hinaus. So lernen wir von Pigafetta, dass sich auf Java die Witwen hochgestellter Männer mit ihren toten Gatten verbrennen ließen und dass Javaner auf Freiersfüßen sich Glöckchen unter die Vorhaut implantierten, um mit dem Geklingel ihre Angebetete anzulocken. Wir lesen von Riesenvögeln, die auf einem Baum inmitten des Chinesischen Meeres leben und Elefanten durch die Luft tragen können, und über den König von «Groß-China» erfahren wir, dass er «der Größte der ganzen Welt» war. Dass er damit auch den christlichen Kaiser übertraf, focht Pigafetta anscheinend nicht an. Jener Monarch, erklärte er, habe 70 Könige unter sich, von denen jeder wieder über zehn bis fünfzehn Könige herrsche; alle Fürsten von Indien bis Indochina würden ihm gehorchen. Niemand bekomme ihn je zu Gesicht, er lebe in einem Palast mit 79 Sälen, der von sieben Mauern mit jeweils 10 000 Wächtern umgeben sei, und um das königliche Geblüt rein zu halten, heirate er seine Schwestern.

Vieles von dem, was Pigafetta über die exotischen Länder des Fernen Ostens berichtete, kann man in ähnlicher Form auch bei anderen Autoren vor ihm finden, angefangen bei dem antiken Geographen Strabon über Marco Polo bis zu Ludovico de Varthema, dessen Reisebericht aus Asien 1510 im Druck erschien. Ob Pigafetta den einheimischen Lotsen seine Lesefrüchte in den Mund legte oder ob diese aus demselben Wissenspool schöpften wie die europäischen Schriftsteller, darüber kann man spekulieren. Letzteres wäre ein weiteres Indiz, wie vernetzt die Kommunikation innerhalb der Alten Welt damals schon war.

Auf Alor konnte Pigafetta wieder eigene Beobachtungen machen, denn die Seefahrer hielten auf dieser Insel für zwei Wochen an, um die Bordwände der Vitoria zu kalfatern und Wasser zu laden. Die Bewohner seien «barbarisch und viehisch», sie äßen Menschenfleisch und trügen ihr Haar «in der Höhe mit Hilfe gewisser Kämme aus Bambus, die von einer Seite zur anderen reichen und sie hochhalten. Ihre Bärte wickeln sie in Blätter und stecken sie in Bambusröhrchen, was lächerlich anzuschauen ist. Und sie sind die rohesten Menschen, die es in diesem Indien gibt.» Dennoch konnten die Ankömmlinge mit den Leuten von Alor – dank einiger Geschenke – rasch Freundschaft schließen und ihr Alteisen bei ihnen gegen Wachs zum Kalfatern eintauschen.

Am 25. Januar 1522 setzte die Vitoria nach Timor über. Was für die Molukken der Gewürznelken-, war für Timor der Sandelholzbaum, der hier besser als sonst wo gedieh. «Die malaiischen Händler sagen, dass Gott Timor aus Sandelholz erschuf, Banda aus Muskatblüte und die Molukken aus Nelken», berichtet der Apotheker Tomé Pires. Das aromatische Kernholz von *Santalum album* kann man wie das Adlerholz zum Räuchern oder, zu ätherischem Öl destilliert, als Heilmittel gegen vielerlei Beschwerden verwenden. Wegen dieser Eigenschaften wurde es zu Pigafettas Zeit vor allem in China und Indien geschätzt und mit großem Profit dorthin verschifft. So war auch Timor dank dem Sandelholz ein wichtiger Knotenpunkt im südostasiatischen Handelsnetz. Seit etwa 1515 mischten die Portugiesen bei diesem Handel mit.

Doch die Seefahrer aus Kastilien interessierten sich mehr für andere Produkte des Landes. Sobald sie Timor angelaufen hatten, berichtet Pigafetta, «ging ich allein an Land, um mit dem Ältesten eines Dorfs, das Amaban hieß, zu sprechen, damit er uns Lebensmittel gebe. Er antwortete, er habe Büffel, Schweine und Ziegen, aber wir konnten uns nicht einigen, denn er wollte viele Dinge für einen Büffel. Weil wir wenig besaßen und durch Hunger dazu gezwungen wurden, hielten wir einen Oberen aus einem anderen Dorf namens Balibo mit einem seiner Söhne auf dem Schiff fest, und aus Angst, dass wir sie töten würden, gab er uns unverzüglich sechs Büffel, fünf Ziegen und zwei Schweine, und um die Zahl von zehn Schweinen und zehn Ziegen komplett zu machen, gab er uns noch einen Büffel, denn so hatten wir den Preis festgelegt. Danach schickten wir sie wieder an Land, und sie waren sehr zufrieden, denn wir gaben ihnen Leintücher, indische Stoffe aus Seide und Baumwolle, Äxte, indische Messerchen, Scheren, Spiegel und Messer.» Diese Methode, den Teller zu füllen, hatte sich ja schon in der Sulusee bewährt.

Pigafetta war der erste Europäer, der Timor aus eigener Anschauung beschrieb. Die gesamte Insel sei besiedelt und vier Fürsten unterworfen gewesen. Nahrung gab es offenbar reichlich und darüber hinaus so viele Bienen, dass die Timoresen neben Sandelholz auch Wachs exportieren konnten. Sie waren «Heiden, und wenn sie das Sandelholz schlagen gehen (wie sie uns erzählten), erscheint ihnen der Teufel in verschiedener Gestalt und sagt ihnen, dass sie tun müssen, was er verlangt. Infolge dieser Erscheinung sind sie ein paar Tage krank.»

Aber es war nicht allein der Teufel, der auf Timor Menschen krank machte: «Auf allen Inseln, die wir in diesem Archipel vorfanden, grassiert das Leiden des heiligen Hiob, und hier mehr als an jedem anderen Ort, und sie nennen es ‹foi Franchi›, das heißt Portugiesische Krankheit.» Das «Leiden des heiligen Hiob» war einer von vielen Namen der Syphilis, die 1494 in Italien erstmals in Erscheinung getreten und möglicherweise durch Kolumbus' Leute nach Europa eingeschleppt worden war. Wenn Pigafettas Beobachtung zutrifft, war die Syphilis mittlerweile in den Venen portugiesischer Seefahrer bis ans südöstliche Ende des Malaiischen Archipels gelangt – und hätte damit einen weiteren Beitrag zur «mikrobiellen Vereinigung der Welt» (Emmanuel Le Roy Ladurie) geleistet, die sich vom 14. bis 17. Jahrhundert im Gefolge der europäischen Expansion vollzog.

Ob auch die Mannschaft der Vitoria während ihres 16-tägigen Aufenthalts auf Timor ihren Teil zu dieser Vereinigung beitrug? Pigafetta verrät es nicht. Dafür aber gibt es Hinweise, dass die Seefahrer sich untereinander alles andere als einig waren. Am deutlichsten ist das Zeugnis des Martín de Ayamonte. Der Schiffsjunge desertierte auf Timor gemeinsam mit einem Sobresaliente namens Bartolomé Saldaña. Die beiden suchten auf der Dschunke eines Händlers aus Luzon Zuflucht, der Timor angefahren hatte, um Sandelholz zu laden. Mit dem Händler vereinbarten sie, dass er sie zu den Molukken mitnehmen würde, wo sich unter den dort gebliebenen Kastiliern ein Verwandter von Martín aufhielt. Aus dem Plan wurde jedoch nichts, denn die Deserteure fielen dem Kapitän eines portugiesischen Schiffes in die Hände, der sie nach Malakka überstellen ließ. Im Verhör vor dem Statthalter erzählte Martín, die Vitoria sei auf Timor schon so marode gewesen, dass sie jede Stunde mit der Pumpe gelenzt werden musste.

Der schlechte Zustand des Schiffes führte zu Diskussionen zwischen den Schiffsführern, namentlich zwischen dem Steuermann Albo und dem Meister Miguel de Rodas (Rhodos) auf der einen Seite und dem Kapitän Elcano auf der anderen. Die beiden Griechen waren dafür, zuerst Malakka und danach die Malediven anzusteuern, um das Schiff dort zu überholen. Das heißt, Albo und Rodas wollten sich näher am asiatischen Festland halten. Doch Elcano setzte sich mit seiner Ansicht durch, dass es klüger sei, direkten Kurs auf das Kap der Guten Hoffnung zu nehmen und die Überfahrt über den Indischen Ozean zu wagen. Offenbar wollte der Baske den Kontakt mit den Portugiesen, deren Hoheitsgebiet sie ja zu durchqueren hatten, um jeden Preis vermeiden.

Man darf annehmen, dass diese Diskussion weitere Kreise zog, ja womöglich gar in Gewalt ausartete. Der zeitgenössische Chronist López de Gómara schreibt über den Stopp auf Timor: «Es gab dort eine Meuterei und Streit, wobei einige von dem Schiff starben.» Und Pigafetta resümiert am Ende seines Berichts über die Rückfahrt der Vitoria, dass «einige wegen ihrer Untaten getötet wurden». Im sonst penibel geführten Sterberegister der Armada findet sich keine Bestätigung für derartige Vorkommnisse, während die Desertion von Ayamonte und Saldaña sehr wohl vermerkt ist. Allerdings wurden die unterwegs an Bord genommenen Mitfahrer – die ja nicht auf der Heuerliste der Casa de la Contratación standen und keine Verwandten in Europa hatten, die ihren Lohn hätten reklamieren können – im Sterberegister nicht aufgeführt. Es könnte daher sein, dass sich in Timor einige der 13 «Indios», die auf der Vitoria mitfuhren, gegen ihre Verschleppung nach Europa auflehnten und dies mit dem Leben bezahlten. Eine Reihe von ihnen kam von den Molukken, aber es waren auch noch einige in der Sulusee Gekidnappte an Bord.

Am 10. Februar 1522 lag die Vitoria vor der Westspitze von Timor, einige Meilen nördlich der vorgelagerten Insel Semau, und war bereit in See zu stechen. Die dafür nötigen Handgriffe und Manöver waren längst Routine. Zuerst kletterten einige Seeleute in die Takelage, um die Marssegel zu lösen. Diese wurden danach mit Hilfe der Brassen so getrimmt, dass das Schiff, unterstützt durch das Ruder, vom Wind abfiel. Im richtigen Moment hieß es, das Fockmarssegel «rundzubrassen», das heißt zu drehen, bis es auf derselben Seite lag wie das Großmarssegel. Sobald der Bug in Fahrtrichtung zeigte, wurden auch die anderen Segel aufgezogen. Nun konnte das Schiff Fahrt aufnehmen. Allerdings kam die Vitoria nicht weit, sondern geriet geradewegs in eine Flaute. Zwei Tage lang dümpelte sie in der Sawusee nordwestlich von Timor herum, dann erst frischte der Wind auf. Das Tauwerk ächzte, die bauchigen Segel füllten sich, woraufhin die Vitoria sich leicht auf die Seite legte und rasch an Fahrt gewann. Bald lagen die Inseln Sawu und Raijua achtern, und das letzte Schiff von Magellans Armada segelte hinaus «in das große Meer mit dem Namen ‹Laut Kidul›». So hieß die «Südsee» auf Javanisch – ein Ausdruck, den Pigafetta wohl von den Lotsen aufgeschnappt hatte.

Steuermann Albo hatte einen Kurs nach Westsüdwest vorgegeben. Diesen Kurs verfolgte die Vitoria mit geringfügigen Anpassungen einen knappen Monat lang und legte in dieser Zeit rund 5000 Kilometer zurück – knapp die Hälfte der Strecke bis zum Kap der Guten Hoffnung. Doch auf der Höhe des 36. Breitengrads flaute der Wind ab und frischte dann aus westlicher Richtung wieder auf. Nun begannen arbeitsreiche Tage und Wochen, in denen die Seeleute immer wieder die Segel reffen, komplett einholen, schließlich erneut hissen und trimmen mussten. In dieser Zeit sichteten sie bei 37,5° eine Insel, vermutlich Amsterdam, an deren Steilküsten sie aber weder ankern noch festmachen konnten. Nachdem sie eine Weile mit mäßigem Erfolg versucht hatten, gegen den Wind zu kreuzen, verlegte Albo den Kurs wieder nach Südwesten. In der ersten Aprilhälfte überfuhren sie zweimal den 40. Breitengrad, um sich am 16. April endgültig wieder nach Norden zu wenden.

Die lakonischen Einträge in Albos Logbuch lassen kaum erahnen, welche Mühen, Sorgen und Frustrationen die erschöpften Seefahrer in dieser Zeit erlitten: «Am 26. des genannten maß ich nicht die Sonnenhöhe, aber wir fuhren nach Nordwesten 15 Leugen bis zum Morgen, und am Tag selbst fuhren wir nach Westnordwesten, und das war am Samstag bis zur Nacht.» Aber die Notizen des Steuermanns zeigen deutlich, wie langsam die Vitoria vorankam, wie oft sie mit eingeholten Segeln beilag und dabei nicht selten zurück nach Osten getrieben wurde. Wochenlang kämpften sie gegen die starken Westwinde südlich des Kaps der Stürme an.

Magellans Armada ist in erster Linie für die Passage der nach ihrem General benannten Meerenge und für die Querung des Pazifik in die Geschichte der Seefahrt eingegangen – beides ohne Zweifel seglerische Großtaten, die ihren Erfolg allerdings nicht zuletzt günstigen Winden verdankten. Hätte Magellan im «Kanal aller Heiligen» nicht einen jener glücklichen Momente erwischt, in denen der Wind nach Osten drehte, er hätte wochenlang dort festgesessen und wäre womöglich Opfer einer weiteren Meuterei geworden. Und die Fahrt über den Pazifik wäre ohne die verlässlichen Passatwinde – von denen die Seefahrer zwar ahnen, aber nicht wissen konnten, dass sie auch im Pazifik wehten – unweigerlich in eine Katastrophe gemündet.

Den Schiffsführern der Vitoria war indes klar, worauf sie sich einließen, als sie von Timor aus direkten Kurs auf das Kap der Guten Hoffnung nahmen. Das zeigen die Diskussionen vor dem Ablegen, von denen Martín de Ayamonte berichtet. Sie wussten um den schlechten Zustand ihres Schiffes, sie kannten den üblen Ruf des Kaps der Stürme und waren sich über die enorme Distanz, die sie bis dorthin zu überwinden hatten, im Klaren: «Dieses Kap», erklärt Pigafetta, «liegt auf einer Breite von 34 ½ Grad und ist 1600 Leugen vom Kap von Malakka entfernt und ist das größte und gefährlichste Kap der Welt.» Die Angabe von 1600 Leugen, die sich genauso in der Denkschrift findet, die Magellan vor der Abfahrt für den König verfasst hatte, entspricht nahezu exakt der tatsächlichen Entfernung zwischen Malakka und dem Kap.

In jenen Wochen, in denen die Mannschaft der Vitoria ganz auf sich gestellt gegen Wind, Strömung und Seegang an der Südspitze Afrikas ankämpfte, leisteten die Seeleute Unglaubliches – und das, nachdem schon zwei anstrengende Monate auf hoher See hinter ihnen lagen. Zudem war von den Navigationsexperten, die 1519 mit der Armada in See gestochen waren, keiner mehr an Bord. Ein Schiffsmeister, der sich seine Meriten im Golf von Biskaya und im Mittelmeer verdient hatte (Juan Sebastián de Elcano), und zwei Bootsmänner aus Rhodos (Francisco Albo und Miguel de Rodas) bildeten das Führungstrio, das die Vitoria heil um das Kap der Stürme bugsieren sollte. Sobald sie das Kap erst umrundet hätten, würde der Rest nahezu ein Kinderspiel sein, denn wie man die Winde des Atlanik zu nehmen hatte, war seit Etablierung der «Carreira da Índia» wohlbekannt.

Am 7. Mai wähnte Albo die Tat vollbracht, doch als sie am folgenden Tag endlich Land sichteten, entpuppte dieses sich als lange, «haarige und baumlose Küste» (Albo), die von Nordosten nach Südwesten verlief. Nach eingehendem Studium ihrer Seekarten kamen sie zu dem Schluss, dass sie sich östlich des Kaps befanden, und zwar ungefähr 160 Leugen von ihm entfernt bei der Mündung des Rio do Infante (Great Fish River). Obwohl sie zu weit östlich lagen, war dem Steuermann, der die zurückgelegte Distanz ja nur koppeln konnte, ein Meisterstück gelungen. Auf einer Distanz von mehr als 10 000 Kilometern über offenes Meer hatte er sich trotz Zickzackkurs um weniger als 950 Kilometer vertan.

Ob Albo stolz auf seine Leistung war, geht aus seinem Logbuch nicht hervor. Aber man kann erahnen, wie enttäuscht er und die gesamte Mannschaft waren, als sie erkannten, dass das Kap noch immer vor ihnen lag. Sie suchten die schroffe Küste nach einem Hafen ab, «um zu ankern und Erfrischungen für die Leute an Bord zu nehmen, von denen die meisten leidend waren». Aber da sie keine geeignete Stelle fanden, segelten sie unverrichteter Dinge wieder aufs Meer hinaus.

Pigafetta schreibt, dass «einige von uns, Kranke wie Gesunde, einen portugiesischen Ort namens Mosambik anfahren wollten, wegen des Schiffes, das stark leckte, wegen der großen Kälte und mehr noch, weil wir nichts anderes zu essen hatten als Reis und Wasser, denn das Fleisch, das wir hatten, war aus Mangel an Salz vergammelt. Aber einige der anderen, die mehr auf ihre Ehre als auf ihr Leben bedacht waren, kamen zu dem Entschluss, tot oder lebendig Spanien erreichen zu wollen.»

Die Ehrgeizigen überstimmten die Lebensfrohen, woraufhin die Vitoria am 15. Mai das Kap Agulhas passierte, den südlichsten Punkt Afrikas, «und in dieser Küste gibt es viele Strömungen, so dass der Mensch keinen Schutz vor ihnen findet außer dem, den die Breite ihm gibt». Damit meinte Albo, dass den Seefahrern nichts anderes übrig blieb, als nach Süden vom Wind abzufallen. Am folgenden Tag brachen die Fockmarsstenge und die zugehörige Rahe. Dennoch gelang es den Geplagten, am 18. oder 19. Mai das Kap der Guten Hoffnung in schätzungsweise 50 Kilometern Entfernung zu passieren. Tags darauf maß Albo bereits eine Breite von 33° 24' Süd: Das Kap lag hinter ihnen, die Vitoria hatte es geschafft!

Nicht geschafft hatten es dagegen Pedro Gascon, Lorenço de Yruna, Juanico Vizcaíno, Bernaldo Mauri und Juan de Ortega, die zwischen dem 12. und 20. Mai «an Krankheit» starben. Ihnen folgten bald weitere Matrosen und Schiffsjungen ins nasse Grab. Wie auf der Trinidad forderte nach mehr als drei Monaten Fahrt übers Meer der Skorbut auch auf der Vitoria seinen Tribut. Da half es wenig, dass die zerschlissenen Segel endlich den Südostpassat einfingen und das Schiff nun jeden Tag 50 Leugen oder 300 Kilometer vorwärtskam. Als die Vitoria Mitte Juni den Golf von Guinea und den Äquator gequert hatte und ihr die Innertropische Konvergenz vor Guinea-Bissau den Wind wieder aus den Segeln nahm, war das Sterberegister um weitere fünf Namen länger geworden – die Passagiere aus Asien nicht eingerechnet. «Wenn wir sie ins Meer warfen», behauptete Pigafetta von den Toten, «versanken die Christen mit dem Gesicht nach oben und die Indios stets mit dem Gesicht nach unten, und wenn wir nicht so gutes Wetter gehabt hätten, wären wir alle Hungers gestorben.»

Nachdem die Seefahrer in zwei Wochen nur drei Breitengrade nach Norden gutgemacht hatten und drei weitere Männer krepiert waren, trommelten Elcano, Albo und Rodas Anfang Juli die Mannschaft zusammen und ließen abstimmen, ob sie das Festland oder die Kapverdischen Inseln anlaufen sollten, in der Hoffnung, irgendwo frische Lebensmittel aufzutreiben. Die Entscheidung fiel auf Letztere, woraufhin die Vitoria am 9. Juni 1522 im Hafen von Ribeira Grande auf Santiago, dem damaligen Hauptort der Kapverden,[1] Anker warf.

Sie ließen das Beiboot zu Wasser, und Martín Méndez fuhr mit einer Handvoll Männer an Land. Dem portugiesischen Hafenkommandanten erzählte der Schiffsschreiber, sie kämen von den spanischen Territorien in Amerika und seien im Sturm von ihrem Konvoi getrennt worden. Mit ihrer gebrochenen Marsstenge sah die Vitoria ramponiert genug aus, um die Geschichte glaubwürdig klingen zu lassen. «Sie empfingen uns sehr freundlich und gaben uns so viele Lebensmittel, wie wir wollten», notierte Albo.

Eine Sache jedoch irritierte den Steuermann: Während er den Mittwoch als Tag ihrer Ankunft auf Santiago in sein Logbuch eintrug, war für die Leute auf der Insel bereits Donnerstag. Albo konnte sich das nur so erklären, dass er auf der langen Fahrt irgendwann einen Tag unterschlagen hatte. Aber kurioserweise war nicht nur er allein davon überzeugt gewesen, dass Mittwoch war, sondern alle an Bord, die Tagebuch geführt oder regelmäßig ihr Brevier zur Hand genommen hatten, um die täglichen Gebete zu verrichten. «Wir wussten nicht, wie wir uns geirrt haben sollten», wunderte sich Pigafetta, «denn ich, der ich immer gesund war, hatte jeden Tag geschrieben ohne eine einzige Unterbrechung.»

Die Seefahrer durchforsteten ihre Journale und zerbrachen sich die Köpfe, wo der verlorene Tag abgeblieben sein mochte, doch sie fanden ihn nicht. Eines war klar: Die Portugiesen auf Santiago, die in regelmäßigem Kontakt mit ihrem Mutterland standen, konnten kaum irren. Der Fehler musste bei den Seefahrern liegen, die sich zerknirscht eingestanden, dass sie an Freitagen Fleisch gegessen und an Montagen die Messe gefeiert hatten.

Wäre Andrés de San Martín noch am Leben gewesen, er hätte ihnen erklären können, dass sie in den beinahe drei Jahren ihrer Reise denselben Weg zurückgelegt hatten, den die Sonne in ihrem Tageslauf um die Erde geht. Mit jedem Tag, den sie weiter nach Westen gefahren waren, war die Sonne für sie ein bisschen später aufgegangen, und nun hatten sich die vielen kleinen Zeitverschiebungen auf 24 Stunden und somit einen ganzen Tag summiert. Mit anderen Worten, die Tagebuchschreiber auf der Vitoria hatten sich keineswegs geirrt, sondern der «verlorene» Tag war ein Wink des Kalenders, dass sie die Erde von Osten nach Westen einmal ganz umfahren hatten.

Aber San Martín war tot, und den Männern an Bord blieb wenig Muße, den Rätseln des Kalenders auf den Grund zu gehen. Nachdem das Beiboot zweimal angefüllt mit Reis zu ihrem Schiff zurückgekehrt und ein drittes Mal ausgefahren war, blieb es verdächtig lange aus und kam auch über Nacht nicht wieder. Statt seiner näherte sich anderntags eine Barke und überbrachte die Aufforderung des Hafenkommandanten, sich ihm zu ergeben. Offenbar hatten die Portugiesen durchschaut, was für ein Schiff da ihren Hafen angelaufen hatte und woher es in Wirklichkeit kam. Der Schwindel war aufgeflogen, und die Männer, die an Land gerudert waren, befanden sich in portugiesischem Gewahrsam.

Hinterher sollten die Internierten behaupten, einer von ihnen, ein gewisser Simón aus Burgos, habe den Behörden auf Santiago die wahre Identität der Vitoria enthüllt – eine Anschuldigung, die umso glaubwürdiger schien, als besagter Simón in Wahrheit nicht aus Burgos, sondern aus Portugal stammte. Wie sich später herausstellte, hatte er sich – wie ein paar andere auch – bei der Anwerbung als Kastilier ausgegeben, um trotz der Beschränkungen[2] mit Magellans Armada fahren zu können. Doch es gibt noch eine andere Erklärung, die sich auf die Aussagen von Zeugen stützen kann. Demnach versuchten die entkräfteten Seefahrer, auf Santiago einige Sklaven zu kaufen, um sie an die Pumpen der leckenden Vitoria zu stellen. Weil sie aber kein Geld hatten, boten sie dem portugiesischen Handelsagenten ein paar Zentner Gewürznelken als Bezahlung. Das dürfte diesen misstrauisch gemacht haben, denn ein spanisches Schiff voll mit Gewürzen, das roch doch sehr verdächtig!

Was auch immer die Portugiesen alarmiert hatte: Elcano, Albo, Pigafetta und die anderen an Bord setzten unverzüglich Segel und überließen die 13 gefangenen Kameraden ihrem Schicksal. «Wir machten uns mit 22 Mann, Kranken und Gesunden, davon, und das war am Dienstag, den 15. Juli», hielt Albo fest, «und der Weg war nach Süden und nach Südsüdwest und nach Südwest und nach Westen.» Die Vitoria, wieder einmal auf der Flucht, segelte hinaus auf den Atlantik.

# 14. Die große Abrechnung

Pedro Sordo aus Sanlúcar de Barrameda wird nichts Ungewöhnliches erwartet haben, als er am 6. September 1522 zu den Sandbänken vor der Mündung des Guadalquivir hinausfuhr. Der Lotse mit dem Namen «Tauber Peter» hatte ein Schiff gesichtet, also fuhr er hin, um dem Steuermann seine Dienste anzubieten. Es war eine Nao unter königlicher Flagge: wohl ein Atlantikfahrer, der von den Antillen zurückkam und dem man ansah, dass er schlimme Zeiten durchgemacht hatte. An Bord traf Pedro auf eine Handvoll abgemagerter Gestalten, die sich mit ersterbenden Kräften an der Pumpe abmühten. Ihr Kapitän gab ihm zu verstehen, dass er äußerst wichtige Nachrichten für ihre kaiserliche Majestät den König habe und diese Nao so schnell wie möglich den Fluss hinauf nach Sevilla geschafft werden müsse.

In Sanlúcar fand sich ein Bootsbesitzer bereit, das Schiff mit seinen Leuten den Guadalquivir hinaufzuziehen. Ein Flusslotse war ebenso rasch gefunden. Dann setzte sich Juan Sebastián de Elcano in seine Kajüte und schrieb an Karl I., dass «wir mit achtzehn Männern auf nur einem von den fünf Schiffen, die Deine hohe Majestät unter Fernando de Magalans – er ruhe in Frieden – zur Entdeckung der Gewürzinseln entsandt hat, zurückgekehrt sind». In aller Kürze unterrichtete der Kapitän der Vitoria den Kaiser über die wichtigsten Vorkommnisse der Reise, von der Entdeckung der Meerenge über Magellans Tod bis zum Nelkenkauf auf den Molukken, um ihm dann die Umstände ihrer Heimfahrt zu schildern: wie sie fünf Monate aus Angst vor dem König von Portugal kein Land betreten, nur Reis und Wasser zu sich genommen und dabei 21 Männer verloren hatten.

Elcano berichtete von der Gefangennahme ihrer 13 Kameraden auf den Kapverden und dass die Portugiesen auch ihn und die anderen hatten festnehmen wollen, «aber ich war eher entschlossen, mit der ganzen Mannschaft zu sterben, als in die Hände der Portugiesen zu fallen. Und so kamen wir unter entsetzlicher Schinderei an der Pumpe – an zwei

Pumpen, die sie Tag und Nacht unaufhörlich bedienten, obwohl sie so mager waren wie nur jemals irgendein Mensch – mit Hilfe Gottes und der heiligen Maria zurück. Darum bitten wir Deine hohe Majestät, dass Du Dich beim König von Portugal für die dreizehn Männer verwendest, die Dir so lange gedient haben. Deine hohe Majestät möge jedoch wissen, was wir am höchsten erachten: dass wir die gesamte Rundung der Welt entdeckt und umrundet haben, indem wir nach Westen weggefahren und von Osten zurückgekehrt sind.»

Kaum war die Sensationsmeldung einen Tag später in Sevilla angelangt, brach in der Casa de la Contratación Hektik aus. An der Spitze der Handelsagentur standen noch dieselben Männer, nur Sancho de Matienzo war inzwischen verstorben; das Amt des Schatzmeisters übte bis auf Weiteres Matienzos Neffe, Domingo de Ochandiano, aus. Ochandiano hat über die Ausgaben, die der Casa durch die Ankunft der Vitoria entstanden, Buch geführt. Dank seinen Aufzeichnungen können wir uns ein recht plastisches Bild von den Maßnahmen machen, die die Beamten unverzüglich ergriffen.

Als Erstes kauften sie «ein großes Boot» mit sechs Riemen, das von einem Schiffbruch übrig geblieben war, während der Pförtner auf den Markt lief und 12 Arrobas (etwa 192 Liter) Wein, 75 Laibe Brot, ein Viertel von einer Kuh (32,5 kg) und für 51 Maravedís Melonen erstand. All diese Dinge wurden ins Boot geladen und «zur Erfrischung» der Heimkehrenden flussabwärts geschickt, mitsamt dem königlichen Schreiber Juan de Eguívar und 15 Männern, die helfen sollten, die Vitoria nach Sevilla zu schleppen.

Nachdem das Boot auf den Weg gebracht worden war, bereiteten die Beamten alles Nötige vor, um die kostbare Fracht aus den Bunkern der Vitoria zu bergen. Sie ließen eigens einen zugemauerten Torbogen öffnen, um den Transportweg vom Schiff in die Handelsagentur im Alcázar von Sevilla zu verkürzen, und kauften Körbe, Schaufeln, Besen und Kerzen zur Beleuchtung der Bunker. Weil sie nicht genug Säcke hatten, orderten sie 639 Meter Leintuch, Nadeln und Garn und ließen welche nähen.

Unterdessen wurde das Boot eilends den Fluss hinabgerudert. Juan de Eguívar fand die Vitoria bei den «Horcadas», einem Ankerplatz auf halbem Wege zwischen Sanlúcar und Sevilla. Wie die Heimkehrer reagierten, als sie endlich an den Pumpen abgelöst wurden und die «Erfrischungen» aus Sevilla entgegennahmen, hat niemand festgehalten. Man kann nur hoffen, dass sie sich mit dem Verspeisen der 75 Brote und der Viertel Kuh Zeit ließen, so dass ihre Mägen sich auf das reichhaltige Essen einstellen konnten. Der Wein, zehn Liter pro Nase, wird seine Wirkung jedenfalls nicht verfehlt haben.

Während Eguívar nun die Bewachung der Vitoria übernahm und gemeinsam mit Elcano dafür sorgte, dass kein Fremder aufs Schiff kam und nichts von dort entfernt wurde, kümmerte sich ein anderer Mitarbeiter der Casa de la Contratación um den Weitertransport. Damit es flotter ging, heuerte er Seeleute von anderen Schiffen an, die gerade in den Horcadas ankerten. Am Abend des folgenden Tages war bereits Coria del Río wenige Kilometer unterhalb von Sevilla erreicht, wo alle Helfer ein Essen spendiert bekamen und die ausgehungerte Besatzung eine zweite Lieferung Brot, Wein, Fleisch und Obst erhielt. Danach mussten sich die Schlepper noch einmal in die Riemen legen.

Noch am selben Tag, wohl in den späten Abendstunden des 8. September 1522, warf die Vitoria im Hafen Puerto de la Muelas am rechten Guadalquivir-Ufer Anker, genau dort, wo ihre Reise am 10. August 1519 ihren Anfang genommen hatte. Wie seinerzeit ihren Abschied verkündete sie ihre Rückkehr mit einer donnernden Salve aus allen Geschützrohren. Präpariert hatte die Ladungen Hans aus Aachen, der letzte Lombardero an Bord. Anderntags durften die Helden ihr schwimmendes Gefängnis verlassen: «Am Dienstag», schreibt Pigafetta, «gingen wir alle im Hemd und barfuß, jeder mit einer großen Kerze in der Hand, die Kapelle der Santa María de la Victoria und jene der Santa María de la Antigua besuchen» – so wie sie es in den Stunden größter Not auf See gelobt hatten.

Sevilla ist für seine feierlichen Prozessionen berühmt, aber von allen, die im Lauf der Jahrhunderte durch die Gassen der Stadt zogen, war diese wohl eine der ergreifendsten: 18 halbnackte Männer, deren Gesichter und Körper von Sonne, Salz und Hunger gezeichnet waren, pilgerten zu jener Kirche in Triana, in der ihr Generalkapitän drei Jahre und einen Monat zuvor die königliche Standarte in Empfang genommen hatte. Der Generalkapitän und die Standarte waren mit dem Großteil ihrer Kameraden im Fernen Osten geblieben, aber diese 18 waren heimgekehrt und statteten nun der Namenspatronin ihres Schiffes, der «Heiligen Maria vom Sieg», Dank ab. Daraufhin setzte sich der kleine Umzug erneut in Bewegung, überschritt den Guadalquivir und suchte die Kathedrale auf, wo die 18 Männer vor dem gotischen Fresko der Jungfrau mit dem Jesuskind auf die Knie sanken: Juan Sebastián de Elcano, Miguel de Rodas, Francisco Albo, der Bootsmann Juan de Acurio, der Barbier Hernando Bustamante, der Büttel Martín de Judícibus, der Lombardero Hans, die Seeleute Antón Hernández Colmenero, Juan Rodríguez de Huelva, Francisco Rodríguez, Diego Gallego, Nicolao de Nápoles und Miguel Sánchez de Rodas, die Schiffsjungen Juan Santandres, Vasco Gómez Gallego und Juan de Arratia, der Sobresaliente Antonio Pigafetta sowie der Page Juan de Zubileta, mit 16 Jahren der Jüngste von denen, die als Erste einmal um die ganze Erde gereist waren.

Wann genau wurde den Seefahrern bewusst, was sie vollbracht hatten? Die Erde zu umrunden war nicht Magellans Ziel gewesen, respektierte er doch die Grenzen, die der Vertrag von Tordesillas gezogen hatte. Seine Expedition sollte innerhalb der kastilischen Welthälfte bleiben. Auch als Magellans Nachfolger beschlossen, von Tidore nicht zurück nach Osten, sondern weiter nach Westen zu fahren, um an ihren Ausgangspunkt zurückzukehren, stand dahinter kaum die Absicht, eine welthistorische Tat zu vollbringen. Zumindest deutet nichts darauf hin. Ihnen ging es vor allem darum, möglichst rasch von den Molukken zu verschwinden, bevor dort eine portugiesische Armada eintraf. Als ihre Schiffe Mitte Dezember 1521 in Tidore mit Nelken beladen und zum Auslaufen bereit waren, blies der Monsun nach Südwesten. Letztlich war es also der Wind, der ihnen die Richtung vorgab.

Dass sich Elcano, Albo und Rodas der großen Risiken, die auf diesem Weg lauerten, bewusst waren, belegt das Zeugnis des Martín de Ayamonte. Als die drei Schiffsführer auf Timor die Route diskutierten, setzte Elcano sich durch, und man darf annehmen, dass er sich auch in den beiden anderen kritischen Momenten der Rückfahrt, zuerst an der Südostküste Afrikas und dann auf Santiago, für die Weiterfahrt starkgemacht hat. Somit hat der Baske am Ende der Reise eine ähnliche Rolle gespielt wie Magellan zu Anfang, ohne dessen Hartnäckigkeit die Flotte wohl nie den Weg durch die Meerenge bei 52° Süd gefunden hätte. Beide Male hatte die Entschlossenheit der Anführer ihren Preis.

Ihn bezahlten diejenigen mit dem Leben, die den Strapazen der folgenden Odyssee nicht gewachsen waren.

Magellan verlor sein Spiel auf Mactan, doch für Elcano sollte sich der hohe Einsatz auszahlen. Sein selbstbewusster Brief an den Kaiser ist das älteste Dokument, in dem von einer Umrundung der Erde gesprochen wird – wohlgemerkt erst, *nachdem* diese vollbracht war. So viel Stolz sich in Elcanos Worten ausdrückt, so sehr wussten er und seine Gefährten, dass sie unwahrscheinliches Glück gehabt hatten. Doch in ihrer Welt regierten nicht das Glück oder gar der Zufall, sondern der Gott der Christenheit. Ihm und der Fürsprache der Gottesmutter verdankten die Seefahrer ihren Triumph, und darum endete die erste Umsegelung der Erde mit einem Akt der Demut: mit einem Kniefall vor dem Bild der heiligen Maria.

Während die Beamten der Casa de la Contratación die Nelken aus dem Bauch der Vitoria holen, in Säcke füllen, abwiegen und in die Lagerräume bringen ließen – alles unter strengster Aufsicht –, eilte ein Bote mit Elcanos Brief nach Valladolid zu Kaiser Karl, der selbst erst im Sommer per Schiff über England nach Kastilien zurückgekehrt war. «Ich habe mich sehr gefreut», antwortete der Monarch am 13. September, «dass unser Herr euch heil zurückgebracht hat, und ich sage ihm dafür unendlichen Dank.» Karl forderte den Kapitän auf, sich umgehend an seinen Hof zu begeben, «denn ich möchte mich in allen Einzelheiten bei euch über die Reise, die ihr gemacht habt, und über das, was unterwegs geschehen ist, informieren». Elcano solle sämtliche Aufzeichnungen der Vitoria und zwei seiner Männer mitbringen, und zwar «die gescheitesten und mit dem größten Verstand». Was die 13 auf den Kapverden gefangenen Seeleute angehe, versicherte der Kaiser, habe er bereits das Nötige zu ihrer Befreiung in die Wege geleitet.

Elcanos Reisekosten sollte die Casa de la Contratación bestreiten, aber im Ausgabenbuch des Schatzmeisters findet sich kein solcher Posten. Daher können wir nur vermuten, wer den Kapitän der Vitoria an den Kaiserhof begleitete: Wahrscheinlich handelte es sich um Francisco Albo und den Barbier Bustamante, erschienen diese doch ebenso wie Elcano am 18. Oktober 1522 in Valladolid vor einem Richter, der sie zu einigen strittigen Aspekten der Fahrt befragte, unter anderem zur Meuterei in San Julián und zu Magellans Tod.

Pigafetta machte sich ebenfalls nach Valladolid auf, «wo ich Seiner Heiligen Majestät Don Carlos weder Gold noch Silber, sondern Dinge überreichte, die von einem solchen Herrn besonders geschätzt werden, darunter ein Buch, von eigener Hand geschrieben, über alle Dinge, die von Tag zu Tag auf unserer Reise passiert sind».

Von Valladolid reiste Pigafetta weiter nach Portugal, um auch König Dom João III. von seinen Erfahrungen zu berichten. Anschließend kehrte er über Frankreich, wo er der Mutter des Königs seine Aufwartung machte, nach Italien zurück. Dort weilte er am Hof des Herzogs von Mantua und im Vatikan und erreichte schließlich, vielleicht durch die Fürsprache Clemens' VII., am 3. Oktober 1524 die Aufnahme in den Johanniterorden. Dem Großmeister des Ordens, Philippe de Villiers de l'Isle-Adam, widmete Pigafetta eine ausgearbeitete, mit farbigen Karten geschmückte Version seines Reisetagebuchs. Was dann weiter aus dem Autor wurde, wissen wir nicht. Mit dem Eintritt in den Orden verabschiedet sich Pigafetta aus der Geschichte.

Am Kaiserhof in Valladolid machten irgendwann im Winter 1522/23 auch die anderen Heimkehrer ihre Aufwartung, einschließlich jener, die auf den Kapverden hängen geblieben waren und deren Freilassung Karl I. von Dom João III. erwirkt hatte. Zur Belohnung erließ der Kaiser allen den Zoll, der auf ihre Quintaladas fällig war. Die drei Schiffsführer und Martín Méndez, der Schreiber, erhielten Leibrenten. Vier der Rückkehrer wurden zu Rittern geschlagen: Elcano, Miguel de Rodas, Méndez und Bustamante. Karl verlieh ihnen Wappen, auf denen unter anderem Nelkenblüten und eine Erdkugel prangten sowie (mit leichten Abwandlungen) der lateinische Spruch «Primus qui circumdedit me»: der Erste, der mich umrundet hat.

Von den 13 Asiaten, die mit der Vitoria in See gestochen waren, landeten nur vier in Europa. Selbst wenn man die beiden Lotsen abzieht, die nach Erledigung ihres Auftrags in Timor von Bord gehen konnten, lagen ihre Verluste doch deutlich über denen der Europäer. Von diesen kehrten 30 zurück, also zwei von dreien. Bei ihren asiatischen Mitreisenden war das Verhältnis beinahe umgekehrt. Einer der vier Überlebenden, ein Christ aus Malakka namens Manuel, wurde auf den Kapverden festgehalten. Die anderen drei gelangten auf der Vitoria nach Sevilla und zogen von dort vermutlich mit Elcano nach Valladolid weiter.

Der Geschichtsschreiber Gonzalo Fernández de Oviedo, der einige der Heimkehrer interviewte, erzählt in seiner «Historia general y natural de las Indias», die Besucher von den Molukken hätten «den Kaiser, unseren Herrn, sehen und kennenlernen und sich über unsere Heimat und Reiche und das Volk in unserem Spanien informieren wollen. Unter ihnen kam ein Anführer, ein kluger Mann von einer solchen Gerissenheit, dass er, kaum in Kastilien angelangt, wissen wollte, wie viele Real einem Dukaten entsprachen, wie viele Maravedís einem Real und wie viel Pfeffer man für einen Maravedí in den verschiedenen Gegenden von Sevilla bis an den Kaiserhof erhielt. Und dort angekommen, ging er zu den Läden und Buden der Gewürzhändler, kaufte für einen Maravedí Pfeffer und informierte sich gründlich über den Wert, den die Gewürze bei uns haben.» Der Molukker habe so großen Geschäftssinn bewiesen, erzählt Oviedo, dass ihm untersagt wurde, jemals in seine Heimat zurückzukehren – aus Sorge, dass er den Produzenten in Asien verraten könnte, welch enormen Profit die europäischen Händler aus ihren Gewürzen zogen.

Der Profit aus der Nelkenfracht der Vitoria stand indes noch aus. Die Aufgabe, ihn zu realisieren, übertrug der Kaiser keinem anderen als Cristóbal de Haro, dem Kaufmann aus Burgos, der als Ideengeber, Finanzier und Organisator für Magellans Armada Pate gestanden hatte. Haro betraute wiederum seinen Agenten Diego Díaz mit der Abwicklung vor Ort. Díaz quittierte am 14. November 1522 in Sevilla die Übernahme von 415 Säcken Nelken mit einem Gesamtgewicht von 520 Quintal und 23 Pfund. Nach Abzug der Hafengebühr und einer Tara von sieben Prozent, die das Gewicht der Säcke, Ungenauigkeiten beim Wiegen und den Staubanteil ausgleichen sollte, blieben 480 Quintal und 58 Pfund übrig. Dazu kamen 19 Zentner 59 Pfund (netto), die die Seefahrer als Quintaladas mit nach Hause gebracht hatten und deren Liquidation die Firma Haro ebenfalls übernahm; nicht zu vergessen war darüber hinaus ein dreiviertel Zentner schwerer Sack mit Resten, die beim Ausfegen des Laderaums zusammenkamen.

Die Gesamtmenge belief sich somit auf gut 500 Quintal Nelken, die offenbar sehr rasch weiterverschifft wurden, denn am 21. Januar 1523 kam die Ware bereits in Antwerpen auf den Markt – ein derart denkwürdiges Ereignis, dass es sogar in der Antwerpener Stadtchronik erwähnt ist. Einen Käufer hatte Haro da schon längst gefunden: Heinrich Ehinger, Agent der Augsburger Gesellschaft Welser und ein rühriger Mann, der wenig später als treibende Kraft hinter einem deutschen Kolonisationsprojekt in Venezuela und als Sklavenhändler von sich reden machte. Ehinger kaufte 95 Prozent der Ware zu 42 Dukaten pro Quintal und beglich die Rechnung in zwei Tranchen auf den kastilischen Frühjahrsmessen des Jahres 1523. Der Rest wechselte zum selben Preis den Besitzer. Nachdem sämtliche Nelken abgestoßen waren, konnten Haro und der Kaiser 7 888 684 Maravedís auf ihrem Konto verbuchen. Dabei sollte es aber nicht bleiben.

Sobald die Vitoria im Muelas-Hafen festgemacht hatte, löschten Arbeiter der Handelsagentur nicht nur die Nelkenfracht, sondern holten alles vom Schiff, was noch einen Wert besaß: Geschütze, Takelage, Reste der für den Tauschhandel mitgeführten Waren sowie kleinere Mengen Zimt, Muskat und Sandelholz, die die Seefahrer in Ostasien erstanden hatten, um sie zu Hause als Proben herzuzeigen. Haro erhielt vom Kaiser den Auftrag, auch diese Dinge zu versilbern, was weitere 278 225 Maravedís in die Kassen spülte.

Und dann kam die Vitoria selbst unter den Hammer. Am 16. Februar 1523 um fünf Uhr nachmittags stieg Haros Agent Diego Díaz auf die Gradas, die etwas erhöhte Plattform vor der Kathedrale, die Sevillas Händlern seit alters als Treffpunkt diente, und rief das Schiff, das einmal die Erde umrundet hatte, zur öffentlichen Versteigerung aus. Das Gesamtpaket beinhaltete auch mehrere Anker, Segel, Wanten, Taue, Pumpen, Kompasse, ein paar kleinere Büchsen, «fünf alte Armbrüste, nicht sehr gut», und «zwei Schwerter, in der Mitte durchgebrochen».

Trotz des umfangreichen Angebots kam die Versteigerung nur langsam in Gang. Nachdem am ersten Tag nur ein Gebot von 150 Dukaten eingegangen war, wurde sie fürs Erste vertagt. Zwei Tage später bot jemand 160 Dukaten – noch immer zu wenig in den Augen des Auktionators. Erst als ein dritter Bieter einstieg, kam Schwung in den Handel. Der Preis stieg auf 220 Dukaten. Doch auch damit gab sich Díaz nicht zufrieden. Tag für Tag ließ er die Vitoria auf den Gradas feilbieten. Am 26. Februar ließ er ausrufen, dass derjenige, der bereit sei, 285 Dukaten zu zahlen, das Schiff haben solle. Prompt erschien wieder der erste Bieter, ein Kaufmann aus Genua, und erhielt den Zuschlag. Abzüglich der Transaktionskosten blieben 106 278 Maravedís übrig, etwas mehr als ein

Drittel dessen, was der königliche Faktor Juan de Aranda seinerzeit für das Schiff hingelegt hatte.

Der Käufer ließ die Vitoria wieder flottmachen. Aus notariellen Dokumenten geht hervor, dass sie im Jahr 1525 für eine Atlantiküberquerung von Sevilla nach Santo Domingo ausgerüstet wurde. Danach verliert sich ihre Spur. Nur Oviedo wusste zu berichten, dass die Vitoria noch zweimal nach Santo Domingo gefahren sei, doch «auf dem Rückweg nach Spanien ging sie verloren, so dass man nie wieder etwas von ihr oder von den Leuten, die auf ihr fuhren, gehört hat».

Zu den Erträgen aus der Liquidation der Vitoria konnte Cristóbal de Haro noch die Erlöse aus dem Verkauf der Waren hinzurechnen, die im Mai 1521 mit der San Antonio nach Sevilla zurückgekommen waren. Auch dieses Geschäft hatte der Kaufmann aus Burgos in seine Hände genommen. Nach einer Überschussrechnung, die im spanischen Indienarchiv erhalten ist, belief sich der Umsatz des Unternehmens am Ende auf 8 680 551 Maravedís, rund 23 150 Dukaten. Nach Abzug der Kosten für die Ausrüstung der Armada blieb ein vergleichsweise bescheidener Gewinn von 346 216 Maravedís zurück, den sich der Kaufmann und der Kaiser gemäß der Höhe ihrer Einlagen aufteilten.[1]

Wohl dieser Bilanz wegen liest man oft, dass Magellans Armada mit einem positiven Saldo abgeschlossen habe. Aber das ist nicht korrekt, berücksichtigt die erwähnte Abrechnung doch nur die Kosten bis zur Abreise. So fehlen etwa die Spesen, die der Casa de la Contratación durch die Ankunft der Vitoria entstanden. Was aber weitaus mehr ins Gewicht fällt: In der Rechnung sind weder die über die Jahre aufgelaufenen Gehälter der Besatzung noch deren Anteil am Erlös aus dem Nelkenverkauf enthalten. Beides stand nicht nur den Heimkehrern zu, sondern auch den Erben derer, die unterwegs gestorben oder verschollen waren, und zwar bis zum Tag ihres Hinscheidens – daher auch das penible Sterberegister.

Wie hoch das Defizit am Ende war und zu wessen Lasten es ging, ist schwer zu sagen. Bislang hat sich niemand die Mühe gemacht, das Thema systematisch zu untersuchen – verständlicherweise, zogen sich das Gezerre um die Verluste und die Prozesse mit den Erben doch über Jahrzehnte hin; die Akten dazu sind so umfangreich wie lückenhaft. Um welche Dimensionen es ging, verrät aber eine Aufstellung von finanziellen Zuwendungen, die Haro im Lauf der Jahre von der Krone erhalten haben soll. Darin steht, im April 1524 habe der Kaufmann 12 300 Golddukaten entgegengenommen, um Schulden bei der Besatzung der Vitoria zu begleichen. Allein dieser Posten würde das Defizit der Armada um fünfzig Prozent vergrößern.

Man sollte meinen, dass ein solches Resultat den Investoren die Lust auf weitere Gewürzabenteuer in Südostasien austrieb. Aber das Gegenteil war der Fall. Wollten sie nicht auf den Verlusten sitzen bleiben, mussten diese durch zukünftige Gewinne ausgeglichen werden. Neue Flotten mussten auf Kiel gelegt und zu den Molukken entsandt werden, die nun, da Magellan den Weg durch die Meerenge gewiesen hatte, gewiss profitabler sein würden. Zu diesem Zweck gründete die kastilische Regierung eigens eine Handelsagentur für das Gewürzgeschäft, eine «Casa de la Contratación de la Especiería» mit Sitz in der galizischen Hafenstadt La Coruña und – wem sonst? – Cristóbal de Haro als Direktor. Die Ortswahl kann man als Frühform regionaler Strukturpolitik bezeichnen, sollte damit doch der Norden Spaniens gegenüber Andalusien, das am meisten vom Atlantikboom profitierte, gestärkt werden.

Von La Coruña aus stach im Juni 1525 die nächste Molukken-Armada in See, sieben Schiffe unter dem Kommando des Komtur García Jofre de Loaísa. Mit an Bord: Juan Sebastián de Elcano, der in den Ritterstand aufgestiegene Barbier Hernando de Bustamante und die Lombarderos Roldán de Argot und Hans aus Aachen. Die Expedition wurde ein totales Fiasko: Nur eines der sieben Schiffe erreichte die Molukken, wo sich seine Besatzung in einem jahrelangen Kleinkrieg gegen die Portugiesen verzettelte. Elcano war schon während der Pazifiküberfahrt gestorben. Nur Meister Hans aus Aachen kehrte am Ende über Indien nach Europa zurück und war somit der erste Mensch, der die Erde zweimal umrundete.

Bereits im Frühjahr 1524 war in der Stadt Badajoz an der Grenze zwischen Kastilien und Portugal eine Expertenkommission zusammengekommen. Juristen, Steuermänner und Kosmographen aus beiden Königreichen sollten die schwierige Frage, ob die Molukken nun zur kastilischen oder zur portugiesischen Erdhäfte gehörten, in einem wissenschaftlichen Disput klären. Wenig überraschend waren alle von kastilischer Seite berufenen Fachleute der Ansicht, die Molukken lägen in Kastiliens Hälfte. Zur Begründung zitierten sie den antiken Geographen Ptolemäus, dessen Weltbild in Fachkreisen zunehmend als überholt galt.

In Badajoz traten auch 16 Heimkehrer der Vitoria in den Zeugenstand, merkwürdigerweise aber nicht Francisco Albo, der als Steuermann sicherlich Fundierteres zum Thema hätte sagen können als die befragten Matrosen. Über Albos weiteren Lebensweg ist nichts bekannt. Sein Logbuch, immerhin das detaillierteste nautische Dokument zu Magellans Armada, verschwand in der Schublade und kam erst gegen Ende des 18. Jahrhunderts wieder ans Licht – womöglich ein Hinweis darauf, dass sein Inhalt politisch nicht opportun war?

Im Februar 1525 verheiratete Karl seine jüngere Schwester Catalina mit dem portugiesischen König Dom João III. Ein Jahr später ehelichte der Kaiser wiederum dessen Schwester Isabel. Unter Verwandten bemühte man sich um eine gütliche Einigung, und so gab die spanische Krone im Vertrag von Zaragoza 1529 ihre Ansprüche auf die Molukken zugunsten Portugals auf. Das fiel ihr umso leichter, als die Loaísa-Expedition die Hindernisse, die einem geregelten Schiffsverkehr zwischen Spanien und den Molukken auf der Südwestroute entgegenstanden, endgültig vor Augen geführt hatte. Das hinderte Karl freilich nicht daran, sich von seinem Schwager mit 350 000 Golddukaten für seinen Verzicht entschädigen zu lassen. So hatte sich das molukkische Abenteuer für die kastilische Krone am Ende doch ausgezahlt.

Das Geläut der Hochzeitsglocken auf der Iberischen Halbinsel drang bis zu den portugiesischen Autoritäten in Indien und stimmte sie gnädig. Die letzten vier Überlebenden der Trinidad, die seit 1523 in Cochin ein elendes Dasein fristeten, durften um die Jahreswende 1525/26 in die Heimat zurückkehren: Gonzalo Gómez de Espinosa, Ginés de Mafra, der deutsche Lombardero Hans Barge und der Seemann Juan Rodríguez el Sordo. Alle anderen waren vom Fieber dahingerafft worden oder verschollen. Nur die beiden Genuesen Giovanni Battista und Leone Pancaldo hatten es schon vorher mit Hilfe von Landsleuten geschafft, sich als blinde Passagiere nach Lissabon einzuschiffen. Bei einem Zwischenstopp in Mosambik wurden sie jedoch entdeckt und an Land gesetzt. In einem Brief klagten sie dem Kaiser ihr Leid und baten um Rettung. Battista erkrankte bald darauf und folgte, ohne es zu wissen, seinem Sohn Domingo ins Grab, der im Juni 1522 vor der Guineaküste gestorben war.

Pancaldo glückte es, abermals heimlich an Bord eines portugiesischen Seglers und auf diesem zurück nach Europa zu gelangen. Er kehrte in seine Heimatstadt Savona an der ligurischen Küste zurück und erklärte, nie wieder ein Schiff besteigen zu wollen. Doch im Jahr 1536 ließ sich der inzwischen weit über Fünfzigjährige von den Sirenengesängen, die nach der Eroberung Perus über den Atlantik schallten, zu einer neuerlichen Fahrt durch die Magellanstraße verleiten. Die Durchfahrt misslang, und Pancaldo starb 1540 im neu gegründeten Buenos Aires an der La-Plata-Mündung.

Die letzten vier Überlebenden der Trinidad verdingten sich mit Erlaubnis des Gouverneurs in Goa auf portugiesischen Schiffen. Nachdem Rodríguez el Sordo ihnen vorausgefahren war, betraten im Juli 1526 auch Gómez de Espinosa, Ginés de Mafra und Hans Barge wieder europäischen Boden. Mit ihnen hatten insgesamt 35 von Magellans Männern die Erde umrundet. Barge starb allerdings noch in Lissabon im Gefängnis. Und Espinosa musste, nach Sevilla zurückgekehrt, der Krone erst mit einem Prozess drohen, bevor diese seine Gehaltsansprüche während der Gefangenschaft anerkannte. Schließlich erhielt aber auch er eine Leibrente und eine Prämie, wurde geadelt und lebte noch viele Jahre als angesehener Bürger in Sevilla.

Als Ginés de Mafra nach acht Jahren Abwesenheit 1527 in seinem Heimatort Palos de la Frontera in Andalusien eintraf, erlebte er eine böse Überraschung: Seine Frau – überzeugt, ihr Mann sei tot – hatte ihr gemeinsames Haus veräußert und sich einen neuen Partner gesucht. Ginés de Mafra verklagte die Abtrünnige auf Ehebruch, allerdings ist nicht bekannt, wie das Verfahren ausging. In den 1530er Jahren versuchte er sein Glück in Amerika und heuerte 1542 schließlich als Steuermann auf der Armada des Ruy López de Villalobos an, der von Mexiko über den Pazifik setzte und den Philippinen ihren heutigen Namen gab. Ein unbekannter Autor brachte die Reiseerinnerungen des Seemanns in Buchform; publiziert wurden diese jedoch erst im 20. Jahrhundert.

Und was wurde aus Magellans Familie? Sein Vetter Alvaro de la Mesquita, der seit der Rückkehr der San Antonio im Mai 1521 zunächst in Sevilla, dann in Burgos im Kerker geschmachtet hatte, kam im Oktober 1522 endlich frei, wie Herrera berichtet. Bald darauf bemühte sich Dom João III., seinen Untertan nach Portugal zurückzuholen, und versprach ihm dafür Sicherheiten und Vergünstigungen. Sollte Mesquita dieser

Einladung gefolgt sein, dann kehrte er ohne seinen Sohn Francisco nach Hause zurück, der als Page auf der Trinidad mitgefahren und dem Massaker auf Cebu zum Opfer gefallen war.

Magellans Sohn Rodrigo war, als die Armada im August 1519 ablegte, erst sechs Monate alt und seine Frau Doña Beatris zu diesem Zeitpunkt bereits wieder schwanger. Beiden Sprösslingen, dem geborenen wie dem ungeborenen, stellte der Santiago-Ritter in seinem Testament eine leuchtende Zukunft als Erben von Herrschaft und Reichtümern in Übersee in Aussicht. Wie wir wissen, starb Magellan, bevor er seine Entdeckungen ausmünzen konnte. Aber selbst wenn er siegreich zurückgekehrt wäre, hätte er seine Familie wohl nicht mehr angetroffen. Rodrigo wurde, keine drei Jahre alt, im Herbst 1521 aus dem Leben gerissen – zu jener Zeit kein seltenes Schicksal. Ein Geschwisterchen hatte er nie gehabt, denn Doña Beatris erlitt in ihrer zweiten Schwangerschaft eine Fehlgeburt. Sie selbst schied, ebenfalls viel zu jung, im März 1522 dahin – Monate bevor die Vitoria mit der Nachricht vom Tod ihres Mannes in Sevilla eintraf.

Ein knappes Jahr zuvor hatte Doña Beatris die Rückkehr der San Antonio und die damit verbundenen Demütigungen erleben müssen: die Anschuldigungen, die Estevão Gomes und seine Mitverschwörer gegen ihren Mann erhoben, das plötzliche Misstrauen gegen ihre Familie, die Überwachung, die der mächtige Fonseca daraufhin über sie und ihren Sohn verhängte. Gut möglich, dass diese deprimierenden Erlebnisse, gefolgt vom Tod ihres einzigen Kindes, ihr vorzeitiges Ende mitverursachten. Aber letztlich ist das nur Spekulation. Ebenso gut könnte Doña Beatris einer der vielen Seuchen, die in Sevilla grassierten, zum Opfer gefallen sein. Außer dass sie mit einem berühmten Seefahrer verheiratet war und dieser von ihrem Vater eine Mitgift von 600 000 Maravedís erhielt, wissen wir fast nichts über diese junge Frau des 16. Jahrhunderts, weder über ihren Charakter, ihr Aussehen noch über die Gefühle, die sie mit ihrem Mann verbanden.

Als einziger Verwandter Magellans in Sevilla blieb damit Diogo Barbosa übrig. Der alte Alcaide bemühte sich redlich, das Ansehen seines verblichenen Schwiegersohns zu retten. Er prozessierte gegen Gomes, der vor der Reise einige Habseligkeiten bei Barbosa untergestellt hatte, die dieser nach allem, was Gomes sich geleistet hatte, nicht herausrücken wollte. Der fahnenflüchtige Steuermann kam im Übrigen glimpflich davon. Auf Leute mit seinen Fähigkeiten konnte die Krone schlecht verzichten. Heiß umworben von Dom João III., schloss Gomes 1523 mit Karl I. einen Vertrag über die Entdeckung von Ost-Cathay, China, auf dem Weg durch eine hypothetische Nordwestpassage.

Indessen schrieb Diogo Barbosa seiner kaiserlichen Majestät einen Brief, in dem er sich bitterlich über die Ungerechtigkeiten beschwerte, die Magellan widerfahren seien, wie auch über die Steine, die Recalde und andere dem Seefahrer vor der Abfahrt in den Weg gelegt hätten. Der ehemalige Indienfahrer geizte auch nicht mit Tipps, was jetzt zu tun war, um Magellans Entdeckungen in Ostasien für Spanien zu behaupten: etwa große Flotten zu entsenden und steinerne Festungen zu bauen. Vor allem aber hielt Barbosa es für dringend geboten, «diejenigen zu bestrafen und zu vernichten, bei denen der Kapitän Fernán de Magallanes starb».

Ganz so uneigennützig war Barbosas Einsatz für das Ansehen seines Schwiegersohns nicht. Indem er ihm seine Tochter zur Frau gab, hatte er große Hoffnungen in Magellan gesetzt, auch in finanzieller Hinsicht – man denke nur an die hohe Mitgift. Um diese Investition nicht völlig abschreiben zu müssen, strengte auch Barbosa einen Prozess gegen die Krone an, mit dem Argument, er sei Magellans rechtmäßiger Erbe. Das Verfahren ging jahrelang durch die Instanzen und wurde nach dem Tod des Alcaide von dessen Sohn Jaime fortgeführt. Am Ende kam außer horrenden Prozesskosten nicht viel dabei heraus. Dafür tauchten bald andere Prätendenten auf, allen voran Diogo de Sousa, der den Indienrat 1524 davon überzeugte, ihm einen Teil des Gehalts seines Bruders auszuzahlen. Noch mehr als vierzig Jahre später versuchte ein entfernter Verwandter des inzwischen legendären Seefahrers mit geradezu groteskem Aufwand, dessen nicht minder legendäres Erbe für sich einzuklagen – ohne Erfolg. Aber wenigstens gab das gute Dutzend Zeugen, das der Kläger aufmarschieren ließ, viele interessante Details zur Familie des Ritters aus Porto zu den Akten.

Magellan wären die juristischen Obsessionen seiner Nachfahren wohl nicht befremdlich vorgekommen. Doch er hatte ihre allzu irdischen Sorgen hinter sich gelassen und befand sich längst auf dem Weg zu den Sternen.

# 15. Magellan – der Mensch und sein Mythos

Die Nao Vitoria, die einmal den ganzen Erdball umrundet hatte, war im Herbst 1522 die große Sensation am Kaiserhof in Valladolid. Alle Welt riss sich um die Seefahrer, die auf ihr zurückgekehrt waren. Immer wieder mussten Elcano, Albo und Bustamante ihre Geschichte erzählen, und die Beamten und Gelehrten am Hof beeilten sich, ihren Verwandten und Freunden anderswo in Europa per Brief davon Kunde zu geben. Jeder wollte als Erster mit der Sensationsmeldung aufwarten.

Für die Erzählungen der Heimkehrer interessierte sich damals auch ein kaiserlicher Sekretär von unklarer Herkunft, der mit einer Nichte des Cristóbal de Haro verheiratet war und in Humanistenkreisen als Maximilianus Transylvanus auftrat. «Jeden Tag besuchte Juan Sebastián, der Kommandant der Seefahrer, Maximilianus Transylvanus und seinen angeheirateten Onkel», erinnerte sich später ein anderer Höfling: «Er erzählte ihnen, so gut wie es ging, jedes Detail der Expedition.» Aus dem mehrtägigen Gespräch ging ein langer Brief hervor, den Transylvanus am 24. Oktober 1522 an seinen früheren Dienstherrn Kardinal Matthäus Lang von Wellenburg, Erzbischof von Salzburg, adressierte und der bereits im Januar 1523 in Köln unter dem Titel «De Moluccis insulis epistola» (Brief von den molukkischen Inseln) als gedrucktes Buch erschien. Dadurch erhielt die gelehrte Öffentlichkeit in Europa detailliertere Kenntnis von der ersten Umrundung der Erde.

Während Transylvanus die Überlegungen, die hinter Magellans Expedition standen, einleuchtend darstellt, widerspricht seine Schilderung der Fahrt in vielen Punkten den Augenzeugenberichten. Diese Widersprüche mögen auf die Fantasie des Autors, seinen Informanten Elcano oder auf Missverständnisse zurückgehen – sie machen aus dem Molukken-Brief, was die Rekonstruktion der Ereignisse angeht, eine problematische Quelle. Aber für die Wahrnehmung der Expedition durch die Nachwelt ist der Brief ein umso wichtigeres Dokument. Magellan wird darin als «berühmter Portugiese» und «Kommandant portugiesischer Schiffe» eingeführt, der «die Küsten des gesamten Orients durchwandert» hatte. Mit diesen wenn auch nicht ganz falschen, so doch stark übertriebenen Behauptungen legte Maximilianus Transylvanus den Grundstein für den Mythos vom genialen Seefahrer Magellan.

Am Ende hob der Humanist allerdings nicht den Generalkapitän, sondern dessen Schiff in den Himmel. Die Matrosen der Vitoria seien «fürwahr würdiger, mit ewigem Andenken gefeiert zu werden, als die Argonauten, die mit Jason nach Kolchis segelten. Das Schiff aber verdient viel mehr, dass man es zwischen den Sternen platziert, als jene antike Argo. Diese ist nämlich nur durch das Schwarze Meer gesegelt, unsere aber ist, von aus Sevilla nach Süden und von dort durch den gesamten Westen und durch die untere Hemisphere nach Osten fahrend, wieder in den Westen zurückgekehrt.»

Derselbe Stolz auf die Leistung der Vitoria und ihrer Mannschaft spricht auch aus anderen Humanisten wie etwa dem Königlichen Rat Petrus Martyr, einem noch eifrigeren Briefschreiber als Transylvanus und dessen Lehrer. Die schon zu Lebzeiten gedruckte, mehrmals erweiterte Briefsammlung des gebürtigen Italieners birgt eine umfassende Chronik der spanischen Eroberungen von Kolumbus bis Magellan und Cortés. Was sei schon die Reise der Argo, verglichen mit jener der Vitoria, fragt Petrus Martyr: «Viel kleiner als der Nagel eines Giganten!» Hier drückt sich das Hochgefühl aus, in einer neuen Zeit zu leben, deren «unerhörte» Leistungen sogar die der bewunderten griechischen Antike in den Schatten stellten. Den Initiator der Fahrt bedachte Petrus Martyr dagegen mit Hohn. Nachdem er Magellans Tod auf Mactan geschildert hatte, schloss der Humanist: «So setzte der gute Portugiese Magaglianus seiner Gier nach Gewürzen ein Ende.»

Die spanischen Geschichtsschreiber von Oviedo bis Herrera übernahmen das Bild der Vitoria als Ikone einer neuen Zeit. Aber anders als Petrus Martyr zollten sie Magellan als Schiffsführer gebührenden Respekt, vor allem seiner Entdeckung und Passage der Meerenge, die im ersten, 1555 erschienenen Teil von Oviedos «Historia general y natural de las Indias» bereits den Namen Magellanstraße trägt. Über die Motive des Seefahrers machte sich Oviedo freilich keine Illusionen. In seiner Kapitulation habe man ihm «eine so große Belohnung versprochen, dass er glaubte, ein großer Herr zu werden», und die Tochter des Komtur Barbosa habe er nur geheiratet, «damit man seiner Person mehr Vertrauen entgegenbrachte».

Auch die portugiesischen Geschichtsschreiber entwarfen ein differenziertes Bild von Magellan. Einerseits konnten sie nicht umhin, seiner Persönlichkeit und Leistung Respekt zu zollen; andererseits hatte der Ritter sein Land verraten und damit Schande auf sich und seinen Namen geladen. Für Damião de Góis, Verfasser einer 1566 veröffentlichten «Chronik des sehr glücklichen Königs Dom Manuel», war Magellan zwar ein «Mann aus gutem Hause», der «von sich stets das Zeugnis ablegte, das Männer geben, die es mit der Ehre halten», ein «Mann mit großer Energie und sehr erfahren in nautischen Dingen». Aber auch einer, der sich nicht davon abbringen ließ, «der Krone dieses Reiches einen enormen Bärendienst zu erweisen, aus dem so viel Ärger und Kosten entstanden».

Weitaus schärfer fiel das Urteil von João de Barros aus, der kaum ein gutes Haar an seinem Landsmann ließ: «Und weil der Teufel in der menschlichen Seele stets irgendwelche Dinge in Bewegung setzt, die in Freveltaten enden, schuf er einen Anlass, dass Fernão de Magalhães sich mit seinem König und seinem Land überwarf und schließlich auf Abwegen endete.» Das angebliche Zerwürfnis zwischen Magellan und Dom Manuel – «bei dem es, *wie man sagt*, auch um die Erhöhung seiner Moradia ging» – nimmt in Barros' Darstellung viel Raum ein. Damit schuf der «portugiesische Titus Livius» ein zentrales Element des Magellan-Mythos, das bis heute in keiner Biographie des Seefahrers fehlt.

Was man zu jener Zeit in Portugal von Magellan dachte, hat der Dichter der «Lusiaden», Luís de Camões, auf den Punkt gebracht: «In seiner Tat wahrhaft Portugiese, nicht aber in seiner Treue.»

Während das Bild, das die meisten Autoren des 16. Jahrhunderts von Magellan zeichneten, voller Schattierungen ist, erhob einer den Entdecker der Meerenge nachgerade zur Lichtgestalt: Antonio Pigafetta. Der Patrizier aus Vicenza hoffte, dass «der Ruhm eines so edelmütigen Kapitäns in unserer Zeit nicht verblassen sollte. Zu all den Tugenden, die er sein Eigen nannte, zählte jene, dass er im schwersten Sturm standhafter blieb als jemals irgendein Mann. Er ertrug den Hunger besser als alle anderen, und er verstand sich auf das Kartenlesen und die Navigation genauer als sonst ein Mann auf der Welt. Und dass das die Wahrheit ist, sieht man deutlich daran, dass kein anderer so viel Genie und

Allegorische Darstellung von Magellans Erdumsegelung. Links Feuerland, darüber der Riesenvogel, der einen Elefanten trägt, rechts ein patagonischer Riese, der einen Pfeil verschluckt. Kupferstich nach einer Zeichnung von Jan van der Straet, um 1580

Eifer besaß, um einmal die Welt umrunden zu können, wie er es fast getan hatte.»

Die Bewunderung, die Pigafetta seinem Generalkapitän entgegenbrachte, spricht aus jeder Seite seines Reiseberichts. Umso schmerzhafter wird es für ihn gewesen sein, nach seiner Rückkehr in Valladolid mitansehen zu müssen, wie die Schiffsführer der Vitoria, namentlich Elcano, als Helden geehrt wurden, während ein Petrus Martyr für Magellan nur Häme übrig hatte. Mit seinem Buch wollte Pigafetta erklärtermaßen für sein verblichenes Idol eine Lanze brechen.

Pigafettas Bericht erschien 1526 in einer gekürzten französischen Fassung; diese wiederum, ins Italienische rückübersetzt, fand 1559 Eingang in Giovan Battista Ramusios vielgelesenes Kompendium «Von den Seefahrten und Reisen». Viele Autoren des 16. Jahrhunderts, namentlich Oviedo, haben Pigafettas Urteil über Magellan durchaus zur Kenntnis genommen, aber keiner hat es sich zu eigen gemacht. In den folgenden 200 Jahren wurde sein Büchlein immer mehr zu einer Rarität, das man in den Bibliotheken suchen musste.

Das änderte sich erst, als Carlo Amoretti in der Biblioteca Ambrosiana eine italienische Version von Pigafettas Reisebericht entdeckte und im Jahr 1800 unter dem Titel «Primo viaggio intorno al globo terracqueo» – Erste Reise rund um den Erdglobus – herausgab. Der von dem Mailänder Bibliothekar entdeckte Text war um einiges detailreicher als die aus dem 16. Jahrhundert bekannte Fassung. Zwar hatte Amoretti offenbar kein vom Autor eigenhändig geschriebenes Exemplar gefunden, aber eine ziemlich wortgetreue Abschrift jenes verloren geglaubten Buches, das Pigafetta seinerzeit dem Großmeister des Johanniterordens gewidmet hatte. Die Entdeckung kam einer Sensation gleich. Französische, deutsche und englische Übersetzungen folgten auf dem Fuße. Die Gelehrten in Europa begannen sich näher für jenen Mann zu interessieren, dessen Taten Pigafetta so anschaulich schilderte.

Damals dürften auch die beiden «Nebel», die Pigafetta am Südhimmel gesehen hatte, mit dem Namen des portugiesischen Seefahrers verbunden worden sein. In Sternkarten des 18. Jahrhunderts werden diese zumeist als «Nubecula maior» bzw. «minor», Großes und Kleines Wölkchen, bezeichnet, so auch noch im «Celestial Atlas» des Schotten Alexander Jamieson von 1822.[1] Wenig später, in seinem ab 1836 publizierten «Examen critique de l'histoire de la géographie du Nouveau Continent», sprach Alexander von Humboldt bereits wie selbstverständlich von den «Nuages de Magellan», den Magellanschen Wolken. Aus dem Entdecker einer Meerenge war der von Galaxien geworden.

Humboldt erklärte Magellan zum Protagonisten einer «Geschichte der Wissenschaften», die den «Fortschritt der Intelligenz» zum Inhalt habe. Er stellte den auf Mactan gescheiterten Ritter in eine Reihe mit Dias, Kolumbus und Gama, die «große Erfolge auf der Bahn der Entdeckungen» erreicht hätten. Damit war auch die Bahn für Magellans postume Karriere als Ahnherr europäischer Welterkundung vorgezeichnet. Nachdem er für seine Landsleute stets ein Verräter, für die Spanier ein Fremder und für protestantische Autoren ein Scherge des katholischen Imperialismus gewesen war, wurde der portugiesische Fidalgo nun zum Helden der Geographie, einer Leitwissenschaft des 19. Jahrhunderts, verklärt.

1837 gab der Marineoffizier und Historiker Martín Fernández de Navarrete die wichtigsten Dokumente zu Magellans Expedition aus dem Archivo General de Indias, darunter Albos Logbuch, erstmals heraus.

Dieser Pioniertat folgten in der zweiten Hälfte des Jahrhunderts bis etwa 1920, als sich die Entdeckung der Magellanstraße zum 400. Mal jährte, eine Vielzahl von Studien, Biographien, Quellensammlungen und Übersetzungen in europäische Sprachen. Magellans Bild wuchs dabei immer mehr ins Monumentale. Der in Cambridge lehrende Geograph Francis Guillemard feierte den «First Circumnavigator» 1890 als «Autor eines Kapitels der Weltgeschiche», der «zur Unsterblichkeit bestimmt» gewesen sei. Oskar Koelliker, Verfasser einer deutschen Darstellung der ersten Erdumsegelung, nannte Magellan 1908 gar einen «Übermenschen».

Ihren Zenit erreichte die Verherrlichung bei Stefan Zweig, der «die Tat des Mannes, der meinem Empfinden nach das Großartigste geleistet in der Geschichte der Erderkundung», 1936 in der Schiffsbibliothek eines Atlantikdampfers «bewundern» gelernt hatte. In Magellans Reise erkannte Zweig «die herrlichste Odyssee in der Geschichte», ja «eines der heiligen Märchen der Menschheit». Nur zwei Jahre später erschien seine romanhafte Erzählung über den «Mann und seine Tat» – bis heute eines der am meisten verbreiteten und übersetzten Bücher zum Thema.

Je höher Zweig den «größten Seefahrer der Geschichte» in den Himmel hob, desto vernichtender fiel sein Urteil über jenen philippinischen Datu aus, der Magellan in eine tödliche Falle gelockt hatte: «Ein Genius, der wie Prospero die Elemente gemeistert, der alle Stürme besiegt und Menschen bezwungen, wird gefällt durch ein lächerliches Menscheninsekt Silapulapu!» Dass ein Genie von Magellans Format durch «einen braunen Lümmel, der keine ungeflickte Matte in seiner dreckigen Hütte hat», bezwungen wurde, konnte der von den Nazis verfolgte Autor offenbar nicht verwinden.

In den 80 Jahren seit dem Erscheinen von Zweigs Magellan-Buch hat sich nur ein deutschsprachiger Autor ernsthaft mit dem großen Seefahrer und seinem Mythos auseinandergesetzt. Rüdiger Siebert porträtierte ihn 1987 als «Entdecker im Zwielicht». Für den damaligen Leiter des Indonesischen Programms der Deutschen Welle war Magellan ein Vorreiter des Nord-Süd-Konfliktes, einer von jenen, die «mit dem eigenen Leben dafür bezahlt haben, daß Europas Gewinnstreben einen ganzen Planeten umfassen kann … Europas Vormacht in den Teilen der Welt, die heute die Dritte Welt genannt werden, resultiert aus der Geschichte, die sich in dieser ersten Umsegelung der Erde widerspiegelt.»

Der antiimperialistische Gestus von Sieberts Magellan-Kritik bedarf aus heutiger Sicht ebenso der Historisierung wie Zweigs verzweifelter Versuch, sich am Genie des großen Entdeckers zu berauschen. In beiden Interpretationen erscheint Magellan als tragischer Held einer Geschichte, die in Europa ihren Ursprung hat und die einmal vom Fortschritt der Menschheit, im anderen Fall von der Unterwerfung der Welt erzählt. Der historische Kontext, in dem Magellan handelte, und die tatsächlichen Spielräume seines Handelns geraten bei beiden aus dem Blick.

In der Menschheitsgeschichte gab es unzählige Magellane: Männer und Frauen, die sich ins Unbekannte hinauswagten und den Horizont menschlicher Erkenntnis ausweiteten. Die meisten sind namenlos geblieben wie die Polynesier, die in ihren tausendjährigen Reisen den Pazifik besiedelten. Andere Namen sind verblasst wie die von João de Solis, Vicente Yáñez Pinzón oder Lucas Vázquez de Ayllón, um nur einige von denen zu nennen, die mit weniger Glück als Magellan versuchten, einen Seeweg durch die amerikanische Landmasse nach Westen zu finden.

Dass die Polynesier nicht die Erde umrundet haben oder dass Solis und Pinzón gescheitert sind, heißt nicht, dass sie weniger «geniale» Seefahrer als Magellan waren. Ob ein Mensch auf dem Meer triumphiert oder untergeht, hängt am Ende weniger von seinem Können und seiner Ausdauer als von anderen Gewalten ab, mit denen er zu ringen hat. Wir denken dabei an die Naturgewalten, deren Kontrolle sich dem Menschen entzieht, allen voran den Wind; Magellan und Pigafetta hätten wohl zuerst die Gewalt Gottes genannt, der Mensch und Natur in der Frühen Neuzeit ausgeliefert waren. Aber es sind noch andere Mächte im Spiel, wenn aus einem ehrgeizigen Ritter ein ruhmreicher Entdecker wird: die Gesellschaft und die Zeit, in die er hineingeboren wurde.

Angenommen, die europäische Gesellschaft des 16. Jahrhunderts hätte kein Vertragsrecht und keinen Fernhandel gekannt, keinen Zugang zur griechischen und arabischen Naturphilosophie gehabt, hätte keine hochseetüchtigen Schiffe bauen, keine Geschütze gießen können, sie wäre nicht vom Kreuzzugseifer der Ecclesia militans und ihre Könige wären nicht von Machthunger besessen gewesen: Ohne diese Voraussetzungen hätte Magellan seine große Tat schwerlich vollbringen können. Und hätte sich diese Gesellschaft nicht zu einer globalen Zivilisation weiterentwickelt, seiner Tat wäre wohl nie welthistorische Bedeutung beigemessen worden.

Laut Sydney Hook gibt es «eine natürliche Tendenz, den Anführer mit den Erfolgen zu verbinden, die unter seiner Führerung errungen wurden, auch wenn diese Errungenschaften, ob gute oder schlechte, eher trotz als wegen seiner Führung zustande gekommen sind». Damit soll nicht gesagt sein, dass Magellan wenig zum Gelingen der ersten Erdumsegelung beigetragen oder dass er nicht Beachtliches geleistet hätte. Aber er hat weder die beiden Galaxien entdeckt, die heute seinen Namen tragen, noch hatte er jemals im Sinn, die Erde einmal ganz von Osten nach Westen zu umfahren. Auch wenn Pigafetta dies behauptet, ist von Magellan selbst keine Aussage überliefert, die darauf hindeutete. Ein solches Unterfangen hätte auch gänzlich seinem Plan widersprochen, eine Handelsroute nach Ostasien durch die kastilische Erdhälfte zu erschließen.

Auch dieser Plan entsprang keineswegs Magellans Hirn, sondern er wurde in Kastilien seit mindestens zehn Jahren intensiv diskutiert, bevor der Ritter aus Porto in das Unternehmen einstieg und es – und da kommt nun seine Leistung ins Spiel – mit außerordentlicher Energie vorantrieb. Magellan brachte einen Schatz an Lebenserfahrung mit, sein geographisches und nautisches Wissen war auf der Höhe der Zeit, er muss eine unverwüstliche Konstitution besessen haben, war zielstrebig, hartnäckig und gerissen. Mit diesen Eigenschaften und einer gehörigen Portion Glück gelang es ihm, seine Armada auf Kiel zu legen und allen Widerständen zum Trotz bis zu den Philippinen zu führen.

Ob Magellan ein guter Anführer war, sei dahingestellt. Mit den Seeleuten konnte er offenbar gut umgehen; seine Konflikte mit den anderen Schiffsführern, seinen unmittelbaren Untergebenen und Kollegen, wusste er letztlich nur durch Gewalt zu lösen – womit er freilich keine Ausnahme war. Allerdings stieß sein autokratisches Gebaren schon den Zeitgenossen unangenehm auf. Dabei wusste der Generalkapitän selbst am besten, wie sehr er auf die Kooperationsbereitschaft seiner Mitarbeiter angewiesen war – das geht aus dem Brief hervor, den er Ende Oktober 1520 im Kanal aller Heiligen an die Schiffsführer richtete. Mehr noch als heute war Schifffahrt in der Frühen Neuzeit Teamwork, und Magellan hatte exzellente Leute an Bord: Estevão Gomes, Juan

Serrano, Andrés de San Martín, Juan Rodríguez de Mafra, Gonzalo Gómez de Espinosa, Giovanni Battista – um nur einige zu nennen, nicht zu vergessen auch Francisco Albo und Juan Sebastián de Elcano, die seine Reise vollendeten und erst zu einem Ereignis machten, das ein «Kapitel der Weltgeschichte» füllt.

Dass diese Welt und ihre Geschichte einmal eine europäische war, steht wohl außer Frage. Doch die europäische Expansion hat längst einer Globalisierung Platz gemacht, der auch Europa unterworfen ist. Das zeitigt Folgen für das Bild, das wir uns heute von Magellan und der mit seinem Namen verbundenen ersten echten Weltreise machen. Aus heutiger Perspektive handelt seine Geschichte nicht zuletzt von der Begegnung mit den anderen – und allzu oft von deren Scheitern.

# Bibliographisches Nachwort

Dies ist das Buch eines Historikers, der sich den alten Leitspruch seiner Zunft – ad fontes! – auf die Fahnen geschrieben und für dieses Buch alle erreichbaren Originalquellen zu Magellan und seiner Expedition studiert hat, angefangen von den Dokumenten, die im Archivo General de Indias, im Archivo de Protocolos (beide Sevilla) und im Arquivo Nacional Torre do Tombo (Lissabon) aufbewahrt werden, über die erhaltenen Augenzeugenberichte – Pigafetta, Albo, Ginés de Mafra und die anderen – bis zu den Geschichtsschreibern des 16. Jahrhunderts. Dass ein Großteil dieses Materials inzwischen im Internet abrufbar ist, hat die Arbeit an diesem Buch erheblich erleichtert.

Ein umfängliches Quellen- und Literaturverzeichnis findet man im Internet auf der Homepage des Verlages unter *www.chbeck.de/Magellan*. An dieser Stelle seien nur einige ausgewählte Titel empfohlen für jene Leserinnen und Leser, die tiefer in Magellans Geschichte eintauchen wollen.

Da es keine brauchbare deutsche Übersetzung von Pigafettas Reisebericht gibt,[1] sollte man besser zu einer englischen greifen, zum Beispiel:

Antonio Pigafetta, Magellan's Voyage Around the World. The Original Text of the Ambrosian Ms., with English translation, notes, bibliography, and index. 3 Bde., hg. von James Alexander Robertson, Cleveland, Oh. 1906.

Wer des Französischen mächtig ist, dem sei die vorzügliche Edition von Chandeigne ans Herz gelegt, die auch Übersetzungen der anderen Augenzeugenberichte, Karten und Kommentare enthält:

Xavier de Castro, Le voyage de Magellan (1519–1522). La relation d'Antonio Pigafetta & autres témoignages. 2 Bde., Paris $^2$2010.

Englische Übersetzungen einiger Augenzeugenberichte finden sich in:

Henry Edward John Stanley, The First Voyage Around the World by Magellan, London 1874.

Deutsche Übersetzungen von Maximilianus Transylvanus und Petrus Martyr bietet:

Robert Wallisch, Magellans Boten. Die frühesten Berichte über die erste Weltumsegelung. Maximilianus Transylvanus, Johannes Schöner, Pietro Martire d'Anghiera. Lateinischer Text, Übersetzung und Anmerkungen, Wien 2009.

Zum historischen Background:

Roger Crowley, Die Eroberer. Portugals Kampf um ein Weltreich, Darmstadt 2016.

Peter Feldbauer, Vom Mittelmeer zum Atlantik. Die mittelalterlichen Anfänge der europäischen Expansion, Wien 2001.

Hella Kemper, Das Zeitalter der Entdecker. Europas Griff nach der Weltmacht, 1400–1700 (= Zeit Geschichte, Heft 1), Hamburg 2011.

Toby Lester, Der vierte Kontinent. Wie eine Karte die Welt veränderte, Berlin 2010.

Pablo E. Pérez-Mallaina Bueno, Spain's Men of the Sea, Baltimore 1998.

Wolfgang Reinhard, Die Unterwerfung der Welt. Globalgeschichte der europäischen Expansion 1415–2015, München 2016.

Eberhard Schmitt, Indienfahrer. 2. Seeleute und Leben an Bord im ersten Kolonialzeitalter (15.–8. Jahrhundert) [= Dokumente zur Geschichte der europäischen Expansion 7], Wiesbaden 2008.

Peter Spufford, Handel, Macht und Reichtum. Kaufleute im Mittelalter, Darmstadt 2016.

# Anmerkungen

## 1. Eine Meerenge bei 52° Süd

1 Manche Leserinnen und Leser werden bei diesem Wort an die glücklose «Spanische Armada» denken, die Philipp II. 1588 gegen England aussandte. Im Spanischen und Portugiesischen wird aber jeder bewaffnete Schiffsverband Armada genannt, so auch in diesem Buch.

2 Die Leuge, spanisch «Legua», kann eine große Bandbreite an Entfernungen bezeichnen. Hier können wir uns mit der Faustregel begnügen: 1 Leuge = 4 römische Meilen ≈ 6 Kilometer.

## 2. Indische Leerjahre

1 Ein Quintal wog damals einen knappen Zentner, circa 46 kg.

2 Der «Cruzado» war die portugiesische Prägung des Dukaten, einer ursprünglich in Venedig geprägten Goldmünze von circa dreieinhalb Gramm Gewicht, die in Spätmittelalter und Früher Neuzeit als europäische Leitwährung fungierte. Zwischen 1496 und 1517 entsprachen einem Cruzado 390 «Reais». Reais wiederum (Einzahl: «Real») waren zunächst Silber-, später Kupfermünzen, die zugleich als Rechnungswährung dienten.

3 Der französische König Franz I. nannte König Manuel, der durch den Gewürzhandel reich geworden war, herablassend einen «roi épicier»: «(Gewürz-)Krämerkönig».

## 3. Prozesse und Profite

1 Spätestens im Frühjahr 1519 waren beide Eltern Magellans verschieden. Siehe oben S. 31 f.

2 Die Etymologie des Namens ist umstritten. Die einen sagen, Brasil leite sich von portugiesisch «brasa» ab, rote Glut, andere führen es auf das Wort «verzino» zurück, mit dem die Venezianer das artverwandte, in Asien heimische und seit dem Mittelalter in Europa als Färbemittel verwendete Holz des Baumes *Caesalpinia sappan* bezeichneten.

3 Wohl auf eine Insel des Lucipara- oder des Penyu-Archipels, die 250 Kilometer südwestlich von Banda aus dem Meer ragen.

4 Der Palast ist im Erdbeben von 1755 völlig zerstört worden und damit leider auch das Archiv der Handelsagentur.

5 Bei Fernão de Oliveira, einem portugiesischen Universalgelehrten, der um die Mitte des 16. Jahrhunderts eine Schilderung der ersten Weltumseglung zu Papier brachte, die er aber nie publizierte. Sie wurde erst im 20. Jahrhundert in der Leidener Bibliothek des Isaac Vossius wiederentdeckt. In jungen Jahren diente Fernão de Oliveira als Hauslehrer bei dem Historiker João de Barros, und dort könnte er Zugang zu heute verlorenen Dokumenten gehabt haben.

## 4. Die Kapitulation

1 «Moriscos» wurden in Kastilien die ehemals muslimischen Mauren genannt, nachdem ein königliches Edikt sie 1502 vor die Wahl gestellt hatte, sich taufen zu lassen oder auszureisen.

2 Der «Maravedí», eine Goldmünze arabischer Prägung, zirkulierte einst auf der ganzen Iberischen Halbinsel. Später wurde er in Kastilien durch den Dukaten («ducado») ersetzt, aber weiterhin als Buchwährung verwendet, wobei zu Magellans Zeit ein Dukat mit 375 Maravedís verrechnet wurde. 375 Maravedís entsprachen zugleich 11 «Reales» (kastilische Silbermünzen, nicht zu verwechseln mit den portugiesischen Reais).

3 Aranda logierte in Valladolid im Haus des Kaufmanns Diego López de Castro, der ebenfalls aus Burgos stammte: ein weiterer Verweis auf das Netzwerk der Großhändler dieser Stadt, das im Hintergrund wirkte.

4 Die gemalten und gedruckten Porträts eines bärtigen, traurig dreinschauenden Magellan, die heute in diversen Museen der Welt hängen, in zahllosen Büchern zu finden sind und zuhauf im Internet kursieren, lassen sich auf eine Vorlage zurückführen, die vermutlich in Italien viele Jahre nach dem Tod des Seefahrers entstanden ist, und bieten daher kein glaubwürdiges Abbild seiner Gesichtszüge. Für den Wortlaut von Las Casas' Beschreibung siehe oben S. 9 f.

5 Francisco López de Gómara, der große Chronist der spanischen Conquista Amerikas. Gómara hielt sich 1518/19 in Kastilien auf, aber falls er und Magellan sich über den Weg gelaufen sein sollten, hat diese Begegnung keine Spuren in seinem Werk hinterlassen.

6 Gemeint ist «Cipangu», wie Japan nach dem Reisebericht des Marco Polo damals in Europa genannt wurde.

## 5. Eine Armada von fünf Schiffen

1 Die kastilische Mark, ein Gewichtsmaß, entsprach einem halben Pfund oder 230 g. 8 Unzen ergaben eine Mark. Ein Tomín war der 48. Teil einer Unze. 79 Mark, 7 Unzen und 3 Tomines waren also circa 18,37 Kilogramm an Perlen.

2 Im Grunde unterstand noch ein zweites Schiff, die «Concepción», deren Name die (unbefleckte) «Empfängnis» Mariens anrief, dem Schutz der Gottesmutter.

3 Arroba: kastilisches Gewichtsmaß, das in etwa 11,5 kg entsprach. Der Quintal wog etwas weniger als ein deutscher Zentner, das kastilische Pfund etwas unter 500 g.

4 Siehe oben S. 65.

5 Nicht zu verwechseln mit dem gleichnamigen Buchautor und portugiesischen Faktor in Kannur. Siehe oben S. 92.

6 Und damit rund dreimal größer als der heutige Doñana-Nationalpark.

## 6. He, da am Bug, seid wachsam!

1 Das ererbte Landgut bei Porto hatte er bereits im Frühjahr 1519 seiner Schwester Isabel überschrieben. Siehe oben S. 31 f.

2 Das im Archivo General de Indias aufbewahrte Exemplar ist eine Abschrift und nicht das von Magellan geschriebene oder diktierte Original.

3 In Magellans Armada bekam ein Matrose 1200 Maravedís im Monat, ein Schiffsjunge 800. Siehe auch oben S. 136 f.

## 7. Land des Wahren Kreuzes

1 Siehe oben Kapitel 3, Seite 76 f. Ein nautisches Handbuch jener Zeit, das sogenannte Regimento de Évora, das vermutlich 1516 in Lissabon gedruckt wurde, nennt ein «Cabo de Santa Maria» bei 35° Süd als südlichsten bekannten Punkt an der brasilianischen Küste.

## 8. Meuterei

1 Das heutige Madagaskar.

2 Zu Oliveira siehe Anm. 5 zu Kapitel 3, S. 327.

3 Siehe oben S. 25 f.

## 9. Nichts als Himmel und Salzwasser

1 Für die Durchfahrung der Meerenge, die später den Namen «Magellanstraße» erhielt, siehe das erste Kapitel dieses Buches S. 9 ff.
2 Zu Magellans geographischen Konzepten siehe oben S. 148 ff.
3 Die «Geografische Beschreibung vom Kap der Guten Hoffnung bis nach China». Hierzu siehe S. 92.
4 Siehe oben S. 110 f.

## 10. Die Inseln der Bemalten

1 Siehe oben S. 49.
2 Rundholz, Stange.
3 Zum Inhalt der «Kapitulation» siehe oben S. 111 ff.
4 Schätzungsweise lebten damals auf dem gesamten philippinischen Archipel ein bis zwei Millionen Menschen, weniger als zwei Prozent ihrer heutigen Bevölkerung.

## 11. Piraten der Sulusee

ohne Anmerkungen

## 12. Der Kreis schließt sich

1 Gewichtsmaß, das von Indien bis zu den Molukken in Gebrauch war und sich von Hafen zu Hafen unterschied. Laut Pigafetta wog ein Bahar Nelken auf Ternate vier kastilische Zentner und sechs Pfund, also knapp 190 Kilogramm. Das bestätigt Tomé Pires' Angabe, wonach Nelken in Ternate mit dem Bahar von Malakka gewogen wurden, das er ebenfalls mit knapp 190 kg gleichsetzt (nämlich 3 Quintaes, 2 Arrobas, 20 Arrates und 6 1/3 Onças «nach altem Gewicht»).
2 Pigafetta brachte die Verwandtschaftsverhältnisse durcheinander, indem er schrieb, die Mörderin sei die Tochter des Sultans von Ternate und die Frau des Fürsten von Bacan gewesen.
3 Siehe oben S. 138.

### 13. Ein verlorener Tag

1 Auch bekannt als Cidade Velha, wenige Kilometer westlich der heutigen Hauptstadt Praia.
2 Siehe oben Kapitel 5, S. 139 f.

### 14. Die große Abrechnung

1 Zur Erinnerung: Die Krone hatte 16 000 Dukaten für die Armada bewilligt, Haro steuerte 4300 bei. Siehe oben S. 132 f.

### 15. Magellan – der Mensch und sein Mythos

1 Johann Elert Bode hatte in seiner «Uranographia» (1801) den «Kohlensack»-Nebel im Sternbild Kreuz des Südens «Macula Magellanica» genannt – ein Vorschlag, der sich aber nicht durchsetzte.

### Bibliographisches Nachwort

1 Die einzige auf dem Buchmarkt erhältliche Übersetzung (in der Edition Erdmann) gibt einen an vielen Stellen verkürzten, an anderen einen erweiterten Text, ohne die Änderungen kenntlich zu machen.

# Bildnachweis

*Karten (vorderer Vorsatz und S. 235):* © Peter Palm, Berlin | *Zeichnung hinterer Vorsatz:* © Lukas Wossagk, München | *Frontispiz:* https://commons.wikimedia.org/wiki/File:Ferdinand_Magellan_by_Crispijn_van_de_Passe_1598.jpg; Beinecke Rare Book and Manuscript Library | *S. 21:* https://commons.wikimedia.org/w/index.php?curid=26351417, Germanisches Nationalmuseum Nürnberg, Hs. 22474. Bl. 85–86 | *S. 52:* akg-images/De Agostini Picture Lib./G. Dagli Orti | *S. 78:* akg-images/British Library | *S. 99:* akg-images/Album/Oronoz | *S. 126:* https://commons.wikimedia.org/wiki/File:Weiditz_Trachtenbuch_081-082.jpg; Germanisches Nationalmuseum Nürnberg, Hs. 22474. Bl. 82 | *S. 150 f., 211, 318:* akg-images | *S. 205:* akg-images/North Wind Picture Atchives | *S. 272:* https://archive.org/stream/oudennieuwoostinorvale#page/n391

# Personenregister

# Ortsregister

## Spanische Nao des frühen 16. Jahrhunderts

**1.** Besanmast
**2.** Großmast
**3.** Fockmast
**4.** Großmarsstenge
**5.** Fockmarsstenge
**6.** Großsegel
**7.** Marssegel
**8.** Mastkorb
**9.** Rute
**10.** Besansegel
**11.** Bugspriet
**12.** Blinde
**13.** Achterkastell
**14.** Vorderkastell
**15.** Wanten
**16.** Anker
**17.** Beiboot
**18.** Bombarden